语言学及应用语言学名著译丛

语篇研究

跨越小句的意义

〔澳〕詹姆斯·马丁 大卫·罗斯 著

高彦梅 李寒冰 廖传琳 译

高彦梅 审订

WORKING WITH DISCOURSE
MEANING BEYOND THE CLAUSE

This translation of *Working with Discourse* Second Editon is published by arrangement with Bloomsbury Publishing Plc.

《语篇研究》第二版的中译本，由布鲁姆斯伯里出版社授权商务印书馆出版。

作者简介

詹姆斯·马丁

詹姆斯·马丁（James R. Martin）是澳大利亚悉尼大学教授、澳大利亚人文社会科学院院士。2003年荣获澳大利亚联邦建国“百年纪念奖章”。曾任澳大利亚人文社会科学院语言学部主任（2010—2012），悉尼大学语言学系主任；现任合法化语码与知识建构研究中心副主任、《语言的功能》（*Function of Language* SSCI）等权威期刊编委会委员。研究领域包括系统功能语言学、语篇语义学、评价理论、语类理论、积极话语分析等。马丁教授是系统功能语言学界的领军人物，是“语篇语义学”“评价理论”和“语类理论”的创始人。出版学术专著15部、主编学术论文集25部。发表论文七十余篇，论文章节一百二十余篇。代表作包括《英语语篇：系统与结构》（1992）、《语篇研究：跨越小句的意义》（与David Rose合著，2003/2007）、《评估语言：英语评价系统》（与Peter White合著，2005）、《语类关系与文化映射》（与David Rose合著，2008）等。曾主持多个澳大利亚研究理事会和欧盟科研项目。

大卫·罗斯

大卫·罗斯（David Rose）博士为澳大利亚悉尼大学语言学系荣誉研究员，“读以致学”项目主任，多年来一直致力于将系统功能语言学理论运用于语言教学和语言学习，主要研究领域包括语篇语义研究、语类研究、基于语类的英语教学法。曾主持并参与多项澳大利亚研究理事会语言研究和教师培训项目。

译者简介

高彦梅　北京大学外国语学院外国语言学及应用语言学研究所研究员、长聘副教授、博士、所长。中国英汉语比较研究会功能语言学专业委员会常务理事。研究方向为系统功能语言学、语篇语义学、互动与评价研究、学科话语研究。主持省部级项目和校级项目多项。出版专著《功能词的多元语义功能研究》(2004)和《语篇语义框架研究》(2015)，发表中英文论文五十余篇。

李寒冰　北京大学文学博士，北京信息科技大学外国语学院讲师。研究方向为功能语言学和语篇分析。国内外发表中英文学术论文十余篇，出版专著和译著各一部。

廖传琳　北京大学外国语学院外国语言学及应用语言学研究所博士研究生。研究方向为系统功能语言学、多模态话语研究。

总　序

商务印书馆出版的“汉译世界学术名著”丛书在国内外久享盛名，其中语言学著作已有10种。考虑到语言学名著翻译有很大提升空间，商务印书馆英语编辑室在社领导支持下，于2017年2月14日召开“语言学名著译丛”研讨会，引介国外语言学名著的想法当即受到与会专家和老师的热烈支持。经过一年多的积极筹备和周密组织，在各校专家和教师的大力配合下，第一批已立项选题三十余种，且部分译稿已完成。现正式定名为“语言学及应用语言学名著译丛”，明年起将陆续出书。在此，谨向商务印书馆和各位编译专家及教师表示衷心祝贺。

从这套丛书的命名“语言学及应用语言学名著译丛”，不难看出，这是一项工程浩大的项目。这不是由出版社引进国外语言学名著、在国内进行原样翻印，而是需要译者和编辑做大量的工作。作为译丛，它要求将每部名著逐字逐句精心翻译。书中除正文外，尚有前言、鸣谢、目录、注释、图表、索引等都需要翻译。译者不仅仅承担翻译工作，而且要完成撰写译者前言、编写译者脚注，有条件者还要联系国外原作者为中文版写序。此外，为了确保同一专门译名全书译法一致，译者应另行准备一个译名对照表，并记下其在书中出现时的页码，等等。

本译丛对国内读者，特别是语言学专业的学生、教师和研究者，以及与语言学相融合的其他学科的师生，具有极高的学术价值。第一批遴选的三十余部专著已包括理论与方法、语音与音系、词法与句法、语义与语用、教育与学习、认知与大脑、话语与社会七大板块。这些都是国内外语言学科当前研究的基本内容，它涉及理论语言学、应用语言学、语音学、音系学、词汇学、句法学、语义学、语用学、教育语言学、认知语言学、心理语言学、社会语言学、话语语言学等。

尽管我本人所知有限，对丛书中的不少作者，我的第一反应还是如雷贯耳，如 Noam Chomsky、Philip Lieberman、Diane Larsen-Freeman、Otto Jespersen、Geoffrey Leech、John Lyons、Jack C. Richards、Norman Fairclough、Teun A. van Dijk、Paul Grice、Jan Blommaert、Joan Bybee 等著名语言学家。我深信，当他们的著作翻译成汉语后，将大大推进国内语言学科的研究和教学，特别是帮助国内非英语的外语专业和汉语专业的研究者、教师和学生理解和掌握国外的先进理论和研究动向，启发和促进国内语言学研究，推动和加强中外语言学界的学术交流。

第一批名著的编译者大都是国内有关学科的专家或权威。就我所知，有的已在生成语言学、布拉格学派、语义学、语音学、语用学、社会语言学、教育语言学、语言史、语言与文化等领域取得重大成就。显然，也只有他们才能挑起这一重担，胜任如此繁重任务。我谨向他们致以出自内心的敬意。

这些名著的原版出版者，在国际上素享盛誉，如 Mouton de Gruyter、Springer、Routledge、John Benjamins 等。更有不少是著名大学的出版社，如剑桥大学出版社、哈佛大学出版社、牛津大学出版社、MIT 出版社等。商务印书馆能昂首挺胸，与这些出版社策划洽谈出版此套丛书，令人钦佩。

万事开头难。我相信商务印书馆会不忘初心，坚持把“语言学及应用语言学名著译丛”的出版事业进行下去。除上述内容外，会将选题逐步扩大至比较语言学、计算语言学、机器翻译、生态语言学、语言政策和语言战略、翻译理论，以至法律语言学、商务语言学、外交语言学，等等。我也相信，该“名著译丛”的内涵，将从“英译汉”扩展至“外译汉”。我更期待，译丛将进一步包括“汉译英”“汉译外”，真正实现语言学的中外交流，相互观察和学习。商务印书馆将永远走在出版界的前列！

胡壮麟

北京大学蓝旗营寓所

2018年9月

译者前言

从语篇分析到语篇语义体系

——跨越七十年的语篇意义整体结构探索

马丁和罗斯著《语篇研究——跨越小句的意义》第二版于 2007 年出版。该书的出版可以说是语篇语义研究的里程碑。从 1952 年哈里斯（Harris 1952a, b）在《语言》（*Language*）期刊上连续发表两篇“话语分析”论文起，国际语言学界一直在探索超越小句的语篇结构之间意义的连接问题。20 世纪 50 年代也被称作语言学界的“语篇转向”（discursive turn）。从这时开始，世界各地的学者都开始关注大于句子的语言单位如何连接在一起形成一个语篇，而不是零散的句子片段（Harris 1952a）。哈里斯在 1963 年《语篇分析手册》中提出的语篇分析目标，即“探究任何连续的具体的包含多于一个基本句子的线性材料（无论是语言的还是类语言的）中某些代表整个语篇（线性材料）或语篇中比较大的部分的整体结构”，成为 20 世纪 60 年代至今语篇研究领域的共同目标。从 20 世纪 60 年代至今的多项尝试可以归纳为以下四条线索，体现在本书的六个主体章节中：1）从跨语言指称衔接到确认体系；2）对交流话语中前后话段连接成分的观察；3）对语篇中逻辑连接手段的归纳；4）评价体系和信息结构体系的添加。

1. 从跨语言指称衔接到确认体系

由于英语、法语等语言中对句子成分有较为系统清晰的主谓结构要求，因此在大部分语言中，代词成为最先被关注的构建语篇整体性的手段。早期研究包括哈维格[①]（Harweg 1968）关于德语人称代词和各类替代形式（proform）的研究，韩礼德和韩茹凯（Halliday & Hasan 1976）对英语指称体系的研究，等等。这些探索后来进入到本书的第五章，发展为体现语篇功能的由指称资源构成的识别体系（identification）。在该体系中，马丁和罗斯不仅总结归纳了所有以往研究中有关英语的指称衔接类型、指称对象的可追溯性语境划分（包括外指和内指），还创造性地提出了独指（homophora）和近指（esphora）两个类型。其中独指指用限定性名词词组指称为语言群体成员所共知的指称对象，这包括专有名词词组所涵盖的内容，如 the Truth Commission、the Boer Afrikaners 等。近指发生在如下场景：一个（名词或介词）词组（或降级小句）出现在中心词后面，修饰中心词并回答"哪一个？"的问题，如 the realities of the Truth Commission、the answer to all my questions。在汉语译文中，这样的成分会消失，因为汉语不允许右镶嵌成分出现，即不会容许修饰中心词的成分出现在中心词右侧。汉语名词词组中，所有修饰成分，不论多长，都要出现在中心词左侧。因此上述词组的译文分别为"真理委员会给出的现实""我所有问题的答案"。这两项确认资源是两位作者第一次提出的，丰富了确认体系资源类型。

---

① Harweg（1968）的"人称代词和篇章构建"（Pronoun ina und Textkonstitution）被称作德国篇章语言学的奠基之作（刘齐生 2005：11），同时他提出的替代形式如 there 也为不同语言学者探讨替代形式开阔了视野。

2. 对交流话语中前后话段连接成分的观察

韩礼德一直重视口语研究。在韩礼德和韩茹凯（1976）一起撰写的《英语语篇的衔接》一书中，他们探讨了省略和替代问题。其中省略经常出现在回应话轮，是一种常见的回应手段。

[1] A. Why was he so angry when the game was stopped? Because of having been losing?
B. No; winning!

(Halliday & Hasan 1976: 176[①])

回应话轮省略了整个定性成分（finite，即 having been），仅保留了谓语（predicator），这样在前后话轮之间形成了较强的句法依赖。替代是口语和书面语中都频繁使用的衔接手段。在口语交流中，替代可以减少话语产出时间，而在意义上衔接更紧密，是常见的话轮间连接手段。例如：

[2] A: Is he going to pass the exam?
B: I hope so.

(Halliday & Hasan 1976: 138)

这里，so 代替了前面问题中的整个命题“he is going to pass the exam”。韩礼德和韩茹凯（1976）对省略的研究为后来贝利（Berry 1981）、温托拉（Ventola 1987）、艾金斯和斯雷德（1995）对真实交流话语研究提供了基础。温托拉在贝利（Berry 1981）基础上提出了交换结构设想，用来捕捉互动交流中的信息交换和行为互动模式。本书第七章的“协商：对话中的互动”从语气系统和小句的言语功能出发，逐级向上，探讨不同交流场

① 说话人标记 A、B 为本文作者所加，后同。

景中信息交换和行为互动的交换结构模式。他们提出了交换结构的协商系统，包括三个子系统：起始角色交流角色选择、交换物品或信息、跟进与否。尤其值得一提的是，在系统功能语言学对交换物品提出的“信息”和“物品和服务”基础上，两位作者做了修正，将该范畴抽象化为“知识”（knowledge）和“行动”（action）两个大类。因此在知识交换过程中，便有可能辨识谁是真正拥有相关知识信息的主要知者（K1），谁是索取信息的次要知者（K2）。在行动交换过程中，服务提供者或行动执行者为 A1，接受服务或行动的人为 A2。前后话轮依据具体功能可以被识别为 dK1 或 dA1，即推迟的 K1 或 A1。话轮前后由 ^ 标出，跟进的话轮按照其功能识别为“跟进”（follow up）或“挑战”（challenge），参见本书第七章图 7.6“交换结构中基本的协商选项”。

3. 对语篇中逻辑连接手段的归纳

韩礼德和韩茹凯（1976: 242—243）将语篇中的逻辑连接归纳为添加（additive）、转折（adversative）、因果（causal）、时间（temporal）。另外，连接资源还包括连续词（continuative），即连接前后小句复合体的词语，如 now、of course、well、surely、after all 等。这一归纳基本涵盖了整个英语语言中的所有表达逻辑连接的资源。后来韩礼德的四个版本《功能语法导论》中只是细化了词类，添加了更为丰富的例证。这一逻辑语义体系在本书第四章中的一个新发展是：区分了连接论说等语类中前后语篇片段的内部连接和连接经验世界中各类活动的外部连接。

4. 评价体系和信息结构体系的添加

评价理论是马丁（2000）首次提出的一个系统分析评价性语言的理论框架。评价资源在语篇中的分布随语类不同而差异明显。但在多数语篇中，评价资源有其规律性，如叙事通常都包含评价，而且评价多具有语篇组织功能，如出现在故事开头的背景部分，昭示后面故事的态度或情感取向。如本书中第八章曼德拉回忆录第115章开头的部分：

> 就职日
>
> 5月10日的曙光明亮而清澈。在过去的几天里，前来参加就职典礼表达敬意的政要和世界领导人一直在我周围，这令人非常愉快。就职典礼将是南非有史以来规模最大的国际领导人聚会。

在本书第二章，作者将评价资源按照评价理论系统的顺序做了系统呈现，包括态度的类型（情感、判断和鉴赏）、级差和介入三个子系统。正式将评价体系纳入到语篇语义体系中。

本书的另一个新发展是小句以上信息结构的呈现。系统功能语言学关于信息结构的研究主要围绕小句和小句复合体展开。韩礼德和韩茹凯（1976）没有提到在小句以上如何表征较大信息结构。本书中对于段落超主位和超新信息以及语篇整体宏观主位和宏观新信息的梯级结构分析，为分析小句复合体以上的较大语篇单位的信息结构提供了一个简单而有效的观察角度。

历经七十年的语篇研究发展至今，我们终于看到了哈里斯致力于发掘和呈现的语篇意义整体的不同线索，如同身体的呼吸系统、血液系统等，看到了将语篇不同部分贯穿起来的可捕捉的意义结构的实现资源。

5. 学界评价

《语篇研究——跨越小句的意义》是对“话语分析领域的宝贵贡献”。它“不仅会受到学术界的欢迎，也会为该领域的新研究者欣然接受”。“有趣的是，专著中不仅包括抽象语篇（艰难阅读），也包括大量口头化语言”。“这样的努力还体现在两位作者以身作则，通过称呼自己为吉姆和戴维来拉近与读者的距离。通读全书，除了能够获得语篇分析的理论和实践洞见之外，读者还可以感受到来自两位作者的温暖体贴。”（Wells 2005: 307）

6. 结语

从提出翻译设想到将译著呈现在读者面前，这中间的各个环节中，我们得到了商务印书馆老师们和马丁教授的各类帮助和支持。感谢商务印书馆对本书翻译给予的大力支持！真诚感谢英语编辑室杨子辉老师在整个翻译过程中给予我们的专业而细致的指导，包括相关业务联系和确定翻译体例等各环节。

感谢马丁教授为这次的中文译本专门写了中译版序。感谢马丁教授从翻译之初至译稿全部完成的整个过程中耐心细致的答疑解惑。其中包括非常细微的小词，如原书 306 页作者选用了林吉埃利的两位编辑为他的演讲添加的序言，其中包括“By 1977, the Gurindji were running over 5000 head of cattle on Daguragu Station, had put down several new bores and fenced new paddocks.”。其中的 bore 为多义词，与当时场景接近的就有三种可能性，包括“钻头”“钻井台”“水井”，但词典释义中不包括“水井”。我们猜测对牧场上的牧民来讲，“钻头”“钻井台”应该不如“水井”实际，也更有可能。于是我们将三种可能性的图片发给马丁教授确认，最终确定为“水井”。

如学界评价所言，本书是一本面向几乎所有读者的语篇语义专著。两位作者通过平实的语言、鲜活的故事、庄重的法律文件、多模态文本等，循循善诱，引导读者从浅显的故事中、从严肃的文本中、一点点去探索随语篇展开而逐渐浮现的意义体系。在最后一章，作者将自己的研究与当代其他学者的研究之间建构关联，将分散在各章的意义碎片与宏大社会语境连接起来，展示通过语篇分析可以观察到的社会变迁和人类思想的升华。不同背景读者可以各取所需，尽情了解和选取适合自己研究和学习目的的语篇语义分析工具。

翻译过程是一个学习过程，我们在此过程中学到了很多。同时，在很多细节上，我们又深切感觉到译者的局限，包括对原文的理解、对文化的了解（如“艰难阅读”部分所选语篇，确实是高度抽象和浓缩的），以及对汉语表达的准确把握，如英语中的 question、problem、issue 都可以粗略对应汉语的“问题”，但在具体环境中，如何准确区分作者选择的意义差异，确实有很多担心和不安。三位译者的分工是：高彦梅负责第一、二章，李寒冰负责第六、七、八、九章，廖传琳负责第三、四、五章。译者怀着谦虚的学习者心态，期待读者对书中的问题提出建议，恳请广大读者和学界同仁批评指正。

高彦梅

2023 年 11 月 1 日于燕园

参考文献

Berry, M. 1981. Systemic linguistics and discourse analysis: a multi-layered approach to exchange structure. In Coulthard, M. and M. Montgomery (eds.) *Studies in Discourse Analysis* (*RLE Linguistics B: Grammar*). London: Routledge & Kegan Paul, pp. 120–45.

Eggins, S. & D. Slade. 1997. *Analysing Casual Conversation*. London: Cassell.

Halliday, M.A.K and R. Hasan. 1976. *Cohesion in English*. London: Longman.

Harris, Zellig. S. 1952a. Discourse analysis. *Language* 28: 1–30.

Harris, Zellig. S. 1952b. Discourse analysis: a sample text. *Language* 28: 474–94.

Harris, Zellig. S. 1963. *Discourse Analysis Reprints*. The Hague: Mouton.

Harweg, Roland. 1968. *Pronomina und Textkonstitution*. Munchen: Fink.

Martin, J. R. 2000. Beyond exchange: Appraisal systems in English. In Hunston and

Thompson, 142–75.

Martin, J.R. & D. Rose. 2003. *Working with Discourse: Meaning beyond the Clause*. London: Continuum.

Martin, J.R. & D. Rose. 2007. *Working with Discourse: Meaning beyond the Clause*. 2nd edition. London: Continuum.

Ventola, E. 1987. *The Structure of Social Interaction: A Systemic Approach to the Semiotics of Service Encounters*. London: Pinter.

Wells, M.L. 2005. Reviewed Work(s): *Working with Discourse: Meaning beyond the Clause* by J.R. Martin and David Rose. *Discourse & Society* 16(2): 306–7.

刘齐生，2005. 德国篇章语言学：缘起与发展。《解放军外国语学院学报》第 5 期，第 11—14 页。

中译版序

《语篇研究——跨越小句的意义》即将出版中译版，我们非常欣喜。《语篇研究——跨越小句的意义》以马丁 1992 年的专著《英语语篇》为出发点，向广大读者呈现语篇分析的模型。本书在《英语语篇》基础上做了延伸，将后来发展的评价系统融入语篇语义体系。在第二版（2007）我们扩展并修订了第一版提出的分析工具。

《语篇研究——跨越小句的意义》中的分析工具是在系统功能语言学的启发下发展起来的，但我们努力使其成为更多读者可以使用的分析工具。我们的焦点是语篇语义而不是语法或社会语境。在世界范围内有很多不同层次的语法和语类分析，但对我们而言，我们更需要有机会将不同层次的分析系统地联系起来。本书尝试弥合小句以上意义分析中的隔阂，使小句分析与社会语境相接触。在过去的几年中，《语篇研究——跨越小句的意义》中的评价一章在中国已经得到广泛接受。我们期待本中译版可以鼓励更多研究者来探索超越小句的各类意义，包括与概念意义、语篇意义和人际意义相关的各个语义系统。

我们由衷感谢来自世界各地的功能语言学同事们。多年来他们通过会议、互联网所表达的对本书的兴趣、尤其是读者对第一版的珍贵反馈意见，为本书的探索赋予了宝贵的价值。许多这方面的工作是在教育语言学领域展开的，本书所涉及的多项分析已经广泛应用于教育领域，特别是澳洲基于语类的识读能力课程中。如果没有理论与实践之间这种辩证的相互促进关系，本书的很多思想可能永远不会演化为今天的样子。我们感谢本书编辑允许我们在第二版进行修订和补充。

我们的学术思想来源于韩茹凯和韩礼德两位先生的思想传统，这一点读者在每一页都可以看到。我们满怀敬意地将本书献给他们，感激他们开拓了探索意义的不同领域，使我们多年来可以在意义的各个方面塑造和拓展我们的学术生涯。

马丁和罗斯

悉尼和纽卡斯尔

2023 年 4 月

目　录

图列表

表列表

第二版序

在《语篇研究——跨越小句的意义》的第二版，我们扩展并修订了第一版提出的语篇分析工具。本书以马丁 1992 年的专著《英语语篇》（*English Text*）作为出发点，将其延伸，并将过去十几年间学界的最新进展考虑进来，呈现给对语篇分析感兴趣的普通读者。书中的分析工具来源于系统功能语言学的启发，但我们努力使其尽可能让更广大的读者群都可以理解。我们的关注点是语篇语义而不是语法或社会语境，因为对我们而言，在语法和语类等多个层面的分析已经有很多了，目前有更多的需要和机会可以将这些不同层面的研究扩展开来并系统地贯通起来。本书尝试弥补小句以外层面的意义分析的空白，并使其与社会语境相接触。

我们感谢来自世界各地的系统功能语言学同事，尤其是给予我们宝贵反馈意见的第一版读者，他们多年来通过会议以及互联网所表达的对本书的兴趣为本书增添了宝贵价值。这些同事很多工作在教育语言学领域，尤其是在澳大利亚各个教育领域中出色的基于语类的识读教育课程项目中，这里的大量分析都被采纳了。如果没有这类理论与实践之间的辩证互动，本书的思想便不会得到这么多的发展和演进。

我们深深感激韩茹凯和韩礼德两位前辈，读者可以看到我们从他们那里获得的知识灵感贯穿在每一页的字里行间。我们满怀敬意将本书敬献给他们，以表达我们的感激之情，感谢他们为我们提供了所有可以探讨的意义——这些意义在多个方面塑造了我们的人生。

马丁和罗斯

悉尼

2006 年 9 月

献给韩礼德和韩茹凯

——我们只是在补充和完善他们对意义的研究

第一章

解释社会语篇

本章提纲 1

1.1　邀请

本书中我们主要通过分析语篇（discourse）来解释语篇。对我们来讲，这意味着语篇不仅仅是小句（clause）中的词语；我们想要聚焦小句以外的意义，关注那些随语篇展开引导我们从一个小句到另一个小句的语义资源。这意味着我们不仅将语篇看作是社会活动的偶然的表征，也希望聚焦通过语篇建构的社会，关注语篇在社会生活中的构建作用。从某种意义上讲，本书是对语法学家们发出的邀请，期待他们从语篇语义的视角重新审视小句中的意义；本书也是对社会理论学家的邀请，期待他们重新审视社会活动，也就是我们在语篇中所协商的意义。

因此，要解释社会语篇，我们就要以社会语境（social context）中的文本为出发点。社会语篇很少是只包括单个小句的，社会语境会作为构成语篇的意义序列（sequences of meanings）展开和发展。由于每一个文本都是在说话人之间的互动中产生的，我们可以通过文本来解释它所展示的互动。并且，由于每一个互动都是说话人文化的一个实例，因此我们可以用文本来解释其表征的文化现象。

需要强调的是：尽管我们可以给每一个这类现象指派一个名称，如小句、文本（text）或文化，但这些现象本身并不是“事物”，而是在不同时间尺度上展开的社会过程。文化是随无数个系列情景展开的：随着我们的生活历经不同境遇，如学习者、说话人、演员等逐渐展开，我们会创造出作为意义序列的语篇。这些现象之间的关系可以图示为图 1.1，呈现为从小句到文本再到文化的不同尺度和复杂状态。

2 小句

［时空中的海伦娜］

我的故事从我十八九岁时开始，当时我是东自由邦伯利恒地区的农家女。

十八岁那年，我遇到了一个二十多岁的男青年。他当时在一个保密级别很高的部门工作。这是一段美好关系的开始。我们甚至开始谈婚论嫁。那是一个活泼生动浑身透着狂野能量的男人。非常聪明。虽说他是英国人，但在所有的南非“布尔人”中间他也深受爱戴。我所有的女友都嫉妒我。后来有一天，他说他要去“旅行”。“我们不会再见面了……或许永远不再见面了。”我的心被撕碎了。他也是。

图 1.1　小句——文本——文化

图 1.1 展示了作为海伦娜故事中一个实例的小句。海伦娜的人生深陷于南非种族隔离（apartheid South Africa）的不公正漩涡中，她的故事是文化变迁中的一个实例，这一变迁随着纳尔逊·曼德拉的释放和种族隔离被

推翻而进入高潮。我们把海伦娜的故事作为一个贯穿全书的文本来解释语篇，我们会时不时回到这个故事中去，从不同时间仔细审视意义序列，去理解文本如何呈现变化中的文化。

为使我们的分析具备操作性，我们在本书中密切关注数量很小的几个文本，这几个文本都与南非的真相与和解过程相关。选择这一语境有两个原因：我们期待多数读者应该比较熟悉这一语境；我们相信后隔离时代的南非和解过程可以为后殖民时代世界如何应对差异提供启发。我们聚焦的一个文本就是海伦娜的故事，涉及的话题是侵犯他人人权对她和她生活中的男人们所带来的影响。第二个文本选自德斯蒙德·图 3
图（Desmond Tutu）的新书《没有宽恕就没有未来》（*No Future without Forgiveness*），是他有关赦免这类罪犯的一篇论说文。另一篇是南非国会颁布的有关建立真相与和解委员会法案（the Act of Parliament establishing the Truth and Reconciliation Commission）。最后一个是一部电影《宽恕》（*Forgiveness*），故事讲述了一名前警察到一户人家请求他们原谅自己在种族隔离时期暗杀了一名抵抗战士。这些文本之间具有互补性，它们使我们能够在一个单一社会活动场域中去探索各类不同的语篇意义。为了将分析限定在可控范围内，我们采用的另一个的策略是聚焦书面文本，但在这个新的一版中，我们添加了新的一章，探索口头语篇［参见艾金斯和斯雷德（Eggins & Slade 1997），她们非常清晰地展示了口语语篇分析如何展开］。另外，尽管我们从研究另外两个截然不同的语言——他加禄语（Tagalog）和皮辰彻查罗（Pitjantjatjara）得到的经验，以及世界各地的系统功能语言学者们的工作都显示，在不同语言中都有类似的资源（Caffarei et al. 2004, Rose 2001b, 2005a），但在本书中，我们仅讨论英语语篇。

1.2　讨论框架

任何涉及语言的描述或分析都隐含着某种有关语言如何运作的理论，

我们想在一开始就说清楚我们使用的模型，而不会避而不谈。我们在讨论中使用的是在系统功能语言学（systemic functional linguistics，简称SFL）范围内发展起来的有关社会语境中的语言模型。系统功能语言学几代学者一直致力于语篇的语义研究。不过，我们不会假定读者都熟悉这个理论，或是熟悉该理论对英语和其他语言的语法描述。我们会在需要的时候介绍相关理论和描述，用我们文本中的例子加以阐释。在这一过程中，我们逐渐引出我们谈论语篇的一个共有语言模型——一套元语言（metalanguage），包括语境中的语言以及我们用来谈论语言的术语。我们仅用术语来巩固我们的理解，使其随手可用，这样读者就可以轻易地用它们来完成尽可能多的各类分析任务。易用性（portability）[①] 是本书的目标之一，我们希望建构一个语篇分析工具箱，这样读者可以随身携带。不过我们要建构的元语言工具箱要能够帮助人们通过体验真实文本中的意义实例去学习语言。

系统功能语言学被描述为“奢侈”理论，它的奢侈已经演进到可以捕捉所描述现象的复杂状态。但是，尽管社会语境中的语言极为复杂，系统功能语言学用来组织语言的基本原则却相对简单。我们首先简要介绍两个
4 观察语篇现象的概括性视角。这两个角度是：

- [相关的]语言层次（levels of language）[②]：作为语法、语篇和社会语境的语言[又称语言的层次（strata of language）]
- 社会语境中语言的三个概括性功能：体现我们的人际关系、表征我们的经验、以及将语篇组织成有意义的文本[又称为元功能（metafunctions）]

---

① portability：在计算机领域又译为“可移植性”，指产品对用户来说容易学习和使用，能减轻记忆负担，提高使用的满意程度等。https://blog.csdn.net/LeoYu1998/article/details/80833665 检索时间 2022 年 10 月 24 日上午 9：27。——译者

② 在本书中，我们仅仅简单提及音系和书写，所以这里将这一个体现层略去。

层次：语法、语篇和社会语境

本书的焦点是语篇分析。在系统功能语言学中，语篇分析处于语法分析和社会活动分析的交互界面，即介于语法学家的工作和社会理论家的工作之间。这部分取决于我们所观察的语篇的大小，文本大于小句而小于文化。语法学家对各类小句和它们的成分特别着迷。但文本通常比单独小句要大得多，因此语篇分析比语法学家需要关注的范围要大得多（要开阔眼界 expanded horizons）。同样，文化是通过各类文本展现出来的，而社会学家对各类社会语境之间的相互关联的兴趣远大于文本内部组织的文化语境（整体视野 global horizons）。语篇分析采用语法学家的工具来解释文本片段中措辞（wording）的功能，同时也会采用社会学家的工具来解释为什么不同措辞会创造不同的意义。这两个语篇分析视角可以图示为图 1.2。语法、语篇和社会活动被表征为一个个圆，其中语篇内嵌于社会活动，而语法内嵌于语篇，意味着在解释单一复杂现象时需要采用的三个互补视角。这类图示经常用在系统功能语言学领域来象征社会语境中语言的演进模型。

图 1.2　语篇的观察角度：社会活动视角和语法视角

体现：文化、意义与措辞

语法、语篇和社会语境之间的关系是怎样的？显然文化不仅仅是文本的组合，同样文本也不仅仅是小句的组合。社会活动、语篇和语法是三个不同的现象，在不同的抽象层次运作：文化比文本更为抽象，同理，构成文本的意义比构成和表达文本的措辞更为抽象。这些层次之间的关系在系统功能语言学中被描述为体现关系（realization）；社会语境体现为不同的文本；文本又体现为多重小句序列。

体现是一种重新编码，就像硬件通过软件投射为我们在电脑屏幕上看到的图像和文字。另一种思考方式是象征（symbolization）。新民主国家南非的国旗就是一个例子，附在图 1.3（更详细的讨论在第九章）。这一旗帜由一个从左至右的 Y 字形构成，有六种颜色：红、白、蓝、黑、黄、绿。根据南非政府官方网站的解释（www.polity.org.za/html），这一设计：

> 5 ……可以解释为南非社会内部多元因素的汇合，团结一致共同向前。融合和团结的主题与南非国徽上的格言紧密相连，“团结就是力量”。

官方解释提醒人们，“每一种颜色或颜色组合对不同的人群都有不同的意义，因此不会用任何统一的象征来代表任何一个颜色。”但是新国旗清楚地包含了具有重要意义的符号：红、白、蓝是前种族隔离时代的南非国旗（根据英国国旗设计），黑、绿和黄是南非非洲人国民大会（the African National Congress, ANC；简称“非国大”）的旗帜。在纳尔逊·曼德拉领导下，非国大经过几十年抵抗种族隔离斗争最终成为执政党。

6 所以在国旗上有多种颜色象征“南非社会内部的多元因素”，并且它们的汇合象征着“团结一致共同向前”。象征是体现的一个重要方面，因为语法既是语篇的象征也是语篇的编码，就像语篇既象征社会活动也编码社会活动一样。体现概念包括诸如“象征”“编码”“表达”“显示”等意义。

图 1.3　新南非国旗

正如南非国旗的意义不仅仅是各种形状和颜色的总和一样，语篇的意义也远大于其措辞的总合；文化的意义也远大于各个文本的总合。例如，这里是我们后面要研究的一个故事的一部分。叙述者海伦娜在谈论她与第一位情人分手：

> Then one day he said he was going on a ‘trip’, ‘We won’t see each other again.., maybe never ever again.’ I was torn to pieces.
> 后来有一天，他说他要去“旅行”。“我们不会再见面了……或许永远不再见面了。”我的心被撕碎了。

这里的最后一个小句 *I was torn to pieces*（我的心被撕碎了），告诉我们海伦娜的感受；但是由于意义随语篇的不同相（phase）①——“见面”“描述”“离开”——一一展开，它还告诉我们海伦娜为什么感到难过。

① phase 可以翻译为“阶段”“时期”。在语篇语义理论中，有两个词 stage 和 phase 都对应汉语的“阶段”，本书用“阶段”来对应 stage，以符合国内系统功能语言学界的普遍译法，用“相”来对应 phase。语篇语义理论体系中的相是一个中观单位，介于小句复合体和阶段（stage）之间。一般情况下，作为语篇语义分析单位的“相”基本对应书面语篇中的一个段落。但 phase 也有常见的用法，即指发展阶段，后面第六章讨论曼德拉的不同人生发展阶段时，作者也用了 phase，如其童年时期、青年时期等。这时 phase 不是语篇语义描述体系中的“相”，是普通用法中的“时期”或“阶段”。——译者

这里有一种穿越每一个小句意义的另一种解释浮现出来。单看一个一个小句，每一个小句描述了发生的事件；但是放在一起，它们又在解释事件。

文本和文化也同样。在我们下面分析的论说文一开始，德斯蒙德·图图问了一个问题并对问题的重要意义加以评论：

> So is amnesty being given at the cost of justice being done? This is not a frivolous question, but a very serious issue, one which challenges the integrity of the entire Truth and Reconciliation process.
> 所以是否要在牺牲公正的前提下给予赦免？这不是一个轻浮的问题，而是一个极为严肃的议题，这一问题挑战着整个真相与和解过程的正义性。

7 接着，他给出了理由解释为什么自己要说“不”；早些时候他提出过类似的问题，现在他的说明部分就是要来回答这一问题：

> Are the critics right: was the Truth and Reconciliation process immoral?
> 那些批评对吗：真相与和解过程是否违背了道德？

不过在他的书中，他的问题之前和之后还有更多的东西。这个问题击中了南非整个和解过程的核心，也挑战着真相与和解委员会所扮演的角色。一系列的文本提出了这个问题，只要读一读图图的书和浏览一下真相与和解委员会的网站就可以略见一斑。围绕这一问题的社会过程极为复杂，牵涉着各类语篇和极为广泛的利益。社会意义穿越了协商该意义的各个单一文本。图图所说的“整个真相与和解过程”是一个更高层次的意义，包括了一个文化侧面，即我们所说的当今世界中正在展开的后殖民时期（post-colonial episodes）。

元功能：人际、概念和语篇

系统功能语言学是一个有关社会语境中的语言的模型，它关注我们运用语言所实现的三个概括性社会功能：（1）体现我们的人际关系；（2）向

彼此表述我们的经验;(3)将我们的体现(人际关系)和表征(经验)组织成有意义的文本。这就是社会活动中的语言的元功能:

- 人际元功能(the interpersonal metafunction)用来体现人际关系
- 概念元功能(the ideational metafunction)用来表征经验
- 语篇元功能(the textual metafunction)用来组织文本

随着社会语篇的展开,这三个元功能相互交织,因此我们可以同时实现全部三个社会功能。换言之,我们可以从三个视角中的任何一个视角来观察任何一个语篇,去辨识由不同意义型式所实现的不同功能。

在本书中,每一章都关注实现上述某个**元功能**的意义集合。这些意义集合称为**语篇语义系统**。每一章的名称就是所谈论的语篇语义系统的名称。在表 1.1,我们将这些系统名称与元功能一一对应起来,并对每一个系统的整体功能做简短介绍。

表 1.1 章、语篇语义系统和元功能 8

章	语篇语义系统	元功能
评价(Appraisal)	"协商态度"	人际
概念(Ideation)	"表征经验"	概念
连接(Conjunction)	"连接事件"	概念
识别(Identification)	"追踪人和事物"	语篇
信息格律(Periodicity)	"信息流"	语篇
协商(Negotiation)	"体现交流"	人际

1.3 语类

在本书中,我们用语类(genre)来指体现社会语境的各类不同文本。作为儿童,通过在各种不同场景中相互交流并关注我们所使用的意义模式，我们学会了如何认识和区分我们文化中的典型语类。由于意义模式在每一个语类相对一致，我们能够学会预测某一情景可能如何展开，知道如何在该场景中与人互动。

这些可以预测的意义模式从简单到复杂形式多样，可以是相对简单的日常语言资源如邻里间问候、在店铺购物，也可以是我们在科技报告或政治论辩中看到的复杂意义模式。但是即使是复杂的意义也会呈现一致性模式，这样我们有可能去辨识和预测每一个语类会如何展开、如何组织新信息、知道如何采用恰当的策略性方式与之互动。

任何文化中可辨识的语类数量可能都是非常大的，但这并不是说它们无法控制。在当代西方文化中，我们可以命名多种口头语类，其中的意义模式或多或少都是可以预测的，例如问候贺卡、服务接触、闲谈、论说、电话咨询、指导、讲座、辩论、剧本、笑话、游戏，等等；并且在每一个这样的概括性类型内部，我们还可以命名许多更具体的语类。在本书中我们主要探讨书面语类，随着研究的展开我们将命名和描述这些语类。

对我们来说，语类是一个分阶段的、目的驱动的社会过程（a staged, goal-oriented social process）。（1）语类是社会性的，因为我们和其他人一起参与语类活动；（2）语类是目的驱动的，因为我们用语类来做事；（3）语类是分阶段的，因为通常我们需要经历几个步骤才能实现目标。本书中，我们将聚焦三个大的语类家族——故事、论说（argument）和司法（legislation）。这里我们先简单浏览一下它们的阶段以便初步了解这些语篇的基本组织。随着六条[①]语篇分析线索的一一展开，我们将对语篇组织有更细致的观察。

---

① 原文为five strands of discourse analysis，为第一版表述，在本书的英文版第一版（2003），两位作者讨论了五个语篇语义系统，包括评价、概念、连接、识别和信息格律。在2007版，作者添加了第六个语篇语义系统，即协商。因此此处的“五条”线索应为“六条”。——译者

第一个语篇为海伦娜的故事[①]。这个故事出现在德斯蒙德·图图的新
书《没有宽恕就没有未来》，作者用它来支持自己主张对侵害人权者进行 9
赦免的论证；这是南非真相与和解过程的一个部分。图图将叙述者引入语
篇，随后海伦娜用时间和地点来定位自己的故事：

Orientation	My story begins in my late teenage years as a farm girl in the Bethlehem district of Eastern Free State.
楔子	我的故事从我十八九岁时开始，当时我是东自由邦伯利恒地区的农家女。

接下来，她的故事按照故事语类中的说教文（exemplum）模式展开，这是一种与寓言（fable）、寓言故事（parable）、谣传（gossip）有关的道德故事。其社会目标是展示问题事件、然后向观众做出解释、对其中的人物行为做出评论。这一类故事与叙事类故事不同的是，叙事通常呈现一个问题，然后该问题由主角们来解决。一个说教类故事的基本阶段包括楔子（orientation）、事件（incident）和解释（interpretation）。

海伦娜的故事包括两个事件阶段。每一个事件都有基本相同的组织，包括三个相。第一个相是海伦娜遇到她的恋人，然后男人开始到秘密警察组织工作，最后他和海伦娜不得不面对后果。语篇结构可以总结如下，包括每一个相的第一个小句：

Incident 1

‘falling in love’	*As an eighteen-year-old, I met a young man…*
‘operation’	*Then one day he said he was going on a ‘trip’.*
‘repercussions’	*More than a year ago, I met my first love again*

① 这个故事在克罗格（Krog 1999）的书中有另一个翻译版本。克罗格的书对我们这里讨论的南非语境提供了更加丰富且令人恐怖的情景再现。

Incident 2

‘falling in love’	*After my unsuccessful marriage, I met another policeman.*
‘operations’	*Then he says: He and three of our friends have been promoted.*
‘repercussions’	*After about three years with the special forces, our hell began.*

事件 1

“坠入爱河”	十八岁的时候，我遇到一个男青年……
“行动”	后来有一天他说他要去“旅行”。
“影响”	一年多以前，我又遇到了我的初恋

事件 2

“再坠爱河”	第一次婚姻失败之后，我遇到了另一个警察。
“行动”	后来他说：他和三个朋友被提拔了。
“影响”	在特种部队大约三年后，我们的磨难开始了。

海伦娜接着解释这些事件的意义，这个解释阶段贯穿了三个相。第一个相概括勾勒了她刚刚了解到她的恋人在“上级”命令下所犯下的罪行；在第二个相，她理解并认同了南非黑人的抗争；在第三个相，她谴责她们自己人中那些懦弱的领导人：

Interpretation

‘knowledge’	*Today I know the answer to all my questions and heartache.*
‘black struggle’	*I finally understand what the struggle was really about.*
‘white guilt’	*What do we have? Our leaders are too holy and innocent.*

解释

“了解”	今天我知道了我所有问题和痛苦的答案。
“黑人的斗争”	我终于明白了斗争的真正意义。
“白人的罪行”	我们有什么？我们的领导人太神圣太无辜了。

在解释之后，海伦娜引用了她那位“没用的废物”对于惩罚的观点作为尾

声结束了自己的故事：

Coda	*I end with a few lines that my wasted vulture said to me*
尾声	我用我那个没用的废物说的几句话来结束我的故事

语类中的阶段是该语类组织中相对稳定的构成成分，我们可以在一个个该语类的不同实例中识别出来，如说教文中的楔子、事件、解释阶段。这些阶段是文本层面组织语篇的基本文化资源；我们用首字母大写方式来标记这些阶段。但各个阶段内部的相是更富于变化的；通常情况下，如海伦娜的故事中，有些相可能仅在某一特定语篇中出现，这类相我们仅用引号标注其内容。下面是海伦娜故事中的阶段和相：

楔子

我的故事从我十八九岁时开始，当时我是东自由邦伯利恒地区的农家女。

事件 1

“坠入爱河”

十八岁那年，我遇到了一个二十多岁的男青年。他当时在一个保密级别很高的部门工作。这是一段美好关系的开始。我们甚至开始谈婚论嫁。那是一个活泼生动浑身透着狂野能量的男人。人很聪明。即便他是英国人，在所有的南非“布尔人”中间他也深受爱戴。我所有的女友都嫉妒我。

“行动”

后来有一天，他说他要去“旅行”。“我们不会再见面了……或许永远不再见面了。”我的心被撕碎了。他也是。（后来）跟另一个人的一段极短的婚姻完全失败，因为我是为了忘却才结婚。

“影响”

一年多以前，通过一位好朋友的帮助我又见到了我的初恋。那个时候我才第一次知道他一直在海外执行任务，所以在申请赦免。看到一个曾经那么英俊高大结实的男人变成现在的样子，我内心的痛苦和酸楚一言难尽。他只有一个愿望——真相一定要曝光。赦免与否不重要。这是获得真相的唯一途径。

事件 2

“再坠爱河”

第一次婚姻失败之后，我遇到了另一个警察。跟初恋不同，但也是一个非常杰出的人。非常特别。同样是快活热情、令人着迷的个性。幽默、性情暴躁，一切都恰逢其时。

“行动”

后来他说：他和三个朋友被提拔了。“我们要到一个特别行动单位去。现在，亲爱的，我们是真正的警察了。”我们欣喜若狂。大家还庆祝了一下。后来他和他的朋友们经常过来。他们甚至来住过很长时间。突然，在某些奇怪的时刻，他们会变得焦躁不安。突然说出那个可怕的词“旅行”然后就开车离
11 开了。我……作为一个坠入爱河的人……整日为他们的安全和所在之处担忧、无眠、焦虑。只要他们说“你不用知道这些，这样就不会受到伤害”，我们就该满足了。所以作为恋人，我们所知道的仅仅是作为恋人所了解的一切。

“影响”

在特种部队大约三年后，我们的磨难开始了。他变得很安静、沉默寡言。有时候他用手捧着脸浑身无法控制地颤抖。我意识到他喝酒喝得太多了。晚上他不睡觉，他会从一个窗口走到另一个窗口。他试图遮掩这种难以言表的恐惧，但我还是看到了。很多个凌晨两点到两点半，我会被他急促的呼吸震醒。翻过身来，朝着床的这一边，他面色苍白。在闷热的夜晚，他竟然手脚冰凉，浑身被汗水湿透。眼神迷茫，但像死人一样无神。然后就是颤抖。可怕的抽搐和那种来自灵魂深处的恐惧和痛苦所引发的令人毛骨悚然的尖叫声。有时候他坐着一动不动，直直地盯着前面看。我永远无法理解。从未意识到他在那些“旅行”中嗓子里灌进过什么东西。我只是直坠地狱。祈祷，恳求，“上帝呀，到底发生了什么？他怎么啦？他怎么会变化这么大？他要发疯吗？我受不了这个男人了！但是，我也逃不脱。这个男人会一辈子阴魂不散。上帝，为什么？”

解释

“了解”

今天我知道了我所有问题和痛苦的答案。我知道了一切的源头。“那些上级”“集团”“我们的人”所扮演的角色，他们像“秃鹫”一样执行了怎样血腥的命令…… 并且今天他们都以无罪的名义洗净了双手，拒绝真相委员会给出的现实。是，我站在谋杀者一边，是他让我和旧的白人南非可以安稳入眠。与此同时，“那些上级”又一次温暖地对准了下一个目标，即将这些废物们“永久地从社会中清理掉”。

“黑人的斗争”

我终于明白了斗争的真正意义。如果我被剥夺一切，如果我的生活、我的孩子、父母的生活被法规扼杀；如果我不得不看那些白人即使拥有了最好的东西也不满足而依然想要更好的东西，且能够得到想要的一切；我也会做同样的事情。我嫉妒并敬仰那些斗争的人们，至少他们的头领有勇气站在这些废物们一边，来认可他们的牺牲。

“白人的罪行”

我们有什么？我们的领导人太神圣太无辜了。而且毫无廉耻。如果德克勒克先生说他不知道，我可以理解，但是该死的，那里一定会有一个集团，一定有某个人、活着的人，有脸面来面对所有执行者所收到的“来自高层的命令”。该死！还有什么比残酷的人权侵害更不正常的生活吗？精神折磨比肮脏的肉体谋杀更残忍。至少谋杀的受害者安息了。我期待自己有力量让那些可怜的废人们重新做人。我期待将旧南非从每个人的过去中一笔抹去。 12

尾声

我用我那个没用的废物说的几句话来结束我的故事：“他们可以给我上千次的赦免。即使上帝和每个人都原谅我千百次，我必须忍受这个地狱。这是我脑子里的问题，是我的良知。只有一种办法能够摆脱它的纠缠。把我的脑子毁掉，因为它就是我的地狱。”（Tutu 1999：49-51）

接下来是论说。图图的语篇属于“说明文”（exposition）中的论说文语类。说明文包括两个基本阶段：论点（thesis）和支撑性论证

（supporting Argument）。其社会目的是劝说观众信服作者的观点，即论点。说明语类与论说语类中的“讨论”（discussion）不同，讨论中会有两个或多个观点，作者会支持一个观点排斥其他观点。

在这篇说明文中，图图在论辩给予赦免是否是正义的。开始，他没有按照通常的做法给出论点，而是提出了一个问题：

Thesis	So is amnesty being given at the cost of justice being done?
论点	所以是否要在牺牲正义的前提下给予赦免？

接着他给出了三个论据来论证为什么他的答案是“不”。三个论据每一个都有两个相。在第一个相中，图图给出了论证“依据”（grounds）；在第二个相，他在这一证据基础上得出“结论”。图图使用了 *also*（还）和 *further*（此外，进一步）来引导我们从一个论据转到另一个论据，每一个结论前都有连系词（linker）*thus*（于是，就）。这些连系词由下加横线标出：

Argument 1	*The Act required that where the offence is a gross violation*
‘grounds’	*the application should be dealt with in a public hearing*
‘conclusion’	*Thus there is the penalty of public exposure and humiliation*
Argument 2	*It is also not true that... amnesty encourages impunity*
‘grounds’	*because amnesty is only given to those who plead guilty*
‘conclusion’	*Thus the process in fact encourages accountability*
Argument 3	*Further; retributive justice... is not the only form of justice*
‘grounds’	*there is another kind of justice, restorative justice,*
‘conclusion’	*Thus* we *would claim that... justice is being served*
论据 1	该法案规定，如果罪行为违法行为
“依据”	申请应在公开听证会处理

“结论”　　因此将有公开曝光和侮辱等惩罚

论据 2　　赦免会助长有罪不罚……这也不是真的
“依据”　　因为赦免只给予那些自己认罪的人
“结论”　　因此这一过程实际上鼓励了问责制

论据 3　　另外，报复性正义……不是正义唯一的形式
“依据”　　还有另一种正义，恢复性司法
“结论”　　因此我们要主张……正义正在得到伸张

在图图的原文中，海伦娜的故事紧跟在他的第一个论据后面，用来支撑他的结论，而整个说明是他的较长论辩的一个部分（我们将在第八和第九章回来讨论语类如何相互嵌套在一起）：

论点 13
所以是否要在牺牲公正的前提下给予赦免？这不是一个轻浮的问题，而是一个极为严肃的议题，这一问题挑战着整个真相与和解过程的正义性。

论据 1
该法案规定，如果罪行为侵害人权——被定义为绑架、杀戮、酷刑或严重虐待——申请应在公开听证会上处理，除非这种听证会可能导致误判（例如，证人受到恐吓而无法在公开开庭作证的情况下），事实上，所有向委员会提出的重要申请都应在电视台的全眩灯光下在公共场合审议。

“结论”
因此将有公开曝光和侮辱等惩罚。许多前来寻求赦免的那些安全组织成员，之前在他们的群体中，都被看作受人尊敬爱戴的成员。多数情况下，他们的群体，有时甚至是家庭成员，都是第一次听说这些人实际上都是，比如，行刑队成员或经常对被拘留者施以酷刑的人。对一些人来讲，这令他们痛苦不堪，导致婚姻破裂。这是一个相当大的代价。

［南非广播公司负责报道真相与和解委员会的团队收到一封信，是一位自称海伦娜的女士写来的（她希望匿名，担心报复），她住在东部的普马兰

加省。他们播放了大量的摘录片段。]

论据 2

“依据”

赦免在某种意义上会助长有罪不罚，那样犯罪者可以完全逃避其行为的后果，这也是不真实的，因为赦免只给予那些认罪的人，他们要为自己的所作所为承担责任。赦免不会给予无罪的人或那些声称无罪的人。正是由于这一点，赦免不会给予警察，因为他们在史蒂夫·比科（Steve Biko）的死亡案件中曾申请为其所承担的责任寻求赦免。他们拒绝承认自己有罪，声称他们袭击比科只是为了报复他莫名其妙地袭击他们。

“结论”

因此这一过程实际上鼓励了问责制，而不是相反。它是一个支持尊重人权、承认责任和问责制的新文化，这也是新民主国家希望具备的文化特点。还必须指出，赦免条款是为这一特定目的所做的一项特别安排。南非的司法管理方式并非永远如此。它有限定的时间段和明确的目的。

14 **论据 3**

“依据”

此外，报复性司法不是唯一的司法形式。报复性司法指：作为非个人化的国家在做出惩罚时很少考虑受害者，几乎不考虑肇事者。我认为，还有另一种正义，即恢复性司法，这是非洲传统判例的特点。在这里，核心问题不是报复或惩罚，而是本着乌班图的精神[①]，愈合违约行为，纠正失衡，恢复破裂的关系。这种司法力求使受害者和犯罪者都康复，应给予他们机会重新融入因他或她的犯罪而受到过伤害的群体。这是一种更加个人化的方法，它将犯罪视为发生在人们身上的事情，其后果是关系破裂。

“结论”

因此我们主张，在努力寻求愈合创伤、宽恕与和解时，正义，恢复性正义，

---

① 乌班图（ubuntu）是非洲传统价值理念，认为人类社会中“你中有我，我中有你”，主张“我们在故我在”，提倡仁爱、包容、共享，强调人们彼此依存，密不可分。南非将乌班图作为治国理政的核心理念，写入了宪法。——译者

正在得到伸张。(Tutu 1999: 48-52)

最后是法律语篇。在这里，我们选择了创建真相与和解委员会的国会法案。这是一个更长的文本，包括以下各章：

1 解释与适用
2 真相与和解委员会
3 对侵犯人权行为的调查
4 赦免机制与程序
5 受害者的赔偿与康复
6 委员会的调查与听证
7 一般规定

这七章可以分为较小的和更小的部分，这里我们暂且省略。但在章节开始之前，该法案首先概述了九个“目的”，接着回顾了颁布该法案的六个宪法“动机”，每个动机都由因果连系词 *since*（由于，自从）引出，前面用大写字母表示。这里我们仅介绍目的和动机，其他章节放在附录：

PROMOTION OF NATIONAL UNITY AND RECONCILIATION ACT, 1995.
It is hereby notified that the President has assented to the following Act which is hereby published for general information:~

'purposes'
To provide for the investigation and the establishment of as complete a picture as possible of the nature, causes and extent of gross violations of human rights...;
the granting of amnesty to persons who make full disclosure of all the relevant facts...;
affording victims an opportunity to relate the violations they suffered;
the taking of measures aimed at the granting of reparation...;
reporting to the Nation about such violations and victims;
the making of recommendations aimed at the prevention of the commission of

gross violations of human rights;
and for the said purposes to provide for the establishment of a Truth and Reconciliation Commission, a Committee on Human Rights Violations, a Committee on Amnesty and a Committee on Reparation and Rehabilitation;
and to confer certain powers on, assign certain functions to and impose certain duties upon that Commission and those Committees; and to provide for matters connected therewith.

'motivations'

SINCE the Constitution of the Republic of South Africa, 1993 (Act No. 200 of 1993), provides a historic bridge between the past of a deeply divided society characterised by strife, conflict, untold suffering and injustice, and a future founded on the recognition of human rights, democracy and peaceful co-existence for all South Africans, irrespective of colour, race, class, belief or sex;
AND SINCE it is deemed necessary to establish the truth in relation to past events as well as the motives for and circumstances in which gross violations of human rights have occurred, and to make the findings known in order to prevent a repetition of such acts in future;
AND SINCE the Constitution states that the pursuit of national unity, the well-being of all South African citizens and peace require reconciliation between the people of South Africa and the reconstruction of society;
AND SINCE the Constitution states that there is a need for understanding but not for vengeance, a need for reparation but not for retaliation, a need for ubuntu but not for victimization;
AND SINCE the Constitution states that in order to advance such reconciliation and reconstruction amnesty shall be granted in respect of acts, omissions and offences associated with political objectives committed in the course of the conflicts of the past;
AND SINCE the Constitution provides that Parliament shall under the Constitution adopt a law which determines a firm cut-off date, which shall be a date after 8 October 1990 and before the cut-off date envisaged in the Constitution, and providing for the mechanisms, criteria and procedures, including tribunals, if any,

through which such amnesty shall be dealt with;

BE IT THEREOFRE ENACTED by the Parliament of the Republic of South Africa, as follows:... (Office of the President of South Africa 1995)

《促进民族团结与和解法案》，1995 年。
总统已同意在此颁布以下法案，特此发布：～

“目的”

对于严重侵害人权行为的性质、原因、程度要全面调查并尽可能进行全面描述……；
对全部揭露犯罪相关事实的人员予以赦免……；
让受害者有机会讲述他们所遭受的侵权行为；
采取旨在给予赔偿的措施……；
向国家报告此类侵权行为和受害者；
提出旨在防止严重侵犯人权的建议；
并为此目的规定：设立真相与和解委员会、人权侵犯委员会、赦免委员会和赔偿与康复委员会；
并赋予委员会和委员们权力，赋予其职能，并使其承担责任；
规定与此有关的事项。

“动机”

自 1993 年《南非共和国宪法》(the Constitution of the Republic of South Africa, 1993 年第 200 号法案）颁布以来，致力于在过去和未来之间搭建一座历史性桥梁。过去是一个以枪支、冲突、难以言状的痛苦和不公正为特征的严重分裂社会。未来将是一个在尊重人权、民主，让所有南非人（不分肤色、种族、阶级、信仰或性别）和平共处基础上建立起来的新社会。
并且鉴于[①] 有必要弄清过去人权侵害事件的真相、动机以及发生的环境，让调查结果公之于众以避免将来类似事件再次发生；

① 英文原文为了突显某些成分的特殊语篇意义，采用了大写形式，在汉语中将采用加粗和下加横线形式标出。——译者

> **并且由于**《宪法》规定，追求民族团结、所有南非公民的福祉与和平，需要南非人民之间的和解和社会的重建；
> **并且由于**《宪法》规定，需要理解而不是复仇，需要赔偿但不是报复，需要乌班图但不是牺牲；
> **并且由于**《宪法》规定，为了推动这样的和解与重建，对在过去冲突中与政治目标相关的行为、失职和违法行为应给予赦免；
> **并且由于**《宪法》规定，议会将在宪法原则下依法确定一个明确的日期，即1990年10月8日以后的某个日期为截止日期，在《宪法》规定的日期之前，规定一些机制、标准和程序（如果需要，可以包括制裁）处理与赦免有关的事务。
> **该法案**由南非共和国议会颁布，如下：……［南非总统办公室（Office of the President of South Africa），1995年］

随后的各章阐明了该法的“规定”，这些规定本身还可以分为“定义”和“实际规定”。该法案的总体结构包括：目的、动机、规定，如下所示。由于这些阶段可能不是该语类普遍使用的阶段，因此我们用引号标出。

16 “目的”
“动机”
“规定”
　　“定义”
　　“实际规定”

1.4 语言、权力和意识形态

在我们看来，意识形态和权势贯穿在整个语言与文化的交融之中，将人们定位于每一个社会语境，各自具有或多或少的权力，可以获得较多或较少的意义资源。当然，在某种程度上，一种语言的所有说话人都具有相同范围的意义构建资源，但是依然会有一些类型的意义在社会群体中的分配是不均衡的。这些资源包括从事当今社会各类机构活动需要掌握的书面语篇，如科学语篇、政府语篇、教育语篇等。系统功能语言学的一项重要工作就是通过基于语篇分析的识读教学来为更多的人提供获得这些资源的接口。另一项工作是探究影响意义资源分配不均的原则，以及与此相关的因素如代际、性别、阶层、能力和民族，等等。

直到最近，基于种族的南非种族隔离或许是当今时代最严酷的意识形态分歧实例。经历漫长的斗争，南非黑人最终推翻了种族隔离统治，不是通过子弹，而是通过语言。他们成功地说服了政府、跨国公司、最终是南非白人统治者自己，让他们相信种族隔离是不可接受的，且再也不能延续下去了。今天他们踏上了另一个漫长的征程，去弥合那些深深的裂痕，那些由政府纵容的历经数代人的种族仇恨、大规模人权侵害和大多数国民的贫困所造成的裂痕。这一过程已经部分地被机构化为真相与和解委员会，我们的文本就摘录于该委员会。

在这些条款的陈述中，战胜种族隔离的胜利似乎是一个简单的正确战胜错误，正义战胜邪恶。不过，显然，社会冲突很少如此简单，这一点所有南非人可以证明。相反，任何有争议的问题通常都有多个侧面，并且不同群体都有多重站位。随着我们文本分析的一一展开，这些群体的声音会被听到，以多种微妙的方式在获得支持或遭到反对。我们在每章中所概述的语篇分析将使这些声音从它们所编码的意义模式中清楚地、明确地浮现出来。我们将在第九章回到语言与意识形态问题。

1.5　本书结构 17

本书的各章按照语篇中的六种关键意义构建资源展开。这里按照章节顺序简单介绍这些资源。

评价涉及评估，探讨文本中所协商的各类态度、情感的强度以及价值来源和结盟读者的方式。评价是人际类意义，实现各种类型的社会互动，体现语篇的语旨。我们从评价开始以便突显口头和书面语篇的互动本质。

概念聚焦语篇的内容：出现了哪些类型的活动，参与者如何参与所描述的活动，人物和活动如何归类。这是概念类意义，体现语篇的语场（field）。

连接观察活动之间的内部关联：重新表述活动、添加活动、给活动排序、解释活动，等等。这也是概念类意义，是概念意义的一个子类，即“逻辑”意义。逻辑意义用来建构事件间的连续性，包括时间、因果以及其他类型。

识别关注参与者的追踪，涉及将人物、地点和事物引入语篇并随后追踪它们的行动轨迹。这是语篇类资源，通过追踪人物和事物使读者了解其身份和行踪。

信息格律关注语篇的节奏，关注预测的层次以及巩固的层次。预测层向读者旗示后面要讲什么；巩固层汇集已经构建的意义。这也是语篇类资源，涉及如何将语篇组织成信息脉冲。

协商关注作为交换的互动：对话中说话人如何挑选言语角色、如何为彼此指派角色，以及如何组织语步（move）之间的关系。

在讨论这些语篇语义体系之后，我们在第八章用这些资源来分析一个重要语篇，即纳尔逊·曼德拉 1995 年出版的自传《漫长的自由之路》（*Long Road to Freedom*）的最后一章。接着在第九章，我们将语篇语义体
18 系嵌入到语篇的社会语境模型中，该模型包括语域、语类理论。我们还讨论多模态语篇分析与批评性话语分析之间的关联。

现在我们简短地阐述一下各个语篇语义系统，旗示我们在本书中将要展开的内容。

评价（评估）

这里的焦点是态度：作者与读者协商的情感和价值。这些是评价事物、人物性格和情感的关键资源。比如海伦娜记录了她和她的情人对他升

职的情感回应：

> Then he says: He and three of our friends have been promoted, ‘We’re moving to a special unit. Now, now my darling. We are real policemen now.’ We were **ecstatic**. We even **celebrated.**
>
> 后来他说：他和三个朋友被提拔了。“我们要到一个特别行动单位去。现在，亲爱的，我们是真正的警察了。”我们**欣喜若狂**。大家还**庆祝**了一下。

后来，她用道德术语来判断整个事件的可怕影响：

> Dammit! What else can this **abnormal** life be than a cruel human rights violation? Spiritual murder is more **inhumane** than a messy, physical murder. At least a murder victim rests. I wish I had the power to make those poor **wasted** people **whole** again.
>
> 该死！还有什么比残酷的人权侵害更**不正常的**生活吗？精神折磨比肮脏的肉体谋杀更**残忍**。至少谋杀的受害者安息了。我期待自己有力量让那些可怜的**废人们重新做人**。

评价的一个重要方面是意见的来源，我们很自然地将上面例子的评价来源归于海伦娜。但是我们需要谨慎，因为她的故事来源是她寄给南非广播公司团队的一封信，电台播放了其中的一些片段。图图是这样引入她的故事的：

> The South Africa Broadcasting Corporation’s radio team covering the Truth and Reconciliation Commission received a letter from a woman calling herself Helena (she wanted to remain anonymous for fear of reprisals) who lived in the eastern province of Mpumalanga. They broadcast substantial extracts.
>
> 南非广播公司负责报道真相与和解委员会的团队收到一封信，是一位自称海伦娜的女士写来的（她希望匿名，担心报复），她住在东部的普马兰加省。他们播放了大量的摘录片段。

所以，实际上，我们这里看到的是图图的著作→南非广播公司→海伦娜写道→（例如）精神折磨比肮脏的肉体谋杀更残忍。报道的每一个步骤都体现了评价的细微差别，因此我们需要系统地追踪这些细微差别所具有的影响。

概念（语篇的内容）

这里关注人物和事物以及他们所参与的活动。在海伦娜讲述的故事中，有大量的活动，这些活动逐渐展开形成活动序列（activity sequence)。例如里面包括一个求爱序列：女人遇到男人，开始一段关系，准备结婚。

19 I met a young man in his twenties... It was the beginning of a beautiful relationship. We even spoke about marriage.
我遇到了一个二十多岁的男青年……这是一段美好关系的开始。我们甚至开始谈婚论嫁。

后来出现了一个有关消费的序列（人们变得不满足，想要更好的东西，得到这些东西）：

If I had to watch how white people became dissatisfied with the best and still wanted better and got it.
如果我不得不看那些白人即使拥有了最好的东西也不满足而依然想要更好的东西，且能够得到想要的一切。

除了活动序列，概念意义也关注人物和事物的描述和分类。例如海伦娜的第二个恋人包括归类（*policeman, man, murderer, vulture* 警察、男人、谋杀者、废物）、身体部分（*face, hands, eyes, throat, head, brains; personality, soul, conscience* 脸、手、眼睛、喉咙、头，大脑、个性、灵魂、良心）；以及各种各样的描述 (*bubbly, charming, bewildered, dull like the dead, wasted* 活泼生动、魅力十足、惊恐、像死人一样无神、废物，等等）。

连接（过程之间的内部关联）

后来，海伦娜在叙述中评论她对种族隔离斗争的理解，概括了自己可能参与斗争的条件：

> I finally understand what the struggle was really about. I would have done the same **had I** been denied everything. **If** my life, that of my children and my parents was strangled with legislation. **If** I had to watch how white people became dissatisfied with the best and still wanted better and got it.
>
> 我终于明白了斗争的真正涵意。**如果我**被剥夺一切，**如果**我的生活、我的孩子、父母的生活被法规扼杀；**如果**我不得不看那些白人即使拥有了最好的东西也不满足而依然想要更好的东西，且能够得到想要的一切；我也会做同样的事情。

为了阐述她的理解，她把自己置于受害者视角，勾勒了自己可能采取相同行动的假定条件。这里表达条件的资源包括假设性连词 *if..., if...*（如果……，如果……）、主语和动词倒装 *had I...*（我要是……；如果我……）。这些体现方式将海伦娜的意图和行动 *I would have done the same*（我也会做同样的事情）与她会采取同样行动的条件 *had I been...; If my life...; If I had to watch*（我要是……，如果我……，如果我不得不看）联系起来：

I would have done the same

	语篇功能	措辞（语法）
had I been denied everything	条件	主语和动词倒装

If my life ... was strangled with legislation.	条件	连词
If I had to watch how white people became dissatisfied	条件	连词

我也会做同样的事情
如果我被剥夺一切，
如果我的生活……被法规扼杀，
如果我不得不看那些白人如何不满足……

20 **识别（追踪人物和事物）**

海伦娜的叙述聚焦她生活中的两个恋人以及他们如何通过侵害人权而摧毁了自己的人性。她用 *a young man*（一个男青年）将她的初恋引入语篇，随后通过代词 *his, he*（他的、他）来追踪他的身份：

> As an eighteen-year-old, I met **a young man** in **his** twenties. **He** was working in a top security structure.
> 十八岁那年，我遇到了**一个**二十多岁的**男青年**。**他**当时在一个保密级别很高的部门工作。

多年后，海伦娜又遇到他，海伦娜用了 *my first love*（我的初恋）来与她生活中的其他男人区分开：

> More than a year ago, I met **my first love** again through a good friend.
> 一年多以前，通过一位好朋友帮忙我又见到了**我的初恋**。

这里的关键资源包括：不定指称（*a* 一个）用来引入那个年青人、代词（*his, he, my* 他的、他、我的）用来维持他的身份一致、比较（*first* 第一个）用来与第二个恋人区分开：

	语篇功能	措辞（语法）
A young man	呈现参与者	不定指称
his twenties	追踪参与者	代词
he	追踪参与者	代词
my first love	比较参与者	代词，序数词

信息格律（语篇的节奏）

这里我们关注信息流（information flow）：如何组织意义以便读者可以分阶段加工信息。例如海伦娜一开始并没有直接说她遇到一个青年。在开头，她让我们知道她要讲述的是东部自由邦一个十几岁农家女的故事。

> My story begins in my late teenage years as a farm girl in the Bethlehem district of Eastern Free State.
>
> 我的故事从我十八九岁时开始，当时我是东自由邦伯利恒地区的农家女。

接下来图图自己介绍了他所引出的故事的背景：

> The South Africa Broadcasting Corporation's radio team covering the Truth and Reconciliation Commission received a letter from a woman calling herself Helena (she wanted to remain anonymous for fear of reprisals) who lived in the eastern province of Mpumalanga. They broadcast substantial extracts.
>
> 南非广播公司负责报道真相与和解委员会的团队收到一封信，是一位自称海伦娜的女士写来的（她希望匿名，担心报复），她住在东部的普马兰加省。他们播放了大量的摘录片段。

这就意味着在海伦娜开始讲述的时候我们就知道要期待什么：哪一个 21
语类（故事），在何时何地会发生什么，里面会包括哪些人。这种预期对于消化信息是至关重要的，我们需要非常细致地观察语篇的展开方式：如何告诉我们即将发生什么，如何提醒我们刚刚读到了什么。海伦娜非常清楚她的故事在哪里结束：

I end with a few lines that my wasted vulture said to me one night.
我用我那个没用的废物某个晚上对我说的几句话来结束我的故事。

这里她让我们知道，那些引导我们理解整个故事的预期即将结束，接下来将向另一个不同的事件过渡，这里是跳回到图图的论述。我们用信息格律来指这些资源，因为它们像信息波一样组织语篇。我们在波上冲浪，前瞻后顾，观察信息突显的波峰，顺利穿越我们所期待的意义波谷，随波逐流。

协商

这里的关键资源是随互动展开而不断交换的角色，如提出问题和回答问题、索取服务和听从命令。这里一位说话人用问题索取信息，另一方则用陈述来回应：

Sannie:	Are you leaving?
Coetzee:	—Of course I'm leaving.
珊妮：	你要走吗？
库切：	——当然，我要走了。

接下来，一位父亲用命令索求服务，然后他的儿子执行：

Hendrik:	Ernest, get those snoek [a kind of fish].
Ernest:	—(Ernest proceeds to do so.)
亨德里克：	欧内斯特，去把那些梭鱼［一种鱼］拿过来。
欧内斯特：	——（欧内斯特去拿鱼了。）

在本书中，这是新添加的一章，我们把这一章放在六个语篇语义系统

的最后是因为我们用来阐释协商的例子来自一部电影，该电影将我们在前面几章书面文本中讨论的真相与和解再情景化为人际互动。

1.6　如何使用本书

本书的目的是为语篇分析工作者提供一个工具箱，使他们可以在语篇
分析中运用我们所提供的工具。有些应用可能需要我们所有章节提供的全 22
套工具；有些可能只需要其中一个工具。

每章开头都会用我们从文本中选取的例子来概述相关的语篇语义系统。接着各章的不同小节会依次讨论这些资源。每一个小节也会用举例开头来阐释这一节的意义资源。每个系统中的资源最后会用表格形式概括呈现出来，这样便于查阅。在适当的时候，我们会提供系统导图来展示该系统是如何组织起来的。

每章都会在所聚焦的整个系统内部呈现多个资源。这就意味着语篇分析的角度可能不只一个。不过我们会在前面提到的资源的基础上，尽可能在每一个章节构建一套清晰的分析步骤。

每章所呈现的语篇分析和解释可以作为读者分析自己文本的模式。资源图表可以用于参考，帮助分析者确认自己文本中的其他实例；系统导图可以帮助区分每一个类型的意义。如果分析者不太确定图表中的意义范畴是否适用于特定的文本实例，他可以参照该章节的相关讨论。

在第八章我们用前面几章所构建的工具分析曼德拉《漫长的自由之路》的最后一章。这一分析的目的是阐释语篇分析工具如何服务于各种类型的目的。这一章我们尤其关注曼德拉采用了哪些语篇策略来评价他自己和他的国家从受压迫向自由的过渡，以及如何与读者分享他的评价。

最后在第九章，我们概括讨论我们提出的语篇分析工具与其他分析模型之间的关联。这些关联首先包括我们上面简短提到的社会语境模型，这一模型贯穿所有后面章节的讨论。这一语域语类模型对于解释社会话语中

人际意义、概念意义和语篇意义的作用至关重要。其次，我们所介绍的分析工具不仅仅可以用来分析语言模式，而且还可以用来分析其他模式，如插图版曼德拉的《漫长的自由之路》文本如何在视觉图像中得到重新阐释。第三，我们将语篇分析工具、语域和语类模型与批评性话语分析联系起来，用我们的工具来构建随文本展开的意识形态和变化模型，人物以及他们的文化模型，等等。最后，我们将简单讨论我们自己的语篇分析工作与其他功能语言学家的工作之间的联系，以及与系统功能语言学整体之间的关联。

需要强调的是：我们为读者提供的仅仅是语篇分析工具。大家可以用它们来完成各种各样的任务，依照自己的需要，分析者可以按自己的方式
23 应用。如同其他工具一样，使用它们也需要一定技能，而这类技能只能来自实践。我们在本书所提供的模型就是要引导读者去培养这样的技能。我们所期待的是，作者按照自己的选择去运用这些工具，依照自己的需求对其进行调整，也可以进一步改进这些工具。

第二章

评价：协商态度

本章提纲 25

协商关注评价——文本中协商的态度类型、所涉及情感的强烈程度、价值来源以及结盟读者的方式。

第 2.1 节概括介绍评价体系；第 2.2 节介绍三种主要态度类型：从**情感**（affect）开始，然后是**判断**（judgement），最后是**鉴赏**（appreciation）。接着在第 2.3 节我们考虑态度增强和模糊化的方式，提出级差（graduation）系统，包括两个具有互补性的维度：**语势**（force）和**聚焦**（focus）。在第 2.4 节我们转向态度的来源，探索可以用来将各种不同的声音引入文本的方式，包括引用（quoting）和转述（reporting），情态（modality）和让步（concession），这些资源构成了**介入**（engagement）系统。

在第 2.2—2.4 节构建起评价系统的基础上，在第 2.5 节我们观察评价资源在文本中如何相互呼应以形成评价韵律（prosody），建构评价立场（stance）和评价者（appraiser）身份。最后在第 2.6 节我们引入更细致的情感、判断、鉴赏分析，包括实现各类情感的词汇举例列表。

26

2.1 协商态度

评价是人际意义的一个系统。我们运用评价资源协商我们的社会关系，告诉听者或读者我们对于事物和人物的感受（换言之，我们的态度是怎样的）。我们选择将评价放在六个语篇语义系统的第一个来介绍，目的是突显语篇的互动本质，无论是口语的还是书面的，语篇本质上是协商性的。

态度与评价事物、人物性格和感觉有关。这样的评价可以很强烈，也可以不强烈，也就是说态度可以加强或减弱。态度可以是作者自己的，也可以是其他来源的。这就是我们要在本章讨论的评价的三个方面：态度类型、态度的加强方式、态度的来源。我们首先概括介绍一下每一个方面，然后再深入细致地展开讨论。

我们就从态度类型开始吧。海伦娜的故事具有很高的评价性，她描述自己强烈的感受以及对人和事物的强烈反应。在下面的段落中，她勾画了对初恋的工作以及他们之间关系（事物）、他的性格（人物）以及所涉及情绪（感觉）的态度。

> He was working in a **top** security structure, it was the beginning of a **beautiful** relationship. We even spoke about marriage. A **bubbly**, **vivacious** man who beamed out **wild energy**. **Sharply intelligent**. Even if he was an Englishman, he was **popular** with all the ‘Boer’ Afrikaners. And all my girlfriends **envied** me. Then one day he said he was going on a ‘trip’. ‘We won’t see each other again ... maybe never ever again.’ I was **torn to pieces. So** was he.
> 他当时在一个保密级别**很高**的部门工作。这是一段**美好**关系的开始。我们甚至开始谈婚论嫁。那是一个**活泼生动浑身透着狂野能量的**男人。非常**聪明**。虽说他是英国人，但在所有的南非“布尔人”中间他也**深受爱戴**。我所有的女友都**嫉妒**我。后来有一天，他说他要去“旅行”。“我们不会再见面了……或许永远不再见面了。”我的**心被撕碎了**。他**也**是。

她首先评价她恋人的工作的价值以及他们即将开始的关系：

a **top** security structure	一个保密级别**很高**的部门
a **beautiful** relationship	一段**美好**的关系

她接着转向恋人的性格，对此她给予了高度评价：

a **bubbly, vivacious** man	一个**活泼生动**的男人
wild energy	**狂野的能量**
sharply intelligent	**非常聪明**
popular	**深受爱戴**

接下来她描述女友们对他们关系的情感回应，以及她自己和恋人对他们分手的情感反应：

envied	**嫉妒**
torn to pieces	**心被撕碎了**

所以，这些评价可以按照所评价的内容分为三个基本类型：（1）事物的价 27
值；（2）人物的性格；（3）人们的感受。

下面我们来看态度是如何加强的。海伦娜故事中令我们印象深刻的一点是，她的评价是被高度赋值的。例如，她判断她的初恋不是简单的“聪明”，而是“非常聪明”，不是简单的“精力旺盛”而是有“狂野的能量”：

sharply intelligent	**非常**聪明
wild energy	**狂野的**能量

后来谈到分手，她不是仅仅沮丧，而是彻底心碎：

torn **to pieces**	心被**撕碎了**

所以态度是有等级的——态度的量可以依据我们感觉的强烈程度调高或调低。我们将我们用来展示反应的强烈程度的系统称为态度的增强（amplification）。

最后我们来看态度的来源。关于态度，有一件事情我们需要考虑，那就是它们从何而来。因为这是一个故事，所以我们假定态度来源于叙述者海伦娜，除非里面明确表明还有其他来源。海伦娜确实提到南非“布尔人”喜欢她的恋人，并且她的女友们都嫉妒她，不过这里我们需要注意：是海伦娜在讲述他们的感受：

> he was **popular** with all the ‘Boer’ Afrikaners 在所有的南非“布尔人”中间他也**深受爱戴**
>
> And all my girlfriends **envied** me. 我所有的女友都**嫉妒**我。

将情感归属于某人的常见做法当然就是通过直接或间接引语在故事中编造一个其他声音。例如，上述故事的后面部分，海伦娜引用她第二个恋人的话，后者将自己的生活评价为人间地狱：

> I end with a few lines that my wasted vulture said to me one night: “...I have to live with this **hell**.”
>
> 我用我那个没用的废物一天晚上说的几句话来结束我的故事：“……我必须忍受这个**地狱**。”

正如我们在第一章所注意到的那样，海伦娜的故事本身是图图引用的，图图自己引用的是南非广播公司的广播节目。所以，我们一定要追踪即时的、有中间环节的和最终的语篇观点来源，这是在分析语篇评价时需要追踪的一个重要变量。

简言之，我们这里观察的是表达态度、加强态度和归属态度来源的一系列资源。有三个主要类别的态度：表达态度、判断人物性格和评价事物的价值。用专业术语来讲，我们将探讨三类资源：**情感**——表达感受的资源、**判断**——判断人物性格的资源、以及**鉴赏**——评估事物价值的资源。这些基本资源列表为表 2.1，相应的系统网络见图 2.1。

表 2.1 评价的基本选择 28

态度	情感	***envied***	**嫉妒**
		torn to pieces	**心被撕碎了**
	判断	*a **bubbly vivacious** man*	一个**活泼生动的**男人
		wild energy, sharply intelligent	**狂野的能量，非常聪明**
	鉴赏	*a **top** security structure*	一个保密级别**很高**的部门
		*a **beautiful** relationship*	一段**美好的**关系
强化		***sharply** intelligent*	**非常**聪明
		***wild** energy*	**狂野的**能量
来源		*he was **popular** with all the "Boer" Afrikaners*	
		在所有的南非"布尔人"中间他也深受爱戴	
		*And all my girlfriends **envied** me.* 我所有的女友都**嫉妒**我。	

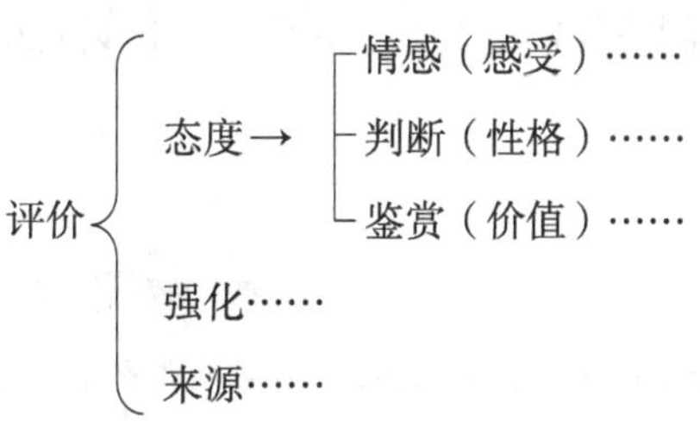

图 2.1 评价的基本系统

在图 2.1 中，左边的括号表示所有括号内的都是评价选项，三者必须同时选择，因为表达态度的同时我们还会选择态度强度以及它的来源。系统网络中这样的括号表示我们既选择态度，又选择强度，也选择态度来源。与此相对，右侧的态度系统给出了三个替代选项。也就是说，在现阶段，我们可以选择情感、或者判断、或者鉴赏。

接下来，我们将从态度类型开始，详细探索每一个评价选项。 29

2.2 态度类型

在本节我们更仔细地观察上一节确定的三类态度：情感（人们的感受）、判断（人们的性格）、鉴赏（事物的价值）。

表达我们的感受：情感

在探索人们如何在语篇中表达自己的感受时，我们发现人们表达感受通常有两种不同方式：首先，我们的感受可以是好的或坏的，因此情感可以是积极或消极的。其次，人们可以直接表达感受，或者我们可以从他们的行为中推断出他们间接表达的感受，因此情感可以分为直接表达和间接表达。

首先我们看积极和消极情感。与其他语类家族比较，故事让我们接触的情感或许远多于其他语类家族。随着角色参与到不同寻常的事件中，我们会与他们共情或同情他们的遭遇。在海伦娜的讲述中，她这样描述自己的情绪：

I was **torn to pieces**	我的**心被撕碎**了
I can't explain the **pain** and **bitterness** in me	我内心的**痛苦**和**酸楚**一言难尽
We were **ecstatic**	我们**欣喜若狂**
We even **celebrated**	我们还**庆祝**了一下
Abruptly mutter the **feared** word 'trip'	突然说出那个**可怕的**词"旅行"
... knew no other life than that of **worry**, sleeplessness, **anxiety** about his safety	……除了为他们的安全**担忧**、无眠、**焦虑**，不知道还有其他生活内容
We simply had to be **satisfied** with	我们就该**满足**了
Today I know the answer to all my questions and **heartache**	今天我知道了我所有问题和**心痛**的答案

I **envy** and **respect** the people of the struggle	我**嫉妒**并**敬仰**那些斗争的人们
I **wish** I had the power	我**期待**自己有力量
those **poor** wasted people	那些**可怜的**废人们
I **wish** I could wipe ...	我**期待**我可以抹去……

接着她更全面地描述了她的第二个恋人的情绪状态：

Humorous, grumpy, everything in its time and place	**幽默**、**性情暴躁**，一切都恰逢其时
We were **ecstatic**	我们**欣喜若狂**
We even **celebrated**	大家还**庆祝**了一下
they would become **restless**	他们会变得**焦躁不安**
Abruptly mutter the **feared** word ‘trip’	突然说出那个**可怕的**词“旅行”
as a **loved** one	作为**恋人**
And all that we as **loved** ones knew	我们作为**恋人**所了解的一切
Withdrawn	**沉默寡言**
Sometimes he would just **press his face into his hands and shake uncontrollably**	有时候他**用手捧着脸**浑身**无法控制地颤抖**
He tried to hide his **wild consuming fear**	他试图遮掩这种**难以言表的恐惧**
I jolt awake from his **rushed breathing**	我会被他**急促的呼吸**震醒
Eyes **bewildered,** but dull like the dead	**眼神迷茫**，但像死人一样无神
And **the shakes**	然后就是**颤抖**
The **terrible convulsions**	**可怕的抽搐**
and **blood-curdling shrieks** of **fear** and **pain** from the bottom of his soul	那种来自灵魂深处的**恐惧**和**痛苦**所引发的**令人毛骨悚然**的尖叫声

我们可以看到，这不是一个欢快的故事。大部分感受都是消极的，是我们不愿去感受的事物：

torn to pieces, pain, bitterness, feared, worry, anxiety, heartache, envy, grumpy, restless, feared, withdrawn, press his face into his hands, shake uncontrollably, wild consuming fear, rushed breathing, eyes bewildered, shakes, terrible convulsions, blood-curdling shrieks of fear and pain
心碎、痛苦、酸楚、恐惧、担忧、焦虑、心痛、嫉妒、性情暴躁、焦躁不安、可怕的、沉默寡言、用手捧着脸、无法控制地颤抖、难以言表的恐惧、急促的呼吸、眼神迷茫、颤抖、可怕的抽搐、恐惧和痛苦所引发的令人毛骨悚然的尖叫声

积极情感很少出现，即使出现距离也很远：

ecstatic, celebrated, satisfied, respect, wish, humorous, loved
欣喜若狂、庆祝、满足、敬仰、期待、幽默、被爱

就一般情绪和态度而言，好情绪和坏情绪之间的对立是一个基本对立。

接下来我们观察感受的直接和间接表达。从上面的列表我们可以看出海伦娜用了不同方式来描述情绪。通常她直接描写心理状态，使用词语来命名具体情绪：

torn to pieces, pain, bitterness, ecstatic, feared, worry, anxiety, satisfied, heartache, envy, respect, wish, humorous, grumpy, loved, wild consuming fear, bewildered, blood-curdling, fear, pain
心碎、痛苦、酸楚、欣喜若狂、恐惧、担忧、焦虑、满足、心痛、嫉妒、敬仰、期待、幽默、性情暴躁、被爱、难以言表的恐惧、困惑、令人毛骨悚然的恐惧、恐惧、痛苦

与此同时，她时不时用身体特征来指示情绪，描述可以直接表达情绪的行为：例如用“无法控制地颤抖”来表达焦虑，或者用“尖叫”表达恐惧：

celebrated, restless, withdrawn, press his face into his hands, shake uncontrollably, rushed breathing, the shakes, terrible convulsions, shrieks

庆祝、焦躁不安、沉默寡言、用手捧着脸、无法控制地颤抖、急促的呼吸、颤抖、可怕的抽搐、尖叫

与此相关，有时在她的描述中会出现对异常行为的描写，这类描写我们解读为情绪表达的间接符号，有时很难与上面所说的行为截然分开：

very quiet; drinking too much; wander from window to window; rolls this way, that side of the bed; pale; ice cold in a sweltering night, sopping wet with sweat; sits motionless, just staring in front of him

很安静、喝太多酒、从一个窗口走到另一个窗口、翻过身来、床的另一边、 31
苍白、在闷热的夜晚手脚冰凉、浑身被汗水湿透、一动不动地坐着、直直地
盯着前面看

脱离语境来看，从这些异常行为我们可以了解到出了问题，但我们无法确定这里准确表达的是哪一种情绪；或许我们需要用一点心理学知识。但是，放在语境中来解读，我们确实知道海伦娜在说什么，因为周围清晰表达的情绪告诉我们这些异常举止意味着什么。在下面的文本中，我们可以看到这些情绪表达手段之间的相互交织，其中身体表征用下划线标出，我们认为更直接可以解释为情感的部分用粗体：

He became very quiet. **Withdrawn.** Sometimes he would just **press his face into his hands** and **shake uncontrollably.** I realized he was drinking too much. Instead of resting at night, he would wander from window to window. He tried to hide his **wild consuming fear,** but I saw it. In the early hours *of* the morning between two and half-past-two, I jolt awake from his **rushed breathing.** Rolls this way, that side of the bed. He's pale, ice cold in a sweltering night—sopping wet with sweat. Eyes **bewildered,** but dull like the dead. And **the shakes.** The terrible **convulsions** and **blood-curdling shrieks** of **fear** and **pain** from the bottom of his soul. Sometimes he sits motionless, just staring in front of him.

他变得很安静、**沉默寡言**。有时候他**用手捧着脸浑身无法控制地颤抖**。我意识到他喝酒喝得太多了。晚上他不睡觉，会从一个窗口走到另一个窗口。

> 他试图遮掩这种**难以言表的恐惧**，但我还是看到了。很多个凌晨两点到两点半，我会被他**急促的呼吸**震醒。翻过身来，朝着床的这一边，他面色苍白。在闷热的夜晚，他竟然手脚冰凉，浑身被汗水湿透。**眼神迷茫**，但像死人一样无神。然后就是**颤抖**。**可怕的抽搐**和那种来自灵魂深处的**恐惧**和**痛苦**所引发的**令人毛骨悚然的尖叫声**。有时候他坐着一动不动，直直地盯着前面看。

这里我们还注意到隐喻在构建情绪中所起的作用。海伦娜的恋人的眼睛像死人一样无神，他的手脚像冰一样冷，他的恐惧和痛苦来自灵魂深处：

> ice cold in a sweltering night 在闷热的夜晚手脚冰凉
> eyes bewildered, but dull like the dead 眼神迷茫，但像死人一样无神
> terrible convulsions and blood-curdling shrieks of fear and pain from the bottom of his soul
> 可怕的抽搐和那种来自灵魂深处的恐惧和痛苦所引发的令人毛骨悚然的尖叫声

我们可以看到，海伦娜运用了一系列资源来描绘她的第二个恋人所经受的精神折磨，包括直接表达的情绪状态和身体行为，以及通过不寻常行为和隐喻而隐含表达的情绪。

在海伦娜的故事中，这些资源共同协作，进一步强化了她的第二个恋人由于情感崩塌而陷入的绝望处境以及她所描绘的精神谋杀。在文本的一个片段中这种情感累积效应反映了态度的"韵律"特征，也是人际意义的总体特征。人际意义往往不仅在局部体现出来，而且会蔓延到整个话语片段，形成"态度韵律"。通过观察不同片段的态度，我们可以探讨随着文本展开，作者如何通过修辞结盟读者。下面我们将回到结盟读者的问题。

总结一下，我们看到情感可以是积极的或消极的，在文本中可以通过
32 直接和隐含手段来体现。并且，我们也看到直接和隐含体现方式通常一起协作共同建构话语中不同片段的情绪。这些情感选择见表 2.2。

表 2.2　情感选择

积极		*We were ecstatic.* 我们欣喜若狂。 *We even celebrated.* 我们甚至庆祝了一下。
消极		*I was torn to pieces.* 我的心被撕碎了。 *I can't explain the pain and bitterness in me...* 我内心的痛苦和酸楚一言难尽……
直接	情绪状态	*ecstatic* 欣喜若狂 *wild consuming fear* 难以言表的恐惧
	身体表达	*withdrawn* 沉默寡言 *shake uncontrollably* 无法控制地颤抖
隐含	不寻常行为	*wander from window to window* 从一个窗口走到另一个窗口 *rolls this way, that side of the bed* 翻过身来，朝着床的这一边
	隐喻	*ice cold in a sweltering night* 在闷热的夜晚手脚冰凉 *eyes... dull like the dead* 眼神……像死人一样无神

判断人物的性格

与情感一样，对人物性格的判断也可以是积极的或是消极的，可以明确表达，也可以通过隐含形式表达。但与情感不同的是，我们发现判断可以分为个人判断（羡慕或批评）和道德判断（表扬或谴责）。

我们首先谈个人判断，包括积极的（赞美的）和消极的（指责的）两个大类。正如我们在第一章所提到的那样，海伦娜的故事就是一篇说教文。说教文关涉事件以便对其中的人物行为进行评论。这就意味着在讲述人物的情绪和感受的同时，海伦娜会对人物加以判断，会评价他们的性格。

海伦娜首先以赞美的方式描述初恋的特征：*bubbly*、*vivacious*、*energetic*、*intelligent*、*popular*（活泼、生动、精力充沛、聪明、深受爱戴）。后来，回顾这段关系，她又用了 *beautiful*、*big*、*strong*（英俊、高大、结实）。接着海伦娜用了隐含的表达方式描述初恋 *working in a top security structure*

（在一个保密级别很高的部门工作），这是一份令人羡慕的工作。海伦娜
33 的第二个恋人不像初恋那样特别，但最初描述中依然用了 *exceptional*、*special*、*bubbly*、*charming*（杰出、特别、活泼、魅力十足）。在这两个案例中，由于参与安全任务，她的两个恋人都发生了变化。海伦娜并没有清晰地重新评价她的初恋，而是通过隐含的方式——通过自己看到的那个人的变化——表达了自己的批评：

> I can't explain the **pain** and **bitterness** in me when I saw what was left of that **beautiful, big, strong** person.
> 看到一个曾经那么**英俊高大结实**的男人变成现在的样子，我内心的**痛苦**和**酸楚**一言难尽。

但是，她确实直接指责了她第二个恋人 *wrong with him*、*gone mad*、*wasted*（出了问题、也许疯了、变成了废人）。他们从令人羡慕的判断转变为受到指责的判断，这一转变与故事中两个事件对他们的影响直接相关。

接下来是道德判断：积极的（表扬）或消极的（谴责）。在故事的解释阶段，海伦娜对南非领导人进行了道德评价。她谴责她自己的领导人不诚实：

> Our leaders are **too holy** and **innocent**. And **faceless**. I can understand if Mr (F. W.) de Klerk says he didn't know, but dammit, there must be a clique, there must have been someone out there who is still alive and who can give a face to 'the orders from above' for all the operations.
> 我们的领导人**太神圣太无辜了**。而且**毫无廉耻**。如果德克勒克先生说他不知道，我可以理解，但是该死的，那里一定会有一个集团，一定有某个人、活着的人，有脸面来面对所有执行者所收到的“来自高层的命令”。

她还谴责他们的非人性：

> Dammit! What else can this abnormal life be than a **cruel human rights violation**?

Spiritual **murder** is more **inhumane** than a messy, physical **murder**. At least a **murder victim** rests.

该死！还有什么比**残酷的人权侵害**更不正常的生活吗？精神**谋杀**比肮脏的肉体**谋杀**更**残忍**。至少**谋杀的受害者**安息了。

但她表扬了“斗争的人们”的领袖，因为他们有勇气站在抵抗力量一边，尊重他们的活动：

at least their leaders have the guts to stand by their vultures, to recognize their sacrifices

至少他们的头目有勇气站在这些废物们一边，来认可他们的牺牲。

从积极判断到消极判断的转变对于从事件阶段向解释阶段的转换至关重要。在事件阶段，海伦娜没有谴责任何人。开始她对自己的恋人们充满了羡慕，然后为他们的遭遇担心焦虑。然而，在解释阶段，她开始基于道德立场进行谴责和颂扬，因为她是在真相与和解委员会面前谈论诚实和失信、有罪和无罪。正是在说教文最后阶段向道德价值的转换，才让人们明白了故事的要点，也正是这一点吸引了图图，他用这个故事来为自己有关正义代价的观点提供例证。

与表扬或谴责一样，道德判断也可以通过直接和隐含方式实现。当海伦娜说 *I envy and respect the people of the struggle*（我嫉妒并敬仰那些斗争的人们），她在用直接方式讲述她的情感反应；但是这两种情绪都隐含了有关人物性格的某种值得颂扬的成分。同样，她也从道德角度谴责了那些上层人物所造成的血腥谋杀，但没有清晰判断他们的性格：

while ‘those at the top’ were again targeting the next ‘permanent removal from society’ for the vultures

与此同时，“那些上级”又一次对准了下一个目标，即将这些废物们“永久地从社会中清理掉”。

34 与情感相同，在语篇相关片段给出的清晰判断，准确地告诉我们她想让我们怎样去评判这类被指控为凶手的人们（如作为谋杀者）：

> And today they all wash their hands in **innocence** and resist the **realities** of the Truth Commission. Yes, I stand by my **murderer** who let me and the old White South Africa sleep peacefully. Warmly, while ‘those at the top’ were again targeting the next ‘permanent removal from society’ for the vultures.
> 并且今天他们都以**无罪的**名义洗净了双手，拒绝真相委员会给出的**现实**。是，我站在**谋杀者**一边，是他让我和旧的白人南非可以安稳入眠。与此同时，“那些上级”又一次对准了下一个目标，即将这些废物们“永久地从社会中清理掉”。

在判断性格方面，隐喻也起着一定作用，如领导者洗掉手上的血迹，特工啃咬尸体、非洲家庭的生命被法规扼杀：

> And today they all **wash their hands** in innocence
> ‘our men’ who simply had to carry out their bloody orders... **like ‘vultures’**
> If my life, that of my children and my parents was **strangled with legislation**
> 并且今天他们都以无罪的名义**洗净了双手**
> “我们的人”只能**像“秃鹫”**一样执行了他们血腥的命令……
> 如果我的生活、我的孩子、父母的生活**被法规扼杀**

也许海伦娜的例子中最有力的意象是“精神谋杀”，这一意象通过“那些上级”的不道德行为与他们发出的血腥命令之间的关系捕捉到。

我们可以把截至目前海伦娜的故事中出现的判断选择总结如下，见表2.3。

表2.3　性格判断举例（来源于海伦娜的故事）

		直接	隐含
个人	羡慕	*bubbly, vivacious, energetic, intelligent, popular* 活泼、生动、精力充沛、聪明、深受爱戴	*He was working in a top security structure.* 他当时在一个保密级别很高的部门工作。

续表

		直接	隐含
	批评	*What's wrong with him?* *... I can't handle the man anymore!* 他到底怎么了？ ……我受不了这个男人了！	*I can't explain the pain and bitterness in me when I saw...* 看到……我内心的痛苦和酸楚一言难尽。
道德	表扬	*their leaders have the guts to stand by their vultures...* 他们的头目有勇气站在这些废物们一边	*I envy and respect*[1] *the people of the struggle...* 我嫉妒并敬仰那些斗争的人们……
	谴责	*Our leaders are too holy and innocent. And faceless.* 我们的领导人太神圣太无辜了。而且毫无廉耻。	*... 'those at the top' were again targeting the next 'permanent removal from society'...* “那些上级”又一次对准了下一个目标，即将这些废物们“永久地从社会中清理掉。”

现在我们转向德斯蒙德·图图的说明文。图图涉及的是道德论证，是一篇关于如何处理真相与和解过程的正义性的说明文：

the cost of **justice** 正义的代价 35

the **integrity** of the entire Truth and Reconciliation process 真相与和解过程的正义性

因此，我们自然会期望人物性格的判断在那些地方突显出来。事实上，我们确实找到一些情绪表达（*intimidated*、*humiliation*、*traumatic*、*fear*、*respect*、*wishes* 恐吓、羞辱、创伤、恐惧、尊重、期待），但是这些确实都淹没在对道德问题的关注之中了。

① （边码 71）这里我们将 envy（嫉妒）和 respect（敬仰）看作是直接编码情感并间接隐含判断；参见马丁和怀特（Martin & White 2005）的详细讨论。

图图的一些判断就像海伦娜的判断一样，是对性格的日常评价，包括可敬、责任感、问责和真实性：

respectable members of their communities 他们群体中**受人尊敬**的成员
who accept **responsibility** 那些接受**责任**的人们
encourages **accountability** 鼓励**问责制**
It is also not **true** 这并不是**真的**

不过他的绝大多数判断都是司法性的。这些判断更像是一种“专业化的道德”，与法律制度有关。例如他引用《促进民族团结与和解法》来界定“严重的侵犯人权行为”。定义是一个确定性标记，表明我们正在从常识（common sense）转向非常识性知识（uncommon sense knowledge）：

a **gross violation of human rights**—defined as an abduction, killing, torture or severe ill-treatment
严重侵犯人权——定义为绑架、杀害、酷刑或严重虐待

以下是图图所使用的更多的判断性法律术语举例：

had committed a **crime** 犯了**罪**
sees the **offence** 看到**罪行**

the **perpetrator** **肇事者**
regular **torturers** of detainees 经常对被拘留人员**施以酷刑者**
the **victim** **受害者**

who plead **guilty** 谁认**罪**
innocent people **无辜**的人
those who claim to be **innocent** 那些声称自己**无辜**的人

of **reprisals** **报复行为**

in **retaliation**	为了**报复**
not **retribution** or **punishment**	不是**报应**或**惩罚**
encourages **impunity**	助长**有罪不罚**现象
the granting of **amnesty**	给予**大赦**
a **miscarriage of justice**	**误判**

出于某些分析目的，我们或许可以争辩说这些专业判断应该被排除在评价分析之外，因为从某种意义上说，每一个例子都指示一个准确定位在司法体系中的概念意义，而不是像评价这类的人际意义。但是我们还不确定，这些词的专业性是否已经使它们完全失掉了评价作用。对我们来说，绝大部分表达依然包含它们日常的态度语势，这一点外行一眼就可以看出来。举另一个例子，当罗伯特·曼恩（Robert Manne）写道：澳大利亚政策通过武力强行将土著儿童与他们的家庭拆散，这“从技术上讲就是一种种族灭绝行为”，我们怀疑对于大多数澳大利亚人，这一技术化是否已经软化为道德打击： 36

A national inquiry last year found that the government policy of forced removal was a gross violation of human rights and **technically an act of genocide** because it has the intention of destroying Australia's indigenous culture by forced assimilation. (Manne 1998)

去年的一项全国性调查发现，政府的强制迁移政策是一项严重侵犯人权的行为，从**技术上讲就是一种种族灭绝行为**，因为它有意通过强制同化来破坏澳大利亚的土著文化。（曼恩 1998）

最后，我们可以观察《议会法》中的判断。和图图的说明文一样，该法案突出使用了判断资源而不是情感资源。这里的判断主要是专业性判断，这也是我们期待在立法文件中看到的资源类型。下面一些例子标为粗体：

To provide for the investigation and the establishment of as complete a picture as possible of the nature, causes and extent of **gross violations of human rights** committed during the period from 1 March 1960 to the cut-off date contemplated in the Constitution, within or outside the Republic, emanating from the conflicts of the past, and the fate or whereabouts of the **victims** of such **violations**

the granting of **amnesty** to persons who make full disclosure of all the relevant facts relating to acts associated with a political objective committed in the course of the conflicts of the past during the said period

affording **victims** an opportunity to relate the **violations** they suffered

the taking of measures aimed at the granting of reparation to, and the rehabilitation and the restoration of the human and civil **dignity** of, victims of **violations of human rights**

reporting to the Nation about such **violations** and **victims**

the making of recommendations aimed at the prevention of the commission of gross **violations of human rights**

and for the said purposes to provide for the establishment of a **Truth** and Reconciliation Commission, a Committee on **Human Rights Violations,** a Committee on **Amnesty** and a Committee on Reparation and Rehabilitation

调查并尽可能全面地描述从1960年3月1日至《宪法》规定的截止日期期间共和国境内或境外因过去的冲突而发生的**严重侵犯人权行为**的性质、原因和程度，以及这种**侵权行为**的**受害者**的命运或下落。

对充分披露在上述期间所发生的冲突过程中所犯与政治目标有关的行为的所有相关事实的人给予**大赦**

让**受害者**有机会讲述他们所遭受的**侵权行为**

采取措施，使人权受害者获得赔偿，使其恢复正常生活和公民**尊严**

向国家报告此类**侵权行为**和**受害者**

提出旨在防止**严重侵犯人权**的建议

并为此目的规定：设立**真相**与和解委员会、**侵犯人权**问题委员会、**大赦**委员会以及赔偿与康复委员会

鉴赏事物 37

到目前为止，我们观察了人们对其他人以及他们的行为的感受。那么对事物会怎样呢？对事物的鉴赏包括我们对任何事物的态度，如电视节目、电影、书籍、CD；关于绘画、雕塑、住宅、公共建筑物、公园；关于戏剧、独奏会、游行或奇观以及任何类型的表演；对自然的感受——全景和峡谷、日出和日落、星座、繁星满天的夜晚的流星和卫星。与情感和判断一样，对事物的鉴赏可以是积极的或者消极的。

海伦娜的叙述主要是关于人的，不是关于事物的，因此突显了情感和判断。但其中确实也包括了对人际关系的评价：

a **beautiful** relationship	一段**美好**的关系
an **extremely short** marriage... **failed**	一段**极短**的婚姻……**失败了**
my **unsuccessful** marriage	我的**失败的**婚姻

还有对生活品质的评价：

hell	**地狱**
hell	**地狱**
this **abnormal** life	这种**反常的**生活
hell	**地狱**
hell	**地狱**

人际关系和生活品质都是抽象类事物，但也可以像事物一样去评价。正如我们所看到的那样，图图的说明文中突显了判断。但在早些时候，它确实也评价了符号类事物，包括问题、议题和申请。

a **frivolous** question 一个**轻浮的**问题
a **very serious** issue 一个**极为严肃的**议题
virtually all the **important** applications to the Commission 实际上是向委员会提出的所有**重要**申请

最后，图图确实聚焦到了关系，探讨了恢复性正义的意义：

I contend that there is another kind of justice, **restorative justice,** which is characteristic of traditional African jurisprudence. Here the central concern is not retribution or punishment but, in the spirit of **ubuntu,** the **healing of breaches,** the **redressing of imbalances,** the **restoration of broken relationships.** This kind of justice seeks to **rehabilitate** both the victim and the perpetrator, who should be given the opportunity to be **reintegrated into the community** he or she has **injured** by his or her offence. This is a far more personal approach, which sees the offence as something that has happened to people and whose consequence is a **rupture in relationships.** Thus we would claim that justice, **restorative justice,** is being served when efforts are being made to work for **healing,** for **forgiveness** and for **reconciliation**.
我认为还有另一种正义，**恢复性正义**，这是非洲传统法学的特点。这里核心关注点不是报应和惩罚，而是本着**乌班图**的精神，**治愈违规行为**，**纠正失衡**，**恢复破裂的关系**。这类正义寻求使受害者和肇事者**恢复正常生活**，他们应该有机会**重新融入**因他或她的侵犯而**受到过伤害**的**群体**。这是一种更加个
38 性化的方法，它将罪行看作是发生在人们身上的事情，其后果是**关系破裂**。因此，我们呼吁这样的正义，**恢复性正义**，当人们努力**治愈**、**宽恕**和**和解**时，恢复性正义就得到了伸张。

图图在乌班图的语境下使用“正义”一词乍看上去像是在判断行为。

但事实上，他更多关注的是修复社会关系结构，而不是西方的报应和惩罚观念。在积极的评价方面，我们有与群体康复有关的表述：

the **healing of breaches**　**裂口的愈合**
the **redressing of imbalances**　**纠正失衡**现象
the **restoration** of broken relationships　**恢复**破裂的关系
rehabilitate both the victim and the perpetrator　使受害者和肇事者都**康复**
the opportunity to be **reintegrated into the community**　**重新融入社区**的机会
restorative justice　**恢复性正义**
healing　**康复**
reconciliation　**和解**

在消极鉴赏方面，我们有一些与所造成的损害有关的表述：

broken relationships　**破裂的关系**
the community he or she has **injured** by his or her offence　因他或她的侵犯而**受到过伤害**的群体
a rupture in relationships　关系**破裂**

我们可以将迄今观察到的积极和消极鉴赏归纳如表 2.4。

表 2.4　鉴赏举例

积极	*a beautiful relationship*	一段美好的关系
	a very serious issue	一个极为严肃的议题
	the healing of breaches	裂口的愈合
	the redressing of imbalances	纠正失衡现象
	the restoration of broken relationships	恢复破裂的关系
消极	*my unsuccessful marriage*	我的失败的婚姻
	a frivolous question	一个轻浮的问题
	broken relationships	破裂的关系
	the community he or she has injured	他或她伤害过的群体

39 为了说明积极赞赏的韵律，我们将暂时切换语场来考虑一篇有关史蒂夫·雷·沃恩（Stevie Ray Vaughan）的最近 CD 版专辑《得克萨斯洪水》（*Texas Flood*）的评论（承蒙亚马逊公司允许 amazon.com）：

> This legendary 1983 debut by the fallen torchbearer of the '80s-' 90s blues revival sounds even more dramatic in its remixed and expanded edition. Stevie Ray Vaughan's guitar and vocals are a bit brighter and more present on this 14-track CD. And the newly included bonus numbers (an incendiary studio version of the slow blues "Tin Pan Alley" that was left off the original release, and live takes of "Testify," "Mary Had a Little Lamb," and the instrumental "Wham!" from a 1983 Hollywood concert) illuminate the raw soul and passion that propelled his artistry even when he was under the spell of drug addiction. *Texas Flood* captures Vaughan as rockin' blues purist, paying tribute in his inspired six-string diction to his influences Larry Davis (who wrote the title track), Buddy Guy, Albert King, and Jimi Hendrix. His own contemplative "Lenny," a tribute to his wife at the time, also suggests a jazz-fueled complexity that would infuse his later work. (Drozdowski 2000)
>
> 陨落的 80—90 年代蓝调火炬手在 1983 年这次传奇式复出亮相，在这个新组合[①]的扩展版激光唱片中听起来更加富有戏剧性。史蒂夫·雷·沃恩的吉他和声线在这张 14 首曲目的激光唱片中更清晰、更富有存在感。尽管他依然笼罩在毒瘾的魔咒之下，但新收录的奖励曲目（被从原始版本中删掉的更有煽动性的慢蓝调《铁锅胡同》、现场录制的《证明》、《玛丽有只小羊羔》，以及 1983 年好莱坞音乐会的器乐《砰》）展示了他艺术创作的原始灵魂和热情。《得克萨斯洪水》捕捉到了作为摇滚蓝调纯粹主义者的沃恩的精髓，在他鼓舞人心的六弦演奏中，他向影响他演艺生涯的拉里·戴维斯（他写了专辑同名主打歌）、巴迪·盖伊、阿尔伯特·金和吉米·亨德里克斯表示了敬意。他自己的沉思曲《莲妮》是向他当时的妻子的致敬，也暗示了一种受爵士乐激起的复杂性将注入他后来的作品。（德罗兹多夫斯基 2000）

---

① 该唱片是蓝调吉他手史蒂夫·雷·沃恩 1983 年专辑唱片的重新制作，添加了奖励曲目。——译者

这是来自内部编辑的如潮好评，旨在说服亚马逊的客户购买沃恩的首张专辑。对整张专辑和某些曲目的描述都使用了积极评价语：

> legendary, even more dramatic, bit brighter, more present, incendiary, contemplative, jazz-fueled complexity
> 传奇，甚至更戏剧化，更明亮，更突显，煽动的，沉思的，由爵士乐激起的复杂性

在这些评价中，我们可以在新版《得克萨斯洪水》背景下添加一些具有积极评价值的带点争议的经验意义：

> remixed, expanded, bonus
> 重新混合、扩展、奖励

性格与价值的边界

在我们的文本中有几个态度的例子也许可以做双重分析：作为对性格的判断；或者作为对事物的欣赏。例如，与沃恩专辑及其曲目的积极赞赏紧密关联的是对他的表演的评价：

> raw soul and passion, artistry, inspired six-string diction
> 原始的灵魂和激情、艺术性、令人激动的六弦演奏

这些将我们带到了性格（判断）和价值（赞赏）的边界。因为它们在直接评价沃恩的吉他表演而不是他个人，所以我们认为这一评价与价值有关，而与性格无关。但是，这些评价也可以成为有关沃恩强大的吉他表演能力的加分项——可以看作是他性格的一个积极维度（与吸毒等负面维度相对立，这些在评论中也提到了）。更靠近边界的或许是对这些肯定性能力的 40
概括：作者将沃恩称为1980—1990年代蓝调复兴的火炬手和摇滚蓝调的纯粹主义者。

torchbearer, rockin' blues purist
火炬手、摇滚蓝调的纯粹主义者

从对唱片的积极鉴赏这一韵律范围来看，这些可以被归入积极鉴赏；但是同时，尤其是在评价他的性格而不是表演的语境中，我们有充足的理由将这些描述解读为对沃恩作为艺术家能力的积极判断。这些处于边界的描述的语境敏感度突出了从韵律角度分析评价的重要性。所以在分析评价描述时，将上下文语境考虑在内非常重要，而不能简单地逐项分析单个词或短语。

从图图的书名来看，关键词是宽恕。在该语境中，这个词应该包含了判断和鉴赏两个方面。从判断意义上看，某人很大度，可以不再愤怒，且不想惩罚对他们造成伤害的人；从鉴赏意义上看，和平得到恢复。对于图图来说，基于他的基督教信仰，宽恕似乎也包括精神层面；这一概念超越道德考量，上升到和平与精神和谐层面。用评价术语来讲，这意味着政治化的美学鉴赏已经重新语境化为道德激情游戏的判断。

如果我们把社区治疗作为价值分析的一个维度，那么法案也可以看作与修复社会关系相关：

SINCE the Constitution of the Republic of South Africa, 1993 (Act No. 200 of 1993), provides a historic bridge between the past of a deeply divided society characterised by strife, conflict, untold suffering and injustice, and a future founded on the recognition of human rights, democracy and peaceful co-existence for all South Africans, irrespective of colour, race, class, belief or sex;
AND SINCE it is deemed necessary to establish the truth in relation to past events as well as the motives for and circumstances in which gross violations of human rights have occurred, and to make the findings known in order to prevent a repetition of such acts in future;
AND SINCE the Constitution states that the pursuit of **national unity**, the well-being of all South African citizens and **peace** require **reconciliation** between the

people of South Africa and the **reconstruction of society**;

AND SINCE the Constitution states that there is a need for **understanding** but not for vengeance, a need for **reparation** but not for retaliation, a need for **ubuntu** but not for victimisation;

AND SINCE the Constitution states that in order to advance such **reconciliation** and **reconstruction** amnesty shall be granted in respect of acts, omissions and offences associated with political objectives committed in the course of the **conflicts** of the past;

AND SINCE the Constitution provides that Parliament shall under the Constitution adopt a law which determines a firm cut-off date, which shall be a date after 8 October 1990 and before the cut-off date envisaged in the Constitution, and providing for the mechanisms, criteria and procedures, including tribunals, if any, through which such amnesty shall be dealt with

自 1993 年《南非共和国宪法》(1993 年第 200 号法案) 颁布以来，致力于在过去和未来之间搭建一座历史性桥梁。过去是一个以枪支、冲突、难以言状的痛苦和不公正为特征的严重分裂社会。未来将是一个在尊重人权、民主，让所有南非人（不分肤色、种族、阶级、信仰或性别）和平共处基础上建立起来的新社会。

并且鉴于有必要弄清过去人权侵害事件的真相、动机以及发生的环境，让调查结果公之于众以避免将来类似事件再次发生；

并且由于《宪法》规定，追求**民族团结**、所有南非公民的福祉与**和平**，需要南非人民之间的**和解**和**社会的重建**；

并且由于《宪法》规定，需要**理解**而不是复仇，需要**赔偿**但不是报复，需要**乌班图**但不是牺牲；

并且由于《宪法》规定，为了推动**和解**与**重建**，对在过去**冲突**中与政治目标相关的行为、失职和违法行为应给予赦免；

并且由于《宪法》规定，议会将在宪法原则下依法确定一个明确的日期，即 41
1990 年 10 月 8 日以后的某个日期为截止日期，在《宪法》规定的日期之前，规定一些机制、标准和程序（如果需要，可以包括制裁）处理与赦免有关的事务。

在这里的分析中，我们聚焦不直接包含判断的词语。但下面的段落却令我们犹豫不决：

AND SINCE the Constitution states that there is a need for **understanding** but not for vengeance, a need for **reparation** but not for retaliation, a need for **ubuntu** but not for victimisation;

并且由于《宪法》规定需要**理解**而不是复仇，需要**赔偿**但不是报复，需要**乌班图**但不是牺牲；

这里法案系统地使用了与前面我们讨论的鉴赏资源不同的资源，前面讨论的资源包含明晰表达道德考量的词语，如对人物行为妥当性的判断：

appreciation（healing）	鉴赏（治愈）	judgement（impropriety）	判断（不当）
understanding	理解	vengeance	复仇
reparation	修复	retaliation	报复
ubuntu	乌班图	victimisation	牺牲

这里非洲基督教价值观被建构为超越西方正义。或许要想更好地理解法案中的情感转移，我们可以遵循图图关于乌班图的评论：

the spirit of **ubuntu,** the **healing** of **breaches,** the **redressing** of **imbalances,** the **restoration** of **broken** relationships

乌班图的精神，**治愈违规行为**，**纠正失衡**，**恢复破裂的关系**

在这里，秩序容纳了无序，和平破土而出。这是该法案期待人们在新的彩虹共和国联手共同建立的价值观。所以，这里将判断和欣赏放在一起可能是一个明智的做法，在秩序的标题下，通过展示对和解的态度，将该法案旨在实施的和解呈现出来：

order

democracy, peaceful co-existence, national unity, peace, reconciliation, reconstruction of society, understanding, reparation, ubuntu, reconciliation, reconstruction;

recognition of human rights, truth, well-being, amnesty, amnesty

秩序

民主、和平共处、民族团结、和平、和解、重建社会、理解、赔偿、乌班图、和解、重建；

承认人权、真相、福祉、赦免、赦免

disorder

deeply divided society, strife, conflict, conflicts;

injustice, violations of human rights, vengeance, retaliation, victimisation, omissions, offences

无序

深刻分裂的社会、争斗、冲突、冲突；

不公正、侵犯人权、复仇、报复、牺牲、不作为、罪行

在这里稍事停顿是明智的，这样我们可以考虑一下情感、判断和鉴赏在 42
多大程度上代表了西方情感的构建。图图的非洲基督教传统或许并没有沿着上述路线去划分态度。这里我们并没有开明到让目光超越我们的范畴。但是我们相信其他文化也会有所迟疑，会以不同的眼光来看待我们所做的一切。

2.3　增强态度

态度的一个显著特征是可以区分等级。这意味着我们可以说我们对某人或某物的态度有多强。例如海伦娜描述她的第一个恋人是 *sharply intelligent*（非常聪明）。在说这话的时候，她把他的智力放在一个天平上，相对其他选择他的智力处于较高的位置：

extremely intelligent ↑	**high grading**	极其聪明 ↑	高等级
sharply intelligent		非常聪明	
really intelligent		真正聪明	
quite intelligent		相当聪明	
fairly intelligent		比较聪明	
somewhat intelligent ↓	**low grading**	有些聪明 ↓	低等级

正如我们所看到的，有些选项将程度调高（如 *extremely* 极其，*sharply* 非常），有些则会将程度调低（如 *fairly* 比较，*somewhat* 有些）。在英语中，我们似乎有更多资源是用来调高程度的，这些资源我们用的更频繁。

在本节中，我们来观察两类增强态度的资源。第一类是“上下调试强度”的资源。这类资源包括强化意义的手段，如 *very/really / extremely*（很 / 真正的 / 极其）和包含强度等级的词语，如 *happy / delighted / ecstatic*（快乐 / 高兴 / 欣喜若狂）。我们将这类增强态度的资源称为语势（force）。第二类包括对人或事物范畴进行“锐化”（sharpening）或“柔化”（softening）的手段，如 *about / exactly*（大约 / 确切地）或 *real / sort of / kind of*（真正的 / 有点儿 / 稍微）等。我们把这类增强态度的手段称为聚焦（focus）。

增强态度语势

我们可以从增强态度语势的词语开始，如很 / 真正的 / 极其（very/ really/extremely）。这类资源被称作**强调词**（intensifiers）。例如，海伦娜用这类资源强化她的第二个恋人有多么特殊，他变得多么安静，以及她失败的婚姻持续了多久：

very special	**非常**特别
very quiet	**非常**安静
an **extremely** short marriage to someone else	跟另一个人的一段**极**短的婚姻

图图也使用了这类强化手段： 43

a **very** serious issue 一个**非常**严肃的议题
quite a price to pay 要付出**相当大**的代价

有了强化词，我们就可以去比较事物——通过与其他事物比较，我们可以说出我们对某人或某事物的感受有多强烈。例如，海伦娜描述白人即使拥有最好的事物依然渴望得到更多：

If I had to watch how white people became dissatisfied with the **best** and still wanted **better** and got it.
如果我不得不看那些白人即使拥有**最好的**东西也不满足而依然想要**更好的**东西，且能够得到想要的一切。

best（最好的）是与 *worst*（最差的）做比较，而所有那些“斗争的人们”拥有的都是最差的。并且 *best*（最好的）也在与 *better*（更好的）作比较，后者是白人们想得到的。这类比较是可能的，因为事物的价值是可以分出等级的：

best / better / good / bad / worse / worst 最好 / 更好 / 好 / 不好 / 更差 / 最差

在图图的说明文和法案中也可以看到比较：

a **far more** personal approach **更加**个性化的方法
as **complete** a picture **as possible** **尽可能完整**的图景

他的强化手段属于下面的量级：

slightly more / a little more / a lot more / far more
略多 / 多一点 / 多很多 / 多得多

less than/as much as/more than　　小于/等于/大于

有些比较指向极端的情感，如海伦娜批评南非白人领导人缺乏责任感，图图指出对一些证人的恐吓问题：

too holy and innocent　　太神圣太无辜了
too intimidated to testify in open session　　太害怕，不敢在公开会议上作证

too（太）在这个语义域与 *enough*（够）形成对立：

not enough/enough/too much　　不够/够/太多

这里我们不会过于详细介绍强化情感的各类资源。在夸克等（Quirk et al. 1985）中有关于“强化词”（amplifiers）、“弱化词”（downtoners）和“强调词”的讨论，可以借鉴。海兰（Hyland 1998）也有关于“模糊语”
44（hedges）的讨论。另外柯林斯词典（Collins Cobuild 1998）有一个等级副词列表，里面特别提到很多强化词本身就包含态度：

amazingly beautiful　　惊人的美丽
unusually beautiful　　异常美丽
dangerously beautiful　　危险的美丽
breathtakingly beautiful　　令人叹为观止的美丽

还有几个其他意义领域也涉及分级，如数量、方式和情态：

数量　　all/several/some of my questions
　　我的所有/几个/一些问题
方式等级　　shake frantically/uncontrollably/excitedly
　　疯狂地/无法控制地/激动地颤抖
情态　　there must/would/might have been someone out there
　　一定/会/可能有人在那里

对增强态度的完整分析将包括这些类型的意义。我们将在下面的态度来源部分进一步讨论情态，但在这里我们将自己限制在分级的情感中。

接下来，让我们检查包含强度程度的词项，例如 *happy/delighted/ecstatic*（快乐 / 高兴 / 欣喜若狂）。这些词被称为态度词，即“有态度的词”。我们已经讨论过强化词，比如 *better/best*（更好 / 最好），*all/several/some*（所有 / 几个 / 一些），*must/would/might*（必须 / 会 / 可能），这些都是语法项（grammatical items）。就是说它们的意义取决于与“实词”（content word）的组合。相比之下，“实词”在专业领域称为词汇项（lexical items），或简称为词汇。

态度词汇在海伦娜的叙事中起着非常重要的作用，这也是一般故事语类的共同特征。例如，海伦娜说她和她的第二位恋人对他的升职感到 *ecstatic*（欣喜若狂），而不是说 *happy*（高兴）、*chuffed*（开心）、*delighted*（欣喜）或 *elated*（兴高采烈）。这些都是指幸福程度的词汇项。但是像这样信心十足地将一组一组词按照等级去排出顺序并不总是那么容易。不过显然这些词本身就涉及各种等级的情感。有了这些词，情感的增强就会与其他词融合在一起，所以在词典中，*chuffed*（开心）被界定为“very pleased”（很高兴），用 *very*（很）来放大高兴的程度。

这里是几个海伦娜事件部分摘选出来的态度词汇，附有一些建议性的强度等级：

vivacious man	活泼的男人	dull/placid/lively/vivacious	沉闷 / 宁静 / 生气勃勃 / 活泼
torn to **pieces**	心碎	saddened/grief stricken/torn to pieces	悲伤 / 痛苦 / 心碎
ecstatic	欣喜若狂	happy/chuffed/delighted/elated/ecstatic	高兴 / 开心 / 欣喜 / 兴高采烈 / 欣喜若狂
bewildered	一脸茫然	bemused/puzzled/confused/bewildered	糊涂 / 困惑 / 迷惑 / 茫然

blood-curdling **shrieks** of fear	令人毛骨悚然的恐惧尖叫声	whimper/groan/cry/screech/shriek	呜咽 / 呻吟 / 哭泣 / 尖叫 / 尖叫
pleading	恳求	ask/request/pray/beseech/plead	询问 / 请求 / 祈祷 / 哀求 / 恳求

45 对于这样的词汇资源，范畴之间的界限是很难确定的，并且到底需要包括多少词项来调高分析等级，这一点也不总是清晰的。根据经验，识别的单词应该是“非核心词汇”（non-core vocabulary, Carter 1987），也就是说，是英语中非常用的词项，并且在词典界定中，它们可以接受像 *very*（很）这样的强化词的修饰和限制。

除此之外，我们可以参考语篇中整个相的情感韵律。在海伦娜的叙事中，态度词是事件部分的突出特征，而不是楔子和解释部分。另外，语类也是一个因素。图图在他的说明文中较少使用这类资源，但也有一些例子：

a **frivolous** question	一个**轻浮**的问题
the full **glare** of television lights	电视台的全**眩光灯**
humiliation for the perpetrator	对肇事者的**羞辱**
impunity	**免于惩罚**

另一方面，法案完全没有使用任何态度词汇，同样也避免使用类似 *very*（很）这样的强化词。因此，我们可以依据各语类所可能展示的强化态度手段多少来给不同语类打分：叙事倾向于最大程度地强化态度；说明文用的少些；像法案一类的行政语类很少强化态度。

某些语类的另一个特征是当我们对态度做技术化处理时，这样的态度强度分级会被抹掉。如一般常识性表达中，*gross*（极其令人恶心的）处于量表的一端，如 *minor/unacceptable/gross*（轻微的 / 不可接受的 / 严重的）或 *unpleasant/disturbing/gross*（令人不快的 / 让人心烦的 / 极其令人厌恶的）。但一旦我们界定了 gross violation of human rights（严重侵害人权），那么 *gross*（严重的）便不可以再分级，即 *gross*（严重的）不再衡量多么的令人不快或多么不可接受。*gross*（严重的）显然已经成为罪名的一部分，作为犯罪中的一个分类类型，而不是要强化犯罪的程度。

a **gross** violation of human rights—defined as an abduction, killing, torture or severe ill-treatment
严重侵犯人权——定义为绑架、杀戮、酷刑或严重虐待

与我们上面讨论的实词一样，态度词汇也可以包含隐喻和咒骂。我们已经讨论了海伦娜与情感有关的隐喻，但我们在这里还可以注意一下它们也有强化的效果：

ice cold in a sweltering night　　在闷热的夜里手脚**冰**凉
dull **like the dead**　　**像死人一样**无神
blood-curdling shrieks　　**令人毛骨悚然的**尖叫声

这些隐喻告诉我们她的第二个恋人是多么的冰凉，她的眼睛是多么的无神，他的尖叫声是多可怕。

除了隐喻，海伦娜在解释部分还使用了咒骂来表达她对南非白人领导人的懊恼：

Our leaders are too holy and innocent. And faceless. I can understand if Mr (F. W.) 46
de Klerk says he didn't know, but **dammit,** there must be a clique, there must have been someone out there who is still alive and who can give a face to 'the orders from above' for all the operations. **Dammit!** What else can this abnormal life be than a cruel human rights violation?
我们的领导人太神圣太无辜了。而且毫无廉耻。如果德克勒克先生说他不知道，我可以理解，但是**该死的**，那里一定会有一个集团，一定有某个人、活着的人，有脸面来面对所有执行者所收到的"来自高层的命令"。**该死！**还有什么比残酷的人权侵害更不正常的生活吗？精神折磨比肮脏的肉体谋杀更

残忍。至少谋杀的受害者安息了。我期待自己有力量让那些可怜的废人们重新做人。我期待将旧南非从每个人的过去中一笔抹去。

或许我们在这里看到的是情感，情感被不断强化，最终爆发——一种短路，即放大情感的同时使其与所评价的对象（领袖人物）脱离开，用咒骂将关联“切断”。咒骂词语还需要更多的探讨，包括它们与“感叹词”（interjection）的关系（Quirk et al. 1985），如 *ugh, phew, gr-r-r-r, inv, whew, tut-tut*（呃、呜呜、咯、哟、啧啧）等等。艾金斯和斯雷德（1997）和艾伦和伯利奇（Allan & Burridge 2006）[①] 也有一些相关讨论。

锐化或柔化聚焦

现在我们来简要讨论一下级差的第二个维度，聚焦——对经验范畴的锐化和柔化。到目前为止我们考虑的都是用来调整可分级词项的强度的资源。与此相对的，聚焦涉及的资源是使本质上不具有可分级性质的事物变得可以分级。例如，海伦娜介绍她的第二个恋人是 *policeman*（警察）：

After my unsuccessful marriage, I met another policeman.
第一次婚姻失败之后，我遇到了另一个警察。

从经验角度看，这是将他确定为从事一种工作而不是另一种工作（修补匠、裁缝、士兵、间谍等等）。这样的分类是有清晰的范畴界限的——他是一名警察而不是其他什么。不过，升职之后，她的第二个恋人将自己描述为一个 *real*（真正的）警察，好像他以前没有当过警察一样：

We are **real** policemen now.
我们是**真正的**警察了。

---

① 原文中的作者名拼写有误：Allen 应为 Allan。这里提到的专著《禁忌词：禁忌语与语言审查》（*Forbidden Words: Taboo and the Censoring of Language*），作者为 Keith Allan and Kate Burridge, 2006 年由剑桥大学出版社出版。——译者

这实际上将职业之间的一个范畴边界转变成可分级的边界，允许其中有不同等级的“警察”。这里隐含的意思是：与升职后相比，海伦娜遇到他的时候他不算是警察：

I met a **kind of** policeman　　我遇到了**一类**警察
I met a policeman sort of　　我遇到某种警察

这类分级资源锐化和柔化事物的边界而不是将强度调高或调低。*real policeman*（真正的警察）锐化了聚焦，*a sort of policeman*（某种警察）是对边界的柔化。和事物一样，我们也可以锐化或柔化某些类型的品质，如 *deep blue*（深蓝）或 *bluish*（有点蓝）。即使是像数字这样的范畴概念也可以按照这类方式处理一下：

After **about** three years with the special forces　　在特种部队**大约**三年以后　47
vs　　与
After **exactly** three years with the special forces　　在特种部队**整**三年之后

下面是海伦娜故事中另一个锐化聚焦的例子：

was what we saw with our **own** eyes　　是我们**亲眼**看见的

这里 *own*（自己的）锐化了“我们的眼睛”范畴，即“我们自己的且不是别人的”——这里确定不是道听途说。下面是一个柔化聚焦的例子：

not quite my first love　　**不大像**我的第一个恋人

图图在自己的说明部分也使用了锐化聚焦的手段，以使表达更精确：

the **very** first time　　**就是**第一次
precisely this point　　**就在**这一点

但是，对于语势，法案语篇几乎是完全避开了聚焦，更倾向于立法事物的范畴化区分。

这里我们不会提供所有划分经验边界的完整详细清单（Martin & White 2005; Martin & Hood 2006 里面有更全面的蓝图，另外一个讨论这类模糊语言的非常有用的资源是 Channel 1994）。不过，在这里我们有更多来自史蒂夫·雷·沃恩崇拜者的例子：

to what **real** blues sounds like	（这才是）**真正的**蓝调听上去的感觉
then you aren't a fan of **true,** god-blessed American music	那么你不算是**真正的**、上帝保佑的美国音乐爱好者
two of the songs sound **exactly** alike	其中两首歌听起来**完全**一样
Whether you're a **hardcore** Stevie fan	无论你是不是史蒂夫的**铁杆**粉丝
Among Stevie was his brother, Dr, John, Angela Strehler (**or something**)	史蒂夫的团队中有他的哥哥、约翰博士、安吉拉·斯特雷勒（或**其他人**）
Here is an **authentic** blues artist	这是一位**地道的**蓝调艺术家
This video was the **epitome** of Stevie	这个录像是史蒂夫的**缩影**
it's **pure** perfection	这是**纯粹的**完美
Absolute intensity	**绝对**强度
if you're even a **part-time** blues fan	如果你甚至仅仅是**业余的**的蓝调爱好者

总结一下：增强态度包括一整套资源，可以用来调试我们对人或事物感觉的强烈程度。从术语角度来讲，我们将这些资源称为语势。我们用这些资源来将感觉强度调高或调低。将经验边界分出等级包括一系列锐化或柔化明显范畴区分的资源。这些资源我们称为聚焦。它们使那些清晰区分
48 的情感变得可以协商。表 2.5 列出了这些强化态度资源。图 2.2 将这些资源归入了系统。用来指称这些资源的术语是级差。

表 2.5　级差选择

语势	强化词	*he still plays* ***great***	他依然演得**很棒**
	态度词汇	*the second part is* ***fantastic****...*	第二部分**太棒了**
	隐喻	***ice*** *cold in a sweltering night*	在闷热的夜晚手脚冰凉
	咒骂	***dammit,*** *there must be a clique*	**该死**，那里一定会有一个集团
聚焦	锐化	*a* ***true*** *guitar legend*	一位**真正的**吉他传奇
	柔化	*a* ***part-time*** *blues fan*	**一位业余**的蓝调爱好者

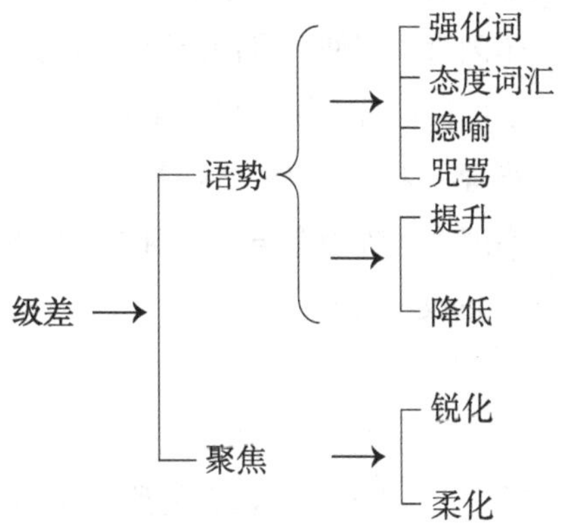

图 2.2　级差选择

2.4　态度来源

我们需要考虑的评价的最后一个领域与态度来源有关：评价来自哪里？

我们还从海伦娜的叙事开始。从表面上看，我们可能会争辩说海伦娜故事中的评价都来自海伦娜。毕竟她是叙述者。所以当她评价自己与第一位恋人的关系时说 *beautiful*（美好的），那就是她的意见：

It was the beginning of **a beautiful relationship.**　那是一段**美好关系**的开始。

49 并且从某种意义上讲，海伦娜对所有的评价负有责任，因为所有评价都是经过她的叙述过滤过的。不过，海伦娜确实也通过引用和转述她的第一个和第二个恋人所说的话明晰地将声音转给了其他人：

> Then he says: He and three of our friends have been promoted. 'We're moving to a special unit. Now, now my darling, We are real policemen now.'
> 后来他说：他和三个朋友被提拔了。“我们要到一个特别行动单位去。现在，现在亲爱的，我们现在是真正的警察了。”

语言中这种援引他人话语的潜势是俄罗斯语言学家巴赫金（1981）思考的语篇对话本质中的一个因素，即使是我们传统上认为是独白的文本中，这种资源也是存在的。法国话语分析家克里斯蒂娃（Kristeva）[①] 引入了多声（heteroglossia 不同的声音）来指话语中各种各样的多重声音。这里，我们把除作者之外的其他态度来源称为多声，把简单由作者一个人表达的态度称为单声（monogloss, single voice）。

投射来源

在话语中，我们可以引用或转述人们的所说所想。韩礼德和麦迪森（2004）将这类资源称为“投射”（projection）。投射指上面例子中 *he says*（他说话这一行为本身）以及他所说的话 *He and three of our friends have been promoted. 'We're moving to a special unit. Now, now my darling. We are real policemen now!*（他和三个朋友被提拔了。“我们要到一个特别行动单位去。现在，现在亲爱的，我们现在是真正的警察了。”）之间的关系。这一投射关系可以通过图 2.3 的“言语气泡”来表示。

---

① 茱莉亚·克里斯蒂娃（Julia Kristeva）1941 年 6 月 24 日出生于保加利亚，1965 年圣诞前夕移居法国，是法国当代著名思想家、精神分析学家、哲学家、文学批评家、心理分析学家、女性主义者。主要著作包括《符号学：符义分析探索集》（*Semeiotikè: Recherches pour une sémanalyse*，1969）等。——译者

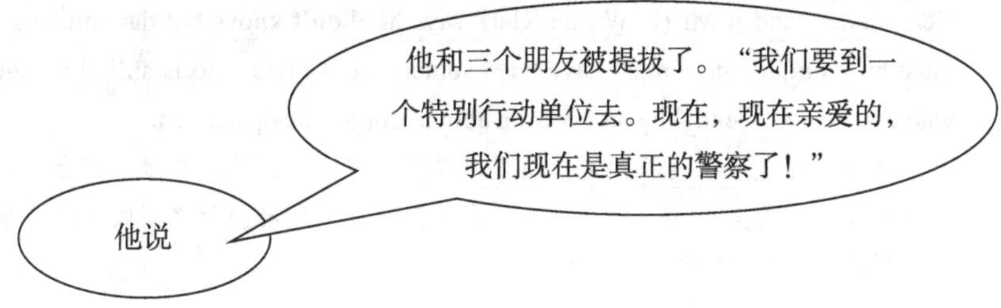

图 2.3　投射

投射可以引用某人说出的原话，书写时通常用引号：

‘We’re moving to a special unit. Now, now my darling. We are real policemen now.’
“我们要到一个特别行动单位去。现在，现在亲爱的，我们现在是真正的警察了！”

或者也可以转述某人话语的大致意思，通常不需要用引号：

He and three of our friends have been promoted.
他和三个朋友被提拔了。

与援引别人的话语一样，也可以引用或转述我们的所想所感： 50

I realized he was drinking too much.
I know where everything began, the background.
I wish I could wipe the old South Africa out of everyone’s past.
我意识到他喝酒喝得太多了。
我知道了一切的源头、背景。
我期待将旧南非从每个人的过去中一笔抹去。

通过投射，我们可以将其他评价资源引入话语。并且由于我们可以“递归性地”重复投射，因此我们可以用投射来探索源头的源头，甚至是更早的源头，如海伦娜在谈论南非领导人知道或不知道的时候所做的那样：

I can understand if Mr (F. W.) de Klerk says he didn't know, but dammit, there must be a clique, there must have been someone out there who is still alive and who can give a face to 'the orders from above' for all the operations.
如果德克勒克先生说他不知道，我可以理解，但是该死的，那里一定会有一个集团，一定有某个人、活着的人，有脸面来面对所有执行者所收到的"来自高层的命令"。

在这个句子中，海伦娜三次选择了投射。其中两个是有关"思考"的投射（*understand* 理解和 *know* 知道），另一个是"言语"（*says* 说）。我们可以把这些递归性投射用图 2.4 呈现出来，其中思考气泡呈现所思考的内容，言说气泡呈现所说的话。

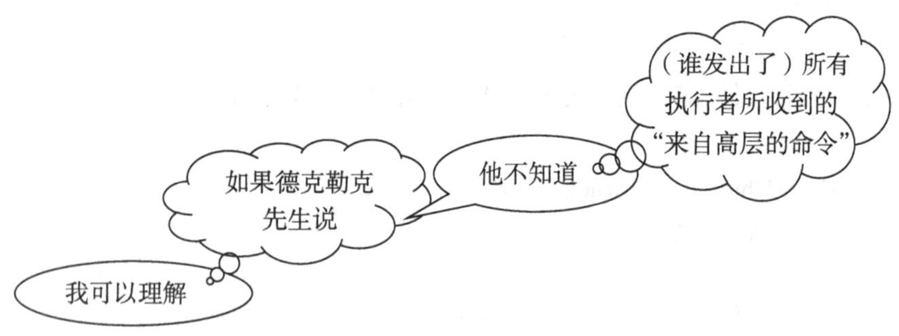

图 2.4　递归性来源

在海伦娜的叙述中，投射不仅仅出现在句子中，从"言说"到"所说的话"。投射还可以跨越整个文本和文本的不同阶段出现。例如海伦娜开始的时候将自己呈现为叙述者（*my story begins* 我的故事开始于）:

My story begins in my late teenage years as a farm girl in the Bethlehem district of Eastern Free State.
我的故事从我十八九岁时开始，当时我是东自由邦伯利恒地区的农家女。

接下来的部分就是她所讲的故事。并且她在结束自己的故事时将叙述转给了她的第二个恋人（*a few lines*... 几句话）：

I end with a few lines that my wasted vulture said to me one night 51
我用我那个没用的废物某晚对我说的几句话来结束我的故事

在上述两个例子中，海伦娜的句子都“投射”了后面要出现的内容。南非广播公司“投射”海伦娜的故事的时候也是这样做的：

they broadcast substantial extracts
他们播放了大量的摘录片段

接下来图图也投射了南非广播公司的播放：

The South Africa Broadcasting Corporation's radio team covering the Truth and Reconciliation Commission received a letter from a woman calling herself Helena.
南非广播公司负责报道真相与和解委员会的团队收到一封信，是一位自称海伦娜的女士写来的。

最后我们看到图图说南非广播公司说海伦娜说她的第二个恋人说了他所说的话。这些是通过句子命名的“言语行为”来处理的，如 *my story, a few lines, a letter, substantial extracts*（我的故事、几句话、一封信、大量摘录片段）。句子之间这类投射通常与文本的开头和结尾紧密关联。

投射也可以出现在小句内部，这时它们可以清晰地将观点的责任者投射给来源。图图四次使用了这一资源，这些资源与声称无罪、乌班图的意义、新南非民主的声望和价值有关：

Amnesty is not given to innocent people or to those who claim to be innocent.

This is a far more personal approach, which sees the offence as something that has happened to people and whose consequence is a rupture in relationships.

Many of those who have come forward had previously been regarded as respectable members of their communities.

the new culture of respect for human rights and acknowledgment of responsibility and accountability by which the new democracy wishes to be characterized.
赦免不会给予无罪的人或那些声称无罪的人。

这是一种更加个人化的方法，它将犯罪视为发生在人们身上的事情，其后果是关系破裂。

许多前来寻求赦免的那些安全组织成员，之前在他们的群体中，都被看作是受人尊敬爱戴的成员。

它是一个支持尊重人权、承认责任和问责制的新文化，这也是新民主国家希望具备的文化特点。

这些小句内部的投射包括“言说”*claim to be*（声称是），“看待”*sees, been regarded as*（看作，被看作）以及“感觉”*wishes to be*（希望成为）。法案也在小句内部使用了与声称受害者有关的投射以及与真相与和解委员会的权利有关的投射：

...the gathering of information and the receiving of evidence from any person, including persons claiming to be victims of such violations or the representatives of such victims ...

...establish such offices as it may deem necessary for the performance of its functions

52 ...conduct any investigation or hold any hearing it may deem necessary and establish the investigating unit referred to in section 28
……从任何人那里收集信息和接收证据，包括声称是此类侵权行为受害者的人或这类受害者的代表 ......

……设立其认为履行其职能所必需的办公室

……进行任何调查或举行其认为必要的任何听证会，并设立第28条所述的调查单位

这些都是“言说”*claiming to be*（声称是）和“思考”*may deem*（可能认为）的例子。

最后我们需要考虑那些用标点符号来表示某人的话的例子。海伦娜在故事中有几次使用了标点：

Even if he was an Englishman, he was popular with all the ‘Boer’ Afrikaners. And all my girlfriends envied me. Then one day he said he was going on a ‘trip’.

Abruptly mutter the feared word ‘trip’ and drive off.

The role of ‘those at the top’, the ‘cliques’ and ‘our men’ who simply had to carry out their bloody orders... like ‘vultures’. And today they all wash their hands in innocence and resist the realities of the Truth Commission.
Yes, I stand by my murderer who let me and the old White South Africa sleep peacefully. Warmly, while ‘those at the top’ were again targeting the next ‘permanent removal from society’ for the vultures.

...there must have been someone out there who is still alive and who can give a face to ‘the orders from above’ for all the operations.

即使他是英国人，但在所有的南非“布尔人”中间他也深受爱戴。我所有的女友都嫉妒我。后来有一天，他说他要去“旅行”。

突然说出那个可怕的词“旅行”然后就开车离开了。

“那些上级”“集团”“我们的人”所扮演的角色，他们像“秃鹫”一样执行了怎样血腥的命令……并且今天他们都以无罪的名义洗净了双手，拒绝真相委员会给出的现实。
是，我站在谋杀者一边，是他让我和旧的白人南非可以安稳入眠。与此同时，“那些上级”又一次温暖地对准了下一个目标，即将这些废物们“永久地从社会中清理掉”。

……那里一定有某个人、活着的人，有脸面来面对所有执行者所收到的“来自高层的命令”。

这类资源又是称作“短语引用”[1]（scare quotes），其功能是警告读者这些不是海伦娜自己的话语，而是别人的，如她的第二个恋人的或南非白人领导人的话语。在口语中，说话人可能用特殊语调或音色来显示这类投射，有时人们可以用体态姿势来模仿引号，用身体表达这一特殊标点符号。这样处理的效果是将突显的话语中的评价与自己剥离开，将评价归于其他声音，不明说，但通常是可以追溯的态度来源。

总之，我们观察了将态度归于来源的四种投射途径：投射小句、命名言语行为、小句内部投射、短语引用。表 2.6 将这些例子做一总结。

表 2.6　投射来源

投射小句	*Then he says: He and three of our friends have been promoted.* *I know where everything began, the background.* 然后他说：他和三个朋友被提拔了。 我知道一切的源头、背景。
命名言语行为	*I end with a few lines that my wasted vulture said to me* *they broadcast substantial extracts:* 我用我那个没用的废物说的几句话来结束我的故事 他们播放了大量的摘录片段
小句内部投射	*Many of those who have come forward had previously been regarded as respectable* *such offices as it may deem necessary* 许多前来寻求赦免的那些安全组织成员，之前在他们的群体中都被看作是受人尊敬爱戴的成员 其职能所必需的办公室
短语引用	*'those at the top', the 'cliques' and 'our men'* “那些上级”“集团”“我们的人”

① scare quote 指为引起特别注意或提示用词不当等所使用的着重引号或提示性引号，引用内容通常为词或短语，较少为句子。——译者

情态 53

除了投射，另一个将其他声音引入文本的途径是通过情态，我们前面讲到态度增强的时候已经介绍过情态了。韩礼德（1994）将情态描述为是与非之间建构语义空间的一类资源，是在肯定和否定两级之间的一个连续统。有两个大类的情态，一类用于协商服务，另一类用来协商信息（参见后面第七章）。索取一项服务可以通过下列方式来协商：

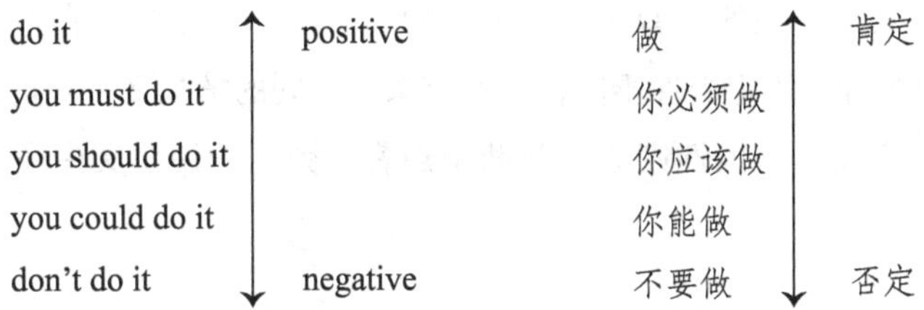

沿着这个等级，我们可以说你“多么应该”做出行动。在另一方面，给予信息的陈述可以通过下列资源加以协商：

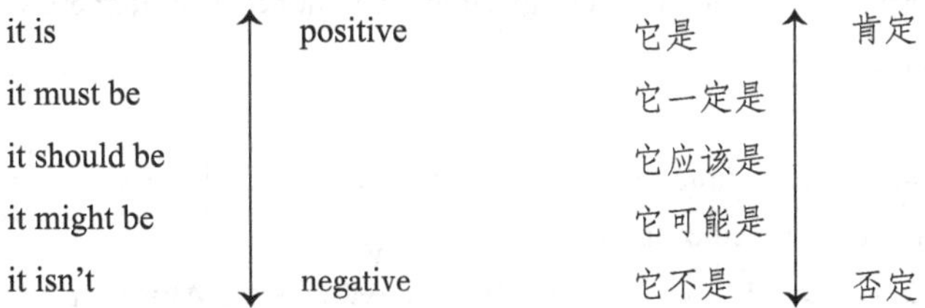

沿着这个等级，我们可以说一个陈述有“多少可能性”。在这些情态等级的两端是肯定和否定极性选择。正如我们所说的那样，情态可以被用来将其他声音引入文本，这就包括极性（polarity）。要看到这是如何操作的，我们可以从极性和否定的角色开始。图图在他的说明文一开头用了一个问题，在问题之后紧跟着他使用了一个否定小句：

> So is amnesty being given at the cost of justice being done? This is ***not*** a frivolous question, but a very serious issue, one which challenges the integrity of the entire

Truth and Reconciliation process.
所以是否要在牺牲公正的前提下给予赦免？这*不是*一个轻浮的问题，而是一个极为严肃的问题，这一问题挑战着整个真相与和解过程的正义性。

这里图图是在反对某个认为公正的代价是一个轻浮的问题的人，或者某个认为图图的想法是一个轻浮的想法的人。他使用了一个否定小句先发制人地阻止了这一立场，不让这一立场影响讨论。否定可以将自己的声音定位于与某个潜在的声音对立；因此隐含了两个声音的存在。在这一点上，否定极性与肯定极性不同；在所有条件相同的情况下，肯定极性会唤起一个声音而否定极性则会唤起两个声音。图图的说明文中还有更多的例子：

54 It is also **not true** that the granting of amnesty encourages impunity in the sense that perpetrators can escape completely the consequences of their actions, because amnesty is only given to those who plead guilty, who accept responsibility for what they have done. Amnesty is **not given** to innocent people or to those who claim to be innocent.

It is important to note too that the amnesty provision is an ad hoc arrangement meant for this specific purpose.
This is **not how justice is to be administered** in South Africa for ever. It is for a limited and definite period and purpose.

Further, retributive justice—in which an impersonal state hands down punishment with little consideration for victims and hardly any for the perpetrator—is **not the only form of justice.**
赦免在某种意义上会助长有罪不罚，那样犯罪者可以完全逃避其行为的后果，这也是**不真实的**，因为赦免只给予那些认罪的人，他们要为自己的所作所为承担责任。赦免**不会给予**无罪的人或那些声称无罪的人。

还必须指出，赦免条款是为这一特定目的所做的一项特别安排。南非的**司法**

管理方式并非永远如此。它有限定的时间段和明确的目的。

此外，报复性司法**不是唯一的司法形式**。报复性司法指：作为非个人化的国家在做出惩罚时很少考虑受害者，几乎不考虑肇事者。

这类否定是劝说类写作的一个特征，需要解决或搁置相互对立的立场。实际上图图并没有允许反对的立场说话，如果那样他就不得不用投射给他们一个声音；他所给予他们的立场就是知道有这样一种声音存在，不过是要被否定的。

正如我们所看到的那样，情态可以被解释为一种等级化的极性资源，用来建立肯定性和否定性之间的不同等级（即是与非之间的空间）。这里还有两个这类等级的例子，最上面是肯定，向下逐渐滑向最下面的否定：

there is a clique	↑ positive	有一个集团	↑ 肯定
there **must certainly** be a clique		一定有一个集团	
there **would probably** be a clique		很可能有一个集团	
there **might possibly** be a clique		或许有一个集团	
there is**n't** a clique	↓ negative	没有集团	↓ 否定

the application is dealt with in a public hearing	↑ positive	申请应在公开听证会处理	↑ 肯定
the application **must** be dealt with in a public hearing		申请一定要在公开听证会处理	
the application **should** be dealt with in a public hearing		申请应该在公开听证会处理	
the application **could** be dealt with in a public hearing		申请可以在公开听证会处理	
the application is **not** dealt with in a public hearing	↓ negative	申请不在公开听证会处理	↓ 否定

如果我们借助这些等级来观察情态，它的功能与否定非常近似（参见 Fuller 1998; Martin & White 2005）。例如，主张某种事物 *must*（一定）是这样，听上去像断言而实际上允许质疑；它比说某事 *would*（或许）是真的要肯定；但比完全不使用情态表达而主张这是真的要不肯定。所以，情态与极性相似，告知围绕问题或主张还有其他声音存在。同时它与极性不同，它不会将那些声音引入然后否定之；它会打开一个协商空间，在这里围绕一个问题的不同观点可以交流，这是一个或许可以有调节和可能和解的空间。

55 图图在他的说明文中使用了一系列情态资源来告知其他立场的存在，包括概括公众听证会影响时使用的频率（usuality）：

> It was **often** the very first time that their communities and even **sometimes** their families heard that these people were, for instance, actually members of death squads or **regular** torturers of detainees in their custody.
> **多数情况下**，他们的群体，**有时**甚至是家庭成员，都是第一次听说这些人实际上都是，比如行刑队成员或**经常**对被拘留者施以酷刑的人。

这里的等级与某事“多长时间”发生一次有关，与此相关的还有下面的等级：

it was the first time their families heard	↑ 这是他们的家庭第一次听到
it was **always** the first time their families heard	他们的家庭**总是**第一个听到
it was **often** the first time their families heard	**通常**他们的家庭第一个听到
it was **sometimes** the first time their families heard	**有时候**他们的家庭第一次听到
it was**n't** the first time their families heard	↓ 他们的家庭听到此事已经**不是**第一次了

海伦娜更频繁地使用了情态，表达一系列的情态意义：

协商信息

多频繁　　*He and his friends **would visit** regularly.*

　　　　　他和他的朋友们**经常过来**。

多么可能 *There **must have been** someone out there who is still alive.*
那里**一定有**某个活着的人。

协商服务

多么应该 *I **had to watch** how white people became dissatisfied with the best.*
我**不得不看**着那些白人即使拥有了最好的东西也不满足。

多么愿意 *I **would have done** the same had I been denied everything.*
如果我被剥夺一切我**也会做**同样的事情。

多么能够 *who **can give** a face to 'the orders from above' for all the operations*
能够有脸面来面对所有执行者所收到的"来自高层的命令"

上述例子展示了韩礼德（1994）讨论的五类情态：频率、概率（probability）、义务（obligation）、倾向（inclination）、能力（ability）。

法案，由于其涉及应该发生的事情，所以主要与义务有关（人们多么应该去行动）：

AND SINCE **it is deemed necessary** to establish the truth in relation to past events as well as the motives for and circumstances in which gross violations of human rights have occurred, and to make the findings known in order to prevent a repetition of such acts in future;
AND SINCE the Constitution states that the pursuit of national unity, the well-being of all South African citizens and peace **require** reconciliation between the people of South Africa and the reconstruction of society;
AND SINCE the Constitution states that there is **a need** for understanding but not for vengeance, **a need** for reparation but not for retaliation, **a need** for ubuntu but not for victimisation;
AND SINCE the Constitution states that in order to advance such reconciliation and reconstruction amnesty **shall be** granted in respect of acts, omissions and offences associated with political objectives committed in the course of the conflicts of the past
并且鉴于**有必要**弄清过去人权侵害事件的真相、动机以及发生的环境，让调查结果公之于众以避免将来类似事件再次发生；
并且由于《宪法》规定，追求民族团结、所有南非公民的福祉与和平，**需要**南非人民之间的和解和社会的重建；
并且由于《宪法》规定**需要**理解而不是复仇，**需要**赔偿但不是报复，**需要**乌班图但不是牺牲；
并且由于《宪法》规定，为了推动这样的和解和重建，对在过去冲突中与政治目标相关的行为、失职和违法行为**应给予**赦免

56 这里的最后一个例子使用了我们或许可以称为“立法的”*shall*（应该）来标记无可争辩的义务。根据该法第2章，围绕建立真相与和解委员会所规定的各类过程中，*shall*（应该）的这类用法成为主导性用法：

(3) In order to achieve the objectives of the Commission –

(a) the Committee on Human Rights Violations, as contemplated in Chapter 3, **shall deal,** among other things, with matters pertaining to investigations of gross violations of human rights;

(b) the Committee on Amnesty, as contemplated in Chapter 4, **shall deal** with matters relating to amnesty;

(c) the Committee on Reparation and Rehabilitation, as contemplated in Chapter 5, **shall deal** with matters referred to it relating to reparations;

(d) the investigating unit referred to in section 5 (d) **shall perform** the investigations contemplated in section 28 (4) (a); and

(e) the subcommittees **shall exercise, perform and carry out** the powers, functions and duties conferred upon, assigned to or imposed upon them by the Commission.

（3）为了达成委员会的目标——

（a）按照第3章的规定，侵犯人权委员会除其他外，**应处理**与调查严重侵犯人权行为有关的事项；

（b）按照第4章的规定，赦免委员会**应处理**与赦免有关的事项；

（c）按照第5章的规定，赔偿与和解委员会**应处理**与赔偿有关的事项；

（d）第5部分提到的调查单位**应实施**第28（4）（a）部分规定的调查；

并且

(e) 分支委员会应**践行**、**实施**、**履行**委员会所赋予和指派的权力、职能和义务。

一些投射本身也包括了情态和极性意义，所以投射和情态化也可以解释为具有借言功能（Hyland 1998）。图图使用了三个这类投射：

They **denied** that they had committed a crime, **claiming** that they had assaulted him only in retaliation for his inexplicable conduct in attacking them.
他们**否认**他们曾经犯罪，**声称**他们殴打他只是为了报复他莫名其妙地袭击他们的行为。

I **contend** that there is another kind of justice, restorative justice.
我**认为**，还有另一种正义，即恢复性正义。

denied（否认）包括“不是真的”的意思；*claiming*（声称）允许质疑；*contend*（认为）不如 *claim*（声称）那么强势（更“应该”而不是“必须是真的”）。

让步

就多声而言，我们需要考虑的第三类资源被称作“反预期”（counterexpectancy）。这是海伦娜叙事的主要特征之一，与她追踪读者预期、随故事展开调整预期有关。说明文和法案中较少使用。例如，在她的祈祷中，她告诉上帝她无法应对她的第二个恋人了，创造出一个她可能尝试离开的预期。接着，她通过讲述她不能离开来违反上述预期。

I can't handle the man anymore! **But**, I can't get out. 我受不了这个男人了！**但是**，我也逃不脱。

在这个例子中，海伦娜使用了连词 *but*（但是）来显示这一举动违反了她为 57

读者制造的预期。在语篇的任何一个点上，读者都可以对即将发生的事情产生预期，并且海伦娜在违反这一预期时会将读者的这一预期考虑在内。换言之，她在告知读者除了她自己的声音之外还有其他声音存在，在上例中，就是读者的声音。下面是海伦娜故事中更多这类调试预期的例子：

> Not quite my first love, **but** an exceptional person.
> He tried to hide his wild consuming fear, **but** I saw it.
> Eyes bewildered, **but** dull like the dead.
> I can understand if ... de Klerk says he didn't know, **but** dammit, there must be a clique
> 跟初恋不同，**但**也是一个非常杰出的人。
> 他试图遮掩这种难以言表的恐惧，**但**我还是看到了。
> 眼神迷茫，**但**像死人一样无神。
> 如果……德克勒克先生说他不知道，我可以理解，**但是**该死的，那里一定会有一个集团

像 *but*（但是）这样表达反预期的连词，我们称为让步连词（concessive）。让步连词在第四章有更详细的讨论。这里我们简单呈现一下这类连词如何被用来调控读者的预期。

But（但是）是最常用的表达让步的普通连词。还有其他可能性，包括 *however, although*（不过、尽管）；其他变体包括 *even if, even by, in fact, at last, indeed*（即使、甚至、事实上、最后、确实）；以及 *nevertheless, needless to say, of course, admittedly, in any case*（尽管如此、不必说、当然、诚然、无论如何）等等：

> **Even if** God and everyone else forgives me a thousand times—I have to live with this hell.
> **即使**上帝和每个人都原谅我千百次——我必须忍受这个地狱。

这里的 *even if* 意思是“超出预期”——即使在原谅的前提下，他接下来

的恶劣处境也是无法预料的。

> I envy and respect the people of the struggle—**at least** their leaders have the guts to stand by their vultures, to recognise their sacrifices.
> 我嫉妒并敬仰那些斗争的人们，**至少**他们的头目有勇气站在这些废物们一边，来认可他们的牺牲。

> Spiritual murder is more inhumane than a messy, physical murder. **At least** a murder victim rests.
> 精神折磨比肮脏的肉体谋杀更残忍。**至少**谋杀的受害者安息了。

事实上，通过表达时间、对立和起因调控预期是连词的一个最普遍的特征。在下面的例子中，*suddenly*（突然）意思是“比预期的要快”，*instead of resting at night*（而不是晚上休息）隐含“晚上休息”是我们通常会期待的事情：

> They even stayed over for long periods. **Suddenly**, at strange times, they would become restless.
> 他们甚至来住过很长时间。**突然**，在某些奇怪的时刻，他们会变得焦躁不安。

> **Instead of** resting at night, he would wander from window to window.
> 晚上他**不**睡觉，他会从一个窗口走到另一个窗口。

图图在他的说明文中也使用了让步……

> Here the central concern is not retribution or punishment **but**, in the spirit of 58
> ubuntu, the healing of breaches, the redressing of imbalances, the restoration of broken relationships.
> 在这里，核心问题不是报复或惩罚，**而是**本着乌班图的精神，愈合违约行为，纠正失衡，恢复破裂的关系。

这里的让步包括“内部”[①]修辞意义“尽管我引导你预期我要说什么”（对应于“外部”修辞意义“尽管你们期待会发生”）。这里，图图的意思是，尽管他承认公开听证会不是一个绝对的要求，事实上几乎所有的重要案件都是这样审理的：

The Act required that where the offence is a gross violation of human rights—defined as an abduction, killing, torture or severe ill-treatment—the application should be dealt with in a public hearing unless such a hearing was likely to lead to a miscarriage of justice (for instance, where witnesses were too intimidated to testify in open session). **In fact**, virtually all the important applications to the Commission have been considered in public in the full glare of television lights.

该法案规定，如果罪行为严重侵害人权——被定义为绑架、杀戮、酷刑或严重虐待——申请应在公开听证会上处理，除非这种听证会可能导致误判（例如，证人受到恐吓而无法在公开开庭作证的情况下）。**事实上**，所有向委员会提出的重要申请都应在电视台的全眩光灯下在公共场合审议。

法案没有使用任何调控预期的这类手段。

除了连词，还有另一类重要的调试预期的资源，即连续词（continuatives）。这些词很像连词，但不出现在小句内部，而是出现在小句开头。包括如 *already, finally, still*（已经、最后、依然）和 *only, just, even*（仅仅、只是、甚至）。表达时间的连续词表示某事或早或晚发生，或者比一般人预期的时间要长。在下面的例子中，海伦娜评论白人的贪婪持续时间比一般人合理预期的时间要长：

---

① 这里的“内部”和“外部”对应于第四章讨论的“内部连接关系”和“外部连接关系”。内部连接指用来组织语篇内部关系的连接手段，如文章内部的排列顺序，first, second 等，或者内部事实之间的逻辑关联。外部关系指文章所描述的外部世界中事件之间的时间、因果等关系。详见第四章。——译者

If I had to watch how white people became dissatisfied with the best and **still** wanted better and got it.
如果我不得不看那些白人即使拥有了最好的东西也不满足而**依然**想要更好的东西，且能够得到想要的一切。

其他连续词显示有些情形或多或少超出预期：

It was the beginning of a beautiful relationship. We **even** spoke about marriage.
Amnesty didn't matter. It was **only** a means to the truth.
这是一段美好关系的开始。我们**甚至**开始谈婚论嫁。
赦免与否不重要。这是获得真相的**唯一**途径。

图图使用了较少的此类资源来调整预期：

They denied that they had committed a crime, claiming that they had assaulted him **only** in retaliation for his inexplicable conduct in attacking them.
他们否认犯罪，声称他们殴打他**只是**为了报复他莫名其妙地袭击他们的行为。

我们已经将情态和让步都呈现出来了，还有投射，这样是时候引入我们用来命名这一意义区域的专业术语了，即介入。

总结一下，我们迄今谈到了三个主要的评价系统：态度、增强和来 59
源。态度包括情感、判断和鉴赏这三个主要情感区域。增强涵盖级差，包括语势和聚焦。语势包括选择提升或降低级差词语的强度。聚焦包括锐化和柔化经验边界。介入包括将其他声音引入话语的资源，可以通过投射、情态化或让步来实现。这里的关键选择是一个声音（单声）还是多个声音（多声）。这些主要的评价系统见图 2.5。为了更准确反映人们如何将话语中介入、态度和级差结合起来，评价网络将三个共时评价系统并列呈现。也就说，我们可以从三个系统中同时做出选择。

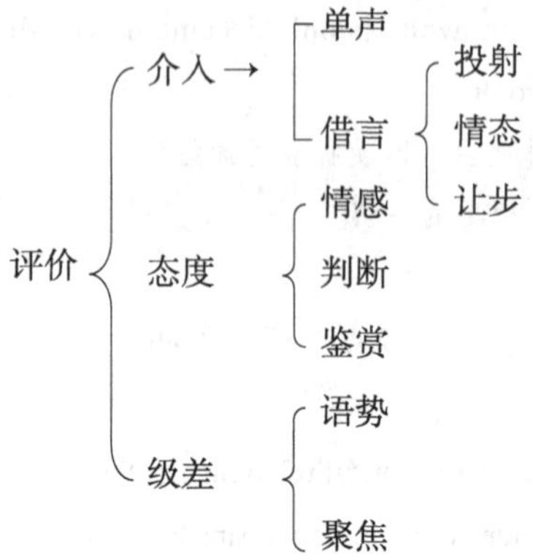

图 2.5　评价系统：总览

2.5　韵律与语类

随着文本从一个时刻到另一个时刻的展开，评价资源被用来建构话语片段的基调和语气，这些选择在不同时刻间产生共鸣，不断回荡。这些选择形成的模式具有“韵律”特征。他们形成贯穿文本的态度韵律，一会儿增强，一会儿减弱，像音乐旋律一样张弛有度。评价选择的韵律模式构成评价者的“立场”或“声音”，而这一立场或声音确定了评价者围绕某些
60 共享价值所构建的一类社团。在日常语言中，这些立场通常会放在一个从客观到主观的尺度等级上来讨论。

正如我们所看到的，在所有语类中，法案是在上述等级中靠近客观的一端，尤其是在界定条目的时候：

CHAPTER 1

Interpretation and application

Definitions

1. (1) In this Act, unless the context otherwise indicates—

(i) “act associated with a political objective” **has the meaning ascribed**

thereto in section 20 (2) and (3); (ii)

(ii) "article" **includes** any evidence, book, document, file, object, writing, recording or transcribed computer printout produced by any mechanical or electronic device or any device by means of which information is recorded, stored or transcribed; (xix)

(iii) "Commission" **means** the Truth and Reconciliation Commission established by section 2; (ix)

(iv) "commissioner" **means** a member of the Commission appointed in terms of section 7(2)(a); (viii)

(v) "committee" **means** the Committee on Human Rights Violations, the Committee on Amnesty or the Committee on Reparation and Rehabilitation, as the case may be; (vii)

(vi) "Constitution" **means** the Constitution of the Republic of South Africa, 1993 (Act No. 200 of 1993); (iv)

(vii) "cut-off date" **means** the latest date allowed as the cut-off date in terms of the Constitution as set out under the heading "National Unity and Reconciliation" ; (i)

(viii) "former state" **means** any state or territory which was established by an Act of Parliament or by proclamation in terms of such an Act prior to the commencement of the Constitution and the territory of which now forms part of the Republic; (xvii)

第一章

解释与适用

界定

1.（1）在该法案中，除非上下文另有说明——

（一）"与政治目标有关的行为"**具有第二十节（2）及（3）条所规定的含义**；

（二）"物品"**包括**任何证据、书籍、文件、档案、物品、记录或由机械或电子设备或任何设备所记录、存储或转录的计算机打印信息；

（三）"委员会"**指**依照第二节建立的真相与和解委员会；

（四）"专员"**指**根据第七条任命的委员会成员；

（五）"委员会"**指**真相与和解委员会、人权侵犯委员会、赦免委员会和赔偿与康复委员会；视情况而定；

（六）“宪法”**指** 1993 年南非共和国宪法（1993 年法案第 200 号）；

（七）“截止日期”**指**“民族团结与和解”标题下宪法所规定的允许作为截止日期的最晚日期；

（八）“以往省区”**指**宪法颁布之前按照国会法案建立的省或地区，或在《宪法》生效之前依照类似法案建立并且现已成为共和国一部分的省或地区；

就评价资源而言，这类“客观性”看上去涉及一系列因素，具体讲就是尽可能减少态度、级差和借言表达。我们可以将这类立场看作是一类毫无情面的立场。但是这种缺少情感、强度和不同声音的选择本身就是一种面貌、一种冷峻的面貌，但这无疑是一种面貌。在上面所转述的部分，法案在竭尽全力建构对真相与和解委员会的非常精确的解释。我们可以说用来界定条款的资源（上面加粗突显的部分）实际上是一种单声资源，用来确保法案尽可能清晰地表述其行政目标（就其行政目标而言法案以清晰的唯一的声音说话）。不使用级差资源可以使定义更严格；几乎不使用投射、情态和让步资源也可以强化单声立场。这不是一个可以争论的文本——这是法律。

在等级的另一端我们有海伦娜的叙述，这里使用了全部的态度、级差
61 和介入资源。或许这也是为什么我们在一系列不同模态（书籍、电影、闲谈、电视、戏剧、收音机等等）中发现这一叙述非常合适。这里有各类情感可以分享；情感的等级可以加强或调低，边界可以柔化或锐化；紧紧抓住了读者的注意；各种声音被唤起，我们不得不涉身其中。所有资源都利用上了。

图图的说明文处在上述两类文本之间。它使用了态度资源，但不全面。有一些强化资源，但不多；聚焦资源也是偶尔出现，为了表达精确，需要锐化边界。其他声音也有提及，但主要是为了反驳。图图在跟我们说话，试图劝说我们。他努力为自己的立场争辩，不像法案那样只是简单宣布。

语类之间的这类差异也反映在语类内部的不同阶段。如上面所说，海伦娜在事件阶段使用的情感资源比解释阶段要多，解释阶段突显的是判断资源。图图的第一个和第二个论据中聚焦判断，但在第三阶段（围绕乌班图概念）鉴赏起了主要作用。法案在界定部分完全避免了评价资源，但在开头部分引用了《南非共和国宪法》，包括其中的情态化和以和解为导向的鉴赏：

> AND SINCE the Constitution **states** that the pursuit of **national unity,** the **well-being** of all South African citizens and peace **require reconciliation** between the people of South Africa and the **reconstruction** of society;
> AND SINCE the Constitution **states** that there is a **need** for **understanding** but **not** for **vengeance,** a **need** for **reparation** but **not** for **retaliation,** a **need** for **ubuntu** but not for **victimization**
> 并且由于《宪法》**规定，**追求**民族团结**、所有南非人民的**福祉**与和平，**需要**南非人民之间的**和解**与社会的**重建；**并且由于《宪法》**规定，需要理解**而不是**复仇，**需要**赔偿**但**不是报复，需要乌班图**但不是牺牲

换言之，随着语篇的展开，文本尝试带我们去走不同的路，在我们之间形成不同类型的关系，在战略上与我们交流。或许我们可以说，评价与修辞的关系，就像连词与逻辑之间的关系一样；它动态地展开让我们去参与，让我们站在它们一边，不是通过呼吁，而是通过一系列巧计，这些巧计在各个相之间一步一步展开。

我们用吉姆（Jim）[①] 的一篇论文作例子来结束这一节的讨论，这个例子展示了立场的转移。论文中，吉姆尝试弄明白为什么纳尔逊·曼德拉的自传《漫长的自由之路》最后几页（我们在第七章还会回到这个文本）令他如此感动。他从一位功能语言学家、符号学家的角度来分析这个片段，他的论文包括六个小节：

---

① 这里的吉姆（Jim）指本书作者之一的马丁教授（全名 James Robert Martin），Jim 是 James 简称。——译者

1. 文本
2. 抽象化的自由
3. 启蒙
4. 参与
62 5. 再情景化
6. 恩典

为了将这篇文章发表在学术刊物（《话语研究》*Discourse Studies*）上，他选用了相对客观的立场［即亨斯顿（Hunston 1994）和迈尔斯（Myers 1989）所研究的学术立场］，虽然不是完全没有个人面貌，但是倾向于单声和冷静。该研究即将结束的时候，他依然感觉有些迷惑：为什么他分析的文本如此令人感动。他与曼德拉虽然在很多很多方面迥异，但他与曼德拉的思想交融似乎超越了自己所作的分析，不论他如何聚焦分析对象的进展。恼怒之下，他决定改变立场，写道：

6. 恩典

在本文中，我尝试从我个人的特定阅读立场、用我自己所接受的有关意义解码的训练来分析这个语篇实例。如果允许做出反应，那么映入脑海的一个词就是“恩典”，包含该词所包含的每一个涵义。讲述优雅地展开，修辞的魅力，对所有民族的善意……我情不自禁地欣赏文本的组织，欣赏文本为我们构建的曼德拉。在这类反应中，我并不孤单。看一下曼德拉 1995 年这本书的封面上宣传推广所使用的评价性词语：*愤怒*、*悲伤*、*爱*、*喜悦*、*恩典*、*优雅*、*引人入胜*、*辉煌*、*情感*、*引人注目*、*鼓舞人心*、*令人激动*、*史诗般的*、*艰辛*、*坚忍不拔*、*胜利*、*清晰*、*雄辩*、*燃烧着信仰的光芒*、*不可战胜*、*希望*、*尊严*、*迷人*、*伟大*、*不可或缺*、*独特*、*真正令人惊叹*、*非凡*、*生动*、*不同寻常*、*勇气*、*坚持*、*容忍*、*宽恕*、*令人惊奇*、*值得*、*崇高*、*奋斗*、*理想主义*、*能力卓越*、*愤世嫉俗*、*义不容辞*。魅力是什么？

我想，我们这里讨论的是，曼德拉能让激进的价值观变得更加自然，他的用词让人放下戒备而不是选择对抗。不管是讲述本身，还是讲述的重新语境化，都在倡导一种关于自由的政治观点——尊重他人自由，提升他人自由。实践起来，不仅要废止种族隔离制度、与施暴者和解，最终还要对全球经济秩序进行重构。现有的经济秩序分配严重不均，只能靠各种暴虐的政权加以维持。某种程度上，曼德拉在以自由之名倡导社会主义。他让那些反对他的人有了舒适的阅读立场，也给了同情他的人一针强心剂。如果从事话语分析的人真想用笔改造社会，就必须拓宽自己的研究范围，把此类话语包括进来——那些鼓舞人、激励人、打动人的话语，那些让我们喜欢，令我们欢喜的话语。换言之，我们不仅需要批判性的话语分析，更需要积极的话语分析（positive discourse analysis, PDA?）也就是说，我们不仅要处理那些我们不喜欢的、想要揭露的文本，也要处理那些我们赞赏的文本（Wodak 1996）。（Martin 1999a: 51−52）

正如第一段所言，吉姆决定换挡（或许要调用职业优势），暂时停止分析
文本，改为对所分析的文本做出回应。他对文本的评价是：优雅，他为 63
之着迷，他欣赏它，当然也欣赏写它的人。他表明，在这些回应中，自己并不孤单，把曼德拉一书封面上用于宣传的态度表达词语拉到自己这一边。然后很快，在被他的编辑（永远苛刻的范·戴伊克）苛责之前，他在下一段赶紧拉回来，变得冷静，又变回到学术立场，并试图再次用学术术语解释清楚曼德拉如何把人们的情绪调动起来。他或许正在与崇高的事物搏斗，但他觉得在深一脚浅一脚的探索路上，变化一下方式使他可以更进一步接近了崇高事物。允许自己做出反应使他开始思考曼德拉如何将其激进的政治观点巧妙处理，使得世界各地的人们放下戒心，成为仰慕他支持他的群体。这使得吉姆可以更进一步指出聚焦令人振奋的话语的重要性，而不是一味满怀不满地去批评霸权和世界上的不公。最终，变换声音所得到的或许是让批判性话语分析家们去接触政治活动家和支持者群体，去呼吁“来吧，伙计们，大家行动起来吧，这些人是英雄，让我们看一看他们怎样推动世界前进。”两种声音协同作用，其中单一的声音，即学术声音，看上去似乎有点偏离重点。

就像刚才我们变换了一下声音那样；现在我们回到主题，以免显得我们不够学术。

2.6 态度类型的更多细节

评价是构建情感共同体的巨大资源。大量情感可以通过词汇和语法来实现，这使得人们在使用它们的时候显得不太灵便，在这里我们只能聚焦一部分资源。词汇是语言中变化最快的部分——是具有弹性的语言，可以随时间的变换和新需求的出现而随时做出调整。世界变化多端，语言需要努力跟上变化的节奏。同时，很多态度是属于特殊领域的，仅用于某些特定语域而不是所有语域。吉姆十一岁的儿子说一口流利的澳大利亚悉尼马里科威尔英语（Marrickville English），当他说某件事“rocks”①，你可能知道或不知道他从哪里来。这话是在说事情好还是不好？*rocks* 到底是评价词语吗？所以，最后我们将试着进一步展开我们这里所分析的态度。虽然不可能满足所有的目标，但你可以着手去分析了。

情感

情感可以通过各种语法手段来实现。用韩礼德（1994）的术语来说，就是情感包括“品质（qualities）”、“过程（processes）”和“评论（comments）”（每一种类型的语法功能列在第三列）：

64 **作为“品质”的情感**

描述参与者	*a **happy** boy* 兴高采烈的男孩	特征
参与者属性	*the boy is **happy*** 男孩很高兴	属性
过程方式	*the boy played **happily*** 男孩玩得很开心	环境

① rock 作普通名词，指“岩石”；作动词用时，可以指“摇晃”“震撼”“激动”“搅动”等。俚语用法可以指“非常出色”“棒极了”等。——译者

作为"过程"的情感[1]

情感感知	*the present **pleased** the boy* 礼物令男孩**欢喜**	过程（施效性 effective）
情感行为	*the boy **smiled*** 男孩**笑**了	过程（中动 middle）

作为"评论"的情感

渴望性评论	***happily**, he had a long nap* 他**美美地**睡了个长觉	情态附加语

若要区分情感类型，我们可以问下列问题：

1. 这些情感是积极的还是消极的？
2. 这些情感是情绪的爆发还是心理状态？
3. 这些情感是对某些特定的外部实体的反应还是一种持续的情绪？
4. 这些情感有多强烈？
5. 这些情感是否涉及意图亦或是反应？
6. 这些情感与幸福 / 不幸福（un/happiness）、安全 / 不安全（in/security）或满意 / 不满意（dis/satisfaction）有关吗？

接下来我们仔细审视一下这六个问题。

（1）这些情感在文化中被普遍识解为积极的（良好的共鸣、愉快的体验）还是消极的（最好避免的不良氛围）？我们这里谈论的不是某个特殊心理学框架内对不同情绪所给出的值（比较："你感到难过或许是有价值的，因为这是一种迹象……"）。

---

① （边码 71）作为"过程"的情感还包括如 *I'm pleased that...*（我很开心……）*It's pleasing that...*（令人开心的是……）这样的关系。

积极情感	*the boy was **happy***	男孩**高兴**
消极情感	*the boy was **sad***	男孩**悲伤**

（2）这些情感是一时的情绪爆发——包括某些体态姿势等副语言或语言外表现，或者是一种性情或持续心理状态上的更有规律性的体验？从语法上讲，这种区分会通过行为过程（如 *She smiled at him* 她冲他微笑）、心理过程（如 *She liked him* 她喜欢他）或关系过程（如 *She felt happy with him* 她对他满意）之间的对立体现出来。

行为突发　*the boy **laughed***
男孩**大笑**起来
65 心理倾向　*the boy **liked** the present/the boy felt **happy***
男孩**喜欢**这个礼物 / 他感到**高兴**

（3）这些情感是指向某一特定外部实体（通常是有意识的事物）亦或是对其做出反应？还是一种持续的一般性情绪？对于后者，你或许会问"你怎么会有这种感觉？"，得到的回答会是"我也不知道。"

对他人（事物）做出反应　*the boy **liked** the teacher / the teacher **pleased** the boy*
男孩**喜欢**老师 / 老师**令**男孩**高兴**
没有目标的情绪　*the boy was **happy***
男孩很**高兴**

（4）这些情感是如何分等级的：是朝向强度等级的低值端，还是高值端，还是介于两者之间？在此阶段我们不希望暗示评价值的低、中、高可以作为离散值（如情态那样，参见 Halliday 1994: 358–359），但会期待多数情绪都有与之对应的区分出均衡的量表等级的词汇化表达。

低	*the boy **liked** the present*	男孩**喜欢**这个礼物
中	*the boy **loved** the present*	男孩**喜爱**这个礼物

高　　*the boy **adored** the present*　　男孩**热爱**这个礼物

（5）这些情感涉及意图（而不是反应）吗？是非现实（irrealis）的刺激还是现实（realis）刺激？

现实　　*the boy **liked** the present*　　男孩**喜欢**这个礼物
非现实　　*the boy **wanted** the present*　　男孩**想要**这个礼物

非现实情感似乎总是指向某一外部实体，所以可以用表 2.7 列举如下（暂时不考虑上面的第三个参数）。

表 2.7　非现实情感

情愿 / 不情愿	（行为）爆发		性情	
恐惧	tremble	颤抖	wary	警惕
	shudder	不寒而栗	fearful	可怕
	cower	退缩	terrorized	恐吓
渴望	suggest	建议	incomplete（miss）	不完整（想念）
	request	请求	lonely（long for）	寂寞（渴望）
	implore	恳求	bereft（yearn for）	失落（盼望）

（6）最后我们将情绪按照幸福 / 不幸福、安全 / 不安全以及满意 / 不满意归入三个主要集合。例如：

不安全 / 安全　　*the boy was **anxious/confident***　　男孩很**焦虑 / 自信**　　66
不满意 / 满意　　*the boy was **fed up/absorbed***　　男孩**厌烦了 / 被吸引住了**
不幸福 / 幸福　　*the boy was **sad/happy***　　男孩**悲伤 / 高兴**

情感可以体验为情绪类的倾向（dispositions），如 *sad*（悲伤）或 *happy*（高兴），或者可以体现为行为上的爆发，如 *crying*（大哭）或 *laughing*（大笑）。每一组情绪列在表 2.8，包括倾向和爆发的举例。每一组都包括积极情感和消极情感，举例中包含三个不同的强度等级。

表 2.8　现实情感

不幸福 / 幸福	行为爆发		情绪倾向		
不幸福：痛苦	*whimper*	呜咽	*down*	低落	[低]
[心情："内在于我"]	*cry*	哭喊	*sad*	悲伤	[中]
	wail	痛哭	*miserable*	痛苦	[高]
不幸福：厌恶	*rubbish*	垃圾	*dislike*	不喜欢	
[有指向的情感："对你"]	*abuse*	虐待	*hate*	厌恶	
	revile	辱骂	*abhor*	憎恨	
幸福：欢呼	*chuckle*	轻声笑	*cheerful*	快乐	
	laugh	大笑	*buoyant*	愉快	
	rejoice	欢喜	*jubilant*	兴高采烈	
幸福：喜爱	*shake hands*	握手	*fond*	喜爱	
	hug	拥抱	*loving*	钟爱	
	cuddle	搂抱	*adoring*	热爱	

不安全 / 安全	行为爆发		情绪倾向	
不安全：不安	*restless*	不安	*uneasy*	担心
	twitching	抽搐	*anxious*	焦虑
	shaking	发抖	*freaked out*	吓坏了
不安全：惊讶	*start*	吓了一跳	*taken aback*	吓了一跳
	cry out	惊叫	*surprised*	惊讶
	faint	晕倒	*astonished*	十分惊讶
安全：自信	*declare*	声明	*confident*	自信
	assert	断言	*assured*	放心
	proclaim	宣称	*boastful*	自负
安全：信任	*delegate*	代表	*comfortable with*	习惯于
	commit	承诺	*confident in/about*	有信心
	entrust	委托	*trusting*	信任

67

不满意 / 满意	**行为爆发**		**情绪倾向**	
不满意：厌倦	*fidget*	坐立不安	*bored*	厌烦
	yawn	打哈欠	*fed up*	厌倦
	tune out	不理睬	*exasperated*	恼怒
不满意：不悦	*caution*	警告	*cross*	恼怒
	scold	责骂	*angry*	愤怒
	castigate	斥责	*furious*	怒不可遏
满意：兴趣	*attentive*	专心	*curious*	好奇
	busy	忙碌	*absorbed*	吸引
	flat out	竭尽全力	*engrossed*	入迷
满意：羡慕	*pat on the back*	拍拍后背	*satisfied*	满意
	compliment	赞美	*impressed*	印象深刻
	reward	奖励	*proud*	骄傲

有关幸福 / 不幸福、安全 / 不安全、满意 / 不满意的框架来自吉姆对他的儿子们的观察，当时孩子们刚开始与人交流（大约两岁）。特别引人关注的是，在几个月时间里他的大儿子会有一个需求循环而且反复发脾气。这段时间里，孩子一直坚持要他的 *baggy*（他的毛毯），然后当给他毛毯后就会拒绝，然后坚持要他的 *bopple*（瓶子）；给了他瓶子就会拒绝，又坚持要 *Mummy*（妈妈）或者 *Daddy*（爸爸）（不论谁不在场）；接着又要毛毯、接着又要瓶子……如此反复了一个小时。如果我们把这些原始的尖叫看作是原始语，那么就可以得到一个包含安全 / 不安全（毯子）、满意 / 不满意（瓶子）和幸福 / 不幸福（妈妈 / 爸爸）的框架。安全 / 不安全变量涵盖与生态社会福祉有关的情绪——焦虑、恐惧、自信和信任；满意 / 不满意变量涵盖与终极目标（追求目标）有关的情绪——厌倦、不高兴、好奇、尊重；幸福 / 不幸福变量涵盖与“心事”有关的情绪——悲伤、愤怒、幸福和爱。遗憾的是，近些年我们未能开发一套情感分类的原则性依据，但令人欣慰的是文献中有各类不同的框架可以参考（包括马丁 1992 和 1996 提出的各类不同的情感分类）。

判断

判断可以被看作制度化的情感，在提议（proposals）[①] 范围内（包括人们应该或不应该如何行事的准则规范）。像情感一样，判断也有积极和消极维度，对应积极和消极行为判断。从事媒体研究的艾德玛等（Iedema et al. 1994）建议将判断分为两个大类：社会评判（social esteem）和社会制
68 裁（social sanction）。社会评判包括羡慕和批评，通常不涉及法律涵义；如果在这个领域你有麻烦，你需要的是治疗专家。社会制裁则不同，它包含表扬和谴责，通常涉及法律涵义；如果在这方面你遇到了麻烦，你需要的是律师。评判类判断包括正常（normality，某人多么与众不同）、才干（capacity，某人多么能干）、韧性（tenacity，某人多么果断）；制裁类判断包括诚实（veracity，某人多么诚实）和妥当（propriety，某人多么有道德）。每一类的判断举例列在表 2.9。在每一组中，各个例子表达不同类型的判断（例如：*lucky* 幸运，*normal* 正常，*fashionable* 时尚），每一类中还包含了不同的强度等级。

表 2.9　判断类型

社会评判“轻微[②]”	积极［赞赏］	消极［批评］
正常［命运］	*lucky, fortunate, charmed...*	*unfortunate, pitiful, tragic...*
“他 / 她很特殊吗？”	幸运、幸运、迷人……	不幸、可怜、悲惨……
	normal, average, everyday...	*odd, peculiar, eccentric...*
	正常、一般、日常……	奇怪、奇特、古怪……
	in, fashionable, avant garde	*dated, daggy, retrograde...*
	流行、时尚、前卫……	过时、土气、退化……

---

① proposal 和后面的 proposition 都是系统功能语言学语气系统中的术语。proposal 译为“提议”，指物品和服务交换过程中的言语功能。proposition 译为“命题”，指信息交换过程中的言语功能。详见《系统功能语言学导论》（韩礼德著，彭宣维等译，2010）。——译者

② 原文 venial，意思是“轻微而可原谅的小错”。但在这里，“社会评判”属于一个较大的范畴，涵盖了正面和负面“规范”“才干”和“坚韧”，因此将 venial 译为“轻微”。——译者

续表

社会评判“轻微[2]”	积极［赞赏］	消极［批评］
才干 “他 / 她很能干吗？”	*powerful, vigorous, robust...* 强大、有力、健壮…… *insightful, clever, gifted...* 有洞见、聪明、有天赋…… *balanced, together, sane...* 平衡、情绪稳定、理智……	*mild, weak, wimpy...* 轻微、虚弱、懦弱…… *slow, stupid, thick...* 慢、愚蠢、笨…… *flaky, neurotic, insane...* 古怪、神经质、疯狂……
坚韧［决心］ “他 / 她可靠吗？”	*plucky, brave, heroic...* 刚毅、勇敢、英勇…… *reliable, dependable...* 可信赖、可靠…… *tireless, persevering, resolute...* 孜孜不倦、坚持不懈、果断……	*rash, cowardly, despondent...* 鲁莽、懦弱、沮丧…… *unreliable, undependable...* 不可信赖、不可靠…… *weak, distracted, dissolute...* 软弱、心不在焉、道德沦丧……

社会约束“道德”	积极［表扬］	消极［谴责］
诚实［真实］ “他 / 她诚实吗？”	*truthful, honest, credible...* 真实、诚实、可信…… *sincere, genuine...* 诚恳、真诚…… *frank, direct...* 直率、直接……	*dishonest, deceitful...* 不诚实、欺骗…… *insincere, fake...* 不真诚、假…… *deceptive, manipulative...* 欺骗、操纵……
妥当［伦理（ethics）］ “他 / 她是否可以免受谴责？”	*good, moral, ethical...* 好、道德、合乎伦理的…… *law-abiding, fair, just...* 守法、公平、公正…… *sensitive, kind, caring...* 敏感、善良、关怀……	bad, immoral, evil... 坏、不道德、邪恶…… *corrupt, unfair, unjust...* 腐败、不公平、不公正…… *insensitive, mean, cruel...* 麻木不仁、卑鄙、残忍……

说话人所选取的判断类型对他们的机构身份非常敏感。例如，负责撰写社论和其他评论的新闻记者可以任意使用各类判断资源；负责报道硬新
69 闻（hard news）[①] 的记者意味着要听起来客观，不得不完全避免显性判断（Iedema et al. 1994; Martin & White 2005）。换言之，社会评判和社会制裁之间的区别对评价者立场的主观或客观风格有重要影响。

鉴赏

鉴赏可以看作是情感的制度化，属于命题范围，涉及如何评价产品和表现的规范。与情感和判断相同，鉴赏也具有积极和消极两个维度，对应文本和过程（以及自然现象）的积极和消极评价。系统围绕三个变量组织：反应、构成（composition）和价值（valuation）。反应与注意（反应：影响）和情感上的影响有关，即所关注的文本 / 过程吸引我们注意的程度（反应：影响）及其所引发的情感影响（回应：品质）。构成与我们对文本 / 过程的比例（proportionality）（构成：均衡性）和细节（构成：复杂度）的感知有关。价值与我们对文本 / 过程的社会意义的评估有关。反应、构成和价值的举例见表 2.10。

表 2.10　鉴赏类型

	积极	消极
反应：影响 “它吸引我吗？”	*arresting, captivating, involving,* 引人入胜、迷人、使陷入、 *engaging, absorbing, imposing,* 动人、吸引人、壮观、 *stunning, striking,* 惊艳、震撼、	*dull, boring, tedious, staid…* 沉闷、无聊、乏味、古板……

① 硬新闻指报道政治事件、国际事务、经济和科学等主题的新闻。硬新闻风格的报道通常聚焦即时发生且对地区、国家、乃至国际社会有重要影响的事件。参考 https://www.britannica.com/topic/hard-news；检索时间：2023/8/3 15: 26。

续表

	积极	消极
	compelling, interesting... 扣人心弦、有趣……	
	fascinating, exciting, moving... 引人入胜、令人兴奋、感人……	*dry, ascetic, uninviting...* 乏味、禁欲、不动人……
	remarkable, notable, sensational... 非凡、显著、轰动的……	*unremarkable, pedestrian...* 不起眼、缺乏想象……
	lively, dramatic, intense... 生动、戏剧性、强烈……	*flat, predictable, monotonous...* 枯燥、老套乏味、单调……
反应：品质 “我喜欢它吗？”	*lovely, beautiful, splendid...* 可爱、美丽、灿烂……	*plain, ugly...* 平淡、丑陋……
	appealing, enchanting, pleasing, 吸引人、迷人、令人愉悦 *delightful, attractive, welcome...* 欢快、吸引人、受欢迎……	*repulsive, off-putting,* 令人反感、令人讨厌 *revolting, irritating, weird...* 令人作呕、惹人生气、怪异……
构成：均衡 “它是否完整？”	*balanced, harmonious, unified,* 均衡、和谐、统一 *symmetrical, proportional...* 对称、成比例……	*unbalanced, discordant,* 不均衡、不一致、 *unfinished, incomplete...* 未完成、不完整……
构成：复杂度“是否很难懂？”	*simple, elegant...* 简单、优雅……	*ornamental, over-complicated,* 点缀的、太过复杂、 *extravagant, puzzling...* 奢侈、费解……
	intricate, rich, detailed, precise... 错综复杂、丰富、详细、精确……	*monolithic, simplistic...* 庞大的、过分简单的……
价值 “它有价值吗？”	*challenging, significant, deep,* 挑战性的、重要的、深的、 *profound, provocative, daring...* 深厚的、有启发的、勇敢的……	*shallow, insignificant,* 肤浅的、无足轻重、 *unsatisfying, sentimental...* 不令人满意的、多愁善感……

续表

	积极	消极
	experimental, innovative, original, 试验性的、创新的、首创的、 *unique, fruitful, illuminating...* 独一无二的、成果丰硕的、启发的……	*conservative, reactionary,* 保守的、反动的、 *generic...* 普通……
	enduring, lasting... 耐久的、持久的……	*unmemorable, forgettable...* 容易遗忘的、可以忘记的……

70 在这些维度中，价值与语场联系尤其紧密，因为评价一个文本 / 过程的标准很大程度上是特定于制度的。但除此之外，由于判断和鉴赏在某种意义上都是情感的制度化，因此所有涉及的维度都将证明对语场敏感。表 2.11 是一个表征概念意义和人际意义耦合的例子，是对语言学领域研究的鉴赏。

表 2.11　特定语场（语言学）的鉴赏

语言学	积极	消极
反应：影响 [显著度]	*timely, long awaited, engaging,* 及时、期待已久、引人入胜、 *landmark...* 里程碑……	*untimely, unexpected, overdue,* 不合时宜、出乎意料、逾期、 *surprising, dated...* 令人惊讶、过时……
反应：品质 [可能受欢迎程度]	*fascinating, exciting, interesting,* 引人入胜、令人激动、有趣、 *stimulating, impressive,* 趣味盎然、令人印象深刻、 *admirable...* 值得赞赏……	*dull, tedious, boring, pedantic,* 沉闷、乏味、无聊、迂腐、 *didactic, uninspired...* 说教、无创意……
构成 [均衡性]	*consistent, balanced, thorough,* 一致、均衡、彻底、	*fragmented, loose ended,* 支离破碎、结局松散的、

续表

语言学	积极	消极
	considered, unified, logical, 深思熟虑的、统一、合乎逻辑、 *well argued, well presented...* 头头是道、陈述恰当……	*disorganized, contradictory,* 杂乱无章、矛盾、 *sloppy...* 凌乱的……
构成 ［复杂度］	*simple, lucid, elegant, rich,* 简单、清晰、优雅、丰富、 *detailed, exhaustive, dear,* 详细、详尽、珍视、 *precise ...* 精确……	*simplistic, extravagant,* 简单、奢侈、 *complicated, Byzantine,* 复杂、拜占庭、 *labyrinthine, overly elaborate,* 迷宫、过于精致、 *narrow, vague, unclear,* 狭隘、模糊、不清楚、 *indulgent, esoteric, eclectic...* 放纵、深奥、折中……
价值 ［语场起源］	*useful, penetrating, illuminating,* 有用、透彻、启发的、 *challenging, significant, deep,* 挑战性的、重要、深入、 *profound, satisfying, fruitful...* 深厚、令人满意、成果丰硕……	*shallow; ad hoc, reductive,* 肤浅、特别、还原的、 *unconvincing, unsupported,* 缺乏说服力、未经证实、 *fanciful, tendentious, bizarre,* 想象的、有争议、离奇、 *counterintuitive, perplexing,* 违反直觉、困惑、 *arcane...* 晦涩难懂……

令问题变得更为复杂的一个因素就是语场与鉴赏（上面提到的唤起变量）的隐性耦合（implicit coupling）。与情感和判断类似，即使避免使用显性评价词汇，概念意义也可能被用来表达鉴赏。这里或许应该再次强调一下，评价分析确实需要宣布阅读立场，因为当一个人利用唤起的评价

时，更需要依赖他/她所采用的机构性阅读立场。例如，依据阅读立场不同，形式语言学家和功能语言学家对下列相对概念的评价是互补的。好学者应该赞成哪些，坏学者应该赞成哪些，他们意见相反且都坚信不疑：

71 规则/资源、认知/社会、习得/发展、组合/聚合、
形式/功能、语言/言语、系统/过程、心理和哲学/社会学和人类学、
认知/社会、理论/描写、直觉/语料库、知识/意义、
句法/话语、语用/语境、简约/奢侈、
认知/批评、技术专家/人文学者、真相/社会行动、
运用/实例化、分类/概率、对立/互补、
证明/举例、还原/综合、任意/自然、
模块化/分形、句法和词库/词汇语法

第三章

概念：识解经验

本章提纲 73

概念系统关注我们的经验是如何在语篇中被识解的。它聚焦活动发生的顺序，参与到活动中的人和事物，以及活动发生的场所和人、事物的品质，关注这些元素如何随语篇展开而构建起来并且彼此如何相互关联。

在引言部分之后，本章有三个重点小节。第 3.2 节描述了语篇中词汇成分间的关系链，比如重复，同义以及对比。由于它们在语篇展开的过程中展现了关于人和事物的图景，因此，这些关系又被称为**分类关系**（taxonomic relations）。第 3.4 节描述了小句内所涉及的过程、人物、事物、地点，以及品质之间的关系。由于这些要素在小句中或多或少处于中心地位，因此这些关系被称为**核心关系**（nuclear relations）。第 3.5 节描述了随语篇展开的活动之间的关系。由于它们将经验识解为一系列展开活动，因此这些关系又被称为**活动序列**（activity sequences）。

第 3.2 节介绍了一种分析语篇中分类关系的方法。它使我们能够看到语篇展开过程中词汇元素之间的关系，以及语篇所构建的人和事物的整体图景。第 3.4 节包含了语篇中核心关系的分析方法。这些方法展现了人和事物是如何参与到活动中，以及词汇元素是如何跨越语法的
74 不同部分而彼此关联。第 3.5 节总结了语篇中活动序列的分析方法，这种方法呈现了活动的阶段以及人、事物的参与模式。第 3.6 节讨论了词汇意义何时由非典型的措词进行表达。例如过程是由名词而非动词实现（“名词化”nominalization）。这便是所谓的**语法隐喻**（grammatical metaphor）。本节便描述了一种解读语法隐喻的方法，来帮助分析活动序列。

3.1 识解经验

概念意义的核心是人类的经验模式，在所有的语言中，这种模式指的是包含人物、事物、场所以及品质的过程。韩礼德（1994: 106）指出这种构建经验的方式潜藏在小句语法中：

> 小句……包含了构建经验的一般原则——这条原则便是现实是由**过程**构成的。人们关于经验的最深刻的印象是它由一系列正在进行的活动构成——事件发生，行为实施，感官感受，意义表达，状态存续和改变。所有这些正在进行的活动都能在小句语法中得以分类。

小句语法将这些“正在进行的活动”体现为含有不同元素的结构，这些元素包括过程、人物以及地点：

> 对正在发生的活动进行阐释包含三个方面：发生的动作、动作的实施者，以及动作发生的场所。这种涉及三方的解释体现了动词、名词以及其他词性的词类语法区分，这种模式在人类语言中基本是普遍存在的。（ibid.: 108）

从语法的角度来看，小句是由词和词组构成的结构。但从语篇语义的角度来看，小句构建了一个包含人物和事物的活动。在这个配列（figure）中的核心元素是活动过程以及直接参与其中的人物和事物，而其他元素如地点和品质等可能更外围一些。这种关于经验的核心模型呈现在图 3.1。其中"动作的实施者——动作"核心被表示为旋转的"阴 / 阳"互补模式，而"地点"和"品质"属于外围轨道部分。

在韩礼德和麦迪森（Halliday and Matthiessen 2004），以及卡芙芮等（Caffarel 2004）的著作中，类似于这样的语法描述从多个维度详尽地阐释了小句内部的经验构建。他们描述了各种语法模式：

- 区分各种类型的活动过程——动作实施、事件发生、思考、说话、 75
  状态存续、属有；
- 扩展活动过程——从各种维度，如时间、方式、原因；
- 区别参与到活动过程中的人物和事物的角色——比如作为中介（medium），范围（range），或是动作的施动者（agent）；
- 修饰这些参与者——对他们自身、他们的部分、他们的拥有物、以及他们各方面等进行分类、描述以及计数。

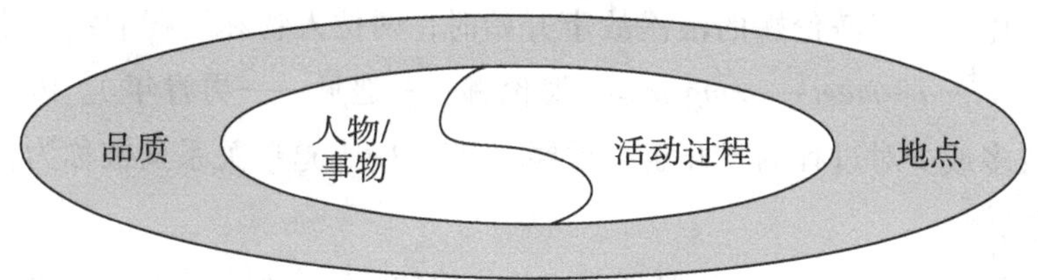

图 3.1　作为活动经验的核心模型

尽管这些丰富的语法资源可以用来详细说明经验的各个方面，它们依然只是我们用语言来构建经验的策略中的一部分。有两类互补的概念模式也同等重要。其中一类是连接关系，这种关系将前后小句在逻辑层面联系起来，因此经验可以被构建为一系列展开的活动，我们将在第四章连接系统部分简要阐述这些资源。另一类是词汇关系，指的是具体人物、事物、过程、场所以及品质之间的语义关系，这些语义关系构建起了整个语篇的语场（field）。由这些词汇间的关系所组成的系统，我们称之为概念系统。

因此，有关经验的语场由活动序列构成，其中包括人物、事物、场所以及品质。这些活动由小句以及其成分实现。在本章我们关注这些成分在小句间以及小句外的词汇关系，旨在概括能组合起来构建语场的词汇关系模式。

我们可以识别三类词类关系。第一类是随着语篇展开，从一个小句到另一个小句的元素之间形成的链状关系。这类关系包含重复关系、同义关系和对比关系。随着语篇发展，这些关系构建了关于人和事物的图景。比如，在海伦娜的故事一开头，她就开始构建自己作为十几岁女孩的形象：*late teenage years—farmgirl—eighteen-year-old*（十八九岁时——农场女孩——十八岁）。因为它们逐渐构建关于人物、事物、场所以及品质的分类，这些关系又被称为**分类关系**。

76 第二类关系是小句内元素的结构。这类关系包含人、事物以及他们所参与的过程、事件发生的场所以及这些过程所伴随的品质之间的关系。比如，当海伦娜的浪漫故事开始时，两位人物和过程的结构表现为：*Helena—meet—young man*（海伦娜——遇见——男青年）。因为它们或多或少对过程的展开至关重要，见图 3.1，这些关系又被称为**核心关系**。

第三类关系是随着语篇展开小句构建的活动序列。这些从一个过程到另一个过程中形成的关系代表着一系列步骤，比如相遇——开始关系——婚姻。因为这些关系将一个语篇的语场构建为一系列的活动，因此，这些关系也被称为**活动序列**。概念系统所涉及的三个子系统总结于图 3.2 中。

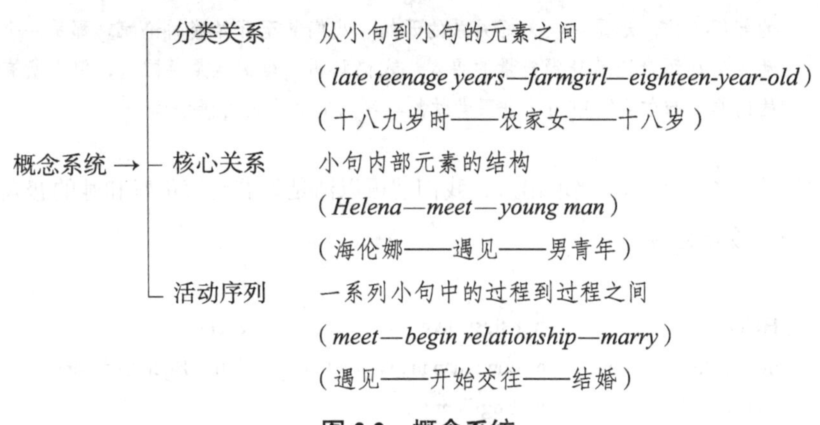

图 3.2　概念系统

3.2　分类关系

海伦娜故事中的第一次事件主要关注了她和她的初恋。随着事件的发展，两人从各个方面得以呈现。比如，她将她自己视作一位农家女，将她的恋人视为*a young man*（一个男青年）以及*an Englishman*（一个英国人），并且将他的身份同南非布尔人进行对比。提到他们的地方将在下列语篇中用粗体以及加粗斜体标记出来。

My story begins in **my late teenage years** as **a farm girl** in the Bethlehem district of Eastern Free State.

As **an eighteen-year-old**, I met ***a young man in his twenties***. He was working in a top security structure. It was the beginning of a beautiful relationship. We even spoke about marriage. A bubbly, vivacious man who beamed out wild energy. Sharply intelligent. Even if he was ***an Englishman***, he was popular with ***all the 'Boer' Afrikaners***. And all my girlfriends envied me.

我的故事从**我十八九岁**时开始，当时我是东自由邦伯利恒地区的**农家女**。

十八岁那年，我遇到了**一个二十多岁的男青年**。他当时在一个保密级别很高的部门工作。这是一段美好关系的开始。我们甚至开始谈婚论嫁。那是一个活泼生动浑身透着狂野能量的男人。人很聪明。虽说他是**英国人**，但在**所有的南非“布尔人”**中间他也深受爱戴。我所有的女友都嫉妒我。

如果我们将这些例子摘取出来，我们就可以清楚地看到海伦娜和她的恋人是怎么被分类的：

77	**Helena**	**her first love**	**others**
	my late teenage years	a young man in his twenties	all the ‘Boer’ Afrikaners
	a farm girl	an Englishman	
	an eighteen-year-old		

海伦娜	**她的初恋**	**其他人**
我十八九岁	一个二十多岁的男青年	所有的南非布尔人
农家女	英国人	
十八岁那年		

海伦娜通过她的青春和出身来描述她自己，通过她初恋情人的青春和英国种族来描述她的初恋情人，然后她将她的恋人同喜欢他的另一个族群进行对比。因为她的恋人是她故事的焦点，因此她关于他的描述非常充分，其中包含了许多积极的属性，比如 *bubbly, vivacious, beamed out wild energy, sharply intelligent, popular*（活泼生动、浑身透着狂野的能量、很聪明、深受爱戴）。不过，这些铭刻判断资源（inscribed judgment）主要在第二章评价系统部分进行处理，我们不再赘述，在这里我们只关注概念范畴。

海伦娜构建了一幅有关与她和她的恋人的图景，其中她和她的恋人被归属于更宽泛的类属成员，比如年龄和种族。这些分类没有在文中明确提出，而是通过实例假定于语篇中。我们将把同一类别中的一个例示与另一个例示之间的关系定义为**同类关系**（co-class）。在表 3.1 中，随着事件的展开，我们将这类关系中的每一个例子都分析为词汇关系串。

表 3.1　关于海伦娜及其初恋的词汇串

海伦娜的青春	她的初恋
late teenage years 十八九岁	*young man* 男青年
同类关系	同类关系
farm girl 农家女	*Englishman* 英国人
同类关系	同类关系
eighteen-year-old 十八岁	*'Boer' Afrikaners* 南非布尔人

语篇中的这些例子背后体现的是社会范畴，包含了年龄、性别、种族、能力以及阶级（参见第九章，第 9.3 小节）。图 3.3 呈现了这些范畴的部分子范畴，它们在故事的这个相中被例示化（instantiated）[①]。虚线表示人物属于多个范畴，比如 *farm girl*（农家女）同属于阶级、年龄以及性别三个范畴（省略号表示其他未列举的子范畴）。

78

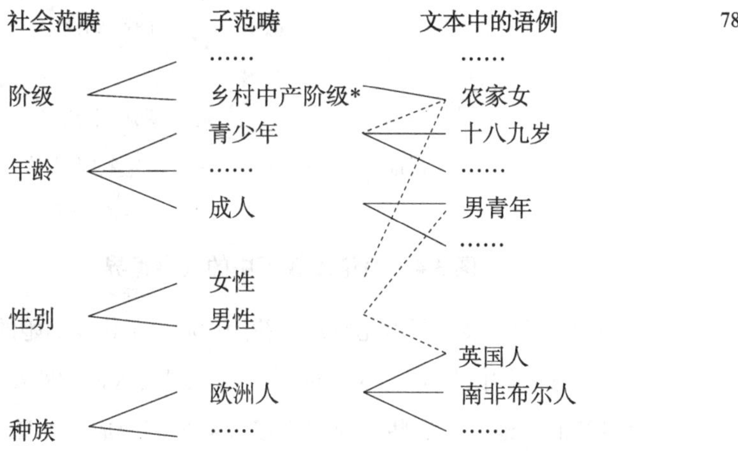

* 虽然海伦娜的社会经济阶层是最不明显的划分范畴，但根据南非种族隔离的语境我们也许可以猜想一个欧洲人将自己描写为一个农家女，她自己可能是一个小农场主的女儿，即乡村中产阶级。

图 3.3　海伦娜故事里例示的部分社会范畴

① （边码 114）“例示化”（instantiated）这个词指的是符号系统在语篇中的实例。

如果我们将注意力从海伦娜还有她的初恋身上收回，移到整个故事中出现的人物的更宽泛的类别上，我们就能在图 3.4 中清晰地看到海伦娜在她的故事中所构建的社会世界。

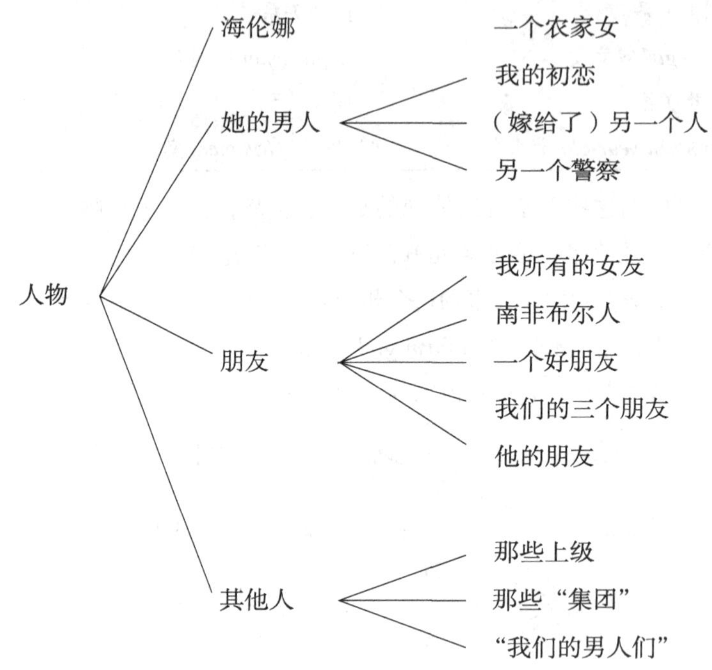

图 3.4　海伦娜故事中的社会世界

79 图 3.4 中的分类展示了海伦娜以自我为中心分类构建的她的社会世界，从她自身到她生命中的男人，再到她自己以及她爱人们的朋友，最后是她私人世界外的其他人，那些掌权之人以及被他们变成“秃鹫”一样的人们。请注意她是通过加引号这一短语引用方式来强调由朋友和爱人建立起的私人世界与那些存在于她世界之外的其他人之间的对比的。那是一个她一直被告知但是从没有亲身经历的世界，她所经历的是那个世界对她的男人造成的伤害。

整体中的部分

在她故事的第二个事件的“影响”相中，海伦娜将她的第二个恋人构建成了由多个部分构成的受折磨的有机体，包括了他的生理、心理以及灵魂，这些部分在下文中有突出标记。

> Sometimes he would just press **his face** into **his hands** and shake uncontrollably. I realized he was drinking too much. Instead of resting at night, he would wander from window to window. He tried to hide **his** wild consuming fear, but I saw it. In the early hours of the morning between two and half-past-two, I jolt awake from his rushed breathing. Rolls this way, that side of the bed. He's pale. Ice cold in a sweltering night—sopping wet with sweat. **Eyes** bewildered, but dull like the dead. And the shakes. The terrible convulsions and blood-curdling shrieks of fear and pain from **the bottom of his soul.** Sometimes he sits motionless, just staring in front of him. I never understood. I never knew. Never realised what was being shoved down **his throat** during the 'trips'. I just went through hell. Praying, pleading: `God, what's happening? What's wrong with him? Could he have changed so much? Is he going mad? I can't handle **the man** anymore!
>
> 有时候他用**手捧着脸**浑身无法控制地颤抖。我意识到他喝酒喝得太多了。晚上他不睡觉，他会从一个窗口走到另一个窗口。他试图遮掩这种难以言表的恐惧，但我还是看到了。很多个凌晨两点到两点半，我会被他急促的呼吸震醒。翻过身来，朝着床的这一边，他面色苍白。在闷热的夜晚，他竟然手脚冰凉，浑身被汗水湿透。**眼神**迷茫，但像死人一样无神。然后就是颤抖。可怕的抽搐和那种来自**灵魂深处**的恐惧和痛苦所引发的令人毛骨悚然的尖叫声。有时候他坐着一动不动，直直地盯着前面看。我永远无法理解。从未意识到他在那些“旅行”中**嗓子**里灌进过什么东西。我只是直坠地狱。祈祷，恳求，“上帝呀，到底发生了什么？他怎么啦？他怎么会变化这么大？他要发疯吗？我受不了**这个男人**了！

我们把一个整体中的部分之间的关系称为**同部分关系**（co-part）。海伦娜的男人的身体部分呈现在表 3.2 的词汇串中。

表 3.2　海伦娜第二个恋人的身体部分

the man 男人
部分
his face 他的脸
同部分
his hands 他的手
同部分
eyes 眼睛
同部分
the bottom of his soul 灵魂深处
同部分
his throat 他的嗓子

80 和图 3.4 中呈现的分类关系不同，男人的这些身体部分一起构成了**组成关系**（compositional relation）。这种分类由整体和它们的部分以及部分的部分构成。我们可以在图 3.5 中用树状图呈现这种分类方式。

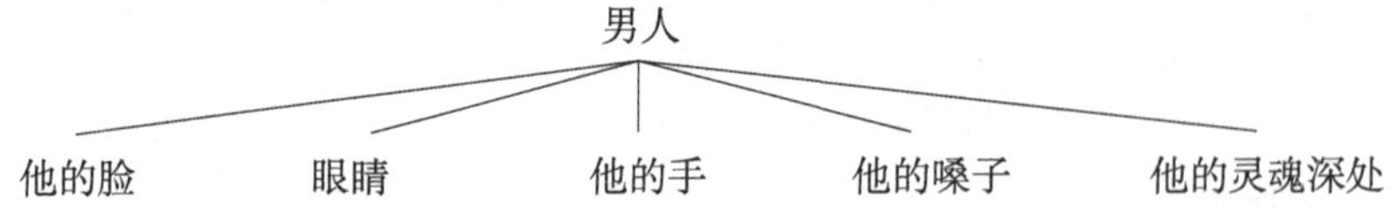

图 3.5　海伦娜第二个恋人的身体部分

分类关系的类型

范畴和成员之间的关系以及部分与整体之间的关系构成了两类分类关系。我们通过这两类分类关系来构建我们的经验语场。人物、事物以及场所属于更广义的实体范畴，同时它们也属于更大的整体的一部分，自身又由更小的部分组成。这两种关系分别称为类别分类（classifying taxonomies）以及组成分类（compositional taxonomies）。这两种层级关系可能都含有很多层，特别是在科技语场中，比如（类别）*kingdom, phylum, class, order, family, genus, species, sub-species*（界、门、纲、目、科、属、种、亚种）以及（组成）*ecosystem, food-chain, organism, organ system, organ, tissue, cell, organelle, metabolism...*（生态系统、食物链、生物体、器官系统、器官、组织、细胞、细胞器、代谢……）。过程也可以被看作是更广义类型的实例，或者是更大的活动的一部分，但他们的分类没有像人物、事物以及场所的分类那样拥有很多层级。品质只能从属于更广义的范畴，不能由更小的部分组成。

这些分类关系导致语篇中出现了多种词汇关系，其中包括类别——成员关系（class-member）和同类关系，整体部分关系（whole-part）和同部分关系。我们也包括了**重复**，同一个词汇会不断重复出现，有时会以不同的语法形式呈现，比如，*marry—married—marriage*（结婚——已婚——婚姻）。还有一种关系是**同义关系**，相似的经验意义由不同的词汇项表达，比如，*marriage—wedding*（婚姻——婚礼）。

毋庸置疑，词汇之间也有对比关系。最熟悉的便是反义关系，两个词汇项具有相反的意义，比如，*marriage—divorce*（结婚——离婚）。但还有另一种相反类型是反向角色（converse roles），比如，*wife—husband, parent—child, teacher—student, doctor—patient*（妻子——丈夫，父母——孩子，老师——学生，医生——病人）等等。虽然这些都是对立关系，但严格意义上说，它们不属于反义关系。

除了这些对立关系之外，另一种对比关系是系列关系。其中包括量度等级关系，比如，*hot—warm—tepid—cold*（热——温暖——温热——冷），以及循环关系，比如星期，*Sunday—Monday—Tuesday—Wednesday*（周日——周一——周二——周三）等等。这个分类关系的范围见图 3.6。

语篇中的每个词汇项都期望后续词汇项通过这五种方式中的一种同它们相关联。一个词汇项能开启或扩大语篇的语场，这种语场会期待后续出现一个可预测的相关词汇项范围。词汇项之间的分类关系随语场不同可以有不同的解读，正如读者和听众所理解的那样。例如，一个熟悉南非历史

81

图 3.6 分类关系系统

的读者能辨析出 *an Englishman*（英国人）和 *the 'Boer' Afrikaners*（南非布尔人）之间的同类关系，并且能够根据两个种族之间的冲突对这种关系进行阐释。正是带着对种族冲突的期待，读者将海伦娜的英国恋人的受欢迎程度解读为非同凡响，*even with the 'Boer' Afrikaners*（即便是在南非布尔人中）。由此可见，随着语篇展开，分类关系帮助构建起关于经验的语场，通过每个词汇项建立期待或是推翻这种期待。

重复和同义

在海伦娜的故事中，我们看见了大量的类别和部分关系，以及一些对比关系，但我们很少看到重复和同义关系。在语篇语场特别复杂时，重复和同义关系是非常有用的资源。有了它们，我们可以使一个或多个词汇串相对简单，而复杂的词汇关系围绕它们构建。出于这个原因，在很多领域中专业语篇是发现重复和同义关系的常见语境。和解法案就是这样一个文本。它的“目的”相如下所示，其中一些关键词项被凸显强调。

To provide for the investigation and the establishment of as **complete a picture** as 82
possible of the nature, causes and extent of **gross violations of human rights**...;
the **granting of amnesty** to persons who make **full disclosure** of ail the **relevant facts**...;
affording **victims** an opportunity to relate the **violations they suffered**;
the taking of measures aimed at the **granting of reparation**...;
reporting to the Nation about such **violations** and **victims**;
the making of recommendations aimed at the prevention of the commission of **gross violations of human rights**;
and for the said purposes to provide for the establishment of a **Truth and Reconciliation Commission**, a **Committee on Human Rights Violations**, a **Committee on Amnesty** and a **Committee on Reparation and Rehabilitation**;
and to confer certain powers on, assign certain functions to and impose certain duties upon that **Commission** and those **Committees**; and to provide for matters connected therewith.
对于**严重侵害人权行为**的性质、原因、程度要全面调查并尽可能进行**全面描述**……；
对**全部揭露犯罪相关事实**的人员**予以赦免**；
让**受害者**有机会讲述**他们所遭受的侵权行为**；
采取旨在**给予赔偿**的措施……
向国家报告此类**侵权行为**和**受害者**；
提出旨在防止**严重侵犯人权**的建议；
并为此目的规定：设立**真理与和解委员会**、**人权侵犯委员会**、**赦免委员会**和**赔偿与康复委员会**；
并赋予**委员会**和**委员**们某些权力，赋予其某些职能，并使其承担某些责任；规定与此有关的事项。

在图 3.7 中这些词汇项被呈现为词汇串。表格中这些词汇项的位置体现了它们在语篇中出现的位置。

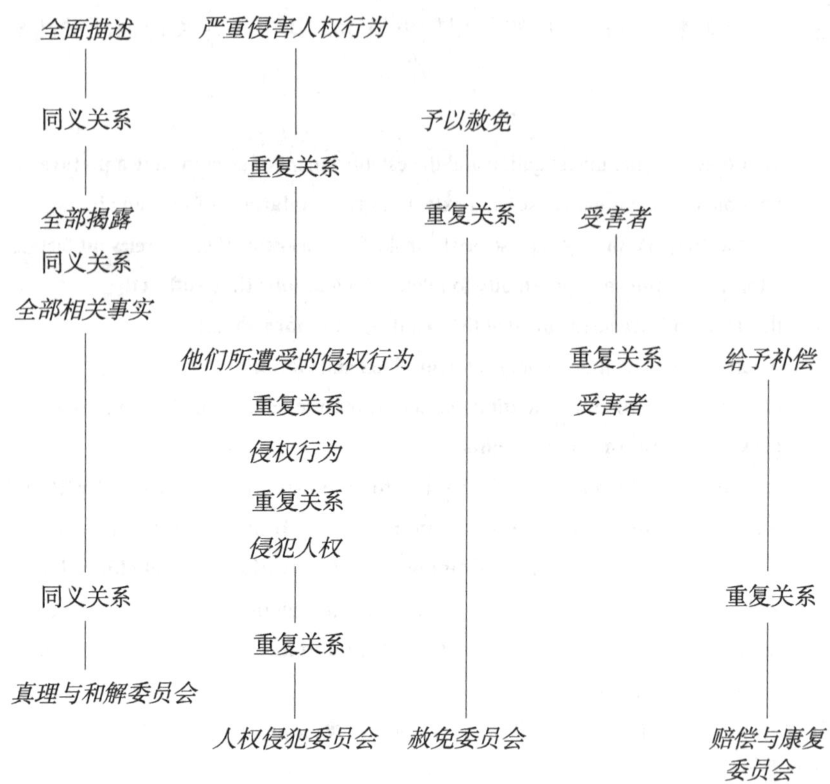

图 3.7　呈现了重复和同义关系的词汇串

在构建委员会及其三个分支委员会的目的时，重复和同义关系被大量使用以明确哪个目的与哪个委员会相关。这其中包括和“全部相关事实”有关的各种同义词，这些同义词通过委员会的名称得以明示，而关于
83 *human rights violations, amnesty, victims, reparation*（人权侵犯、赦免、受害者、赔偿）的重复关系则体现在委员会的名称中。同时这些简单的词汇串之间还存在其他的词汇关系。这包括 *human rights violations*（人权侵犯）和 *amnesty*（赦免）之间的关系，*victims*（受害者）和 *reparation*（赔偿）之间的关系。然而与其说这些关系是分类关系，不如说它们是核心关系——

人权侵犯者会获得特赦，受害者将得到补偿。此处分类词汇串的简单性能够让元素之间核心关系的复杂性得以全面展开。

抽象书面语篇中的分类关系

现在让我们来看看图图是如何通过分类关系来建立关于真理与和解的语场。像法律、政府、教育等机构的语场大部分是由抽象事物构成的，比如 *amnesty, justice, truth, reconciliation*（赦免、公平、真理、和解）。这些抽象词汇通常表示一长串的活动，读者常常被期待能够识别这些活动。然而有时候，出于教育和法律的目的，下位活动会被详细说明。比如，图图在引用法案中关于某一类犯罪的定义时，用一系列具体的行为对这个定义加以阐释：

> 该法案规定，如果罪行为严重侵害人权——被定义为绑架、杀戮、酷刑或严重虐待……

这句话清晰呈现了一个类别分类的实例，如图 3.8 所示。

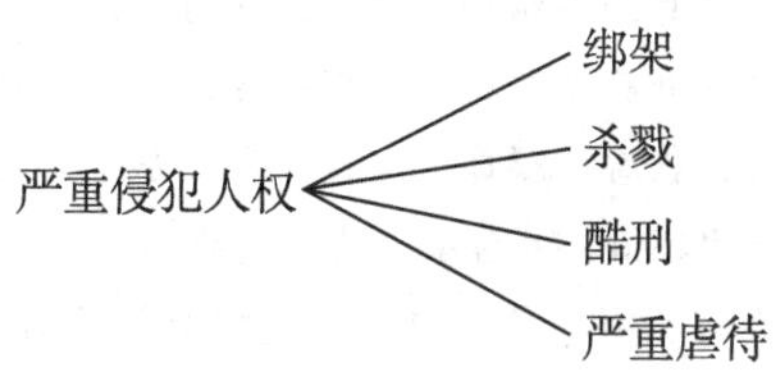

图 3.8　分类举例

另一方面，正如我们所看到的海伦娜故事中的人物那样，随着语篇展开，分类关系常常是被隐性建构起来的。同专业语场不同，作者可以随着语篇的展开有意地建立一个专门分类。在论证阶段，通过将上义范畴明确地命名为 *form of justice*（正义的形式）或 *kind of justice*（正义的种类），以及明确地对比子类型，如 *not the only form*（不是唯一的形式）和 *another kind*（另一类），图图构建了一个关于“正义的种类”的模型：

84 Further, **retributive justice**—in which an **impersonal state** hands down **punishment with little consideration for victims and hardly any for the perpetrator**—is not the only **form of justice**. I contend that there is another **kind of justice, restorative justice**, which is characteristic of **traditional African jurisprudence**. Here the central concern is not **retribution** or **punishment** but, in the **spirit of *ubuntu***, the **healing of breaches**, the **redressing of imbalances**, the **restoration of broken relationships**. This **kind of justice** seeks to **rehabilitate both the victim and the perpetrator**, who should be given the opportunity to be **reintegrated into the community** he or she has injured by his or her offence. This is a far more **personal approach**, which sees **the offence** as **something that has happened to people** and whose consequence is a **rupture in relationships**.

Thus we would claim that justice, **restorative justice**, is being served when efforts are being made to work for **healing**, for **forgiveness** and for **reconciliation**.

此外，**报复性司法**不是唯一的**司法形式**。报复性司法指：作为**非个人化的国家**在做出**惩罚时很少考虑受害者，几乎不考虑肇事者**。我认为，还有**另一种正义**，即**恢复性司法**，这是**非洲传统判例**的特点。在这里，核心问题不是**报复**或**惩罚**，而是本着**乌班图精神**，**愈合违约行为**，**纠正失衡**，**恢复破裂的关系**。**这种司法**力求**使受害者和犯罪者都康复**，应给予他们机会**重新融入**因他或她的犯罪而受到过伤害的**群体**。这是一种更加**个人化的方法**，它将**犯罪**视为**发生在人们身上的事情**，其后果是**关系破裂**。

因此我们主张，在努力寻求**愈合创伤**、**宽恕与和解**时，正义，**恢复性正义**，正在得到伸张。

图图将报复性司法同恢复性司法进行对比，以“给予赦免时正义正在得到伸张”来结束他的案例。他明确地指出，恢复性司法是非洲传统判例的一部分，以此暗示报复性司法是非非洲的（即为西方的）。表 3.3 呈现了这个阶段的词汇串。

表 3.3　正义的种类

西方立法体系	非洲立法体系	犯罪
非人化国家	*非洲传统判例*	*犯罪*
部分	部分	类别
报复性司法	*恢复性司法*	*发生在人们身上的事情*
类别	类别	部分
惩罚时很少考虑受害者，	*乌班图的精神*	*关系破裂*
几乎不考虑肇事者	类别	
同义	*愈合违约行为*	
报复	同类	
同义	*纠正失衡*	
惩罚	同类	
	恢复破裂的关系	
	同类	
	重新融入因他或她的犯罪	
	而受到过伤害的群体的	
	机会	
	类别	
	更加个人化的方法	
	类别	
	恢复性司法	
	部分	
	愈合创伤	
	同部分	
	宽恕	
	同部分	
	和解	

这些关系构建了两种截然不同的司法体系。其中一方是，非个人化国 85
家实施报复性司法；另一方是，基于前殖民乌班图精神的非洲传统判例，

被图图倡导为当代的恢复性司法。报复性司法包含两种属性：报复和惩罚时很少考虑受害者，几乎不考虑肇事者。而乌班图精神所含有的三种属性分别是愈合违约行为、纠正失衡、恢复破裂的关系。恢复性司法的四种属性是愈合创伤、宽恕、和解以及重新融于群体的机会。这些司法体系的类型及其属性如图 3.9 所示。

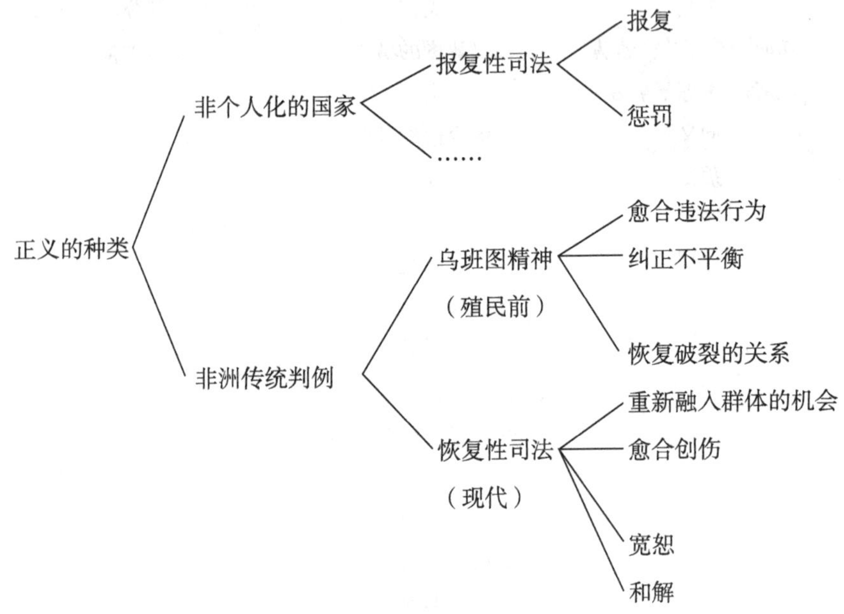

图 3.9　立法系统的类型及其构成成分

通过这种分类方式，图图倡导了一种伸张正义的方法，即使用隐性积极评价，并将这种方式同隐性消极评价进行对比。正如海伦娜情人们具有截然不同的特质一样，在他们“行动”前后，分类关系同评价资源相互作用对世界进行划分，并对我们构建的范畴进行评价。然而，在图图的哲理性论证中，这些范畴并不是人物和他们的品质，而是和机构相关的抽象事物，包含了法律制度、司法原则和道德行为。

3.3　更多分类关系 86

在上述分析中，我们阐述了要素之间的五种分类关系：重复、同义、对比、类别以及部分关系。这一小节将提供关于它们的更多细节。

同义

同义指的是不同的词汇项拥有相似的经验意义。比如，图图使用了 *public hearing*（公开听证会）和 *open session*（公开开庭）两个同义词来表示同一类事件。作家们通常使用同义词来避免重复。同义词的含义通常在某些方面会有所不同。比如它们使用的语境。例如，*public hearing*（公开听证会）常用于一般语境，并且我们大多数人都会认识到它所表示的事件类型，然而 *open session*（公开开庭）可以指各种事件，不仅仅是法庭听证会。此外，同义词在表达的态度上也可能有所不同。*public*（公开，面向公众）和 *open*（开放）在态度上保持中立，而这些词汇项的其他表示更强态度的同义词可能是 *exposed*（暴露）和 *naked*（赤裸裸）。

对比

对比指的是元素之间表达的意义截然不同。它们包括意义上对立的元素，例如 *win*—*lose*（赢——输），*happy*—*sad*（快乐——悲伤）或 *married*—*single*（已婚——单身），以及一系列不同的含义，例如，*hot*—*warm*—*tepid*—*cold*（热——温暖——温热——冷）。对立的元素包括反义和反向反义。反义词是成对出现的。比如：

win—lose 赢——输
married—single 已婚——单身
quickly—slowly 快——慢

反向反义同反向的角色和位置相关，比如：

victim—perpetrator 受害者——肇事者
mother—son 母亲——儿子
give—receive 给予——接收
on top of—underneath 在顶部——在下面
before—after 之前——之后

系列包括量度等级和周期。量度等级拥有最极端的意义，比如：

hot—warm—tepid—cold
热——温暖——温热——冷
pass—credit—distinction—high distinction
及格——良好——优秀——非常优秀
tutor—lecturer—senior lecturer—associate professor—professor
助教——讲师——高级讲师——副教授——教授

87 周期将两端之间的词汇项进行排序，比如星期和年份：

Sunday—Monday—Tuesday—Wednesday—Thursday—Friday—Saturday
周日——周一——周二——周三——周四——周五——周六——周日
2000—2001—2002—2003……

对比是许多语类中构建类别分类的一项重要资源，这种方式能将一类现象同另一类现象区分开来。以下呈现的生物学报告首先对比了生产者和消费者这对反向角色。然后将消费者的子类型对比为一个系列角色：*primary, secondary, tertiary*（初级消费者、次级消费者和三级消费者）。

我们已经看到，生态系统中的生物首先被归类为**生产者**或化学能的**消费者**。生态系统中的**生产者**通常为进行光合作用的生物体，例如植物、藻类和蓝藻细菌。这些生物体构建有机物质（通过光合作用从简单的无机物质中获取食物）。生态系统中的**消费者**以“食物”中存在的化学能形式获取能量。全部消费者直接或间接依赖**生产者**供应的化学能量。

以**生产者**或其产品（种子、水果）有机物为食的生物体称为**初级消费者**，例如，食叶考拉，和食花蜜的负鼠。以**初级消费者**为食的生物体被称为**次级消费者**。捕食沙袋鼠的楔尾鹰是**次级消费者**。有些生物体以**次级消费者**为食，它们被称为**三级消费者**。幽灵蝙蝠捕捉各种猎物，包括小型哺乳动物。（金尼尔 & 马丁，2004: 38）

对比也是构建论点和阐释的重要资源，通过对比，一方观点或者一组行为和品质被呈现为优于另一方观点或是行为和品质。海伦娜通过对比“行动”前后恋人们的行为和品质，来说明他们所遭受的创伤。图图频繁地使用对比来证明他支持和解而非报复的观点。比如，他在论点阶段使用反义词来强调论辩的重要性：

So is amnesty being given at the cost of justice being done? This is not **a frivolous question**, but **a very serious issue**, one which challenges the integrity of the entire Truth and Reconciliation process.

所以是否要在牺牲公正的前提下给予赦免？这不是**一个轻浮的问题**，而是一个极为**严肃的问题**，这一问题挑战着整个真理与和解过程的正义性。

无罪和有罪的对比是他第二个论点的基础：

It is also not true that the granting of amnesty encourages impunity in the sense that perpetrators can escape completely the consequences of their actions, because amnesty is only given to **those who plead guilty**, who accept responsibility for what they have done. Amnesty is not given to **innocent people** or to **those who claim to be innocent**. It was on precisely this point that amnesty was refused to the police officers who applied for it for their part in the death of Steve Biko. They denied that they had committed a crime, claiming that they had assaulted him only in retaliation for his inexplicable conduct in attacking them.

88 赦免在某种意义上会助长有罪不罚，那样犯罪者可以完全逃避其行为的后果，这也是不真实的，因为赦免只给予**那些认罪的人**，他们要为自己的所作所为承担责任。赦免不会给予**无罪的人**或**那些声称无罪的人**。正是由于这一点，赦免不会给予警察，因为他们在史蒂夫·比科（Steve Biko）的死亡案件中曾申请为其所承担的责任寻求赦免。他们拒绝承认自己有罪，声称他们袭击比科只是为了报复他莫名其妙地袭击他们。

这里隐含了无罪者和有罪者之间，认罪者和谎称无罪而加重罪行者之间的双重对比。最后，图图将他的论点放在了报复性司法和恢复性司法的对比上。有趣的是，他认为两种司法制度在对待受害者和肇事者的角色转换上存在一定的相似之处。报复性司法很少考虑其中任何一方，而恢复性司法将两者都归类为人：

Further, **retributive justice**—in which an impersonal state hands down punishment with little consideration for **victims** and hardly any for **the perpetrator**—is not the only form of justice. I contend that there is another kind of justice, **restorative justice**, which is characteristic of traditional African jurisprudence. Here the central concern is not retribution or punishment but, in the spirit of ubuntu, the healing of breaches, the redressing of imbalances, the restoration of broken relationships. This kind of justice seeks to rehabilitate both **the victim** and **the perpetrator**, who should be given the opportunity to be reintegrated into the community he or she has injured by his or her offence. This is a far more personal approach, which sees the offence as something that has happened to **people** and whose consequence is a rupture in relationships.

此外，**报复性司法**不是唯一的司法形式。报复性司法指：作为非个人化的国家在做出惩罚时很少考虑**受害者**，几乎不考虑**肇事者**。我认为，还有另一种正义，即**恢复性司法**，这是非洲传统判例的特点。在这里，核心问题不是报复或惩罚，而是本着乌班图精神，愈合违约行为，纠正失衡，恢复破裂的关系。这种司法力求使**受害者**和**犯罪者**都康复，应给予他们机会重新融入因他或她的犯罪而受到过伤害的群体。这是一种更加个人化的方法，它将犯罪视为发生在人们身上的事情，其后果是关系破裂。

许多这样的反义词也体现在促进和解法案的原则中，对比关系通过负极性 *not*（不）以及对比连词 *but*（但是）得以强调：

> since the Constitution states that there is a need for **understanding** but not for **vengeance**, a need for **reparation** but not for **retaliation**, a need for **ubuntu** but not for **victimization**;
> 由于《宪法》规定需要**理解**而不是**复仇**，需要**赔偿**但不是**报复**，需要**乌班图**但不是**牺牲**；

在其他类型的语类中，系列关系同样是解释事物和事件的重要资源。例如，报纸故事会及时跳转以便读者们能够重新把握时间之间的关系，从而构建事件之间的序列。以下摘录讲述了关于 2001 年海滩救援事件中难民们试图乘坐挪威货轮坦帕号（Tampa）抵达澳大利亚，而澳大利亚政府可耻地拒绝帮助他们的故事：

> 在离圣诞岛 22 公里的地方漂流，食物和补给品所剩无几，阿恩·林南
> 船长在**昨晚**被澳大利亚拒之门外并被印度尼西亚警告离开后，试图维持被围
> 困的船上的秩序。坦帕号的挪威船长昨晚通过卫星电话告诉《每日电讯报》89
> （*The Daily Telegraph*），他船上的 438 名男女老少中，有许多人**在海上度过第
> 11 天后**都生病了……
>
> 但总理约翰·霍华德（John Howard）**昨天下午**在内阁会议中表示，该船将不会被允许进入澳大利亚水域……**几小时后**，印度尼西亚政府回应说船上的人——据说来自巴基斯坦、斯里兰卡、阿富汗和印度尼西亚——不能返回印度尼西亚。
>
> 林南船长告诉《每日电讯报》，他**昨晚**还没有通知船上的人澳大利亚拒绝了他们在圣诞岛登陆的许可。当被问及他是否害怕暴力时，他回答道：“**目前**不，但我们过去害怕过；如果他们被拒之门外，将来我们也会害怕暴力。他们已经开始感到沮丧了。”
>
> 当他在 **24 小时前**接到求救电话时，他相信自己会开展救援行动，将船上的人送到最近的印度尼西亚港口。在到达受灾的 20 米木船帕拉帕 1 号后，船员开始帮助在船上的人上船。每年的这个时候，强烈的东南风都会席卷该

> 地区，坦帕号船员花了**三个小时**才让他们全部上船……
>
> 林南船长说，当船上的人被告知他们可能不得不在**当天早些时候**返回印度尼西亚时，他们变得很沮丧，有些人还威胁着要跳船。“我说我们正驶向印度尼西亚，他们说‘不，你必须去澳大利亚’。”林南船长说他们**昨天晚些时候**“只是闲逛”，等待澳大利亚官员上船。(Tsavdaridis, 2001: 1)。

通过故事来追踪事件的潜在复杂性体现在下面所列出的语篇中的时间线里：

昨晚
在海上度过的第 11 天
昨天下午
几个小时后
昨晚
目前
24 小时后
三个小时
当天早些时候
昨天晚些时候

由于这些时间在这些语类中是以乱序的形式呈现的，时间周期便成为了识别事件顺序的重要词汇资源。

类别与成员

类别与成员的关系在英语中有不同的名称，具体取决于语场，例如，一类词，一款汽车型号，一种狗。常见的例子包括 *class, kind, type, category, sort, variety, genre, style, form, make, breed, species, order, family, grade, brand, caste*（类、种类、类型、范畴、类别、品类、体裁、风格、形式、型号、品种、物种、秩序、家庭、等级、品牌、种姓）。这些例子可以在信息之间连贯地使用，例如：*Like my new car? Yes, what make is it?*（喜欢我的新车吗？喜欢，它是什么牌子的？）用术语来讲的话，类别——成员的关系被称为上下义关系（hyponymy）（*hypo-* 来自希腊语 "under"）。

整体与部分 90

同样，整体与部分关系在英文中也有不同的名称，也取决于语场。例如：*part, content, ingredient, constituent, stratum, rank, plane, element, factor, fitting, member, component, faction, excerpt, extract, episode, chapter, selection, piece, segment, section, portion, measure*（部分、内容、原料、成分、层次、级阶、平面、元素、因素、配件、成员、元件、派系、摘录、摘要、片段、章节、选段、碎片、线段、小节、份额、度量）。此外，侧面名词（facet）命名整体的位置部分，比如，*the bottom of his soul, top, inside, outside, side, edge, middle, perimeter, environs, start, finish, beginning, rest*（他灵魂的深处、顶部、内部、外部、侧面、边缘、中间、周边、周围、开始、结束、起始、其余）。度量名词（measure）命名整体的份额，例如：*a cup of coffee, glass, bottle, jug, can, barrel, loaf, mouthful, spoonful, ounce, pound, kilo, metre, acre*（一杯咖啡、杯、瓶、壶、罐、桶、条、口、勺、盎司、磅、公斤、米、英亩）。同样，部分整体关系也能在消息之间连贯地使用：

部分	*The chair's broken. —Which part?* 椅子坏了？——哪个部分？
方面	*Was it a good marriage? — Only at the start.* 那是一段好的婚姻吗？——只在开始的时候是。
度量	*How much is petrol today? — More than a dollar a litre.* 今天的汽油多少钱？——一升一美元多。

用术语来讲，整体——部分关系被称为整体部分关系（meronymy）（*mero-* 来自希腊语 "part"）。

在过去，分类关系的研究往往侧重于维系语篇衔接的功能上，主要是通过小句之间的词汇链（如 Halliday & Hasan 1976）。这类衔接模型的起始点是重复关系，因为将一个词汇项同下一个词汇项连接起来的最直观的方式便是重复该词汇项。接着便是同义关系和反义关系，这两类关系通过类似和对比将词汇项联系在一起。最后是上下义关系和整体部分关系。这是基于语法的观点，词汇关系被视为具有语篇功能，将语法元素连成串，这同代词和冠词这类指称项之间的衔接关系是相似的：*a young man—this man—he*（一个男青年——这个男人——他）（见第五章）。相反，我们现在所采用的语篇语义视角强调的是词汇关系在构建语场时候的概念功能，因此我们的起始点是类别与部分关系：*young man—my first love*（一个男青年——我的初恋）。同义关系利用共同的类别成员来互相识别词汇项，以重复关系为限制情况。对比关系用于区分范畴。这是语篇语义的元功能观，其中分类关系补充指称关系来构建语场并在语篇展开时保持语篇的衔接。

3.4 核心关系

正如我们在本章导言中所指出的那样，小句根据所涉及人、事物、场
91 所以及品质的过程来构建经验。我们已经分析过随着语篇展开小句之间的这些元素之间的分类关系。在这个小节，我们将分析小句内部这些元素的词汇关系。因为它们或多或少参与了过程，因此这些小句间的词汇关系又被称为核心关系。

传统上来说，这些词汇关系被视为搭配，即通常在同一结构中一起出现的词，例如网球或打网球。我们将在本节中展示这些搭配是如何依赖于小句的核心模式，同样，我们将再次将词汇关系和语篇中构建的语场相联系。在本节介绍的核心关系的范畴将用于之后活动序列小节的文本分析。

小句内的核心关系

为探索核心关系奠定基础，我们首先需要讨论几个韩礼德（1994/

2004）描述过的小句中的语义模式。最基本的经验模式是人和事物参与到一个过程中。在韩礼德的术语中，过程中的核心参与者被称为过程的中介，“没有它就没有过程”。下面是一些熟悉的例子：

he	was working
we	even spoke
I	never understood
What	's happening
Medium	**Process**
他	正在工作
我们	甚至说了
我	从不理解
什么	发生了
中介	**过程**

除了中介之外，也有一两个其他参与者参与到过程中，包括施动者，受益者（beneficiary），以及各种各样的范围。施动者实施过程，这在某种程度上会影响中介：

he	's going to haunt	me
This question	challenges	the integrity of the entire Truth and Reconciliation process
Agent	**Process**	**Medium**
他	将要纠缠	我
这个问题	影响了	整个真理与和解进程的正义性
施动者	**过程**	**中介**

这些施为小句能用被动形式反过来表达，此时施动者由“带有 by 的短语”体现：

I	'm going to be	haunted by him
Our integrity	is challenged	by this question

Medium	**Process**	**Agent**
我	将要被	他纠缠
我们的正义性	被挑战	这个问题
中介	**过程**	**施动者**

有些施为过程还可以扩展到第三方参与者上，这个参与者被称为受益者：

92	The Commission	may grant	amnesty	to those who plead guilty
	Agent	**Process**	**Medium**	**Beneficiary**
	amnesty	is not granted	by the Commission	to innocent people
	Medium	**Process**	**Agent**	**Beneficiary**
	the police officers	were refused	amnesty	by the Commission
	Beneficiary	**Process**	**Medium**	**Agent**
	委员会	可能准予	赦免	给认罪的人
	施动者	**过程**	**中介**	**受益者**
	赦免	不会准予	被委员会	给无罪的人
	中介	**过程**	**施动者**	**受益者**
	警察	被拒绝	赦免	被委员会
	受益者	**过程**	**中介**	**施动者**

中介可能会受到过程的影响，但施动者会被隐藏起来了，就像在 *I'm going to be haunted*（我将被纠缠），*amnesty was refused*（赦免被拒绝）这些例句中一样。因为施动者和受益者可能从小句中被抹去，因此根据核心关系，这两者处于相对边缘的位置。

这些语法功能是如何与语篇中实现它们的词汇元素相互作用的呢？在图图为他的第二个论点提供的论据中，他将语场命名为 *the granting of amnesty*（准予赦免）。这个语场在下列小句中被扩展为"给予""不给予""拒绝""申请"这些过程①（下方斜体文字），在这些过程中 *amnesty*

① （边码 114）在这里我们将"申请"（'applying for'）处理为实现施效性物质过程的短语动词。

（赦免）作为中介（标黑文字），伴随着各种各样的施动者和受益者（画线部分）：

> It is also not true that THE GRANTING OF AMNESTY encourages impunity...
> because **amnesty** *is only given* to those who plead guilty...
> **Amnesty** *is not given* to innocent people or to those who claim to be innocent.
> It was on precisely this point that **amnesty** *was refused* to the police officers who *applied for* [**amnesty**] for their part in the death of Steve Biko.
> 赦免在某种意义上会助长有罪不罚……
> 因为**赦免**只给予那些认罪的人……
> **赦免**不会给予无罪的人或那些声称无罪的人。
> 正是由于这一点，**赦免**不会给予警察，因为他们在史蒂夫·比科的死亡案件中曾申请为其所承担的责任寻求**赦免**。

赦免在这里被构建为一个可以被给予或拒绝给予各种接受者的商品。它可以被隐形的给予者（委员会）给出，也可以被潜在的接受者（警察）要求。在这个构建中最重要的成分是交换的过程（*given, not given, refused, applied for* 给予、不给予、拒绝、申请），核心成分是被交换的物品（*amnesty* 赦免），边缘的成分是它的给予者和接受者。我们可以在图 3.10 中呈现这些核心关系。

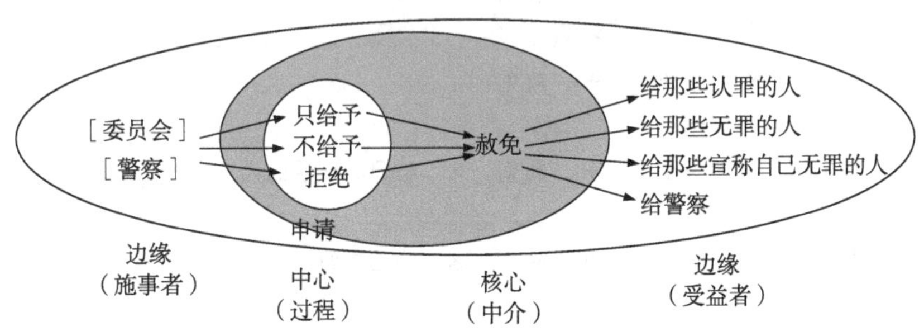

图 3.10 《准予赦免》中的核心关系

前面我们提到过语场是由一系列活动构成的。*the granting of amnesty* 93

（准予赦免）是 *Truth and Reconciliation*（真理与和解）语场里的一个活动，其中包括 *applying for*（申请），*giving*（给予）和 *refusing*（拒绝）等活动。活动之间的层级可由树状图形式呈现，如图 3.11 所示。

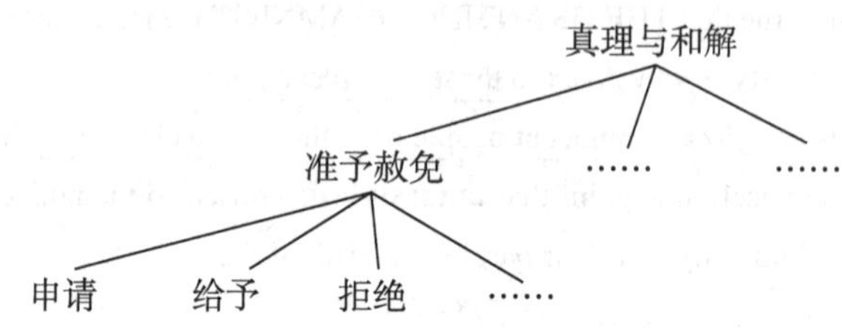

图 3.11　真理与和解法案中的活动

在给予赦免这个语场中，人们以各种角色参与到每个活动中，比如作为中介、施动者或受益者，即作为活动的核心或边缘元素。为了显示它们的词汇关系，我们可以使用：

- 核心关系使用的符号：‘=’表示中心，‘+’表示核心，‘×’表示边缘（依照韩礼德 1994/2004 提出的逻辑关系符号），
- 代词和隐性元素的词汇呈现，
- ‘=’表示属于同一语场的过程之间的关系：如下所示：

		准予	+	赦免		
		=				
警察	×	申请	+	赦免		
		=				
委员会	×	给予	+	赦免	×	给那些认罪的人
		=				
委员会	×	给予	+	赦免	×	给无罪的人
		=				
委员会	×	不给予	+	赦免	×	给那些宣称自己无罪的人
		=				
委员会	×	拒绝	+	赦免	×	给警察

这些活动的中心元素之间的词汇关系可以跨语场进行预测，即交换过程（*applying for, granting, giving, refusing* 申请、准予、给予、拒绝）。中心元素和核心元素之间的关系在 *granting amnesty*（准予赦免）这个一般语场中可以预测（一项共同实践）。但是这些活动和更边缘的元素之间的关系可 94
以在真理与和解委员会这个特定的语场中进行预测（比如，委员会能准予赦免给谁，不能准予赦免给谁）。

其他核心关系

过程也可以由中介引起然后延伸到不被过程影响的第二个参与者上，这个参与者被称为范围。第一类范围是过程所延伸到的实体：

all my girlfriends	envied	me
I	can't explain	the pain and bitterness
they	would mutter	the feared word
Medium	**Process**	**Range**
我所有的女友	都嫉妒	我
我	无法解释	这痛苦和苦楚
他们	能说出	害怕的话语
中介	**过程**	**范围**

另外两类范围分别是中介的品质和属有。在这种情况下过程体现为‘是’（being）或者‘拥有’（having），它们将品质和属有同中介联系起来：

quality	he	was	popular
	I	was	torn to pieces
	He	became	very quiet
	I	'm going	mad
possession	perpetrators	have	no excuse
	Helena	had	a new lover
	Medium	**Process**	**Range**

品质	他	曾经	受欢迎
	我	曾经	被撕成了碎片
	他	曾变得	十分沉默寡言
	我	快要	疯了
属有	肇事者	没有	借口
	海伦娜	曾有	一个新情人
	中介	**过程**	**范围**

此外，还有三类范围属于过程的中心成分，我们称这类范围为“内在范围”（inner range）。第一类的词汇过程非常宽泛，比如 *do*（做）、*have*（有）、*go*（去）、*play*（玩）等等，范围会指定过程的类型，例如 *do a dance*（跳舞）、*have a bath*（洗澡）、*play tennis*（打网球）。跳舞、洗澡还有打网球毋庸置疑都是实实在在的活动，但是它们是由和一般过程相结合的名词实现的。这些被称为**范围：过程**。

另外两种内在范围分别是中介的种类和部分。同样，这个过程是属于‘是’或‘有’，它将类别和部分同中介联系在一起：

class	he	was	an Englishman
	We	are	real policemen now
	these people	were	members of death squads
part	he	had	only one desire
	their leaders	have	the guts
	Medium	**Process**	**Range**
类别	他	曾是	一个英国人
	我们	现在是	真正的警察
	这些人	曾是	敢死队成员
部分	他	只有过	一个愿望
	他们的领导	有	胆量
	中介	**过程**	**范围**

95 最后，与过程有关的是各种**环境成分**，它们在过程中有不同程度的参与

度。场所、时间以及因果的环境成分不会参与到活动，但是会与更外围的活动相联系：

place	he	was working	in a top security structure
	we're	moving	to a special unit
time	we	met	more than a year ago
	I	was to learn	for the first time
cause	I	jolt awake	from his rushed breathing
	Medium	**Process**	**Circumstance** (outer)
场所	他	曾工作于	保密级别很高的部门
	我们	要到	一个特别行动单位去
时间	我们	相遇	于一年多以前
	我	才知道	第一次
因果	我	会被震醒	他急促的呼吸
	中介	**过程**	**环境（外部）**

因为它们属于过程的外围成分，我们把它们称作‘外部环境成分’（outer circumstance）。相反，角色、手段、方式和伴随的环境成分是可供选择的让人和事物参与到活动中的方式。它们类似于参与者，因此处于相对核心位置：

role	my story	begins	as a farm girl
	we	knew	as loved ones
means	we	saw	with our own eyes
	he or she	has injured	by his or her offence
matter	we	even spoke	about marriage
	I	worried	about his safety
	Medium	**Process**	**Circumstance** (inner)
角色	我的故事	开始于	作为农家女的时候
	我们	知道	作为恋人
手段	我们	看见	用我们自己的眼睛

	他或她	受伤了	被他或她的冒犯
内容	我们	甚至谈及	婚嫁
	我	担心	他的安全
	中介	**过程**	**环境（内部）**

这些内部环境成分可以被表达为参与者：*I was a farm girl*（我当时是一个**农家女**），***we loved ones*** *knew*（**我们所爱之人**所知之事），***a few lines*** *end my story*（**几句话**结束我的故事），***our own eyes*** *saw*（**我们亲眼**所见），***his offence*** *injured the victims*（**他的冒犯**伤害了受害者），*we said* ***marriage***（我们谈**婚论嫁**），***his safety*** *worries me*（**他的安全**让我担心）。

在关于小句核心关系的分析中，我们能够识别四种程度的核心性（nuclearity）：*centre*（中心），*nucleus*（核心），*margin*（边缘）和 *periphery*（外围），如图 3.12 所示。小句的中心由过程占据，同时它也可以包含范围：过程、类别和部分，比如，*do a dance*（跳舞），*be an Englishman*（是一个英国人），*have the guts*（有胆量）。边缘包括施动者和受益者。外围由环境成分占据。这四种核心程度如图 3.13 呈现的系统所示。

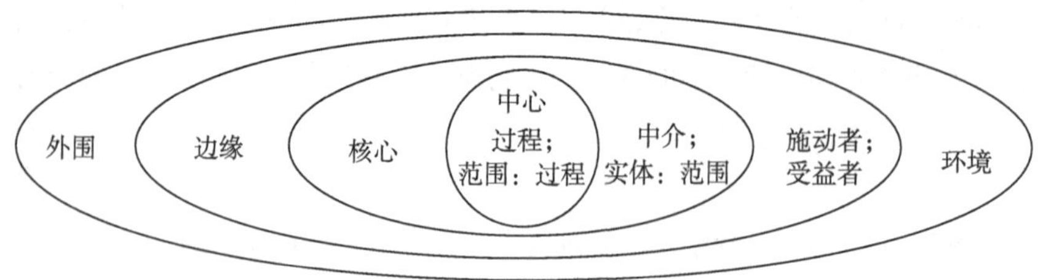

图 3.12　小句内的核心性

小句以下的核心关系

在小句以下，过程、参与者和环境自身都是由词组构成的，包括词汇项。在韩礼德（1994/2004）的模型中，小句、词组和词是语法中的不同**级阶**（**ranks**）；小句由词组结构实现，词组由词的结构实现。同小句一样，核心关系同样存在于词组中的实词之间。为了描述这些关系，我们需要区分两类词组——实现事物和人的**名词词组**（**nominal group**）和实现过程的**动词词组**（**verbal group**）。

96

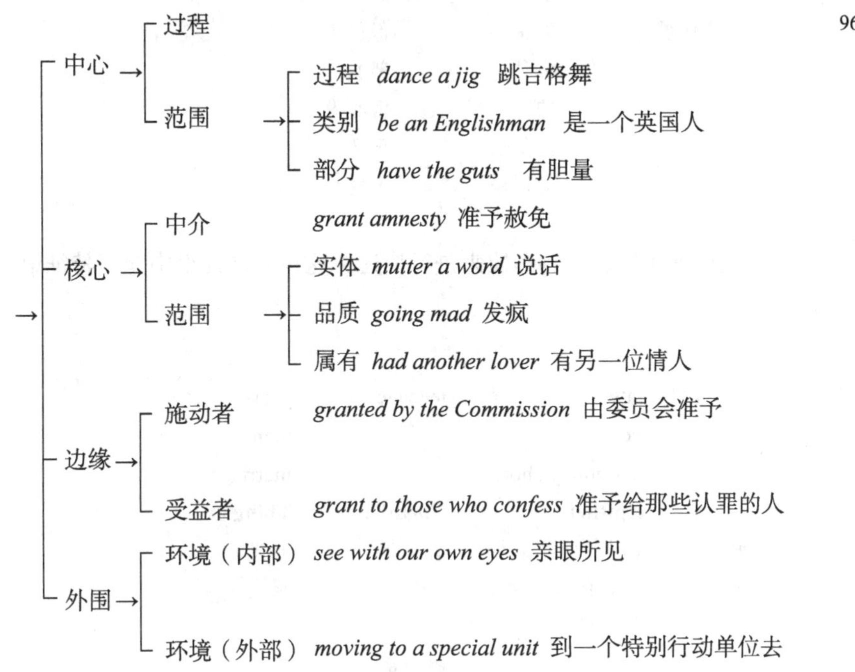

图 3.13　小句中的核心关系

从词汇上来说，我们关注名词词组的五大功能元素。第一，在韩礼德的模型中，名词词组的核心功能成分是**事物**（Thing）。表达事物的名词词汇表示一类人或事物，例如 *girl, man, window, bed*（女孩、男人、窗户、床）。第二，事物能被**类别语**（Classifier）进一步细分。类别语和事物一起组成了一个统一的词汇元素：

a	farm	girl
a top	security	structure
the	special	forces
the	‘Boer’	Afrikaners

	restorative	justice
	Classifier	**Thing**
一个	农家	女
一个级别很高的	保密	部门
	特种	部队
	‘布尔人’	南非人
	恢复性	正义
	类别语	**事物**

第三，人和事物也能通过品质来进行描述，这在名词词组中充当**特征语**的功能：

97	my	late	teenage	years
	a	young		man
	an	extremely short		marriage
		Epithet	**Classifier**	**Thing**
	我的	晚些的	青少年	时光
	一个	年轻的		男人
	一段	极短的		婚姻
		特征语	**类别语**	**事物**

特征语在名词词组中没有那么重要；从结构上讲，相较于类别语，特征语离事物更远。特征语可以被增强，如 *very* late（很晚）、*extremely* short（极短），但分类语不行（**very* teenage 很青年）。

第四，人和事物也能被跟在事物后面的环境成分和小句限定，这些元素被称作定性语（qualifiers）。它们是‘降级’（downranked）短语或小句，嵌套在名词词组中。根据核心关系，它们比类别语和特征语更外围：

a	young	man	in his twenties
an	extremely short	marriage	to someone else
	blood-curdling	shrieks	of fear and pain from the bottom of his soul

the		police	officers	who applied for amnesty
	Epithet	**Classifier**	**Thing**	**Qualifier**
一个	年轻的		男人	二十多岁
一段	极短的		婚姻	跟另一个人的
		令人毛骨悚然的	尖叫声	来自灵魂深处的恐惧和痛苦
		警察	官员	申请赦免
	特征语	**类别语**	**事物**	**定性语**

最后，我们还必须考虑到名词词组中的各种‘of’结构。这些包括侧面（*the side of the house* 房子的一边）、度量（*a glass of beer* 一杯啤酒）、类型（*a make of car* 一款车）等等。出于方便，我们在这里将这些都称为焦点（focus）。同类别语和事物的结构一样，焦点事物也包含了一个单独的词汇元素：

the bottom of	his soul
the early hours of	the morning
the only form of	justice
Focus	**Thing**
深处	他的灵魂
早些时候	早晨
唯一形式	正义
焦点	**事物**

在动词词组中，我们只关注三个功能元素。第一，动词词组中的词汇过程被称为事件（event），比如那时 *was* ***working***（正在工作）、*won't* ***see***（看不到）、*was to* ***learn***（那时将了解）、*can't* ***explain***（无法解释）。一个动词词组可能含有一个以上的事件，包含了不同的词汇过程：

claim	to be
try	to resist
die	trying

Event	**Event**
声称	是
试图	抵抗
死于	尝试
事件	**事件**

第二，事件也能通过品质来进行描述（传统语法中的方式副词），这类功能更外围：

98

shake	uncontrollably
visit	regularly
mutter	abruptly
sits	motionless
Event	**Quality**
颤抖	不受控制地
拜访	定期地
喃喃自语	突然地
坐着	一动不动地
事件	**品质**

另一方面，更中心的功能是介词动词① 中的小品词（Particles），它包含了一个单独的词汇元素：

beam	out
look	out
look	up
scream	at
Event	**Particle**

---

① prepositional verbs 指包含了介词的动词词组。系统功能语言学在词组和短语层面区分了两个大类：词组和短语。其中所有名词性成分归入名词词组；所有动词性成分归入动词词组。只有介词短语称为短语，因为它们本身有自己的内部结构，韩礼德将介词短语看作是具有小句结构。——译者

这些通常可以用一个简单的动词来解释，例如，*radiate*（辐射）、*beware*（小心）、*research*（研究）、*abuse*（虐待）。因此在词组级阶，中心由事物和类别语或事件和小品词占据，核心由特征语或第二个事件占据，外围由定性语或品质占据，如图 3.14 所示。这些在词组中的核心性选择如图 3.15 所示。

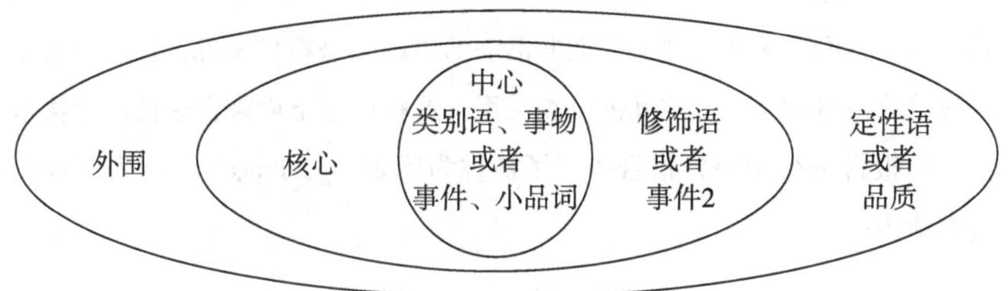

图 3.14　名词词组和动词词组中的核心关系

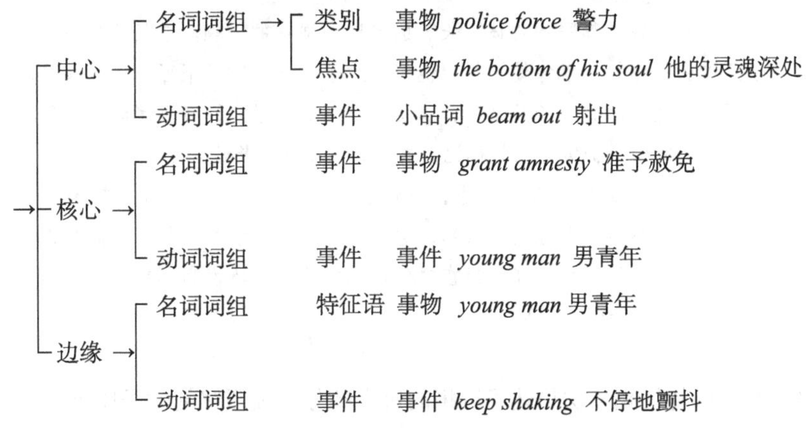

图 3.15　小句以下的核心关系

正如我们在准予赦免部分看到的那样，小句和词组中核心关系的预测性可能同核心性的程度相关。中心元素之间的关系通常能通过语场来进行预测（*granting=refusing, police=force* 准予 = 拒绝，警察 = 武装部队），
99 核心元素之间的关系能在更概括性的语场中进行预测（*grant+amnesty, young+man* 准予 + 赦免，年轻 + 男人），而边缘 / 外围元素只能在具体的子语场中进行预测（*amnesty×those who plead guilty, shake × uncontrollably* 赦免 × 那些认罪的人，颤抖 × 不受控制地）。

核心关系和分类关系

核心关系对于语篇中活动序列的分析特别有用，我们将在下一节呈现。另一方面，对于关注实体而非活动的语篇和语篇相来说，核心关系能够帮助分析事物和品质之间的分类关系。这将通过下面来自学校的生物学描述性报告进行阐释，报告描述了被称为巨蜥（goannas）的澳大利亚爬行类动物：

> 澳大利亚拥有世界上 30 种巨蜥中的 25 种。在澳大利亚，巨蜥被称为高那斯（goannas）。
>
> 高那斯拥有扁平的身体、长长的尾巴和强壮的下颚。它们是唯一一类有分叉舌头的蜥蜴，就像蛇一样。他们的脖子很长，脖子下面可能有松弛的皮肤褶皱。他们的腿又长又结实，脚上有锋利的爪子。许多巨蜥都有条纹、斑点和其他有助于伪装它们的标记。最大的种类可以长达两米多。
>
> 所有高那斯都是日间猎手，它们能跑、能爬、能游。高那斯捕食小型哺乳动物、鸟类和其他爬行动物，它们也吃死掉的动物。较小的高那斯吃昆虫、蜘蛛和蠕虫。雄性高那斯在繁殖期互相争斗。雌性高那斯能产二到十二枚卵。（希尔斯通 1994）

报告的外形特征相依次描述了巨蜥的每个部分，按照解剖学语场所期待的序列，从身体、尾巴和下颚开始，然后是舌头、脖子、腿、皮肤标记，最

后是大小。然而，这些部分及其品质分散在小句和词组级阶的各种语法范畴中。例如，部分——整体关系表示为一个过程（***have*** *latish bodies* **拥有**扁平的身体），或介词（***with*** *forked tongues* **有**分叉的舌头）或属有指示（***their*** *neck* **它们的**脖子）。核心关系的分析使我们能够根据语篇语义的标准对这些关系进行分组。

在图 3.16 呈现的分析中，有一条词汇串是关于高那斯和其他爬行类动物的，另一条词汇串是关于它们的部分的。在核心术语中，事物的类别和部分是中心的，事物的品质是核心的，处所是边缘的。因此，除了标注分类关系（垂直）外，我们将标注出这些核心关系（水平），'=' 表示中心，'+' 表示核心，'×' 表示外围 / 边缘。

将核心关系和分类关系的分析结合起来能让我们持续地追踪词汇串中每个元素的品质和处所的关系，尽管它们的结构分散在各种语法范畴中。一个特别复杂的例子是例句 *They are the only lizards with forked tongues, like a snake*（它们是唯一一类有分叉舌头的蜥蜴，就像蛇一样），它同时将高斯那分类为蜥蜴，隐含地包括了更高类别的蜥蜴和蛇（即爬行类动物），将分叉的舌头指定为巨蜥和蛇的一部分，并排除其他没有分叉舌头的蜥蜴。通过分析分类关系和核心关系，这种关系结构能够被很简单地呈现出来，如图 3.16 所示。

3.5　活动序列

我们已经展示了经验语场是如何在语篇中被构建的，一是从人物、事物、过程、场所以及品质的分类角度来分析，二是从小句中这些元素的结构角度来分析。第三个分析语篇中构建的语场的角度是看这些结构的
序列。人类经验的语场是由反复出现的活动序列构成的。因为它们反复出 101
现，因此从某种程度上讲，任何一个序列在语场中都是可预测的，不符合这些序列的变化情况都是不符合预期的。

100

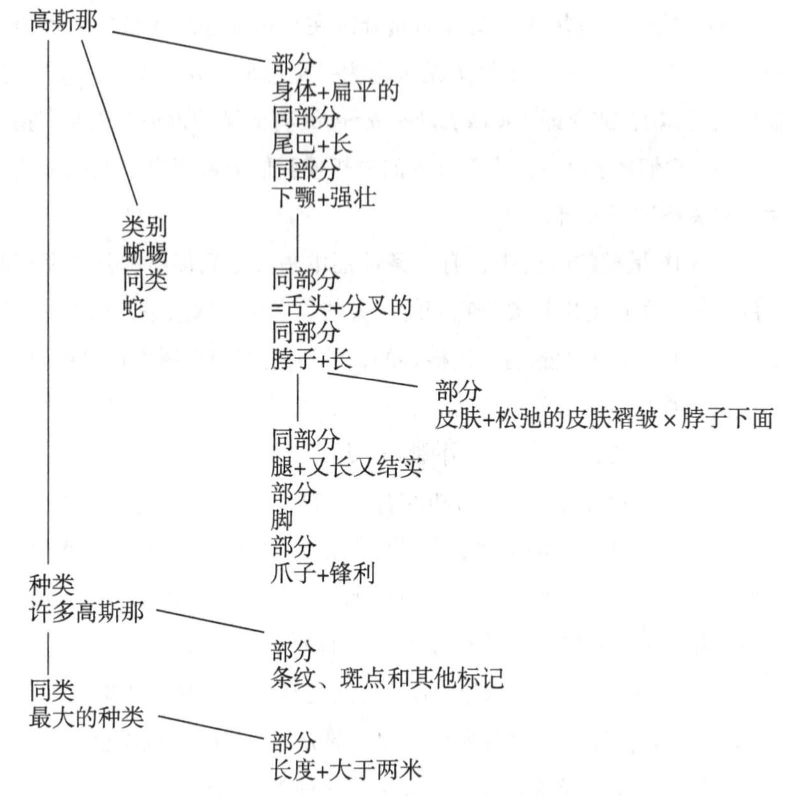

图 3.16　聚焦实体的语篇中的分类和核心关系

换句话说，活动序列是被语场所期待的一系列事件，比如相遇—建立关系—结婚。在符合期待的序列中，事件之间的非标记关系由“and”（和、并且）体现，它将系列中的每个事件简单地添加到别的事件上。因此在个人口述中，每个小句通常以“and”（和、并且）开头，这个情况在下面澳大利亚国民《原住民与托雷斯海峡岛民儿童分离的国家调查》（*National Inquiry into the Separation of Aboriginal and Torres Strait Islander Children from Their Families*）的证词摘录中有所阐述：

The circumstances of my being taken, as I recollect, were that

I went off to school in the morning

^

and I was sitting in the classroom

^

and there was only one room where all the children were assembled

^

and there was a knock at the door, which the schoolmaster answered.

^

After a conversation he had with somebody at the door,

^

he came to get me.

^

He took me by the hand

^

and took me to the door.

^

I was physically grabbed by a male person at the door,

^

I was taken to a motor bike

^

and held by the officer

^

and driven to the airstrip

^

and flown off the Island. (HREOC 1997: 99)

据我回忆，我被带走的情况是

我早上去上学了

^

我正坐在教室里

^

这里只有一个房间，所有的孩子都聚集在这里

^

这时有人敲门，校长应门了。
^
他和门口的人交谈后，
^
他来接我，
^
他拉着我的手
^
并带我到门口。
^
我在门口被一个男人抓住了，
^
我被带上了一辆摩托车
^
并被警察抱着
^
摩托车开到机场跑道
^
飞机飞离了小岛。（HREOC 1997: 99）

在这个例子中，活动序列被两个语场期待：“在学校的早晨”和“州政府对土著儿童的诱拐”。在这两个语场中，期待的活动序列都是由简单的添加关系构建的，但从一个语场到下一个语场的反预期转变是由标记性的时间主位（marked time Theme）*After a conversation he had with somebody at the door*（他和门口的人交谈后……）体现（参见第六章）。

102 相反，在科学语场中，序列中事件之间的非标记关系通常认为是因果关系，前面的原因暗示后续的结果。基于此，这样的事件序列被称为**蕴含序列**（implication sequences）。这种序列的例子可见于下面关于澳大利亚桉树林地丛林大火和再生周期的解释中。蕴含序列通过起始句得以推测，每一步因果关系的展开都没有明显的标记词：

南澳洲的小桉树的再生取决于周期性的火灾。

老桉树产生许多非常干燥的垃圾，树枝本身常常装饰着树皮带，这些树皮带能让火焰升至充满挥发性桉油的树冠顶层。

^

夏天一场干燥的雷暴是引发火灾所需要的一切，

^

雷暴之后的炎热北风将不受阻碍地刮过灌木丛。

^

下一场雨将使地面植物群呈爆炸式增长；

^

无法在桉树树冠下竞争的夏草和阔叶植物，将会呈现出一片色彩缤纷。

^

桉树的新芽将从木块茎中抽出

^

另一个再生周期将开始。（科里根 1991: 100）

几乎没有语篇是由连续的系列事件构成的，相反，这些语篇同描述的相交织在一起，例如海伦娜关于她初恋的描述，要么是通过评论和反思进行，要么是通过她对事件的反应进行。就算是在关注事件系列的语篇中，这些事件通常会被组织为不同的相。这种情况可见于上述提及的个人叙述中，其中事件的第二个相不符合第一个相的期待。这点同样能在科学解释类语篇中得到阐释。在这个语篇中，一个相关注的是火灾，下一个相关注的是再生，语场之间的转换通过主位 *The next rains*...（下一场雨……）体现。

基于这些原因，我们需要将序列的分析同语篇相的分析联系在一起。相的类型可以通过语类进行预测，正如每个相涉及的活动可以由它的语场进行预测。例如，我们会期待故事包含一些相，如场景、情节、描述、问题、反应等，而解释类语篇中的相可能包括常规步骤、多重因素或多种结果（更多讨论参见 Martin & Rose 2007b, Rose 2007）。

我们会期待每个相中的活动是相互关联的，是属于更宽泛活动集合中
103 的成员，或是更大活动的一部分。例如，相遇、建立关系、结婚这些活动属于更宽泛的社会交往活动，而像结婚这类活动可以被拆分为更小的成分，如求婚、订婚、举行婚礼、度蜜月等等。举行婚礼又可以被进一步分为更小的活动成分。

核心关系和活动序列

我们在之前展示了核心关系是如何帮助分析聚焦实体的语篇中的分类关系。现在我们将活动序列、核心关系连同过程之间的分类关系一起结合起来。核心关系能向我们展示人物和事物在活动序列中的角色；分类关系呈现活动序列中的过程是如何彼此期待，以及期待是如何从一个相到另一个相进行转换。我们将通过一段简单的个人叙述来呈现核心关系和活动序列分析。这段重述来自真理与和解委员会中一位受害者的陈述：

回到桑顿警察局后，在他们称为安全部门的地方，

整个情况都变了。
^
我被大声呵斥、辱骂，
^
我被打了巴掌，
^
我被揍，
^
我被告知闭嘴，
^
坐在椅子上，
^
然后我被提问。
^

我回答问题时

^

有人说我在撒谎。

^

我又被打了一巴掌。

^

这一直持续到我真的从椅子上跳起来

^

并开始反击。

^

四个，也许五个警察恶狠狠地把我打倒，

^

然后他们把我拖回椅子上

^

把我的手铐在椅子上， 104

^

这让我无法起身。

^

然后我就被不断地扇巴掌和被揍……（莱昂纳多·费纳达尔案的证词，MR/146号，1996年）

为了分析这个语篇，我们将：

- 用词汇标记出代词的指称对象以及隐藏的参与者
- 把小句中的元素重新排序到与之一致的列中

表3.4中的**中心**列包括过程和品质，**左边的核心**列包括具有施效性的施动者和无施效性的中介，**右边的核心**列包括有施效性的中介和无施效性小句的范围，**边缘**列呈现的是环境成分。过程之间的分类关系被分析，分析结果作为**相**的划分依据，划分结果标注在表格的最右侧。过程之间的分类关系由插入句分隔开，该关系由一条线表示。

表 3.4　核心关系和活动序列：聚焦事件的语篇

核心	中心	核心	边缘	相
	改变	整个情境	在桑顿警察局 在安全部门	场景
警察	呵斥	莱昂纳多		问题 1
	同类			“虐待”
警察	言语辱骂	莱昂纳多		
	同类			
警察	扇巴掌	莱昂纳多		
	同类			
警察	揍	莱昂纳多		
警察	告诉	莱昂纳多		问题 2
	坐下	莱昂纳多	在椅子上	“询问”
	同类			
警察	提问	莱昂纳多		
	同类			
莱昂纳多	回答	问题		
	同类			
警察	告诉	莱昂纳多		
	同类			
莱昂纳多	躺			
105 警察	再次扇巴掌	莱昂纳多		问题 3 “虐待”
	跳起来	莱昂纳多	从椅子上	反应
	同类			“反击”
	开始反击	莱昂纳多		
	反向反义			
四个，可能是 五个警察	恶毒地击倒	莱昂纳多		影响 “受限”
	同类			
警察	拖回去	莱昂纳多	椅子上	

续表

核心	中心	核心	边缘	相
	同类			
警察	拷上	莱昂纳多的手	在椅子上	
	同类			
	不能起身	莱昂纳多		
警察	持续扇耳光和被揍	莱昂纳多		虐待继续

分析结果呈现了以下模式：

- 过程之间的分类关系将活动序列组织成不同的相。每个相由两个标签标注，一个是故事相的语类类型——背景、问题、反应、影响——以及相的具体语场——“虐待”“询问”“反击”“受限”。后者表示相中每个过程所参与的一般活动。这类分类关系是过程之间期待的基础。
- 相之间的界限通过过程之间分类关系的破裂或是过程之间的词汇对比得以实现，例如，（莱昂纳多）*started fighting*（开始反击）和（警察）*knocked down viciously*（恶毒地把他击倒）之间的反向关系。
- 人物的相对中心地位、施动性和“声音”都在分析中明确呈现出来。叙述者是主要的中介而非施动者。警察对莱昂纳多采取行动并与他交谈，但他的行为和言语没有影响任何人。
- 在边缘列中，椅子作为酷刑的位置突显出来。

有些语篇或语篇相由活动构成但不构建活动序列；它们的主要功能是分类和描述。一个例子就是上述高那斯报告中的行为相。关于这个相的核心关系分析以及活动分析如表3.5所示。**中心**列既包括过程也包括范围：类别/ 106
部分。**左边**的核心列包括施效性小句中的施动者和非施效性小句中的中介，而**右边**的核心列包括范围：实体/品质。

表 3.5　核心关系和活动序列：聚焦实体的语篇

核心	中心	核心	边缘
所有的高那斯	日间猎手		
	部分		
它们［高那斯］	能跑、能爬、能游		
	部分		
高那斯	捕食	小型哺乳动物、鸟类	
	同类	以及其他爬行动物	
它们	吃	死掉的动物	
	重复		
更小的高那斯	吃	昆虫、蜘蛛和蠕虫	
	同类		
雄性高那斯	争斗	和彼此（雄性高那斯）	在繁殖季节
	同类		
雌性	产卵	二至十二枚卵	

在这个语篇中，活动在分类上同部分或类别相关；高那斯一开始被归类为猎人，而后奔跑、攀爬、游泳这些活动被隐性地构建为狩猎的组成成分。但这里没有隐含的一系列事件，相反，序列是动物行为语场以及描述类报告所期待的，因此进食行为被狩猎行为所期待，而后是繁殖行为。

解包活动序列中的语法隐喻

上面的证词叙述根据核心关系分析起来相对简单明了。当过程被名词化之后，活动像事物一样地被编码，困难就出现了。一个例子便是名词词组 *the beginning of a beautiful relationship*（一段美好关系的开始），其中两个人彼此相关的活动被名物化成了事物——关系（relationship），这个活动的相也是如此，被构建为焦点 *the beginning of...*（……的开始）。韩礼德将这种模式描述成语法隐喻，其中像过程这样的语义范畴通过像名词而非动词这样的非典型语法范畴实现。为了分析活动序列中这样的名词化现象，我们将它们解包为它们派生而来的过程，如下所示：

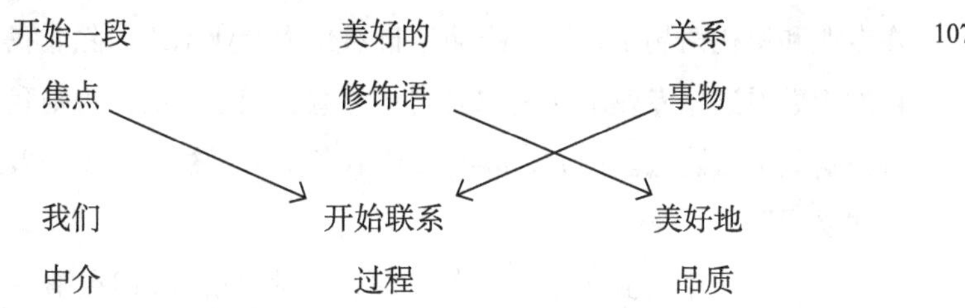

107

名词化是语法隐喻的常见形式。将过程构建为事物具有双重优势：1）事物可以被丰富的名词词组资源分类和描述，包括各种评价；2）名词化过程和它的品质能被表现为小句的起始或结束，作为小句的主位或新信息（参见第六章）。

名词化后的版本也有一些我们解包过程中漏掉的某些内涵。*a beautiful relationship*（一段美好的关系）这个措辞暗示着有一个可以被考虑和评估的物体以及一系列与一段 *relationship*（关系）相关的活动，但 *relating beautifully*（美好地相联系）却没有这样的内涵。此外，一段 *relationship*（关系）是一个宽泛的类别，它期待类似 *marriage*（婚姻）这样的子类型，这也是海伦娜和她的恋人谈论的事情。另一方面，把一个名词化现象解包回活动能揭示名词化过程所省略的参与活动的人物（“我们”）和事物。

与一般的隐喻一样，语法隐喻可以在两个层面上解读，一层是语法意义，一层是语篇语义意义，这种双重意义会有几个维度。不过，出于分析活动序列的目的，我们将在任何必要的地方解包语法隐喻。其他一些来自海伦娜的故事中的例子包括名词化的过程和态度品质：

隐喻的	**解包后**
狂野的能量	精力充沛
极短暂的婚姻	结婚特别短
痛苦和酸楚	伤害和使痛苦
只有一个愿望	想要的只有一个东西
获得真相的唯一途径	如何告知真相

在专业和机构语场中，语法隐喻被自然化为专业术语。除非我们出于教育目的想看看这些专业术语是如何同日常意义相联系的，否则我们没有必要解包这些语法隐喻。例如，*amnesty*（赦免）可以被解包为一般术语“不用因罪受罚”。

以下分析中用到了这些解包策略，见表 3.6。我们在第一章介绍了海
108 伦娜故事的宏观相，“相遇”“行动”“结果”，这些还包括所有故事都共有的更小的相：“背景”“描述”“反应”“问题”。为了将评价资源引入到概念图景中，这里也包含了铭刻态度，它们以斜体呈现，同概念词汇相区分。

表 3.6　核心关系和活动序列：海伦娜的故事

核心	中心	核心	边缘	相
我的故事	开始于	是一个农场女	十八九岁的时候	“相遇”背景
海伦娜	遇见	十八岁		
男青年	正在工作同部分	二十岁的年轻男人	保密级别很高的部门	
海伦娜＋男青年	开始有美好的关系			
“	谈论同部分			
“	结婚			
男青年		活泼、生动		描述
“		狂野能量、非常聪明		
“	是一个英国人			
“	是	受欢迎……		
海伦娜的女性朋友	嫉妒	海伦娜		

续表

核心	中心	核心	边缘	相	
男青年	说		有一天	“行动”	
“	要去		旅行	问题	
	同类				
海伦娜＋男青年	将不会见面	海伦娜＋男青年	再次……也许		
			永远也不会		
海伦娜＋男青年	被	撕碎了		反应 1	
海伦娜	结婚非常短暂	其他人		反应 2	
	重复				
“	为了忘记而结婚				
海伦娜	遇见	初恋	再次	“结果”	
	同部分	通过朋友	一年以前	场景	
“	了解	第一次			
男青年	执行任务		在海外		109
“	将要询问				
	同部分				
“	不被惩罚				
海伦娜	不能解释				
	同类			反应	
“	感到	痛苦和酸楚			
	同类				
“	看到	曾经那么英俊高大结实的男人变成现在这个样子			
男青年	只想要	一件事		描述	
	同类				
“	想告知	真相			
	同类				
“	不在乎惩罚与否				
	同类				
“	只想告知	真相			

活动之间的关系如下所示。首先，*meeting*（相遇）、*beginning to relate*（建立关系）以及 *marrying*（结婚）属于“恋爱”语场，这个语场会期待这些活动一个接一个地发生。在描述相，男青年的每一个品质被恋爱语场所期待，并通过女友的 *envying*（嫉妒）得以强化。*then one day he said*（有一天他说）预示着问题的出现，接着 *going*（要去）、*won't see*（不会见面）是“离开”的一部分。海伦娜的反应包括感受（*torn to pieces* 心被撕碎了）和行动（*married to forget* 为了忘记而结婚）。‘结果’相同样从背景开始，其中 *learn for the first time*（第一次了解到）被 *meeting*（相遇）期待。接着，作为真理与和解语场的一部分，到 *operating overseas*（海外执行任务）被 *not being punished*（不被惩罚期待）。这个时候海伦娜的反应包括说话（*can't explain* 无法解释）、感到痛苦和酸楚，以及看到他现在变成了什么样子。最后，*saw what was left*（看看现在变成了什么样子）期待一个描述，在其中我们把 *desire*（愿望）解包成“想要”（wanting），*must be told*（必须被告知）解包成“想要告知”（wanting to tell），*didn't matter*（不重要）被解包成“不在乎”（didn't care），*only a means to the truth*（获取真理的唯一方式）被解包成“只想告知真相”（only wanted to tell truth）。这些被分析为愿望的各种过程，在这个相中互相阐释。

3.6 再论语法隐喻

隐喻一般涉及意义的转移，意味着通常表达一件事的词汇项开始表达
110 另一件事。海伦娜的故事中有很多这样的词汇隐喻的例子。例如她描述了她和她的初恋的心 *torn to piece*（被撕成碎片），把分离的痛苦比作肢解。在她丈夫的“旅行”期间，一些可怕的东西被 *shoved down his throat*（塞进了他的喉咙），将他被迫采取的行动与强制喂食进行比较。结果他和他的同事们表现得像“秃鹫”，他们把别人当成猎物或腐肉。这种词汇隐喻是激发评价的强大资源。

另一方面，语法隐喻涉及从一种元素到另一种元素的意义转移。在海伦娜的故事中有一个简单例子是 *marrying*（结婚）的过程，这被重新建构为品质 *married*（已婚的）和事物 *marriage*（婚姻）。这种意义转移对于文化程度高的读者来说看起来很自然，几乎不会引起注意，只有在不熟悉的语篇中它们才会变得难以阅读。在现代书面语言中，语法隐喻是一种用来拓展演讲者和作家可使用意义的强大资源。在过去的几个世纪中，它在英语中加速发展，使得伴随欧洲工业化和殖民扩张的科学、人文和官僚机构的话语也得以扩展和延伸。

总的来说，通过语法隐喻，意义从涉及人和具体事物的过程的现实转移到了抽象事物之间的关系，如作为过程的结婚转变为作为事物的婚姻。这种转变的部分原因与扩大事物意义的更大潜力有关——对它们进行计数、描述、分类以及定性。例如结婚的过程可以被扩展为另一个过程，比如 *marrying to forget*（为了忘记而结婚），或是品质，如 *marrying well*（嫁得好）。但 *marriage*（婚姻）作为一个事物可以通过一系列的潜在的评价品质、类别和定性词进行扩展，如 *an extremely short marriage to someone else*（跟另一个人的一段极短的婚姻）。

有一套用于创建概念隐喻的常规原则——用于将一种元素重新构建为另一种元素。最常见的包括：

（1）过程或品质能被重新构建为一个事物

（2）过程或过程的品质能被重新构建为事物的品质

这些是经验类型的概念隐喻，也就是说它们关注的是配列的元素。逻辑类型的概念隐喻关注的是将配列之间的连接重新构建为过程或事物。我们将在第四章探究逻辑类型。现在我们将举例说明每一个经验隐喻的选择。

111 过程和品质作为事物

将其他元素（过程、品质等）呈现为实体的主要优势之一是事物可以被描述、分类以及定性，而这些其他元素本身则不能被描述、分类或定性。这在以下语篇的示例中进行了说明：

process ⟶	**thing**
begin	the **beginning**
relate	a beautiful **relationship**
marry	an extremely short **marriage**
travel	a **trip**
desiring	only one **desire**
reconcile	**Reconciliation**
apply	all the important **applications**
hear	a public **hearing**
violate	a gross **violation**
miscarry	a **miscarriage of justice**
penalize (punish)	the **penalty (punishment)**
expose and humiliate	public **exposure** and **humiliation**

quality ⟶	**thing**
painful	the pain and bitterness in me
true	Truth
just	justice
honesty/just...	integrity

过程 ⟶	**事物**
开始	**开端**
相关	一段美好的**关系**
结婚	一段极短的**婚姻**
旅行	**旅途**
期愿	只一个**愿望**

和解	**和解**
申请	所有重要的**申请**
听见	公开**听证**
违反	严重**犯罪行为**
误判	**司法误判**
判罚（惩罚）	**判罚（惩罚）**
曝光和侮辱	公开**曝光和侮辱**

品质 ⟶	**事物**
痛苦和酸楚	我内心的痛苦和酸楚
真实的	真相
公正的	正义
诚实 / 公正	正义性

将活动重构为事物可以使它们成为其他活动中的参与者和环境成分：

the application	should be dealt with	in a public hearing
Medium	**Process**	**Circumstance**
such a hearing	was likely to lead to①	a miscarriage of justice
Agent	**Process**	**Medium**
申请	应被处理	在公开听证会上
中介	**过程**	**环境**
这种听证会	很可能导致	司法误判
施动者	**过程**	**中介**

过程和品质作为事物的品质

过程和过程的品质可以被构建为事物的品质（修饰语和类别语），从

① （边码 114）*likely to lead to a miscarriage of justice*（有可能导致司法误判）这个过程被解读为“导致误判”（“cause a miscarriage”）。

而扩展名词短语的词汇潜势：

Process ⟶	**quality of thing**
secure an area	a top **security** structure
envying	an **enviable** relationship
closing the session	**closed** session
respecting the members	**respected** members

quality of process ⟶	**quality of thing**
operating overseas	**overseas** operations
relate beautifully	a **beautiful** relationship
marry very briefly	an **extremely short** marriage
violate grossly	a **gross** violation
expose publicly	**public** exposure
torture regularly	**regular** torturers

过程 ⟶	**事物的品质**
保卫一个地区	**保密**级别很高的部门
嫉妒	一段**令人嫉妒**的关系
结束开庭	**结束的**开庭
尊重成员	**受尊重的**成员

112 **过程的品质** ⟶	**事物的品质**
海外执行任务	**海外的**任务执行
美好地相关	一段**美好的**关系
结婚非常短	一段**极短的**关系
违反地很严重	**严重**违反
公开地暴露	**公开**暴露
经常地折磨	**经常**折磨

事物和人物作为活动——作为——事物的部分

当过程被重构为事物时，参与过程的人物常常被省略，这就是抽象的书面语篇有时看起来与我们周围正发生的事情的日常经验如此陌生的原因之一。然而，当过程被重构为事物时，通过将参与者视为属有者，使其成为活动的一部分，便可以把参与者包括进来：

海伦娜结婚了——→海伦娜的婚姻——→海伦娜同她恋人的婚姻

受害者被赔偿——→受害者的赔偿——→针对受害者的赔偿

在下面的例子中，“暴露”（exposing）和“羞辱”（humiliating）这两个过程变成了限定 *penalty*（处罚）的事物性定性成分，它们自身也被它们的参与者 *the perpetrator*（肇事者）所定性：

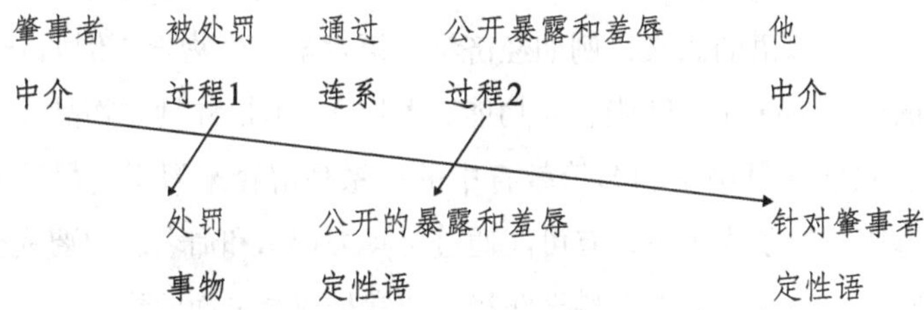

概念隐喻倾向于将我们对现实的体验重构为制度性抽象概念之间的关系。这些策略已经演进到使作家们能够概括社会过程，并描述、分类和评价它们。其中一个代价是可能很难还原谁对谁做了什么；另一个代价是这类语篇可能非常难读和难懂。我们在这里展示的解包概念隐喻的方式可以帮助揭示概念隐喻是如何构建现实的。这也是教授语言学习者语言如何运作的关键策略之一。

3.7　从语场看参与者：实体种类 113

正如我们在本章所说明的那样，事物和人物它们自身都是实体类。从最宽泛的角度出发，我们区分了具体实体，如 *man, girlfriends, face, hands*（男人、女性朋友、脸、手），和抽象实体，如 *amnesty, offence, application, violation*（特赦、犯罪、申请、违法）。这种关于意义的具体方法和抽象方法之间的区分反映了现代文化中活动语场的基本划分——家庭和社区的日常活动同专业技术和社会机构的"非常识语场"（如法律、医学、教育）之间的区分。日常语场主要由互动的说话者之间的私人关系组织，而非常识领域主要由书面记录的方式组织。

在宽泛的实体范畴和抽象范畴内部，我们可以根据更具体的语场来区分实体种类。首先，许多事物的具体类型较少属于日常活动而是属于专门职业，包括工具和机械的名称（例如，*mattock, lathe, gearbox* 鹤嘴锄、车床、变速箱）。虽然是专业的，但是这些术语的含义是可以学习的，就像日常用品一样，可以用手指向它们也可以使用它们。相比之下，专业性行业中的专业术语的意义，例如经济学、语言学或生物学（例如 *inflation, metafunction, gene* 通货膨胀、元功能、基因），不指称具体物品而是抽象的概念，只能通过中学和高等教育中的一系列解释来习得。尽管专业实体，如基因、原子或星系，有可能通过工具去指示和命名，但要完全理解它们，唯一方法只能是查看科学解释，通常是通过书面的形式。

其他类的抽象事物包括那些专属于社会机构的事物，如法律，我们在图图的论述中也发现了很多这样的事物（*offence, hearing, application, violation, amnesty* 犯罪、听证会、申请、违法、特赦）。这些是行政技术性的例子。第三种类型包括指代符号实体的抽象事物——语言特征（*question, issue, letter, extract* 问题、议题、信件、摘录）。符号实体能够指称任何语场，但在书面语篇中更普遍，当然在像语言学这样的语场中数量会激增。第四类抽象事物命名了意义的维度，例如我们在上述分类关系中讨论过的关于类别和部分的术语（例如，*kind, class, part, colour, time, manner, way, cause* 种类、类别、部分、颜色、时间、方式、方法、原因）。我们可以将这些称为"通用实体"（generic entities）；他们出现在各种语场中，但在专业和技术领域往往有自己的一套通用术语，例如语言学范畴中的 *word class, structure, function, genre*（词类、结构、功能、语类）等等。

此外，还有第三类源自概念隐喻的实体，包括两种一般类型的隐喻实 114
体——一些源自过程（例如，*relationship, marriage, exposure, humiliation* 关系、婚姻、暴露、羞辱），一些源自品质（例如，*justice, truth, integrity, bitterness, security* 正义、真理、正直、痛苦、安全）。表 3.7 总结了具体、抽象和隐喻的实体种类。

表 3.7　实体种类

非限定性代词		一些 / 任何 / 无事物 / 人 / 人
具体	每天	男人、女朋友、脸、手、苹果、房子、山峰
	专门的	鹤嘴锄、车床、变速箱
抽象	专业的	膨胀、元功能、基因
	机构的	犯罪、听证会、申请、违法、特赦
	符号的	问题、议题、信件、摘录
	通用的	颜色、时间、方式、方法、种类、类别、部分、原因
隐喻	过程	关系、婚姻、暴露、羞辱
	品质	正义、真理、正直、痛苦、安全

第四章

连接：逻辑关联

116 本章提纲

连接关注过程之间的相互联系——添加、对比、序列或者解释。这些是将序列中的活动或信息连接起来的逻辑意义。

本章共有六节。第 4.1 节概述了连接的四个主要维度：连接活动和组织语篇的连接之间的区别；连接在我们所期望的语篇发展中的作用；连接的四种类型（添加、对比、时间和结果）；以及小句从属关系的三种类型（并列 paratactic、主从 hypotactic 和衔接 cohesive）。第 4.2 节讲述了过程之间的连接；因为它们构建了语篇外的语场，因此这些连接又被称为外部连接（external conjunctions）。第 4.3 节描述了组织语篇的连接。因为这种组织结构属于语篇本身，因此这些连接又被称为内部连接（internal conjunctions）。第 4.4 节讲述了一小部分额外的连接资源，这些资源被称作连续词。第 4.5 节呈现了语篇中连接关系的分析方法，这种方法展示了连接是如何将活动关联为序列以及如何组织论证的。

最后，第 4.6 节讨论了当连接是由其他语法类型如动词和名词实现时会发生什么；这种类型的语法隐喻被称作逻辑隐喻（logical metaphor）。解包逻辑隐喻来分析活动序列的分析方法也会呈现在这一小节。

4.1　语篇的逻辑

我们在第一章（第 1.3 节）展示了一个关于连接作用的例子，在这个例子中海伦娜给出了她加入反种族隔离斗争的条件：

I finally understand what the struggle was really about.
I would have done the same
had I been denied everything.
If my life, that of my children and my parents was strangled with legislation.
If I had to watch how white people became dissatisfied with the best and still wanted better and got it.
我终于明白了斗争的真正涵意。
如果我被剥夺一切，
如果我的生活、我的孩子、父母的生活被法规扼杀。
如果我不得不看那些白人即使拥有了最好的东西也依然不满足而想要更好的东西，且能够得到想要的一切。

我们知道这些是条件，因为有连词 *if*（如果），它将海伦娜打算做的活动 *I would have done the same*（我也会做同样的事情）同她可能会做的事情 *If my life was strangled... If I had to watch how white people became dissatisfied....*（如果我的生活被扼杀……如果我不得不看白人是如何变得不满足……）通过条件关系连接起来。同样的条件连接也能通过主语和动词的倒装得以实现 *had I been denied everything*（如果我被剥夺一切）。这种主语——动词倒装的方式通常用于提问（参见第七章，第 7.3 节），但在这个例子中它的含义不是“问题”而是“条件”。

这解释了为什么我们需要构建一个关于连接的语篇语义系统。连接的意义是通过连词和连接成分实现的，如 *if*（如果）、*then*（然后），但是连接意义也可以通过其他类型的词语实现，并且这类意义通常是隐性的，需要读者或听者自己推测。韩礼德和韩茹凯（1976）以及韩礼德和麦迪森（2004）采用了基于语法的方法，将连接看作连接小句的语法资源；这里我们采用的视角是将连接作为一个意义集合，这些意义在一方面组织活动序列，另一方面组织语篇。

外部连接和内部连接

也就是说，连接有两个方面。这个系统一方面同概念系统相互关联，将经验构建成具有逻辑组织的活动序列。另一方面，它也同语篇信息格律相互作用，将语篇呈现为由逻辑组织的信息流。两个系统都使用同样的四类逻辑关系：**添加**单位，**对比**它们的异同，将它们按**时间**顺序进行排列，
117 或者将它们按**因果**联系起来——比如原因和结果，或者论据和结论。这四种类型被称为**添加**、**对比**、**时间**和**结果**。它们连接的从小到大的单位依次包括：简单的小句、复杂的句子、语篇的相、语类的阶段。

比如，图图使用连接将他的说明文组织为三个论点，每一个论点都包含“论据”相和“结论”相（参见第一章，第 1.3 小节）。在介绍第二个和第三个论点的时候，图图使用了 *also*（同样）和 *further*（此外）来告知读者们这些是额外的步骤。在每个论点中，他使用 *thus*（因此）来告知读者接下来出现的是结论。以下是每个相的第一行：

论点	所以是否要在牺牲公正的前提下给予赦免？
论据 1	
“依据”	该法案规定，如果罪行为严重侵害人权，申请应在公开听证会上

处理

……

“结论” **因此**将有公开曝光和侮辱等惩罚。

论据 2

“依据” 赦免在某种意义上会助长有罪不罚，那样犯罪者可以完全逃避其行为的后果，这也是不真实的

……

“结论” **因此**这一过程实际上鼓励了问责制

论据 3

“依据” **此外**，报复性司法不是唯一的司法形式……还有另一种正义，即恢复性司法

……

“结论” **因此**我们主张，正义正在得到伸张

图图使用了添加的方式（*also* 同样、*further* 此外）用论点来支撑他的论证，用结果（*thus* 因此）来总结每个论点。这些词汇不连接文本以外的经验语场里的事件，相反，它们被用于连接文本内部的逻辑步骤。我们将这些用于逻辑上组织语篇的系统称为内部连接。而用于连接活动序列中的事件的系统，我们称之为外部连接（根据韩礼德和韩茹凯，1976）。

连接与预期

连接有助于组织我们期望在文本中发生的事情。在论述中，我们期待一系列支撑的论点，图图通过显性添加每一个论点来证实我们的期望。我们同样期待从呈现的论点中得出结论，图图通过使用 *Thus*（因此）来明确宣布每个结论，从而再次满足我们的期待。在第三章（第 3.5 节）我们看到活动序列中的非标记关系是简单的添加，因此 *and*（和、并且）是个人 118
重述中最常用的连词，它将事件一一串联起来：

The circumstances of my being taken, as I recollect, were that I went off to school

in the morning **and** I was sitting in the classroom **and** there was only one room where all the children were assembled **and** there was a knock at the door, which the schoolmaster answered. After a conversation he had with somebody at the door, he came to get me. He took me by the hand **and** took me to the door. 1 was physically grabbed by a male person at the door, I was taken to a motor bike **and** held by the officer **and** driven to the airstrip **and** flown off the Island (HREOC 1997: 99).
据我回忆，我被带走的情况是，我早上去上学了，我正坐在教室里。这里只有一个房间，孩子们都聚集在这里。这时有人敲门，校长应门了。他和门口的人交谈后，他来接我，他拉着我的手，并带我到门口。我在门口被一个男人抓住了，我被带上了一辆摩托车，并被警察抱着，摩托车开到机场跑道，飞机飞离了小岛（HREOC 1997: 99）。

事实上，故事类体裁总期待着事件按时间顺序出现，因此通常不需要使用任何连词：

On arriving back at Sandton Police Station, at what they call the Security Branch
the whole situation changed
I was screamed at, verbally abused
I was slapped around
I was punched
I was told to shut up
sit in a chair
then I was questioned
when I answered the questions
I was told that I was lying
I was smacked again...
回到桑顿警察局后，在他们称为安全部门的地方，
整个情况都变了。
我被大声呵斥、辱骂，
我被打了巴掌，
我被揍，
我被告知闭嘴，

坐在椅子上，
然后我被提问。
当我回答问题时
有人说我在撒谎。
我又被打了一巴掌。

在这个活动序列中，前五个事件之间的连接成分是隐性的——它们只是一个接一个地发生——直到语场由生理和言语上的辱骂转变为了审讯，而语场的转变是由显性连接成分 *then*（然后）标志出来的。我们现在可以期待一组不同的活动——关注的是审问而非殴打。然而审讯者对受害人回答的反应是出乎意料的，至少对受害者来说是这样，而这又再次通过显性连接成分 *when*（当……的时候）标记出来。

通过**显性**连接和**隐性**连接之间的交替使用来管理预期的方式，在海伦娜故事的第一个事件中可以清晰地观察到：

As an eighteen-year-old, I met a young man in his twenties.
He was working in a top security structure,
it was the beginning of a beautiful relationship.
We **even** spoke about marriage.
A bubbly, vivacious man who beamed out wild energy.
Sharply intelligent.
Even if he was an Englishman, 119
he was popular with all the ‘Boer’ Afrikaners.
And all my girlfriends envied me.
Then one day he said he was going on a ‘trip’.
‘We won’t see each other again...maybe never ever again.’
I was torn to pieces.
So was he.
An extremely short marriage to someone else failed
all because I married to forget.

十八岁那年，我遇到了一个二十多岁的男青年。
他当时在一个保密级别很高的部门工作。
这是一段美好关系的开始。
我们**甚至**开始谈婚论嫁。
那是一个活泼生动浑身透着狂野能量的男人。
非常聪明。
即便他是英国人，
在所有的南非“布尔人”中间他也深受爱戴。
我所有的女友都嫉妒我。
后来有一天，他说他要去“旅行”。
“我们不会再见面了……或者永远不再见面了。”
我的心被撕碎了。
他**也是**。
（后来）跟另一个人的一段极短的婚姻完全失败，
因为我是为了忘却才结婚。

第一个相是按时间顺序发展的，从 *meeting*（见面）到 *relationship*（关系）到 *speaking about marriage*（谈婚论嫁），但正如我们在第三章（第 3.5 节）中讨论的那样，这个顺序是该语场所期望的，因此不需要在每一步中使用显性连接。另一方面，海伦娜用 *even*（甚至）来明确表示谈婚论嫁远超于我们在一段关系刚开始时候的期待。而在接下来的描述相中，她使用了 *even if*（即便），用类似的方式告诉我们英国人被南非布尔人喜欢是反预期的。（如果通常期待他们喜欢他，那她可能会说 *because he was an Englishman* 因为他是一个英国人）。相反，她女性朋友的反应通过以句首的 *And*（和、并且）被明确添加，这让我们知道她们的嫉妒是完全可以预料的。

从浪漫到悲剧的下一步是通过 *Then*（后来）明晰地标记出来的，标志着新的相的开始，并且这可能是反预期的，所以可能是个坏消息。在海伦娜对恋人离开做出反应后，*So was he*（他也是）标明海伦娜的恋人对于离开的反应同她一样，并且这是符合预期的。海伦娜后来婚姻的失败也是完全可以预见的，这些都由因果连接成分 *all because*（都因为）明确标记出来了。

总之，这里出现的显性连接成分实现了我们提出的四种连接：添加、对比、时间和结果。海伦娜巧妙地使用它们来处理事件语境中的预期。如表 4.1 所示。

和图图一样，海伦娜使用显性连词来标记她故事中新的相的开端。但不同的是，图图使用这些连接成分来组织他的论述，而海伦娜使用它们来安排不同相的时间顺序。

表 4.1　连接的类型和预期

	符合预期	反预期
添加	***and*** *all my girlfriends envied me* 我所有的女性朋友都嫉妒我	
对比	***so*** *was he* 他也是	
时间		***then*** *one day he said he was going on a 'trip'* **后来**有一天，他说他要去“旅行”
结果	***all because*** *I married to forget* **都因为**我是为了忘却而结婚	***even if*** *he was an Englishman* **即便**他是英国人

注：then（后来）不属于典型的反预期类型，但是在语境中可以呈现反预期的效果。

Incident 1 120

'meeting'　　As an eighteen-year-old, I met a young man in his twenties

...

'operations'　　**Then** one day he said he was going on a 'trip'.

...

'consequences'　　More than a year ago, I met my first love again....

...

Incident 2

'meeting'　　**After** my unsuccessful marriage, I met another policeman.

...

'operations'	**Then** he says: He and three of our friends have been promoted
...	
'consequences'	**After** about three years with the special forces, our hell began.
...	
Interpretation	
'knowledge'	Today I know the answer to all my questions and heartache.
...	
'black struggle'	**I finally** understand what the struggle was really about.
...	
'white guilt'	I end with a few lines that my wasted vulture said to me one night:
事件 1	
"相遇"	十八岁那年，我遇到了一个二十多岁的男青年。
……	
"行动"	**后来**有一天，他说他要去"旅行"。
……	
"结果"	一年多以前，我又见到了我的初恋……
……	
事件 2	
"相遇"	第一次婚姻失败**之后**，我遇到了另一个警察。
……	
"行动"	**后来**他说：他和三个朋友被提拔了。
……	
"结果"	在特种部队大约三年**后**，我们的磨难开始了。
……	
解释	
"了解"	今天我知道了我所有问题和痛苦的答案。
……	
"黑人抗争"	我**终于**明白了这斗争的真正涵意。
……	
"白人的罪行"	我用我那没用的废物说的几句话来结束我的故事。

海伦娜用时间连接成分 *then*（后来）和 *after*（之后）来将每一个相与紧接

在前面的事件联系起来，而*finally*（最终）的范围是整个故事。在之前的所有事件中，海伦娜都不理解这场斗争，但现在她终于做到了。

在这里，海伦娜用来将故事按时间排序的其他资源是环境成分——*As an eighteen-year-old*（十八岁那年）、*one day*（有一天）、*More than a year ago*（一年多以前）、*After my unsuccessful marriage*（第一次婚姻失败之后）、*After about three years with the special forces*（在特种部队大约三年后）、*Today*（今天）。这些环境成分将事件放置在一个确切的时间段内，而时间连接成分则简单指出顺序。

从属关系的类型

在更详细地讨论每种连接类型之前，我们需要简单地看一下实现它们的三类语法语境，不同的连接会用于不同的语境。第一类将独立小句按顺序连接起来：

I went off to school in the morning
and I was sitting in the classroom
and there was only one room where all the children were assembled
and there was a knock at the door
我早上去上学了
我正坐在教室里
这里只有一个房间，孩子们都聚集在这里
这时有人敲门

每个以 *and* 开头的小句都能独立存在。因为每个小句都是潜在独立的，因此它们之间的从属关系是平等的。两个独立小句之间平等的从属关系被称 121
为**并列关系**（来自希腊语 *para*“旁边”和 *taxis*“排列”）。

另一个用在并列关系中的连接成分是 *then*（然后）：

I was told to shut up, sit in a chair

then I was questioned
我被告知闭嘴，坐在椅子上，
然后我被提问。

这两个小句的前后顺序不可以颠倒过来，否则它们之间的逻辑关系就会颠倒。我们不能说*then I was questioned, I was told to shut up*（*然后我被询问，我被告知闭嘴）。但是连接成分 *when*（当……的时候）可以允许这样的前后顺序颠倒：

when I answered the questions
I was told that I was lying

I was told that I was lying
when I answered the questions
当我回答问题时
有人说我在撒谎

有人说我在撒谎
当我回答问题时

上述两个小句能前后颠倒的原因是因为它们在地位上并不平等。其中一个是独立小句，另一个是由 when（当……时候）引导的小句，它依附于独立小句。由 when 引导的小句充当着另一个小句发生的语境。从这方面来讲，它的功能同时间环境成分的功能相似，例如，*after the questions I was told that I was lying*（在我回答完问题后有人说我在撒谎），它既能出现在小句句首也能出现在小句末尾。从属小句和独立小句（主句）之间不平等的从属关系被称为**主从关系**（来自希腊语 *hypo*“在……下面”）。

第三，两个句子能够通过如 *Further*（此外）或 *Thus*（因此）这样的联系实现逻辑关联：

It is also not true that the granting of amnesty encourages impunity...
Further, retributive justice...is not the only form of justice.

This is a far more personal approach, which sees the offence as something that has happened to people and whose consequence is a rupture in relationships.
Thus we would claim that justice, restorative justice, is being served when efforts are being made to work for healing, for forgiveness and for reconciliation.
赦免在某种意义上会助长有罪不罚，这也是不真实的……
此外，报复性司法……不是唯一的司法形式。

这是一种更加个人化的方法，它将犯罪视为发生在人们身上的事情，其后果是关系破裂。
因此我们主张，在努力寻求愈合创伤、宽恕与和解时，正义，恢复性正义，正在得到伸张。

我们将这些小句间的从属关系称为衔接（根据韩礼德和韩茹凯，1976）。当我们在介绍每一类连接时——添加、比较、时间和结果——我们会尽可能地给出每类从属关系——并列、主从和衔接——中使用的连接成分的例子。

最后，除了连接成分外还有一类连接词，这类词被称为接续词汇或连续词。连续词与连词的差异体现在两方面。通常情况下，连词出现在英语 122
小句的句首（尽管衔接连词的位置更加灵活）。但连续词主要出现在小句内部，而非句首。并且它们表达逻辑关系的选择也更受限制。目前为止我们遇见的两个连续词是 *even*（甚至）和 *also*（也）：

We **even** spoke about marriage.
It is **also** not true that the granting of amnesty encourages impunity.
我们**甚至**开始谈婚论嫁。
赦免在某种意义上会助长有罪不罚，这**也**是不真实的。

把 *even*（甚至）放在句首会完全改变小句的意思——超出预期的不是

spoke about marriage（谈婚论嫁），而是 *we*（我们）。同样，把 *also*（也）放在句首会让它变成一个标记选择，因为它更常出现在小句内。

4.2　外部连接

外部连接关注如何按照逻辑关系将语场组织为一系列的活动。对于每一类外部连接来说——添加、对比、时间、结果——它们都有两个或更多的子类，表 4.2 总结了外部连接类型。

表 4.2　外部连接中的基本选择

添加	增加	*and, besides, in addition* 并且，另外，此外
	选择	*or, if not—then, alternatively* 或者，如果不……那么，或许
比较	类似	*like, as if, similarly* 像，就像，类似地
	对比	*but, whereas, on the other hand* 但是，相反，另一方面
时间	连续	*then, after, subsequently; before, previously* 然后，之后，接着；之前，事先
	同时	*while, meanwhile, at the same time* 在……时，同时，同时
结果	原因	*so, because, since, therefore* 所以，因为，既然，因此
	方式	*by, thus, by this means* 通过，因此，通过这种方式
	目的	*so as, in order to; lest, for fear of* 以便，为了，免得，以防
	条件	*if, provided that; unless* 如果，假设，除非

下面将阐释在并列、主从和衔接关系中的每一个连接类型。

外部添加

我们已经见过 and（和、并且）可以在并列顺序中一个接一个地添加小句：

... white people became dissatisfied with the best
and still wanted better
and got it
……那些白人即使拥有了最好的东西
也依然不满足而想要更好的东西
且能够得到想要的一切

Four, maybe five policemen viciously knocked me down, 123
and they put me back on the chair
and handcuffed my hands through the chair
四个，也许五个警察恶狠狠地把我打倒，
然后他们把我拖回椅子上
把我的手铐在椅子上

但是，像 *besides*（并且）或 *as well as*（和……一样）这样的连接成分可以将一个从属小句添加到一个主句上，二者构成前后可以颠倒的主从顺序：

As well as getting the best,
they still wanted better.
他们已经得到最好的，
还想要更好的。

They still wanted better,
besides getting the best.
他们仍然想要更好的，

哪怕他们已经得到最好的。

添加句子的另一面是在句子之间做选择，比如使用连词 *or*（或者）：

If the individual is terminally ill, disabled, suffering a debilitating condition
or will probably not survive the duration of the TRC ...
如果此人身患绝症、残疾、身体虚弱
或者可能无法在真理与和解委员会期间存活下来……

这句话给我们提供了一系列可供选择的身体缺陷。第一个选择由 *either*（要么、或者）标记：

Either the individual is terminally ill,
(or is) disabled,
(or is) suffering a debilitating condition
or will probably not survive the duration of the TRC...
要么此人身患绝症、
（或是）残疾、
（或是）身体虚弱
或者可能无法在真理与和解委员会期间存活下来……

只有最后一个选择是由 *or*（或者）显性实现；前面两个选择使用了逗号这一隐性表达，但可以通过括号里面添加的 *or is*（或是）变成显性表达。这同我们在使用 and（和、并且）的时候发现的模式一样：

If the individual is terminally ill,
(and is) disabled,
(and is) suffering a debilitating condition
and will probably not survive the duration of the TRC...
如果此人身患绝症、
残疾、

身体虚弱

并且可能无法在真理与和解委员会期间存活下来……

其他能够实现选择的连接成分包括 *if not...then*（如果不……那么）、*alternatively*（或许）：

dependent

If they do**n't** want restorative justice,

then they could choose retribution.

主从

如果他们不想要恢复性正义

那么他们会选择报复性正义

cohesive

A witness may be terminally ill.

Alternatively she might be disabled.

衔接

目击者可能身患绝症

或者她可能身患残疾

除了将小句添加在一起外，他们也可以被减去，比如使用 *neither*（既不） 124
和 *nor*（也不）：

...white people were **neither** dissatisfied with the best

nor wanted better

nor got it

……那些白人**既非**不满足于最好的东西

也不想要更好的东西

也不想得到想要的一切

总的来说，外部连接的选择包括增加、减少和选择，如图 4.1 所示。

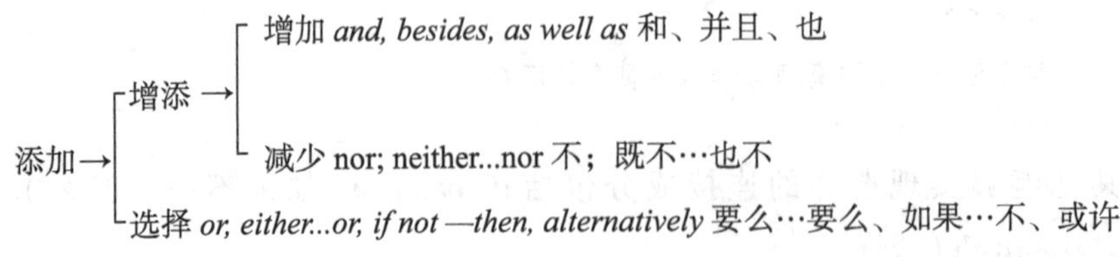

图 4.1　外部连接

外部对比

对比的基本选择是相似和差异。也许最常见的比较是对比两个不同的小句，比如使用 *but*（但是）：

This is not a frivolous question,
but a very serious issue.
这不是一个轻浮的问题，
而是一个极为严肃的议题。

这里图图对比了两个抽象的事物，*a question*（问题）和 *an issue*（议题）。他们的品质之间存在对比——*frivolous*（轻浮的）对比 *serious*（严肃的）——对比通过 *but*（但是）表达。在这里，有一种特殊类型的差异叫**对立**：*frivolous*（轻浮的）和 *serious*（严肃的）实现了相反的经验意义。*but*（但是）用在了并列关系中，对立也可以在主从关系中实现，比如使用 *whereas*（尽管），*while*（然而）：

Whereas this is a simple question,
it is a very serious issue.
尽管这是个简单的问题，
但它是个严肃的事件。

与词汇对比一样，逻辑差异也不止一种。首先，一种意义可以通过使用 *instead of*（而不是），*in place of*（代替），*rather than*（而不是）被另一种意义**替换**。这些都出现在主从关系中：

Instead of resting at night,
he would wander from window to window.
晚上他不睡觉，
他会从一个窗口走到另一个窗口。

第三类差异是制造**例外**，通过使用 *except that*（除了），*other than*（除了），125
apart from（除了），这些也属于主从关系：

He wanted to rest at night
except that he kept having nightmares.
他晚上想睡觉
只是他晚上一直做噩梦。

He used to rest at night
other than when he had nightmares.
他过去常常晚上休息
除了他做噩梦的时候。

像 *instead*（反而）和 *rather*（而是）这样的连接成分也用作衔接：

He should have slept at night.
Instead he would wander from window to window.
他在晚上应该睡觉。
相反，他会从一个窗口走到另一个窗口。

当然，对比的另一面肯定是类似，比如使用 *like*（像）、*as if*（就像）：

The criminal and civil liability of the perpetrator are expunged
as if the offence had never happened.

免除犯罪者的刑事和民事责任
就像罪行从未发生过一样。

在这里，图图用 *as if*（就像）来暗示 *liability expunged*（责任的免除）在某种程度上类似于 *the offence never happened*（罪行从未发生过）。衔接连接成分中可以表示外部近似性的是 *similarly*（类似地）：

Helena's first love worked in a top security structure.
Similarly her second love worked for the special forces.
海伦娜的初恋在一个保密级别很高的部门工作。
同样，她的第二任恋人在特种部队工作。

近似性也可以由连续词 *so*（也）表达，同时主语——动词要倒装：

I was torn to pieces.
So was he.
我的心被撕碎了。
他也是。

总的来说，外部比较的选择包含类似或差别：对立、替代或例外，如图 4.2 所示。

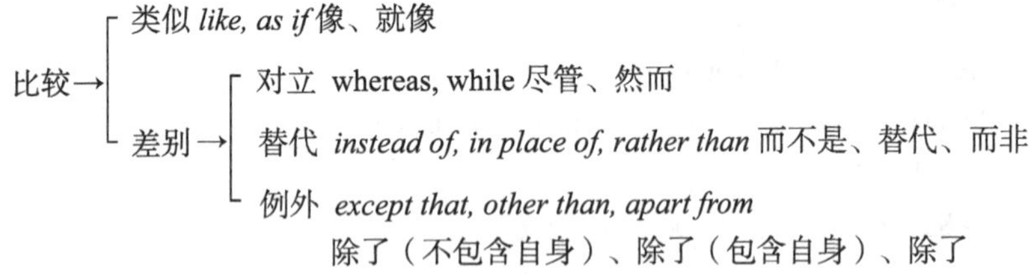

图 4.2　外部比较

126 **外部时间**

正如我们在海伦娜故事和莱昂纳德·费纳达尔的证词中看到的那样，

像 *then*（之后）这样的时间连接成分会告知我们事件是接连发生的：

It was the beginning of a beautiful relationship.
We even spoke about marriage.
Then one day he said he was going on a 'trip'.
这是一段美好关系的开始。
我们甚至开始谈婚论嫁。
后来有一天，他说他要去"旅行"。

I was told to shut up, sit in a chair,
then I was questioned.
我被告知闭嘴，坐在椅子上，
然后我被提问。

这类事件关系叫**连续**（successive）——事件一个接一个地发生。主从关系中使用的连续词包含 *when*（当……时）、*after*（在……之后）、*since*（自从）、*now that*（既然）：

when I answered the questions
I was told that I was lying
当我回答问题**时**
有人说我在说谎

在这些例子中，时间的连续性是向前发展的——从最初的事件到最后的事件。但是诸如 *before*（在……之前），*prior to*（先于）这样的连接成分能够让我们反向叙述事件：

before I was questioned
I was slapped around
在我回答问题**之前**
我被扇了巴掌

在上述的例子中，没有一个能清楚地说明两个事件之间经历了多少时间，它们只是发生在之前或之后的某个时间。其他连续词可以表示事件紧接在前或在后发生，这包括 *once*（一旦）、*as soon as*（一……就）、*until*（直到）：

as soon as I answered
I was slapped again
我刚回答完问题
我又被扇了耳光

I was slapped around
until I started fighting back
我被扇了耳光
直到我开始反击

具有衔接功能的连续词包括 *subsequently*（随后）、*previously*（之前）、*at once*（立刻）：

I answered the questions.
Subsequently I was told that I was lying.
我回答了问题。
然后被告知我在撒谎。

He said he was going on a 'trip'.
Previously it had been a beautiful relationship.
他说他要去"旅行"。
此前那是一段美好的关系。

I started fighting back.
At once four, maybe five policemen viciously knocked me down.
我开始反击。
立马就有四五个警察残暴地把我击倒在地。

在图图的论述中有个关于*previously*（之前）的例子显示衔接连接成分在 127
小句中的位置相对自由：

...there is the penalty of public exposure and humiliation for the perpetrator. Many of those in the security forces who have come forward had **previously** been regarded as respectable members of their communities.

……因此将有公开曝光和侮辱等惩罚。许多前来寻求赦免的那些安全组织成员，**之前**在他们的群体中都被看作是受人尊敬爱戴的成员。

除了彼此相继发生之外，事件还能同时发生。同时的时间可以由*as*（随着）、*while*（在……期间）、*when*（在……时候）实现：

My murderer let me and the old White South Africa sleep peacefully,
while ‘those at the top’ were again targeting the next ‘permanent removal from society’.

我的谋杀者让我和旧的白人南非可以安稳入眠，
与此同时，“那些上级”又一次对准了下一个目标，要把他们“永久地从社会中清理掉”。

表达同时关系的衔接连接成分还包括*meanwhile*（与此同时）、*simultaneously*（同时）：

cohesive
The old White South Africa slept peacefully.
Meanwhile ‘those at the top’ were again targeting the next ‘permanent removal from society’.

衔接
旧的白人南非人安稳入眠。
与此同时，“那些上级”又一次对准了下一个对准了下一个目标，要把他们“永久地从社会中清理掉”。

所以，外部时间的选择包括连续和同时。连续还包括两个选择：某个时间（sometime）或者立刻（immediate）。外部时间子系统如图 4.3 所示：

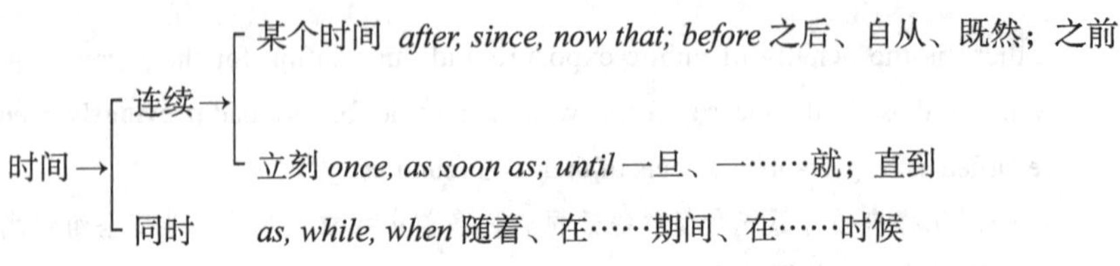

图 4.3 外部时间

外部结果

外部结果一共有四种类型：原因、手段、条件、目的。一些基本选择如表 4.3 所示。

表 4.3 基本的外部结果

原因	因为、所以、因此
手段	通过、由此
条件	如果……那么
目的	以至于、为了

128 **原因**

海伦娜第一次婚姻失败时，她通过使用 *all because*（全因为）解释了为什么婚姻会失败：

> An extremely short marriage to someone else failed
> **all because** I married to forget.
> 跟另一个人的一段极短的婚姻完全失败，
> 因为我是为了忘却才结婚。

连词 *because*（因为）表示一件事迫使另一件事发生，就像是原因和结果。

通过说 *all because*（全因为），海伦娜让这种义务关系变得更加强烈，即原因只有一个——我结婚是为了忘记。换句话说，原因调整了一个事件同下一个事件之间的关系，并且同其他模态意义一样（见第二章，第 2.2 节），它是分级的；比如，她可以通过使用 *partly because*（部分原因）来弱化因果关系。这是一条很重要的原则，特别是在科学写作中，因果关系的强度会被仔细评估。

because（因为）在主从关系中发挥作用；相对应的并列连词是 *so*（所以），衔接连接成分包括 *therefore*（因此），*consequently*（于是）：

I married to forget,
so my first marriage failed.
我结婚是为了忘却，
所以我的第一段婚姻失败了。

I married to forget.
Consequently my first marriage failed.
我结婚是为了忘却。
于是我的第一段婚姻失败了。

在本章的介绍中，我们看到像 *then*（后来）这样的普通连接成分在某些语境中是可以表达反预期的。但是对结果连接成分来说，这是一个常规选择，因此特定集合的连接成分可以实现每种类型的反预期结果。这些连接成分被称作让步连接成分。（我们在第二章第 2.3 小节中探讨了让步在评价中将读者声音引入话语的功能。）表达原因的让步可以由 *although*（虽然）、*even though*（即便）、*even if*（纵使）、*but*（但是）、*however*（然而）来实现。

比如海伦娜婚姻的失败是 *all because*（因为）她出于错误的原因结婚，但是 even though（即便）她是出于正确的原因结婚，她的婚姻也可能失败：

An extremely short marriage to someone else failed
even though I married for the right reasons.
跟另一个人的一段极短的婚姻失败了，
尽管我是出于正确的原因和他结婚。

海伦娜的初恋在非洲人中非常受欢迎，*even if*（即便）他是一个英国人；在一个更包容的南非，因为是英国人或许也会受欢迎：

Because he was an Englishman,
he was popular with all the ‘Boer’ Afrikaners.
因为他是一个英国人，
所以他在所有南非“布尔”人中间都深受爱戴。

129 但最常见的让步原因的实现方式是连词 *but*（但是）：

He tried to hide his wild consuming fear,
but I saw it

I can’t handle the man anymore!
But I can’t get out
他试图遮掩这种难以言表的恐惧，
但我还是看到了

我受不了这个男人了！
但是，我也逃不脱

然而，*but*（但是）也可以实现对比：不同，这可能会让人困惑。我们可以通过尝试用实现结果的主从连词或让步连词来替换 *but*（但是），来判断其是否实现让步关系，比如 *although*（虽然）、*however*（然而）：

Although he tried to hide his wild consuming fear,

I saw it.

I can't handle the man anymore!
However I can't get out.
虽然他试图遮掩这种难以言表的恐惧，
但我还是看到了

我受不了这个男人了！
然而，我也逃不脱

如果我们替换为实现对比的连词，它们就没有那么大的意义了（**I can't handle the man anymore! In contrast I can't get out.* * 我受不了这个男人了！相比之下，我也逃不脱。**Whereas he tried to hide his wild consuming fear, I saw it* * 而他试图遮掩这种难以言表的恐惧，我看到了）。

手段

原因解释了导致结果发生的原因，手段关系解释事情是如何发生的，通常会使用 *by*（通过）：

He expected to get amnesty
by confessing.

The objectives of the Commission shall be to promote national unity and reconciliation
by establishing as complete a picture as possible of the causes, nature and extent of the gross violations of human rights.
他希望**通过**坦白得到赦免。

委员会的目的是**通过**对严重侵害人权行为的原因、性质、程度尽可能进行全面描述，来促进民族团结与和解。

在这里，委员会打算将 *establishing as complete a picture as possible*（尽可能进行全面描述）作为手段来 *promote national unity and reconciliation*（促进民族团结与和解）。尽管原因要求后面要有结果，但这里相关的意义是能力（ability）。图图的论述是通过全面描述，委员会能够促进团结与和解。

表达主从连接的 *by*（通过）可能是最常用于表达手段的方法。其他表达手段的连接成分包括 *thus*（以此方式）、*by this means*（通过这种方式）：

He expected amnesty.
Thus he confessed.

130 As complete a picture as possible of the causes, nature and extent of the gross violations of human rights will be established.
By this means the Commission will promote national unity and reconciliation.
他希望得到赦免。
就这样他坦白了。

尽可能对严重侵害人权行为的原因、性质、程度进行全面描述。
通过这种方式委员会将促进民族团结与和解。

通过使用让步手段，可以表达一个事件未能发生，尽管所做之事足够实现它：

Even by confessing
he didn’t get amnesty

National unity and reconciliation may still not be promoted
even by establishing as complete a picture as possible of the causes, nature and extent of the gross violations of human rights.
尽管他坦白了
他还是没能得到赦免
民族团结和和解可能仍旧不能被促进
尽管已经尽可能对严重侵害人权行为的原因、性质、程度进行了描述。

but（尽管如此）也可以用作让步手段：

He confessed
but he didn't get amnesty.
他坦白了
尽管如此他也没有得到赦免。

目的

目的关注的是行为和预期的结果。常见的表示目的的连接手段是 *in order to*（为了）：

The RRC committee will use the following two information instruments,
in order to make an informed recommendation.
赔偿与康复委员会将使用以下两种信息工具，
以便提出明智的建议。

在这里，赔偿与康复委员会的目的是做出明智的建议。为了实现这个目的，他们采取的行动是使用两种信息工具。尽管原因要求后面要有结果出现，但对于目的，相关的情态意义便变成了倾向（inclination）。我们采取行动是因为我们想要一个结果。

就像 *by*（通过）是用于表达手段一样，主从连接成分 *to*（为了）常用于表达目的：

To make an informed recommendation,
the RRC committee will use the following two information instruments.
为了提出明智的建议，
赔偿与康复委员会将使用以下两种信息工具。

其他实现目的的连接成分包括 *so that*（以便）、*in case*（免得）：

The RRC committee will use the following two information instruments

so that it can make an informed recommendation.
赔偿与康复委员会将使用以下两种信息工具
以便它可以提出明智的建议。

这些表达目的连接成分 *in order to*（为了）*so as*（以便）表明结果是被期望
131 的。但是还有另一种目的是担心结果出现——通过使用 *lest*（以免）或者 *for fear of*（以防）：

The RRC committee will use the following two information instruments
lest it make an uninformed recommendation.
赔偿与康复委员会将使用以下两种信息工具
以免它提出了不明智的建议。

通过表达让步类意愿，*without*（未、没有）可以用来表达一个行为的实施不会产生后果：

The RRC committee used two information instruments,
without being able to make an informed recommendation.
赔偿与康复委员会使用了两种信息工具，
但不能提出明智的建议。

The RRC committee used two information instruments,
even so they could not make an informed recommendation.
赔偿与康复委员会将使用了两种信息工具，
即便如此他们也不能提出明智的建议。

因为担忧（fear）本身就是一个消极选择，因此没有让步的选项。

条件

条件关系是结果与产生结果的条件之间的关系，正如我们在海伦娜的故事中看到的那样：

I would have done the same
had I been denied everything.
If my life, that of my children and my parents was strangled with legislation.
If I had to watch how white people became dissatisfied with the best and still wanted better and got it.
我也会做同样的事情
如果我被剥夺一切。
如果我的生活、我的孩子、父母的生活被法规扼杀。
如果我不得不看那些白人即使拥有了最好的东西也依然不满足而想要更好的东西，且能够得到想要的一切。

在条件关系中，相关的情态意义是可能性（probability）。海伦娜认为她很可能在条件充足的情况下加入反抗；条件越压迫，她就越有可能做同样的事情。

其他实现条件的连接成分包括 *if... then*（如果……那么），*provided that*（假如），*so long as*（只要）：

If my life, that of my children and my parents was strangled,
then I would have done the same.

I would have done the same
provided that there was no risk to my relaxed and comfortable way of life.
如果我的生活、我的孩子、父母的生活被法规扼杀，
那么我也会做同样的事情。

我也会做同样的事情，
假如我轻松舒适的生活方式没有任何风险。

这些都是事件可能发生的条件。另一方面，*unless*（除非）介绍了断绝事件发生可能性的条件：

... the application should be dealt with in a public hearing
unless such a hearing was likely to lead to a miscarriage of justice
申请应在公开听证会上处理
除非这种听证会可能导致误判

132 让步条件关系指：*even if*（即便）条件都满足了，结果也不会发生：

I would not have done the same
even if I had known the truth
我不会做同样的事
尽管我知道了真相

外部结果的选择包括期望的和让步的原因、手段、目的和条件，如图 4.4 所示。

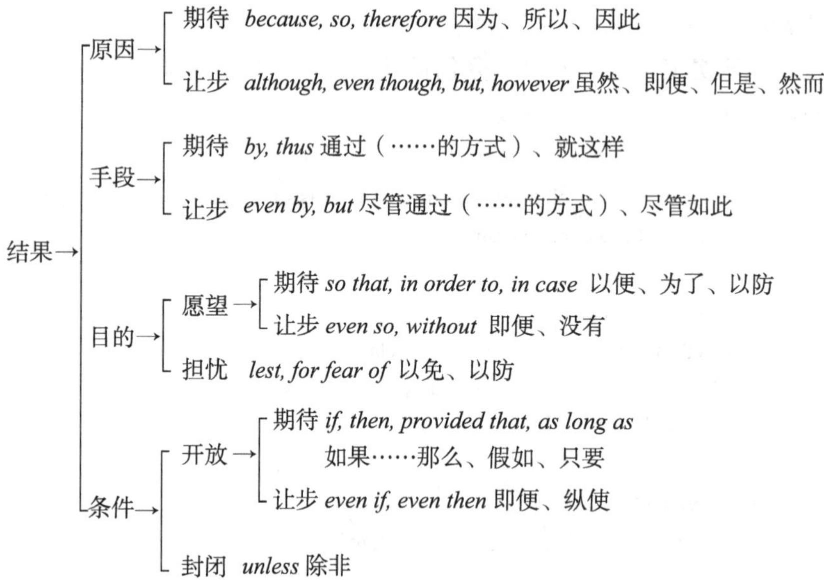

图 4.4　外部结果

关于外部连接的所有系统在表 4.4 中呈现。

表 4.4　外部连接的一般选择

添加	添加	增加	和，另外，既……又	
		减少	不，既不……也不	
	选择		或者，要么……要么，如果不……那么	
对比	类似		像，就像	
	差别	对立	尽管，虽然	
		替代	而非，代替，而不是	
		例外	除了，除……外，除开	
时间	连续	某个时候	之后，自从，既然；之前	
		立刻	一旦，立马；直到	
	同时		随着，在……的时候，当……时	
原因		期待	因为，所以，因此	
		让步	虽然，尽管，但是，然而	
手段		期待	通过，就这样	
		让步	即便通过，即便这样	
条件	开放	期待	如果……那么，假如，只要	133
		让步	即便，纵使	
	封闭		除非	
目的	愿望	期待	以便，为了，免得	
		让步	尽管这样，没有	
	担忧		以免，以防	

4.3　内部连接

基于意义的口语表达方式，在书面模态中，内部连接在逻辑上组织语篇的作用变得特别详尽。出于这个原因，内部连接同我们所见的外部连接一样，也包含四种同样的逻辑类型。此外，许多用于表达内部连接的词汇同外部连接都是相同的，比如 *also*（也），*thus*（因此），但其他的内部连接则完全不同。表 4.5 概述了基本选择。

表 4.5　内部连接的基本选择

添加	添加	而且，此外
	选择	或者
对比	类似	同样，例如
	差别	另一方面，相反
时间	连续	首先，最后
	同时	与此同时
结果	总结	因此，总之，从而
	反对	诚然，不过

内部添加

我们已经见过在论述中内部添加是如何被用来添加论据的：

Argument 1	The Act required that where the offence is a gross violation the application should be dealt with in a public hearing
Argument 2	It is **also** not true that... amnesty encourages impunity because amnesty is only given to those who plead guilty
Argument 3	**Further**, retributive justice... is not the only form of justice... there is another kind of justice, restorative justice.
论据 1	该法案规定，如果罪行为严重侵害人权，申请应在公开听证会上处理
论据 2	赦免会助长有罪不罚，因为赦免只给予那些自己认罪的人……这**也**不是真的
论据 3	**另外**，报复性正义……不是正义唯一的形式，还有另一种正义，恢复性正义

在下面的口语例子中（取自电影《宽恕》—见第七章），珊妮（Sannie）对她的负面回应添加了评判：

Coetzee:　Won’t your parents have any questions, you know, about what happened? 134
Sannie:　—No,
　and that’s wrong.
库切：　你的父母不会对发生的事情有任何疑问吗？
珊妮：　不会。
　而这是不对的。

其他表达内部添加的连接成分包括 *furthermore*（进一步说；另外），*moreover*（再者），*in addition*（此外），*as well*（同样），*besides*（并且），*additionally*（另外）。

同外部添加一样，我们也可以通过使用内部连接成分 *alternatively*（或者）来增加其他的论据：

Retributive justice is one form of justice.
Alternatively there is another kind of justice, restorative justice.
报复性正义只是正义的一种形式。
正义**还有**另一种形式，叫恢复性司法。

还有一系列的连接成分常常用于口语语篇中，对已经说过的话添加新的阶段——*now*（现在），*well*（好吧），*alright*（好），*okay*（好的）。这里有一个取自第七章的例子：

Luke:　You know I missed you two fuckers.
Llewelyn:　Sorry I can’t say the same Luke.
Zuko:　Yeah me too.
Luke:　**Well** fuck you, man.

卢克：　　你知道我想念你们两个混蛋。
路维林：　抱歉，我不能说同样的话，卢克。
祖克：　　对，我也是。
卢克：　　**好吧**，去你的，伙计。

还有一些词汇常用于添加一个偏离语篇的话题——*anyway*（不管怎样），*anyhow*（总之），*incidentally*（顺便提一下），*by the way*（顺便说一下）。这里有几个例子，选自一篇关于语言教学和语言知识的轶事：

A teacher was confused about which of affect and effect was the noun or verb (it's affect verb, effect noun **by the way**, except for one formal meaning of effect 'succeed in causing to happen'), or was perhaps unable to recognise the noun or verb in the sentence he was policing. He marked the student wrong, suggesting affect for effect or vice versa (I can't recall which). **Anyhow**, as it turned out, the student had been right; the teacher got it wrong. (Martin (2000), *Grammar meets Genre*).

有一个老师对 affect 和 effect 这两个词哪个是动词，哪个是名词感到困惑（**顺便说一下**，affect 是动词，effect 是名词，除非 effect 表达一种正式的意义"成功导致某事发生"），或者他可能无法识别他检查的句子中这两个词哪个是名词，哪个是动词。他给了学生错误的评价，把 affect 当作了 effect 或相反（我记不清是哪一个了）。**不管怎样**，事实证明，这个学生是对的，老师弄错了。［马丁（2000），《语法遇见语类》］

有关内部添加的选择总结于图 4.5 中。

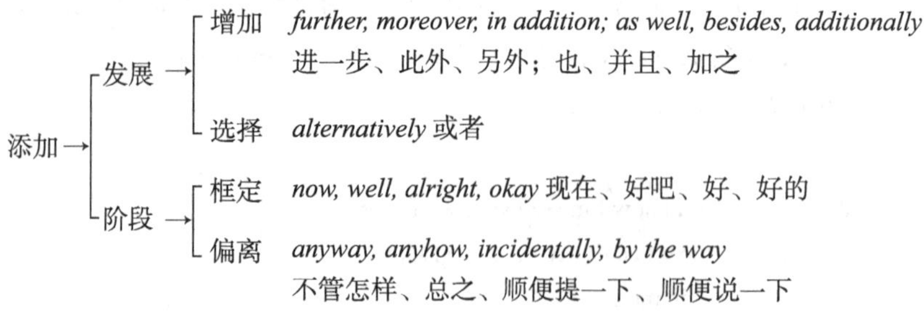

图 4.5　内部添加的选择

内部比较 135

内部比较为书面语篇提供了丰富的资源，让作者能够去比较和对比立场和论据，重述，举例，概括和详述。

内部相似的一种类型是通过使用 *similarly*（类似地）或者 *again*（同样）来简单说明两种观点在某些方面是一样的：

> Relations of class to member can be used cohesively between messages
> ...
> **Again** part-whole relations can be used cohesively between messages
>
> When Helena says *I envy and respect the people of the struggle* she implies something praiseworthy about the character of the people.
> **Similarly**, she morally condemns those at the top for bloody murder, without explicitly judging their character.
> 类别与成员关系可以在信息之间使用，建立衔接
> ……
> **同样**，部分——整体关系也可以在信息之间使用，建立衔接
>
> 当海伦娜说*我羡慕和尊重斗争中的人民*时，她暗示了人民性格中值得称赞的东西。
> **同样**，她在道德上谴责那些高层血腥谋杀的行为，但没有明确判断他们的性格。

在这里，*similarity*（同样）所表达的相似之处是海伦娜的赞美和谴责都是隐性的。这个连接成分让读者清楚地知道我们正在聚焦两件相似的事情。

和使用添加一样，一些如 *similarly*（类似地）这样的连接成分能够实现外部比较或内部比较。我们不得不问由连接成分引导的小句是用于比较事件、事物或品质（外部），还是比较一个论据与另一个论据（内部）。

然而，内部类似有许多其他的变化，其中包括重述、举例、概括和详述。思想能够通过 *that is*（也就是说），*i.e.*（即）进行重述。在这本书中我们常常用常识性表达来陈述事情，然后再将它重述得更加专业性：

Attitudes have to do with evaluating things, people's character and their feelings.
Such evaluations can be more or less intense,
that is they may be more or less amplified.
态度与评价事物、人物的性格以及他们的感受有关。
这样的评价可以变得更强烈或没那么强烈，
也就是说，评价可能会增强或减弱。

举例是通过使用 *for example*（比如），*for instance*（例如），*e.g.*（比如）这些词，用具体的例子来重述概括的陈述。在这里，图图给出了一个关于条件的例子，在这种情况下，申请不会被公开审理：

The Act required that the application should be dealt with in a public hearing unless such a hearing was likely to lead to a miscarriage of justice
(**for instance**, where witnesses were too intimidated to testify in open session).
该法案规定申请应在公开听证会上处理，除非这种听证会可能导致误判
（**例如**，证人受到恐吓而无法在公开开庭作证的情况下）。

但是，举例只是将陈述重述为更具体或概括的其中一种方式。其他相关的连接成分包括 *in general*，（一般），*in particular*（特别是），*in short*（总之）。这里有一些来自本书的例子：

136 Attitudinal lexis plays a very important role in Helena's narrative,
as it does **in general** across story genres.

Layers of New develop the point of a text,
in particular they focus on expanding the ideational meanings around a text's field.
态度词汇在海伦娜的叙述中扮演了重要的角色，就像它**通常**在故事类语类中的作用一样。

不同层次的新信息发展了语篇的要点，
特别是它们聚焦围绕语篇语场的概念意义的扩展。

期待也可以通过 *in fact*（事实上），*indeed*（显然），*at least*（至少）这些连接成分得以调整。通过反复缩小公开听证会的条件，图图引导我们去期待公开听证几乎从没有发生过。但他随后通过陈述实际上发生的事来推翻预期：

> The Act required that the application should be dealt with in a public hearing
> **where** the offence is a gross violation of human rights—defined as an abduction, killing, torture or severe ill-treatment—
> **unless** such a hearing was likely to lead to a miscarriage of justice
> (**for instance**, where witnesses were too intimidated to testify in open session).
> **In fact**, virtually all the important applications to the Commission have been considered in public in the full glare of television lights.
> 该法案规定，**如果**罪行为严重侵害人权——被定义为绑架、杀戮、酷刑或严重虐待——申请应在公开听证会上处理，
> **除非**这种听证会可能导致误判
> （例如，证人受到恐吓而无法在公开开庭作证的情况下）。
> **事实上**，所有向委员会提出的重要申请都应在电视台的全眩光灯下在公共场合审议。

这种策略引导我们期待某件事，然后用“现实”推翻它，这样图图就可以使他的结论看起来自然而然，而这只是通过使用 *Thus*（因此）便简单实现了：

> **Thus** there is the penalty of public exposure and humiliation for the perpetrator.
> **因此**将有公开曝光和侮辱等惩罚。

我们并没有暗示说我们认为图图的结论是错误的。相反，图图通过先提出各种反对意见再驳倒它们的这种方式进行了有力地论证。

同样，*indeed*（确实）指的是“甚至超过预期”，而 *at least*（至少）指的是“低于预期”。图图认为失去起诉权是高于预期付出的代价：

> ...the victim loses the right to sue for civil damages in compensation from the perpetrator.

That is **indeed** a high price to ask the victims to pay...
……受害人失去了向肇事者提起民事赔偿诉讼的权利。
这**确实**是一个要求受害者承担的高昂代价……

海伦娜声称她的恋人是精神折磨的受害者，而无法安歇低于他们所期待的结果：

Spiritual murder is more inhumane than a messy, physical murder.
At least a murder victim rests.
精神折磨比肮脏的肉体谋杀更残忍。
至少谋杀的受害者安息了。

下面是一个来自口语语式的例子［来自《宽恕》］，在这个例子中，扎克（Zako）反驳了卢克期待的问题：

137 Luke: You believe this shit?
Zako: **Actually** I do.
卢克： 你相信这胡扯？
扎克： **实际上**，我信。

差异是怎么体现的呢？正如我们在第三章（第 3.2 小节）中看到的词汇对比一样，差异可以是对立或是相反。我们可以通过使用 *rather*（而是），*by contrast*（与之相对），*on the other hand*（另一方面）来表达对立的想法：

This is not a frivolous question,
rather it is a very serious issue.
这不是一个轻浮的问题，
而是一个极为严肃的议题。

To this point we have looked at clauses and their elements from the perspective of discourse. Grammarians, **on the other hand**, look at elements of clauses from the

perspective of the grammar.
至此，我们已经从语篇的角度分析了小句及其要素，
另一方面，语法学家从语法的角度分析小句的要素。

conversely（反过来）用于反转信息的两个方面。在这个例子中，马林诺夫斯基（Malinowski）从社会语境的角度解释语篇；而我们主张，语境只能在它们在语篇中有所体现时才能被解释：

Malinowski interpreted the social contexts of interaction as stratified into two levels, 'context of situation' and 'context of culture', and considered that a text (which he called an 'utterance') could be understood only in relation to both these levels.
Conversely, we could say that speakers' cultures are manifested in each situation in which they interact, and that each interactional situation is manifested verbally as unfolding text.
马林诺夫斯基将互动的社会语境解释为两个层次，“情境语境”和“文化语境”，并认为语篇（他称为“话语”）只能在这两个层面上被理解。
反过来，我们可以说，说话者的文化体现在他们互动的每个情境中，并且每个互动情境都在展开的语篇中由言语体现。

内部比较的选项总结于图 4.6 中。

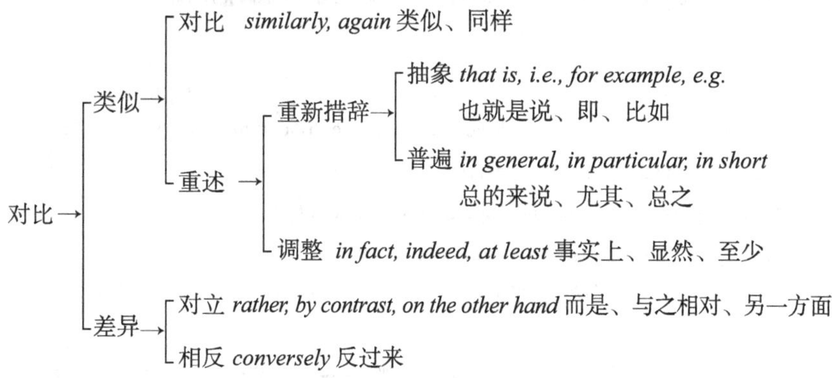

图 4.6　内部比较

内部时间

内部时间是一个小的资源集合，用于表示一个新的阶段已经开始 *firstly*（第一），*second*（第二），*next*（其次），*finally*（最后），*at the same time*（同时）。因此它们的使用方式同内部添加类似。所以，图图能够按以下方式提出他的论点：

138 Argument 1 **Firstly** the Act required that where the offence is a gross violation the application should be dealt with in a public hearing...

Argument 2 **Secondly** it is not true that amnesty encourages impunity because amnesty is only given to those who plead guilty...

Argument 3 **Finally**, retributive justice.. .is not the only form of justice.. .there another kind of justice, restorative justice...

论点 1 **第一**，该法案规定，如果罪行为严重侵害人权，申请应在公开听证会上处理……

论点 2 **第二**，赦免在某种意义上会助长有罪不罚这也是不真实的，因为赦免只给予那些认罪的人……

论点 3 **最后**，报复性司法不是唯一的司法形式……还有另一种正义，即恢复性司法……

在本书中，我们也经常用到像这样的内部时间，将我们语篇的步骤清晰地呈现给读者：

To begin with, the ‘falling in love’ phase can be divided into two parts—‘meeting’ the young man, and then a ‘description’ of his qualities...

Secondly we can divide the ‘operations’ phase into two parts—the ‘news’ about leaving, and the lovers’ ‘reaction’ to the news...

首先，“坠入爱河”这个相可以被分成两个部分——“遇见”一个年轻男人，以及对他品质的“描述”……

其次，我们能将“行动”相分成两个部分——要离开的“消息”，和这对恋人对这个消息的“反应”……

我们常常这样使用*next*（接下来），来告诉读者我们将展开一个新的阶段：

So evaluations can be divided into three basic kinds according to what is being appraised—(i) the value of things, (ii) people's character and (iii) people's feelings. **Next** let's look at how attitudes are amplified...
根据被评价的对象，评价可以分成三种类型：（i）事物的价值，（ii）人物的性格（iii）人物的情感。
接下来，让我们来看看态度是如何增强的……

在口语中，内部时间还可以用于组织论述顺序，在下面的例子中（来自《宽恕》），路维林的第一个看法被驳回，所以他要求第二个：

Llewelyn: I say maybe it was you who gave the cops Daniel's name.
Luke: —Are you fucking berserk?
Llewelyn: —**Then** who did?
路维林：我说可能是你把丹尼尔的名字给了警察。
卢克：——你他妈疯了吗？
路维林：——**那么**是谁干的呢？

这些都是关于内部连续的例子——它们将语篇内部逻辑中的步骤排序为*first*（第一），*second*（第二），*next*（接下来）等等。但也可以说论点或论据能与另一论点或论据同时出现，通过使用*still*（还）或者*at the same time*（同时）。下面的例子来自于有关我们读写能力项目的一份报告：

Significant increases in student achievement have been measured...the average improvement in reading and writing was 2.5 levels...
At the same time, teachers have noted a range of student learning outcomes that are more difficult to measure, like an increased level of student engagement in their learning.

已测量到学生成绩的显着提高……平均阅读和写作的提高是 2.5 个等级……**与此同时**，教师注意到学生的一系列学习成果更难衡量，比如学生学习参与度的提高水平。

同样，许多连接成分可以表达外部或内部时间——*first*（首先），*next*（其次），*finally*（最后），*at the same time*（同时）……我们不得不问，由连接
139 成分引导的小句是用来组织事件的顺序（外部的），还是用来组织语篇中论点的顺序（内部的）。

内部时间的选项总结于图 4.7。

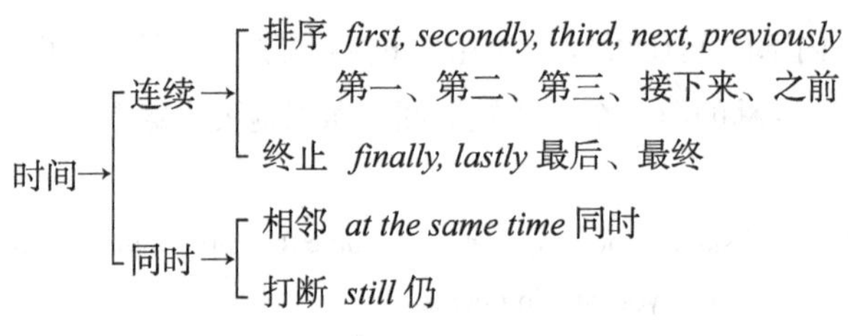

图 4.7 内部时间

内部结果

内部结果关注从论证中得出结论，以及如何反驳它们。我们已经见过图图是如何使用 *Thus*（因此）来表明他每个论证的结论的：

The Act required that the application should be dealt with in a public hearing...
Thus there is the penalty of public exposure and humiliation
该法案规定，申请应在公开听证会处理……
因此将有公开曝光和侮辱等惩罚

...amnesty is only given to those who plead guilty...
Thus the process in fact encourages accountability
……赦免只给予那些自己认罪的人……
因此这一过程实际上鼓励了问责制

...there is another kind of justice, restorative justice,
Thus we would claim that...justice, is being served
……还有另一种正义，恢复性正义，
因此我们要主张……正义正在得到伸张

像 *thus*（因此），*consequently*（于是），*in conclusion*（总之）这样的连接成分表示结论正被得出。通过这种方式，结论被构建为呈现的论证所期待的结果。

在口语中，*so*（所以）常被用于表示内部结果：

Landlady: **So**, you're off. (on entering room)
Coetzee: —Yes.
Landlady: —Well I hope you enjoyed your stay. Did you get what you wanted from the Grootbooms?
Coetzee: —Yes.
Landlady: —**So**, what is your connection with that family? Really?
Coetzee: —Good-bye. Their son Daniel didn't die in a car hijacking. He was a freedom fighter and I killed him. At the time I was in the police force. But it was murder.
女房东：所以，你要走了。（进入房间）
库切：——是的。
女房东：——希望你住得愉快。你得到了你想从格鲁特姆家得到的东西吗？
库切：——是的
女房东：——**那么**，你和那个家庭有什么关系呢？说真的？
库切：——再见。他们的儿子丹尼尔不是死于汽车劫持。他是一个自由斗士，我杀了他。那个时候我在警队效力。但是那是一场谋杀。

另一类内部结果用于辩护论点，比如使用 *after all*（毕竟）：

On the face of it, we might argue that the evaluation in Helena's story comes from Helena. 140
She's the narrator **after all.**

从表面上看，我们可能会说海伦娜故事中的评价来自海伦娜本人。
毕竟，她是叙述者。

相反，论点也可以用 *anyway*（反正），*anyhow*（不管怎样），*in any case*（无论如何），*at any rate*（至少）驳回：

There have already been reports of taxis putting up 'out of service' signs and people changing seats on buses when confronted by dark-skinned people—
as if changing your seat would save you if a bomb went off **anyway**
已经有报道指出，当遇到黑皮肤的人的时候，有出租车会张贴“停止服务”的标志，公交车上的人会换座位——
就好像如果炸弹爆炸了，换个座位就能救你一命

论点也可以被承认，通过使用 *admittedly*（无可否认），*needless to say*（不用说），*of course*（当然）：

Stated in these terms, the victory over apartheid seems like a simple one of right over wrong, good over evil.
But **of course** social conflicts are rarely so simple
用这些术语来说，种族隔离的胜利似乎是简单的正确战胜错误，善战胜恶。
但**当然**，社会冲突很少如此简单

论点也可能被反驳为出乎意料的，通过使用 *nevertheless*（然而），*nonetheless*（尽管如此），*still*（仍然）：

While the authors considered this two-component definition,
they **nevertheless** favoured one component over the other one, behaving as if the two components could be taken separately
虽然作者考虑了这个由两部分组成的定义，
尽管如此，他们更偏向于其中一个成分，表现得好像这两个成分可以单独使用

内部反预期的后果被称为让步（concessive）。在对话中它通常由 *but*（但是）实现：

Coetzee:	I told all this to the Commission.
Ernest:	—Yes, **but** now you're telling us.
库切：	我把这些都告诉给委员会了。
欧内斯特：	——是的， 但现在你告诉给我们了。

内部后果的选项总结于图 4.8。

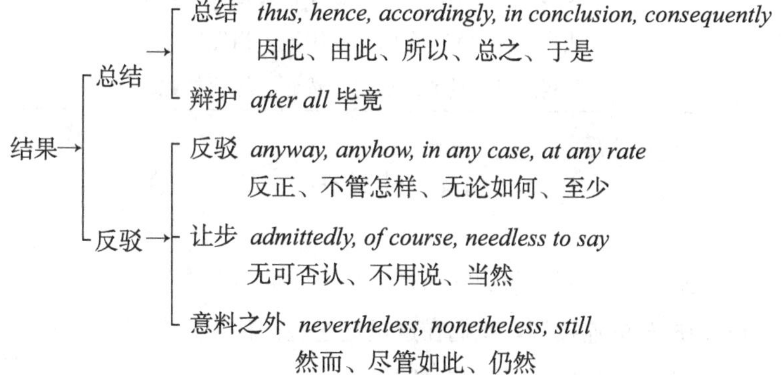

图 4.8 内部后果

表 4.6 内部连接的一般选择 141

添加	发展	增加	进一步，此外，另外，加之，也，并且，另外
		选择	或者
	阶段	框定	现在，好吧，好，好的
		偏离	不管怎样，总之，顺便提一下，顺便说一下
对比	类似	比较	类似，同样
		重述	也就是说，即，例如，比如，例，总的来说，尤其，总之

续表

		调整	事实上，显然，至少
	差异	对立	而是，与之相对，另一方面
		相反	反过来
时间	连续	排序	第一，第二，第三，接下来，之前
		终止	最后，最终
	同时	相邻	同时
		打断	还
结果	总结	总结	因此，由此，所以，总之，于是
		辩护	毕竟
	反驳	反驳	反正，不管怎样，无论如何，至少
		让步	无可否认，不用说，当然
		意料之外	但是，不过，然而，尽管如此，仍然

4.4 连续词

正如我们在本章开头预测的那样，现在我们需要提到一小部分不同于连词和连接成分的连接词。我们在这里把这些词称为连续词。由连续词实现的逻辑关系包括添加、对比和时间：

addition	*too, also, as well*
comparison	*so (did he); only, just; even*
time	*already; finally, at last; still; again*
添加	也是，还，也
对比	他也是；只，只是；甚至
时间	已经；终于，最后；还；又

142 实际上我们已经讨论了其中一些词，只是没有将他们同连词明显地区分开。我们在图图的论述中见过连续词 *also*（同样）：

The Act required that the application should be dealt with in a public hearing...
It is **also** not true that the granting of amnesty encourages impunity...because amnesty is only given to those who plead guilty...
该法案规定，申请应在公开听证会处理……
赦免会助长有罪不罚，这**也**不是真的……
因为赦免只给予那些自己认罪的人……

由这个连续词所表达的逻辑关系类型是添加。其他连续词表达不同类型的对比关系 *so (did he)*（他也是）、*even*（甚至）、*only*（只）、*just*（只是）：

It was the beginning of a beautiful relationship.
We **even** spoke about marriage.

Amnesty didn't matter.
It was **only** a means to the truth.
这是一段美好关系的开始。
我们**甚至**开始谈婚论嫁。

赦免与否不重要。
这**只是**获得真相的途径。

其他的连续词用来表达时间：

If I had to watch how white people became dissatisfied with the best
and **still** wanted better and got it.

I **finally** understand what the struggle was really about.

'those at the top' were **again** targeting the next 'permanent removal from society'.
如果我不得不看那些白人即使拥有了最好的东西，
也**依然**不满足而想要更好的东西，且能够得到想要的一切我**终于**明白了斗争的真正涵意。

“那些上级”**又一次**温暖地对准了下一个“永久地从社会中清理掉”的目标。

连续词不会出现在小句的开头，通常出现在小句中的限定性动词前后。限定性动词指表达时态或语态的动词（见下文第七章，第 7.3 小节）。它们在下面的例子中由下划线标出：*is also*（也），*so was*（也是），*even spoke*（甚至谈及），*was only*（只），*still wanted*（仍想要），*finally understand*（终于理解），*were again*（再次）……

然而，观察连续词的另一个视角是看它们在管理预期上的作用。根据这一标准，我们可以将 *already*（已经）、*finally*（最终）、*still*（仍然）、*yet*（还）、*only*（只）、*just*（只是）、*even*（甚至）归为一类，因为它们都表明一项活动在某种程度上是出乎意料的。这一点在第二章（第 2.4 小节）讨论让步作为评价的一种来源的时候已经有所涉及。比如，比较性连续词表示一种情况高于或低于预期。所以*甚至*（even）谈婚论嫁是超过（more than）我们对于一段关系的预期的：

It was the beginning of a beautiful relationship.
We **even** spoke about marriage.
这是一段美好关系的开始。
我们**甚至**开始谈婚论嫁。

但是对于赦免来说，它是低于我们的期待的，因为它是获得真相的 only（唯一）途径：

Amnesty didn't matter.
It was **only** a means to the truth.
赦免与否不重要。
这是获得真相的**唯一**途径。

时间连续词表示某事发生的时间比人们预期的早或晚，或是持续时间比人 143
们预期的要长。海伦娜对白种人的贪婪所持续时间比合理预期要长这一点，感到非常震惊：

> If I had to watch how white people became dissatisfied with the best
> and **still** wanted better and got it.
> 如果我不得不看那些白人即使拥有最好的东西
> 也**依然**不满足而想要更好的东西，且能够得到想要的一切。

海伦娜也使用了 *finally*（终于）来表示理解斗争的涵义花费了比预期更长的时间：

> I **finally** understand what the struggle was really about.
> 我**终于**明白了斗争的真正涵义。

所以我们可以既通过逻辑关系类型对连续词进行分类，也可以通过它们所实现的预期来对它们进行分类，如表 4.7 所示。

表 4.7 连续词

逻辑关系	预期	
添加	中立	*too, also, as well* 也是、也、同样
比较	中立	*so (did he)*（他）也是
	少于	*only, just* 只，只是
	多于	*even* 甚至
时间	快于	*already* 已经
	长于	*finally, at last* 终于，最终
	持续	*still* 仍然
	重复	*again* 再

4.5 表征关联：连接分析

到目前为止，我们已经说明了连接成分是如何在语篇中连接信息的。我们也积累了说话者和写作者用于表达连接的资源。现在，我们将通过使用三要素图表，运用这些资源来分析语篇的逻辑组织。首先，我们需要一些关于连词的简单标签，见表 4.8。

其次，我们需要用关系箭头来显示信息之间的联系。我们可以用这些箭头来表示连接是外部的还是内部的，在右边画线表示外部，在左边画线表示内部。当连接是隐性时，在括号中插入连接词作为检查，如下图所示：

144

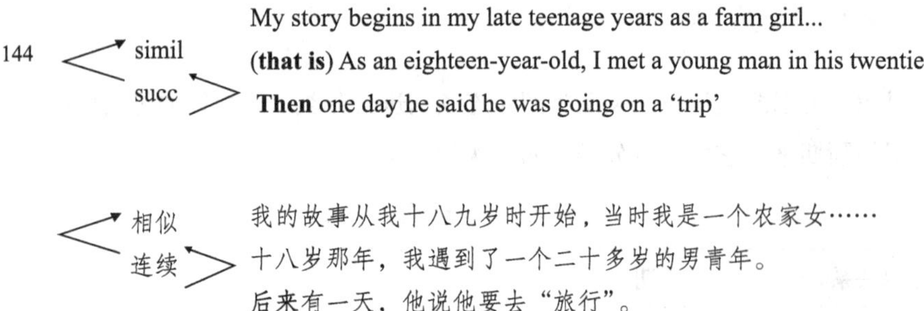

这种绘制元素之间联系的图表被称为网状组织（reticulum）。在这个例子中，*then*（然后）明确表示了第二个小句和第三个小句之间的连续关系。这是故事中事件的外部连续，所以我们在右边画出了连接。但在第一个小句和第二小句之间也有一个隐含的连接。楔子部分"我的故事从我十八九岁时开始……"由第一个事件"十八岁那年，我遇到了……"进行阐述，所以这两个小句中的逻辑关系是类似：重述。为了表明这一点，我们在括号里插入了一个隐含的连接成分（that is 即），而连接关系被画在左边。

表 4.8　连接关系的缩写

添加	增加	**add**
	选择	**alt**
比较	类似	**simil**
	差异	**diff**
时间	连续	**succ**
	同时	**simul**
结果	方式	**means**
	结果	**consq**
	条件	**cond**
	目的	**purp**

这个例子展示了在海伦娜故事的第一个事件中相与相之间是如何连接的。通过这些手段，我们可以展示语篇中的所有逻辑关联。但为了简化表述，我们可以先在一张图中展示每个语类阶段和语篇相是如何连接的，然后在另一张图中展示每个阶段内部的联系。这样的话，在我们探索更多的逻辑关联前，我们可以看到语篇的整体逻辑结构。首先，我们将在图 4.9 中展示海伦娜的故事中各阶段和相之间的联系。让我们再回顾一下阶段和相的结构：

Orientation　*My story begins in my late teenage years as a farm girl in the Bethlehem district of Eastern Free State.*

Incident 1
　'failing in love'　*As an eighteen-year-old, I met a young man...*
　'operations'　*Then one day he said he was going on a 'trip'.*
　'repercussions'　*More than a year ago, I met my first love again...*

Incident 2 145
　'falling in love'　*After my unsuccessful marriage, I met another policeman.*
　'operations'　*Then he says: He and three of our friends have been promoted.*

'repercussions'	*After about three years with the special forces, our hell began.*
Interpretation	
'knowledge'	*Today I know the answer to all my questions and heartache.*
'black struggle'	*I finally understand what the struggle was really about.*
'white guilt'	*What do we have? Our leaders are too holy and innocent.*
Coda	*I end with a few lines that my wasted vulture said to me...*
楔子	我的故事从我十八九岁时开始， 当时我是东自由邦伯利恒地区的农家女。
事件 1	
"坠入爱河"	十八岁那年，我遇到了一个男青年……
"行动"	后来有一天，他说他要去"旅行"。
"影响"	一年多以前，我又见到了我的初恋……
事件 2	
"再坠爱河"	第一次婚姻失败之后，我遇到了另一个警察。
"行动"	后来他说：他和三个朋友被提拔了。
"影响"	在特种部队大约三年后，我们的磨难开始了。
解释	
"了解"	今天我知道了我所有问题和痛苦的答案。
"黑人的斗争"	我终于明白了斗争的真正涵意。
"白人的罪行"	我们有什么？我们的领导人太神圣太无辜了。
尾声	我用我那个没用的废物说的几句话来结束我的故事……

请注意，在图 4.9 中，我们允许每个连接的配列之间至少有一条线，这样我们就可以画出连接。由于故事是按照时间展开的，所以大多数的连接是外部连续（画在右边）。有些通过连接成分明确地实现（*Then* 后来、*again* 又、*Then* 后来、*finally* 最终），但有些通过环境得以实现（*After my unsuccessful marriage* 在我失败的婚姻后，*After about three years* 大约三年后，*Today* 今天），所以通过在括号中插入（*then*）（然后）来表示这种连续性是很简单的事情。

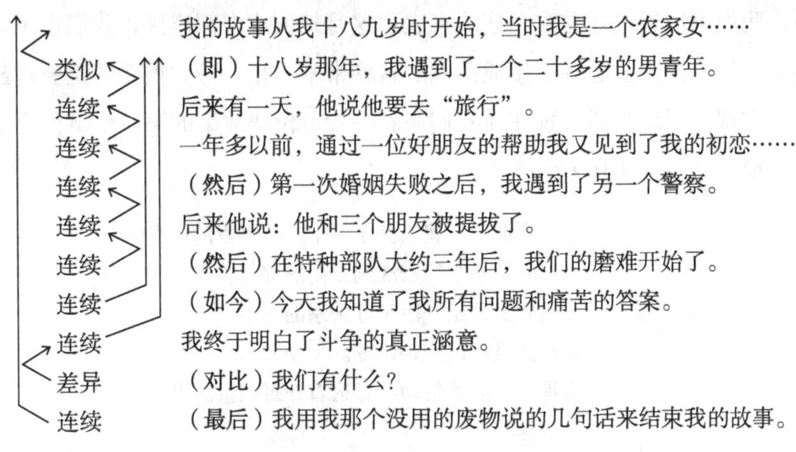

图 4.9　海伦娜故事中阶段和相之间的连接

这些连续的连接关系大多只是在故事展开时的相之间。但当我们到了“解释”相，它们的范围便包括了整个故事。这些连接关系将“解释”直接连接到了“楔子”相（*My story begins...* 我的故事开始于……），正如我们所画的那样，它们跨越了中间的所有事件。同样的情况也发生在“尾声”（*I end with a few lines...* 我以几句话结束……）和“楔子”之间的内部联系。这种内部连接是通过 *I end*（我结束）得以词汇化实现的，我们将其表述为连接成分（*lastly* 最终）），并连接到开头。

我们已经讨论了“楔子”和“第一个事件”之间的隐性相似性，这 146
呈现为（*that is*）（即）。同样，“黑人的斗争”和“白人的罪行”这两个解释相之间也存在隐性对比，我们用（*by contrast*）（与此相对）对其进行表述。

通过这些简单的技巧，我们可以呈现出语篇逻辑是如何通过配列、相以及语篇阶段之间的连接成分得以展开。逻辑关系可能是隐性的，但可以作为环境成分（比如，*After about three years*）（大约三年后）、过程（*I end*）（我结束）或是参与者（*the people of the struggle* vs *our leaders*）（斗争的人与我们的领导人）在词汇上得以显现，因此可以被看作是连接关系。我们可以通过在左右画连线来表示这是外部或内部连接，我们也可以展示它们的范围。隐性连接或范围的解释常常不止一种。重要的是梳理出它们实现的语篇模式。现在让我们来看一看海伦娜故事的第一个事件中的语篇模式，如图 4.10 所示。

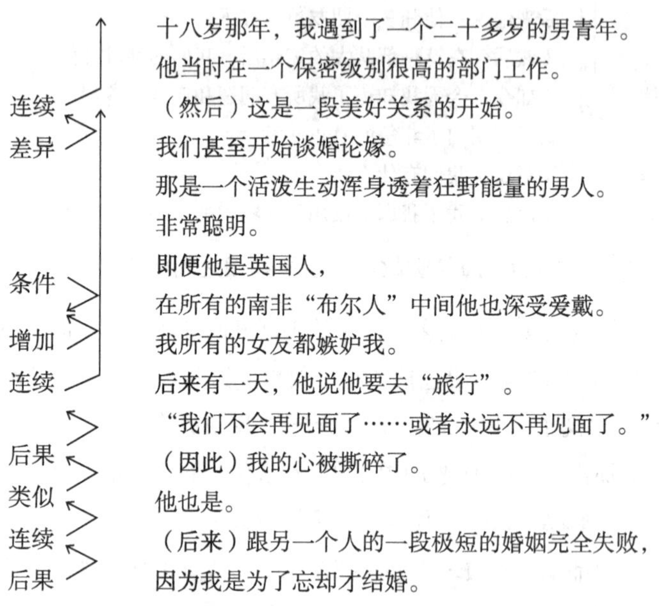

图 4.10　海伦娜故事中一个阶段内部的连接

在这个阶段中，因为海伦娜重述过往的事件并描述她的爱情，连接关系都是外部的。首先，连续由词汇表达（*It was the beginning...*）（这是开端……），我们将其表述为（*then*）（然后），因为这段关系隐性地在第一次相遇后发生。随后，出乎预料的对比通过 *even*（甚至）和 *even if*（即便）实现，但要注意后者同大多数连接成分一样，其指向是向前（*he was popular...*）（指向他受爱戴……）而非向后的。她女性朋友的反应添加也是显性的（*And* 并且），“行动”的连续（*then* 之后）也是如此。我们将这
147 种连续的范围同 *the beginning of a beautiful relationship*（美好关系的开端）

联系起来。我们将他的离开同海伦娜的反应（*I was torn to pieces*）之间的关联表述为后果（*so* 因此），当然，他的反应也是如此（*So was he* 他也是）。下一个接着发生的事件是她短暂的婚姻，用（*then* 然后）表示，后面是其原因。

现在让我们看看图图是如何使用连接成分来组织他的论证的，见图 4.11。

	所以是否要在牺牲公正的前提下给予赦免?
连续	（首先）该法案规定，申请应在公开听证会上处理
结果	因此将有公开曝光和侮辱等惩罚。
增加	赦免在某种意义上会助长有罪不罚，那样犯罪者可以完全逃避其行为的后果，这也是不真实的……
结果	因为赦免只给予那些认罪的人，他们要为自己的所作所为承担责任。
结果	因此这一过程实际上鼓励了问责制，而不是相反。
增加	此外，报复性司法不是唯一的司法形式。报复性司法指：作为非个人化的国家在做出惩罚……
比较	（即）我认为，还有另一种正义，即恢复性司法，这是非洲传统判例的特点。
结果	因此我们主张，正义，恢复性正义，正在得到伸张。

图 4.11　图图论述中各阶段和相之间的连接

和海伦娜的故事不同，论证中的各阶段和相之间的联系是内部的。我们将“论点”和“论据 1”之间的关系表述为内部连续（*firstly* 第一），之后的论据则是明确地添加（*also* 也，*Further* 此外）。在每一条论据中，论证依据预示结论的出现（*Thus* 因此）。现在让我们来看看一个阶段内的联系，如图 4.12 所示。

148

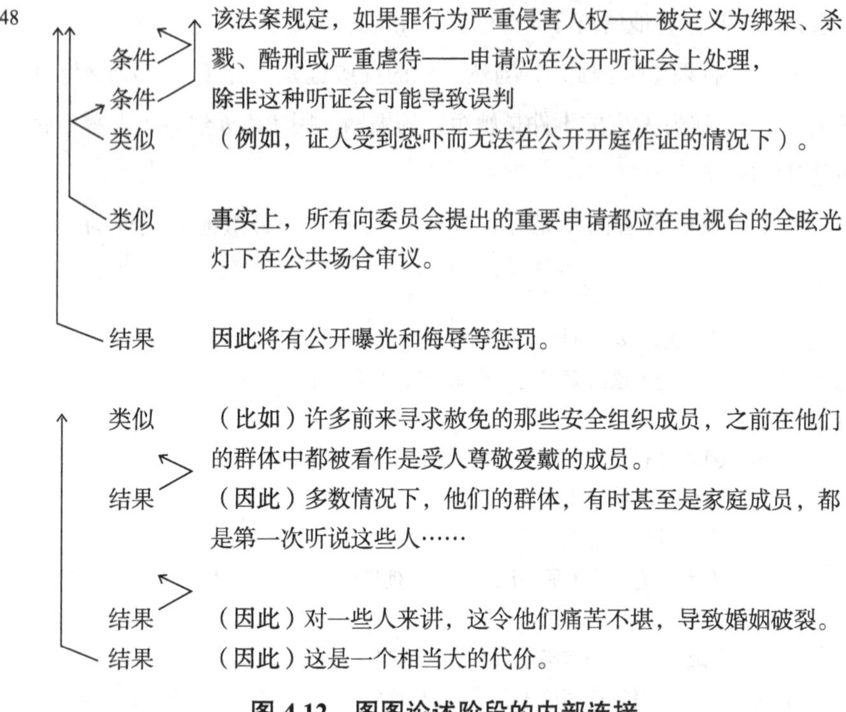

图 4.12　图图论述阶段的内部连接

与海伦娜事件不同的是，这个论证主要是通过内部连接来组织的。正如我们前面所讨论的，论据的依据展现为一系列条件，我们期望这些条件能否定图图的论点，但随后又被 *In fact*（事实上）反驳。结论的范围（*Thus* 因此）是作为整体的论证依据。接下来是例子，我们用（e.g.）来表示。这个例子围绕安全组织成员的一系列后果展开，我们用（*so* 因此）来表示。最后一个后果不是另一个事件，而是图图对这个惩罚所做的结论（*quite a price to pay* 要付出相当大的代价）。同样，其范围也是整个例子，支持 *Thus there is a penalty...*（因此有一个惩罚……）这一说法。

4.6　逻辑隐喻

在第三章中，我们介绍了**概念隐喻**，并讨论了经验类型。在这种类型中，配列的要素被重构为其他类型的要素，例如过程→事物和品质→事物。这里我们要看一下连接词是如何被重新构建为其他种类的元素的，包括过程、事物、品质和环境。这便是概念隐喻的逻辑类型，也称为**逻辑隐喻**（**logical metaphor**）。逻辑隐喻被用来重构配列之间的逻辑关系，就像它们是配列内部元素之间的关系。逻辑隐喻总是涉及经验隐喻。

连接作为过程

摘要或专业写作中一个常见的动机是将结果性连接关系呈现为过程：

such a hearing	is likely to lead to	a miscarriage of justice
Agent	**Process**	**Medium**
这种听证会	可能导致	误判
施动者	**过程**	**中介**

通过经验隐喻或逻辑隐喻的方式，这种策略将两个活动的序列压缩成一个配 149
列。从经验上讲，代表活动的施动者和中介（‘hearing an application’“听取申请”和‘miscarrying justice’“误判”）被重构为事物（a hearing 听证，a miscarriage 误判）。从逻辑上讲，这些活动之间存在一种后果关系（‘if...then’（如果……那么）），这种关系被重构为过程（*is likely to lead to* 很可能导致）。我们可以将这个序列解包为一个由连词连接两个配列所形成的序列：

if such a hearing happens
then justice will be miscarried.
如果这种听证会发生的话，
那么司法会被误判。

然而，“作为过程的关系”这一逻辑隐喻所包含的不仅仅是简单的后果。一方面，结果发生的概率被分级为可能导致（*likely to lead to*）（相对于高概率 *will certainly lead to* 肯定会导致或低概率 *will possibly lead to* 有可能导致）。而后果的必要性也在词汇上被分为导致（*lead to*）（相对于更强烈的 *result in* 造成或更弱的 *associated with* 与……有关系）。

因此，作家们使用逻辑隐喻用作连接的原因之一是，他们可以对事件或论点之间的关系的评价进行分级。这是在科学或政治等领域进行推理的重要资源，在这些领域中，重要的是在有足够的证据之前不要夸大因果关系。逻辑隐喻的这一功能针对的是读者的参与性。

另一方面，逻辑隐喻与经验隐喻相结合，将活动序列包装成可管理的信息模块。逻辑隐喻的这种功能是以周期性为导向的。例如，下面这个配列是图图推进论证中的一个步骤：

The Act required that
the application should be dealt with in **a public hearing**
unless **such a hearing** was likely to lead to **a miscarriage of justice**
(**for instance**, where witnesses were too intimidated to testify in open session).
该法规定，
申请应在**公开听证会**处理
除非**这种听证会**可能导致**误判**
（**例如**，证人受到恐吓而无法公开开庭作证）

在这个序列中，图图首先使用了一个被动句，以申请（*the application*）作为第一条信息的开始，以公开听证会（*a public hearing*）作为结束。公开听证会是下一个信息（*such a hearing* 这样的听证会）的起点，它以司法误判结束。然后这一点在下一个步骤中通过举例加以说明。这种信息序列如下所示：

150 The Act required that the application should be dealt with in **a public hearing**

unless **such a hearing** was likely to lead to **a miscarriage of justice**

(**for instance**, where witnesses were too intimidated to testify in open session).

该法规定，申请应在**公开听证会**处理

除非**这种听证会**可能导致**误判**

（**例如**，证人受到恐吓而无法在公开开庭作证的情况下）

这种信息流的模式将在第六章中的语篇格律进一步讨论。在此，我们可以注意到，逻辑隐喻（*is likely to lead to* 可能会导致）使得原因（*such a hearing* 这种听证会）和效果（*a miscarriage of justice* 司法误判）构成的序列被包装为一条单独信息中的信息模块。

连接作为环境

摘要或专业写作的另一个常见动机是将逻辑关系表述为环境成分：

Is	amnesty	being given	at the cost of justice being done?
	Medium	**Process**	**Circumstance (accompaniment)**
是否	赦免	给予	在牺牲公正的前提下？
	中介	**过程**	**环境（伴随）**

短语 *at the cost of*（以……为代价）的逻辑意义是让步目的（'without' 没有），显示为以下序列：

Is amnesty being given
without justice being done?
是否赦免被给予
在没有正义伸张**的情况下**？

同样，这种策略使由两个活动构成的序列被包装成一个单一配列。其中，赦免是一个信息模块，伸张正义是另一个信息模块。但图图在这里的修辞策略还包括其他层面——词汇隐喻 *the cost of*（以……为代价）暗含了

资产负债表的含义，在这张资产负债表中，收入（*amnesty* 赦免）与支出（*justice* 正义）被权衡。因此，用这个隐喻来重新构建一个序列，会给所讨论的问题增加多层意义。

连接作为事物和品质

连接也能被重构为事物或品质。下面是几个连接作为事物的例子：

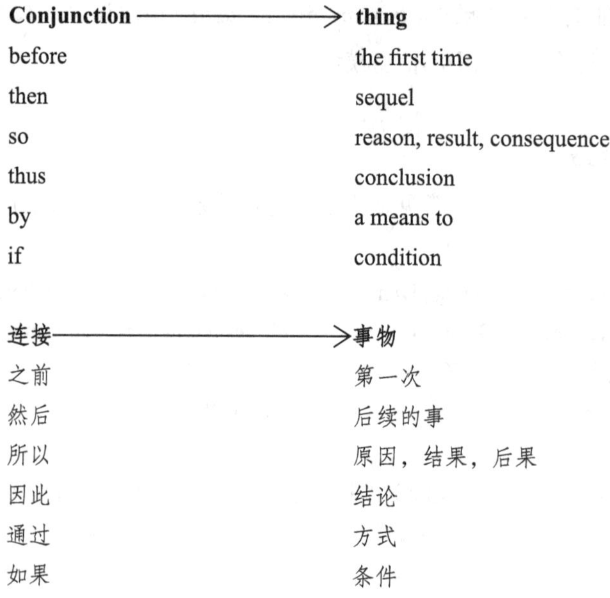

Conjunction →	**thing**
before	the first time
then	sequel
so	reason, result, consequence
thus	conclusion
by	a means to
if	condition

连接 →	**事物**
之前	第一次
然后	后续的事
所以	原因，结果，后果
因此	结论
通过	方式
如果	条件

151 下面是语篇中一些这类连接作为事物的例子，以及它们被转换为序列的实现方式：

Time

Many of those in the security forces who have come forward had previously been regarded as respectable members of their communities.

It was often **the very first time** that their communities and even sometimes their families heard...

Before they came forward
their communities and even sometimes their families had not heard...

Consequence

Conjunctions have an important role in letting us know what to expect at each step of a discourse.
This is **one reason** they tend to come at or near the start of each sentence in English.

Conjunctions let us know what to expect
so they tend to come at or near the start of each sentence in English.

Means

Amnesty didn't matter.
It was only **a means** to the truth.
The truth would come out
by amnesty being given.

Condition

The only **conditions** for gaining amnesty were:

- The act for which amnesty was required should have happened between 1960... and 1994...
- The act must have been politically motivated...
- The applicant had to make a full disclosure ...
- The rubric of proportionality had to be observed...

Amnesty is gained:
if the act happened between 1960 and 1994
if the act was politically motivated
if applicant made a full disclosure

if the rubric of proportionality was observed

时间

许多前来寻求赦免的那些安全组织成员，之前在他们的群体中
都被看作是受人尊敬爱戴的成员。
多数情况下，他们的群体，有时甚至是家庭成员，
都是**第一次**听说这些人……

在他们前来寻求赦免**之前**
他们的群体，有时甚至是家庭成员，都没听说这些人……

结果

连词和连接成分的一个重要作用是让我们能够知道在语篇的每一步该期待什么，
这也是它们在英语中往往出现在每个句子的开头或接近开头的**原因之一**。

连词和连接成分让我们知道应该期待什么
所以它们往往出现在英语中每个句子的开头或接近开头的地方。

方式

赦免与否不重要。
这是获得真相的唯一**途径**。

通过赦免，
真相会大白。

条件

赦免只能在下列条件下获得：

- 需要赦免的行为应该发生在1960和1994年之间……
- 该行为一定是出于政治动机……
- 申请人必须充分披露……
- 必须遵守处罚相称性的标准……

赦免被给予：
如果需要赦免的行为应该发生在 1960 和 1994 年之间
如果该行为是出于政治动机
如果申请人充分披露
如果处罚相称性的标准被遵守

在每一种情况下，逻辑隐喻都允许纳入其他含义。逻辑隐喻能够让“逻辑事物”被计数、被描述、被分类和被限定。

the **very first** time
one reason
only a means 152
the **only** conditions...1...2...3...4...
最早的一次
一个理由
唯一的途径
仅有的条件

另一方面，将连接重构为品质意味着它们可以被用来修饰事物或过程：

Conjunction ——→	**quality of thing (Epithet or Classifier) or process (Quality)**
so	resulting action
by	enabling action
in fact	actual size
thus	conclusively proven
then	subsequently shown
before	previously regarded
if	conditionally approved

条件——→	**事物的品质（特征语或类别语）或过程（品质）**
所以	导致行为

通过	使能行为
事实上	实际大小
因此	最终证实
然后	随后显示
之前	过往被当作
如果	条件性许可

下面是图图论述中关于“连接作为品质”的例子：

Many of those in the security forces who have come forward had **previously been regarded**... as respectable members of their communities.
许多前来寻求赦免的那些安全组织成员**之前都被**
看作……是他们群体中受人尊敬爱戴的成员

这个表达可以解包为：

Many of those in the security forces who have come forward were regarded as respectable members of their communities **before**... they came forward.
那些安全组织成员中许多人来寻求赦免**之前**……
都被看作他们群体中受人尊敬的成员。

在分析中，选择在多大程度上解包概念隐喻取决于我们的目的。我们已经展示了解包经验隐喻和逻辑隐喻的两个优势。其一是，通过将高度隐喻性的语篇以一种更口语化的形式进行转述，我们可以向学习者展示语篇的含义，也可以向学习者展示语篇是如何表达这些意义的。我们也可以设计一个从更多的口语模式过渡到更多的书面模式的课程。其二是，恢复参与者的角色和逻辑论证，而这些角色和逻辑论证往往被逻辑隐喻隐藏了。这可以成为批判性话语分析的有力工具——揭示出隐含的核心关系，如施动性和施效性，以及隐含的逻辑关系，如因果关系。

4.7　连接资源概览

基于我们目前所讨论的内容，表 4.9 和表 4.10 列举了内部连接和外部连接的全部类型，表 4.11 列出了连续词的所有类型。这些表格用作参考，来帮助识别连词和连接成分在语篇分析中的作用。

表 4.9　外部连接 153

添加	添加	增加	*and, besides, both...and* 和、另外、既……又
		减少	*nor, neither...nor* 不、既不……也不
	选择		*or, either...or, if not...then, like, as if* 或者、要么……要么、如果不……那么
对比	类似		*like, as if* 像、就像
	差别	对立	*whereas, while* 尽管、虽然
		替代	*instead of, in place of, rather than* 而非、代替、而不是
		例外	*except that, other than, apart from* 除了、除……外、除开
时间	连续	某个时候	*after, since, now that; before* 之后、自从、既然；之前
		立刻	*once, as soon as; until* 一旦、立马；直到
	同时		*as, while, when* 随着、在……的时候、当……时
原因		期待	*because, so, therefore* 因为、所以、因此

续表

		让步	*although, even though, but, however* 虽然、尽管、但是、然而
手段		期待	*by, thus* 通过、就这样
		让步	*even by, but* 即便通过、但是
条件	开放	期待	*if... then, provided that, as long as* 如果……那么、假如、只要
		让步	*even if, even then* 即便、纵使
	封闭		*unless* 除非
目的	愿望	期待	*so that, in order to, in case* 以便、为了、免得
		让步	*even so, without* 尽管这样、没有
	担忧		*lest, for fear of* 以免、以防

表 4.10　内部连接①

增添	发展	增加	*further, furthermore, moreover, in addition, as well, besides, additionally* 进一步，此外，另外，加之，也，并且，另外
		选择	*alternatively* 或者
	阶段	框定	*now, well, alright, okay* 现在，好吧，好，好的

① 原书此表有误，根据马丁教授建议，将本表内容替换为编码 141 页表 4.6 的内容。——译者

续表

		偏离	*anyway, anyhow, incidentally, by the way* 不管怎样，总之，顺便提一下，顺便说一下
对比	类似	比较	*similarly, again* 类似，同样
		重述	*that is, i.e., for example, for instance, e.g., in general, in particular, in short* 也就是说，即，例如，比如，例，总的来说，尤其，总之
		调整	*in fact, indeed, at least* 事实上，显然，至少
	差异	对立	*rather, by contrast, on the other hand* 而是，与之相对，另一方面
		相反	*conversely* 反过来
时间	连续	排序	*first, secondly, third, next, previously* 第一，第二，第三，接下来，之前
		终止	*finally, lastly* 最后，最终
	同时	相邻	*at the same time* 同时
		打断	*still* 还
结果	总结	总结	*thus, hence, accordingly, in conclusion, consequently* 因此，由此，所以，总之，于是
		辩护	*after all* 毕竟
	反驳	反驳	*anyway, anyhow, in any case, at any rate* 反正，不管怎样，无论如何，至少

续表

	让步	*admittedly, of course, needless to say* 无可否认，不用说，当然
	意料之外	*but, however, nevertheless, nonetheless, still* 但是，不过，然而，尽管如此，仍然

154 **表 4.11　连续词**

逻辑关系	预期	
添加	中立	*too, also, as well* 也是、也、同样
比较	中立	*so (did he)*（他）也是
	少于	*only, just* 只、只是
	多于	*even* 甚至
时间	快于	*already* 已经
	长于	*finally, at last* 终于、最终
	持续	*still* 仍然
	重复	*again* 再

第五章

识别：追踪参与者

本章提纲 155

识别（**identification**）关注追踪参与者——将人和事物引入语篇，并在语篇中追寻他们的行踪。这些是语篇资源，关注语篇如何通过追踪身份帮助读者理解语篇意义。

在概论之后，第 5.2 节关注了识别人物的资源——如果他们的身份是未知的，则通过呈现指称（**presenting** reference）来识别；如果是可恢复的，则适用假定指称（**presuming** reference）。第 5.3 节探讨了与事物相关的类似模式，包括抽象事物和上下文语篇的元符号指称。在这两节中，还回顾了人和物之间**比较**指称（comparative reference）的作用。第 5.4 节介绍了恢复假定性身份的不同方式，包括关键术语的定义，比如**回指**（anaphora）、**预指**（cataphora）、**近指**（esphora）、**独指**（homophora）、**内指**（endophora）和**外指**（exophora）。

在第 5.2 节到第 5.4 节建立识别系统之后，在第 5.5 节，我们考察语篇中追踪方式的变化。追踪方式会根据我们假设的内容（人物、事物、抽象事物或上下文）以及我们所观察的语类（故事、议论文或法律法规）而有所不同。最后，在第 5.6 节，我们将识别系统和追踪系统进行形式化呈现，并总结这些系统在名词词组结构中的实现方式。

156 ## 5.1 追踪

为了理解语篇的含义，我们需要时时刻刻都能追踪所谈论的人物或事件。第一次谈及某人或某物时，我们可能对他们命名，但之后我们常常用 *she*（她），*he*（他），或者 *it*（它）来识别他们。通过这种方式，我们的听众 / 读者可以准确追踪到我们正在谈论的人物或事物，即语篇中的参与者。将参与者引入语篇并追踪它们的方式有很多，在这一章我们将探索这些方式。

比如，当图图第一次讲述海伦娜的故事时，他介绍了五个参与者：南非广播公司的团队、真理与和解委员会、海伦娜、她的信和她担心的报复：

The South Africa Broadcasting Corporation's radio team
covering **the Truth and Reconciliation Commission**
received **a letter**
from **a woman**
calling **herself Helena**
(**she** wanted to remain anonymous for fear of **reprisals**).
南非广播公司
负责报道**真理与和解委员会的团队**
收到**一封信**
是**一位**自称**海伦娜的女士**写来的
（**她**希望匿名，担心**报复**）。

海伦娜、她的信以及担心的报复都是用不定冠词来介绍的，它们的表达形式并不假定读者知道将要谈论的内容：

a letter
a woman
reprisals
一封信
一个女人
报复

但一旦她被介绍为 *a woman*（一个女人）之后，接下来对海伦娜的指称均采用了代词形式：

herself
She
她自己
她

这些代词确实假定我们知道被指代的人是谁。图图也用了“海伦娜”这个化名来称呼这名女子，该女子使用化名是为了保护她自己，这个名字能够用来指代她，现在我们就知道她是谁了：

a woman calling **herself Helena**
一个自称为**海伦娜**的**女人**

图图介绍中的其他参与者是由“the”来进行指代的，这似乎是假设我们已经知道他在说谁了。这两个参与者都是他在书开头的致谢部分提到的机构，所以这种假设当然是合理的：

The South Africa Broadcasting Corporation’s radio team 157

the Truth and Reconciliation Commission
南非广播公司的团队
真理与和解委员会

简言之，我们在这里看到的是一系列的资源，用来将参与者引入语篇，并在它们进入语篇后对其进行跟踪。我们可以把这表述为一系列的选择，首先是在介绍参与者和追踪参与者之间的选择；其次是在追踪中，用代词、名字和带“the”的实体之间进行的选择。这些选择如图 5.1 所示。（注意，这里没有将这些选择描绘成系统网络，因为在准备好绘制识别系统网络图之前，我们需要扩大讨论。）在本章中，我们将探讨这些关于识别的基本选择，具体如下。首先我们将看一下人物是如何被介绍和被追踪的；其次是事物是如何被介绍和追踪的；第三，我们是如何知道我们正在谈论谁或什么的；第四，人物和事物在整个语篇中被追踪的不同方式。

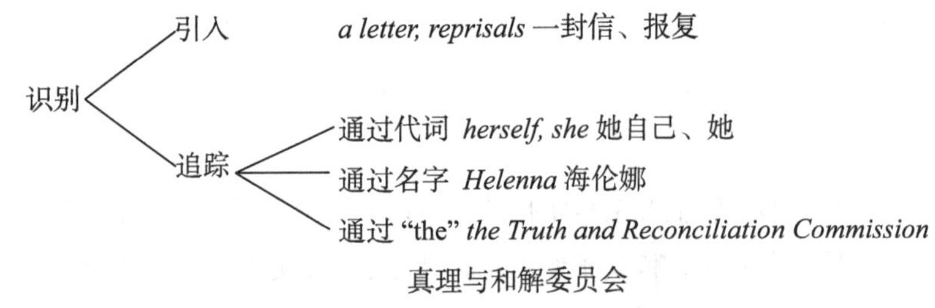

图 5.1 识别的基本选择

5.2 谁是谁：识别人物

让我们先看看海伦娜的故事中是如何引入和追踪人物的。我们将从引入人物的资源开始，然后看看他们的身份是如何被追踪的。

引入人物

海伦娜的故事有三个主要角色：海伦娜和她的初恋以及第二任恋人。

海伦娜被图图介绍给我们：

The South Africa Broadcasting Corporation's radio team covering the Truth and Reconciliation Commission received a letter from **a woman** calling herself Helena (she wanted to remain anonymous for fear of reprisals).
南非广播公司负责报道真理与和解委员会的团队收到一封信，是**一位**自称海伦娜的**女士**写来的（她希望匿名，担心报复）。

海伦娜接下来介绍了她的两任恋人；她的初恋介绍如下： 158

I met **a young man** in his twenties.
我遇到了**一个**二十多岁的**男青年**。

这些人物是如何被引入的？正如我们所见，这里使用的最基础的策略是用 *a*（一个）来将人物 *a woman*（一个女人）和 *a young man*（一个男青年）引入语篇。"a" 这个单词告诉我们，这是一个我们不能假定其身份的人。当我们不能假定身份的时候，它就是不确定的，因此，伴随着 "a" 的参与者在传统上被称为"不定指（indefinite）"。另一方面，"the" 这个词告诉我们，我们可以假定身份，因此，伴随着 "the" 的参与者在传统上被称为"定指（definite）"。

接着是她的第二段爱情，海伦娜对第二个恋人的介绍如下：

I met **another** policeman.
我遇到了**另一个**警察。

another（另一个）这个词从两个方面建构了这个人的身份。首先，*an*（一个）同 "a" 一样都是非限定的，因此我们知道我们不能假定其身份；其次，*other*（其他）告诉我们，他同第一个警察不一样。这两种含义（非限

定性和不同）在 *another* 这个词中融合在一起。

海伦娜用了同样的策略来介绍次要人物。当她再次遇到她的初恋时，是通过一个朋友，他也是不定指的：

I met my first love again through **a good friend**.
通过**一位好朋友**的帮助我又见到了我的初恋。

第三个男人是海伦娜短暂结婚的对象，他通过 *someone*（某人）这种非限定的方式被引入语篇，即，我们不知道是谁；同样也作为 *someone else*（其他人）区别于她的初恋：

An extremely short marriage to **someone else**
跟**另一个人**的一段极短的婚姻

追踪人物

这些小角色在故事中没有再被提及；但海伦娜的初恋和第二段恋情却被提到了。她的初恋被跟踪的方式如下：

As an eighteen-year-old, I met **a young man** in **his** twenties.
He was working in a top security structure.
It was the beginning of a beautiful relationship.
We even spoke about marriage,
A bubbly, vivacious man who beamed out wild energy.
Sharply intelligent.
Even if **he** was an Englishman
he was popular with all the ‘Boer’ Afrikaners.
And all my girlfriends envied me.
Then one day **he** said he was going on a ‘trip’.
159 ‘**We** won’t see each other again... maybe never ever again.’
I was torn to pieces.

So was **he**.
An extremely short marriage to someone else failed all because I married to forget.
More than a year ago, I met **my first love** again through a good friend.
I was to learn for the first time that **he** had been operating overseas
and that **he** was going to ask for amnesty.
I can't explain the pain and bitterness in me
when I saw what was left of **that beautiful, big, strong person**.
He had only one desire—that the truth must come out.
十八岁那年，我遇到了**一个二十多岁的男青年**。
他当时在一个保密级别很高的部门工作。
这是一段美好关系的开始。
我们甚至开始谈婚论嫁。
那是一个活泼生动浑身透着狂野的能量的男人。
非常聪明。
即便**他**是英国人，在所有的南非“布尔人”中间**他**也深受爱戴。
我所有的女朋友都嫉妒我。
后来有一天，**他**说他要去“旅行”。
“**我们**不会再见面了……或者永远不再见面了。”
我的心被撕碎了。
他也是。
（后来）跟另一个人的一段极短的婚姻完全失败，因为我是为了忘却才结婚。
一年多以前，通过一位好朋友的帮助我又见到了**我的初恋**。
那个时候我才第一次知道**他**一直在海外执行任务，
所以在申请赦免。
看到一个曾经**那么英俊高大结实的男人**变成现在的样子，
我内心的痛苦和酸楚一言难尽。
他只有一个愿望——真相一定要曝光。

一旦他被介绍为一个男青年（*a young man*），之后追踪他身份的主要策略便是使用代词。这些代词指代了他十次（*he* 他和 *his* 他的），两次提到与海伦娜一起（*we* 我们）。他也被两次识别为一种人：*my first love*（我的初恋)，以及 *that beautiful, big, strong person*(那个英俊高大结实的男人)。我们可以把这些资源重新表述于表 5.1。

表 5.1　追踪海伦娜的初恋

他自己独自出现	和海伦娜一起	作为一类人
他的(二十多岁)		一个男青年
他		
	我们	
他		
他		
他		
他		
	我们	
他		
		(我的)初恋
他		
他		
		英俊高大结实的男人
他		
		(我的)初恋

海伦娜没有为她的初恋命名，虽然她给自己编了个名字，正如图图所介绍的那样：

> a woman calling herself **Helena**
> 一个自称**海伦娜**的女人。

这个名字给我们提供了一个有用的方式来指代海伦娜，虽然在故事中她主要用代词(*I, my; we, our* 我，我的；我们，我们的)。

另一个追踪资源是“the”，海伦娜在后面使用它来指代她的第二个恋人： 160

I can’t handle **the man** anymore!
我再也不能忍受**这个人**了！

比较人物

我们已经看到参与者可以通过 *another*（另一个）或者 *someone else*（其他人）来区别于别人。这种类型的资源将一个参与者同另一个进行比较，因此它们被称为比较指称。比较指称包含简单对比，或是数字如 *first*（第一），*second*（第二）以及最高级如 *best*（最好），比较级 *better*（更好）：

my **first** love
someone else
another policeman
我的**初**恋
其他人
另一个警察

不同于很多语言，在英语中，每当参与者被提及的时候，我们往往坚持要标明：我们是在引入还是在假定。然而对比是选择性的，我们只在需要的时候使用它。

所属

另一个识别参与者的重要资源是所属代词（possessive pronouns）。这些代词（*my, your, her, his, its, our, their* 我的、你的、她的、他的、我们的、他们的）同 *a*（一个）、*some*（一些）、*the*、*this*（这个）、*that*（那个）、*these*（这些）、*those*（那些）一样，告诉我们正在谈论的参与者是哪一个。在海伦娜的故事中，她用这种方式介绍了她的女友们、他们的警察朋友以及非洲领导人：

all **my** girlfriends
and three of **our** friends
their leaders
我所有的女友
我们的三个朋友
他们的领导

和人物一样，人物的所属和部分也能用这种资源被呈现和假定，比如，*his throat*（他的喉咙）、*my head*（我的头）。

在这些表达中实际上有两种身份；其中一个通过从属代词得以实现（比如，*my* 我的），另一个由所属物实现（比如，*girlfriend* 女友）。所属代词总是假定了身份，但是所属物也许在之前被提及过，也可能没有被提及过。

我们目前所分析的参与者识别资源总结在表 5.2 中。表格左边是引入参与者的方式，右边是追踪他们的方式。

所以，在左边我们有介绍人物的资源；右边我们有追踪已知人物的资源。用专业术语讲，我们将介绍人物的资源称为呈现指称，将追踪人物的资源称为假定指称。像 *a*（一个）、*an*（一个）、*someone*（某人）这样的词用作呈现指称。像 *the*、*that*（那个）、*he*（他）和 *we*（我们）这样的词和像海伦娜这样的姓名用作假定指称。

161 **表 5.2　介绍和追踪人物的基本资源**

引入（呈现）	追踪（假定）
一个女人	**海伦娜**
另一个警察	**他**二十多岁的时候
其他人	**他**
	我们
	我的初恋
	那个……人
	这个男人

然而，比较指称和所属指称均可用于名词词组中，既可以表示呈现也可以表示假定，但二者呈现方式稍有不同。另一个警察（*another policeman*）和其他人（*someone else*）既呈现了一个新的人物，同时它们也假定了与之比较的人物。*another*（另一个）这个词的“an”这个部分呈现了一个新的人物，但是“other”将这个人同其他我们已知的某人进行对比。同样，*someone*（某人）呈现了一个新的人物，但是 *else*（其他）将他同我们已知的某人进行对比。至于所属指称，*my first love*（我的初恋）假定了我们已知的某人。然而，*all my girlfriends*（我所有的女性朋友）呈现了新的人物，尽管 *my*（我的）指代了我们所知的某人：叙述者，海伦娜。

让我们将我们所探讨的识别人物的资源总结一下，然后在表 5.3 中再添加一些资源。

表 5.3　识别人物的资源

呈现	*a, an, one* 一个 *someone, anyone* 某人、任何人
假定	*the* 这个 / 那个 *this, that* 这个、那个 *I, me, you, she, he, it; we, us, they, them* 我（主格）、我（宾格）、你、她、他、它；我们（主格）、我们（宾格）、他们（主格），他们（宾格） *Helena* 海伦娜
所属	*his (twenties)* 他的（二十多岁） *my (girlfriends)* 我的（女友） *Helena's (friend)* 海伦娜的（朋友）
比较	*same, similar* 同样的、类似的 *other, another, different, else* 其他、另一个、不同的、其他

162 我们现在还可以介绍一些英语中用来识别人和事物的词汇的基本术语。当然，像 *I*（我）、*she*（她）、*it*（它）、*my*（我的）、*his*（他的）这样的词是**代词**。像 *a*（一个）和 *the* 这样的词被称为**限定词**（determiner），因为它们“决定”了我们是否可以假定一个身份。“a”是一个非限定性限定词，而“the”是一个限定性限定词。像 *this*（这个）、*that*（那个）、*these*（这些）、*those*（那些）这样的词被称为**指示代词**（demonstratives），因为他们可以指示在哪里可以识别身份，离得近用 *this*（这个，这边），离得远用 *that*（那个，那边）。

既不呈现也不假定身份的例子

通常来说，当我们第一次提及一个人物的时候，我们会使用呈现指称。第二次或者后续再提到的时候我们会用假定指称。但是在英语中，情况不总是这样。比如，类似于呈现指称的表达被用于描述海伦娜的初恋，尽管这时候我们已经知道他是谁：

he was **an Englishman**
他是**个英国人**

同样，她的第二个恋人在被介绍之后，也是用非限定描述来指代：

(He was) Not quite my first love, but (he was) **an exceptional person.**
（他）跟初恋不同，但（他）也是**一个非常杰出的人**

在两次使用 *my*（我的）假定自己的身份之后，海伦娜依然将她自己描述为一个农家女：

My story begins in my late teenage years as **a farm girl**...
我的故事从我十八九岁时开始，当时我是**一个农家女**……

这些明显的反常现象的原因是，这些不确定的表达方式被用来描述或分类人物，而不是识别他们。这些类型的表达方式已在第四章中详细讨论。它们包括分类的配列：

He was **an Englishman.**
It was only **a means to the truth.**
他是**一个英国人**。
这是**获得真相的**唯**一途径**。

以及分类角色：

She lived **as a farm girl.**
He worked **as a policeman.**
她**作为一个农家女**生活。
他**以警察身份**工作。

由于它们实际上并不能识别人的身份，在讨论识别时，我们将把这些表达放在一边。

另一个明显的反常现象是，在第一次提到一个人物时，使用了看起来像是假定的指称形式。这方面的例子包括在首次提及时，使用 *the* 和专有名词：

He was popular with all **the 'Boer' Afrikaners.** 163
I can understand if **Mr F. W. de Klerk** says
在所有的**南非“布尔人”**中间他也深受爱戴。
我可以理解，如果**德克勒克先生**说了

这里发生的事情是：海伦娜假定她的读者会知道她谈论的对象。*the 'Boer' Afrikaners*（南非布尔人）的身份显然是南非读者众所周知的。前总理的名字也是如此。这里的关键是，演讲者 / 作者在说话时会尝试对听众 / 读者

是否知道某事做出假设。如果某人的身份是已知，那么就会使用假定指称，即使该人物之前没有被提及。

5.3 什么是什么：识别事物

在第三章，我们观察了可以参与配列的不同种类的实体，包括人物、物体、机构和抽象事物，以及具有与事物相同功能的配列。这些不同种类的实体都可以通过不同的方式被识别出来。

识别物体

我们可以触摸、品尝、听到、看到或感觉到的具体的物体同人物特别相似。他们被引入时是非限定的，当它们被追踪时，会使用如 *the* 或 *it* 这样的限定词：

We used **a yellow portable Robin generator** to send electric shocks through his body
when we put **the generator** on his body was shocked stiff... [94]

they started to take **a plastic bag**
then one person held both my hands down and the other person put **it** on my head.
Then they sealed **it** so that I wouldn't be able to breathe
and kept **it** on for at least two minutes... [105]
我们用**一个黄色的便携式罗宾发电机**对他身体进行电击
当我们把**发电机**放在他的身上时，他的身体被震得僵硬……［94］

开始他们拿出**一个塑料袋**
然后一个人按住我的双手，另一个人把**它**套在我头上。
然后他们把**它**密封起来，这样我就不能呼吸了
这保持了至少两分钟……［105］

这里有几种介绍复数参与者（事物和人）的方法。其中一种方法是使

用没有限定词的复数形式：

In the upper abdomen were **twenty-five wounds**.
These wounds indicated that different weapons were used to stab him... [114]
在上腹部有**二十五处伤口**。
这些伤口表明，他被不同的武器刺伤……［114］

呈现参与者时，有一个复数形式的“a”，就是“some”（一些）：

they had **some** friends over
he had **some** milk for Helena
他们有**一些**朋友来了
他为海伦娜准备了**一些**牛奶

英语中的不定复数 *some*（一些）用于可计数的事物，如朋友，和不可计数 164
的事物，如牛奶。像牛奶这样的事物是“不可数事物”，我们可以把他们打包起来然后计算打包的数量（*two bottles of milk* 两瓶牛奶），但是我们不能计算一个“不可数事物”（**two milks* * 两牛奶）。

但是，我们还有一些呈现参与者的其他选择，通过复数事物和不可数事物，可以不用“a”或者“the”：

I put **garden shears** through his neck.
They were shot and massacred with **AK47s.**
They poured **acid** on his face.
我用**花园剪刀**穿过他的脖子。
他们被 **AK47 步枪**射击和屠杀。
他们把**酸液**倒在他的脸上。

复数可数事物以名词加“-s”呈现，而不可数事物复数没有词尾形式，也不用限定词。

机构和抽象事物

不太具体的东西（如机构 *special agencies* 特种部队）和抽象事物（*price, marriage, amnesty* 价格、婚姻、特赦）的识别方式与物体类似：

We're moving to **a special unit.**
After about three years with **the special forces**, our hell began.

Our freedom has been bought at **a very great price**.
But to compute **that price** properly

An extremely short marriage to someone else failed all because I married to forget.
After **my unsuccessful marriage**, I met another policeman.

It was on precisely this point that **amnesty** was refused to the police officers who applied for **it** for their part in the death of Steve Biko.
我们要到**一个特别行动单位**去。
在**特种部队**大约三年后，我们的磨难开始了。

我们的自由是以**非常大的代价**换来的。
但要正确计算**那个代价**

跟另一个人的**一段极短的婚姻**完全失败，因为我是为了忘却才结婚。
我第一次婚姻失败之后，我遇到了另一个警察。

正是由于这一点，**赦免**不会给予警察，
因为他们在史蒂夫·比科的死亡案件中曾申请为其所承担的责任寻求**赦免**。

比较也可以用于区分抽象事物的类型，比如 *kinds of justice*（司法的种类）：

Further, **retributive justice**—in which an impersonal state hands down punishment with little consideration for victims and hardly any for the perpetrator—is not the only form of justice.

I contend that there is **another kind of justice, restorative justice**, which is characteristic of traditional African jurisprudence

此外，**报复性司法**不是唯一的司法形式。报复性司法指：作为非个人化的国家在做出惩罚时很少考虑受害者，几乎不考虑肇事者。

我认为，还有**另一种正义**，即**恢复性司法**，这是非洲传统判例的特点。

识别人们说的话：语篇指称

除了抽象事物，追踪人们所说的事情也是可行的。例如，海伦娜把自己的祈祷说成是 *all my questions and heartache*（我所有的问题和心痛）：

'God, what's happening? What's wrong with him? Could he have changed so 165
much? Is he going mad? I can't handle the man anymore! But, I can't get out. He's
going to haunt me for the rest of my life if I leave him. Why, God?'

Today I know the answer to **all my questions and heartache**.

"上帝呀，到底发生了什么？他怎么啦？他怎么会变化这么大？他要发疯吗？我受不了这个男人了！但是，我也逃不脱。这个男人会一辈子阴魂不散。上帝，为什么？"

今天我知道了我**所有问题和痛苦**的答案。

图图用 *this*（这）指代他刚刚提出的问题：

So is amnesty being given at the cost of justice being done?

This is not a frivolous question, but a very serious issue

所以是否要在牺牲公正的前提下给予赦免?

这不是一个轻浮的问题，而是一个极为严肃的议题

在抽象的语篇中，如图图的论证，这种通过提及刚才所说的内容来指代刚刚提出的观点的做法是很常见的，有可能是为了评价它。之前所说的内容通常用指示代词（*this, that* 这个，那个）来进行追踪：

For some it has been so traumatic that **marriages have broken up**.
That is quite a price to pay.

Amnesty is not given to innocent people or to those who claim to be innocent.
It was on precisely **this point** that amnesty was refused to the police officers

Once amnesty is granted,
and **this** has to happen immediately
对一些人来讲，这令他们痛苦不堪，导致**婚姻破裂**。
那是一个相当大的代价。

赦免不会给予无罪的人或那些声称无罪的人。
正是由于**这一点**，赦免不会给予警察

赦免一旦被给予
它会立即生效

这类追踪的优势是：意义的延伸可以随着论证的展开而被打包起来，从而发挥新的作用。例如，在下面这段话中，图图将赦免的效果包装起来，以便扩展其对民事损害造成的后果（*this means that...* 这意味着……）。这些后果又被包装起来进行评估（*that is* 那是……）和识别（*it is* 它是……）：

The effect of amnesty is as if the offence had never happened, since the perpetrator's court record relating to that offence becomes a tabula rasa, a blank page.
This means...that the victim loses the right to sue for civil damages in compensation from the perpetrator.
That is indeed a high price to ask the victims to pay,
but **it** is the price those who negotiated our relatively peaceful transition from repression to democracy believed the nation had to ask of victims.
赦免的效果就像犯罪行为从未发生过一样，因为犯罪人的与该罪行有关的

法庭记录成为了一张白纸，一张空白页。
这意味着……受害者失去了向犯罪者提出民事赔偿诉讼的权利。
那确实是一个要求受害者支付的高昂代价，
但**这**是那些为我们从压迫到民主的相对和平的过渡进行谈判的人
认为国家必须向受害者要求的代价。

这种对所说内容的追踪被称为**语篇指称**（textual reference）。正如我们所看到的，它被用来将大的意义转化为更小的、更容易管理的意义，这样我们就可以用它们创造更多的意义。换言之，意义的收缩是为了让新的意义可以扩展。随着论证的发展，语篇在呼吸。

识别法律和行政语篇中的事物

在法律和行政论述中，为了精确，识别资源承担了很大的压力。这包括一些专门特征，我们可以在设立真理与和解委员会的法案中看到。例 166
如，*the* 这个词和 *said* 一起用，来精确指代之前说的话，用以明确日期：

...the nature, causes and extent of gross violations of human rights committed during **the period from 1 March 1960 to the cut-off date contemplated in the Constitution**
...acts associated with a political objective committed in the course of the conflicts of the past during **the said period**
……**从 1960 年 3 月 1 日至《宪法》规定的截止日期期间**，严重侵害人权行为的性质、原因、程度……
……在**上述期间**，在过去的冲突过程中犯下的与政治目标有关的行为

以及明确目的：

To provide for the investigation and the establishment of as complete a picture as possible of the nature, causes and extent of gross violations of human rights committed and for **the said purposes** to provide for the establishment of a Truth and Reconciliation Commission, a Committee on Human Rights Violations, a

> Committee on Amnesty and a Committee on Reparation and Rehabilitation;
> **对**于严重侵害人权行为的性质、原因、程度要全面调查并尽可能**进行**全面描述并为<u>此</u>**目的**规定：设立真理与和解委员会、人权侵犯委员会、赦免委员会和赔偿与康复委员会；

said（上述的）或 *aforesaid*（前述的）这两个词是 *the* 这个词的具体表达，用以说明假定的身份可以在之前的语篇中找到。另一个关于专门指代的例子是追踪手段 *therewith*（与此），它指的是语篇中的具体“位置”。这类表达被用来保持事物的开放性，用以泛指建立委员会和对它们赋权的过程：

> and for the said purposes to provide for the establishment of a Truth and Reconciliation Commission
> and to confer certain powers on, assign certain functions to and impose certain duties upon that Commission and those Committees
> and to provide for matters connected **therewith**.
> 并为此目的规定：设立真理与和解委员会
> 并赋予委员会和委员们权力，赋予其职能，并使其承担责任；
> 规定**与此**有关的事项。

空间中的位置指称（*here, there* 这里，那里）和时间中的位置指称（*now, then* 现在，然后）也能在非专门语篇中出现。图图用（*here* 这里）这个指称来指代恢复性司法：

> I contend that there is **another kind of justice, restorative justice, which is characteristic of traditional African jurisprudence**.
> <u>**Here**</u> the central concern is not retribution or punishment but, in the spirit of *ubuntu*
> 我认为，还有**另一种正义**，即**恢复性司法，这是非洲传统判例的特点**。
> <u>**在这里**</u>，核心问题不是报复或惩罚，而是本着乌班图的精神

同该法案中的 *therewith*（与此）一样，位置指称通过空间或时间上的

位置来识别，比使用指示代词要更概括一些。位置指称将语篇当作一个我们可以指示的意义区域，而不是我们挑选出来进行命名的人物和事物集合。

该法案中专门追踪资源的另一个重要方面是它复杂的命名系统：

- sections 1,2,3...49 167
- sub-section (1), (2), (3)
- paragraphs (a), (b), (c)
- sub-paragraphs (i), (ii), (iii)
- sub-sub-paragraphs (aa), (bb), (cc).
- 小节 1、2、3……49
- 分节（1）、（2）、（3）
- 段落（a）、（b）、（c）
- 分段（i）、（ii）、（iii）
- 次分段（aa）、（bb）、（cc）。

这使作者可以准确地指示文件中稍晚（或稍早）的段落。例如，第 2 章的第 3 节第（3）小节（d）段指向第 5（d）和 28（4）（a）节：

3 (3) (d) the investigating unit referred to in section **5(d)** shall perform the investigations contemplated in section **28(4)(a)**

3（3）（d）条第 **5**（**d**）条中提到的调查单位应执行第 **28**（**4**）（**a**）条规定的调查

比较事物：比较指称

我们已经讨论了如何识别各种事物（具体的物体、抽象的事物、机构和人们所说的事物），现在我们需要看一下比较这些事物的方式。海伦娜在她的故事中的某些部分使用了一些比较指称：

I finally understand what **the struggle** was really about.

I would have done **the same** had I been denied everything.
If my life, that of my children and my parents was strangled with legislation.
If I had to watch how white people became dissatisfied with **the best**
and still wanted **better**
and got it.
我终于明白了**斗争**的真正涵意。
我也会做**同样的**事情。
如果我被剥夺一切，如果我的生活、我的孩子、父母的生活被法规扼杀。
如果我不得不看那些白人即使拥有**最好的**东西也依然不满足而想要**更好**的东西，
且能够得到想要的一切。

她一开始就把 *struggle*（斗争）说得好像我们都知道一样，然后用 *the same*（同样的）来指向它。随后她把白人已经拥有的东西说成是 *the best*（最好的），并指出他们仍然希望得到 *the better*（更好的）。她不需要说什么是更好的，因为像“更好的”“最好的”这些词是用于对比指代的资源，就像 *some, other, else*（一些、其他、其他）一样。所以我们可以通过使用像“更好的”“最好的”这样的词来比较事物的质量，从而对它们进行识别。我们也可以通过使用像 *most, more, fewer, less, so much, so little*（最多、更多、更少、更少、这么多、这么少）这样的词来比较它们的数量，从而对其进行识别：

Spiritual murder is **more** inhumane than a messy, physical murder.
What’s wrong with him?
Could he have changed **so much**?
精神上的谋杀比混乱的肉体谋杀**更**不人道。
他怎么了？
他能有**这么大**的变化？

我们也可以通过比较事物的顺序来识别它们：

As an eighteen-year-old, I met **a young man** in his twenties. 168
An extremely short marriage to **someone else** failed all because I married to forget.
More than a year ago, I met **my first love** again through a good friend.
十八岁那年，我遇到了一个二十多岁的**男青年**。
跟**另一个人**的一段极短的婚姻完全失败，因为我是为了忘却才结婚。
一年多以前，通过一位好朋友的帮助我又见到了**我的初恋**。

海伦娜把他称为她的 *first love*（初恋），以区别于后来她嫁的其他人。其他通过顺序识别事物的资源包括 *first, second, third; next, last; preceding, subsequent, former, latter*（第一、第二、第三；下一个，最后；之前，之后，前面的，后面的）。

图图也使用了比较指称来识别事物：

the application should be dealt with in a public hearing
unless **such a hearing** was likely to lead to a miscarriage of justice
申请应在公开听证会上处理，
除非**这种听证会**可能导致误判

在这里，*such*（这样的）指的是一类特定的听证会（公开的一类），而不是其他的。

现在让我们总结一下我们所看到的用于识别事物和人物的资源，并补充一些资源，如表 5.4 所示。

表 5.4 用于识别事物和人物的资源

类型	资源
呈现	*a, an, one; someone, anyone* 一个、一个、一个；某人、任何人
	some, any; every, all 一些、任何；每个、所有
	AK-47s, acid AK-47 步枪、酸液
假定	*the; this, that; these, those* 这个、那个；这些、那些
	the said purposes 此目的

续表

类型	资源
	each, both; neither, either 每个、（二者）都；（二者）都不、或者（二者之间）
	I, me, you, she, he, it; we, us, they, them 我（主格）、我（宾格）、你、她、他、它；我们（主格）、我们（宾格）、他们（主格）、他们（宾格）
	Helena; Section 5 海伦娜；第 5 小节
	here, therewith 这里、与此
所属	*his (twenties)* 他的（二十多岁）
	my (girlfriends) 我的（女友）
	Helena's (friend) 海伦娜的（朋友）
比较	*same, similar, other, different, else...* 同样的、类似的、其他、另一个、不同的、其他……
	such inhumane, so inhumane, as inhumane as... 如此不人道、十分不人道、和……一样不人道……
	first, second, third; next, last; preceding, subsequent, former, latter... 第一、第二、第三；接着、最后；上述的、随后的、之前、之后……
	more, fewer; less... 更多、更少、更少……
	better, best; more inhumane, most inhumane... 更好、最好；更不人道、最不人道……
语篇指称	*this, that, it* 这、那、它
	all my questions 我所有的问题

169 5.4 往哪里找？

每当参与者的身份被假定时，该身份必须是可恢复的。依据相关信息的来源，恢复身份可以通过不同的方式进行。

往回看或往前看：照应和预指

在书面语篇中，要寻找假定身份，一个显而易见的地方就是周围的语篇上下文。通常我们会往回看，就像我们在图图介绍海伦娜的故事时所看到的，从 *herself*（她自己）到 *a woman*（一个女人）。但我们也可能往前看，去寻找 *it*（它）的含义，比如在法案的开篇，*it* 指的是整个法案：

BE IT THEREFORE ENACTED by the Parliament of the Republic of South Africa, as follows:
CHAPTER 1
Interpretation and application
Definitions
1. (1) In this Act, unless the context otherwise indicates—
因此，南非共和国议会制定如下条款：
第一章
解释与应用
定义
1.（1）在本法中，除非上下文另有说明，否则——

在其他时候，所假定的信息实际上并不在文本中，而是在文本之外的某个地方。如果是这样，它可能是可感知的：我们可以看到、听到、触摸到、尝到或者闻到的东西，比如说，*Pass the salt*（递下盐）。或者，它也可能是某种真实存在的东西，我们都知道因为我们都了解，比如说，*You should tell the President*（你应该告诉总统）。

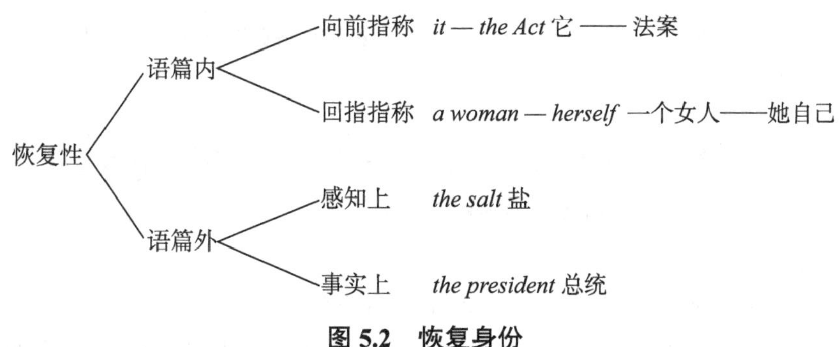

图 5.2 恢复身份

正如我们在第 5.2 节中所指出的那样，一些追踪手段可以告诉我们在哪里找到假定的信息。当我们读到 *the said period*（在上述期间）时，我们会往回看之前的文本来找出被指称的时间：

gross violations of human rights committed during **the period from 1 March 1960 to the cut-off date contemplated in the Constitution**
acts associated with a political objective committed in the course of the conflicts of the past during **the said period**
从 1960 年 3 月 1 日至《宪法》规定的截止日期期间，严重侵害人权行为的
在**上述期间**，在过去的冲突过程中犯下的与政治目标有关的行为

170 有时，我们可能从语篇中找到往前看的提示，如法律和行政语篇；不过这类提示在大多数语域中并不常见。比如，在法案的开篇部分，“下面的法案”（the following Act）指的是接下来的法案：

It is hereby notified that the President has assented to **the following Act** which is hereby published for general information:
ACT
To provide for the investigation and the establishment of as complete a picture as possible of the nature, causes and extent of gross violations of human...
总统已同意在此颁布**以下法案**，特此发布：
法案
对于严重侵害人权行为的性质、原因、程度要全面调查并尽可能进行全面描述……

法律和行政语篇也在很大程度上依赖于其编号体系，以便参考后文。这使当前表达可以与后面的语篇建立具体连接：

1. (1) In this Act, unless the context otherwise indicates—
(i) “act associated with a political objective” has the meaning ascribed thereto in

section **20(2)** and **(3)**

1.（1）在本法中，除非上下文另有说明，否则

（i）“与政治目标有关的行为”具有第 **20** 节（**2**）和（**3**）条所赋予的含义。

向上文的回指，其专门术语为**照应**；向下文的前指，其专门术语为**预指**。

往外看：外指和独指

也有一种情况是假定的身份只有在语篇之外才能找到。有两个主要的地方可以寻找这些身份：在文化之中或在言语场景之中。第一种涉及的信息可以在作者和读者共享的文化知识中找到。比如海伦娜提到的 *Boer Afrikaners*（南非布尔人）和 *E. W. de Klerk*（E. W. 德克勒克），这些都是她的读者所熟知的。专有名词通常用于这类功能，以结盟了解谈论对象的读者或听众。比如 *Eastern Free State*（东自由邦）、*God*（老天）、*Mpumalanga*（普马兰加省）、*Steve Biko*（史蒂夫·比科）。

当指称对象显而易见时，限定性指称也可以这样使用。海伦娜用这种方式谈论 *the truth*（真相）、*those at the top*（那些上级）、*the cliques*（集团）、*the Truth Commission*（真理委员会）、*the operations*（行动）、*the old White South Africa*（旧的白人南非）和 *the struggle*（斗争）。对 *those at the top*（那些上级）和 *the clique*（集团）的引用表明她在向知情的特殊读者群体讲话。这种共有的指称，无论是通过名字还是限定性名词词组实现，都被称为**独指**[①]。

第二类语篇外的指称很难通过我们的例子加以说明，因为这些书面语

① 从构词法角度看，homophora 还可以翻译为“同指”，homo- 意思为“相同、等同、像”，作为“hetero-”的反义前缀使用。在这里，homophora 被用来指在某一文化群体中众所周知的某个特定指称对象，不论其为单数还是复数，因此，本书沿用彭宣维等（2020）的译法，译为“独指”，指某一文化独有，为群体内部成员所共知，且其范围不会随意扩展的指称对象。——译者

篇本身是自给自足的。故事、论点和行为并不依赖于伴随的图像或行为来表达其意义。因此，让我们想象一下，我们现在就在澳大利亚，看着
171 窗外的原住民旗帜。如果是这样，当我们在下列语篇中提到黑带（black band）、红带（the red band）或黄圈（the yellow circle）时，我们将我们所谈论内容之外的东西指称到我们能感觉到的事物上（看到、听到、触摸到、尝到或感受到）：

> **The black band** stands for Australian indigenous people (and for the night sky on which the Dreaming is written in the stars); **the red band** stands for the red Australian earth (and for the blood that Aboriginal people have shed struggling to share it with Europeans); and **the yellow circle** symbolizes the sun (and a new dawn for social justice for Aboriginal people).
> **黑带**代表澳大利亚原住民（以及在星星上写着的“梦想”的夜空）；**红带**代表红色的澳大利亚土地（以及原住民拒绝与欧洲人分享大地而进行斗争时流淌的血）；**黄圈**象征着太阳（以及原住民社会正义的新曙光）。

同样，如果海伦娜通过广播向我们宣读她的故事，那么我们可以说她对自己的提及是**外指**（从她的话到说话的人）：

> **My** story begins in **my** late teenage years as a farm girl in the Bethlehem district of Eastern Free State.
> **我的**故事从**我**十八九岁时开始，当时我是东自由邦伯利恒地区的农家女。

法案也以类似的方式提及自己，通过使用处所指称和指示指称：

> It is **hereby** notified that the President has assented to the following Act which is hereby published for general information:
> 1. (1) in **this** Act, unless the context otherwise indicates
> 总统已同意在此颁布以下法案，**特此**发布：
> 1.（1）在**本**法中，除非上下文另有说明，否则

这种从语言到语篇外的指称被称为**外指**。

间接指称：桥接指称

到目前为止，我们所看到的资源都是直接指称它们所识别的参与者的。不太常见的是，参与者也能被间接假定。为了说明这一点，我们可以使用图图书里其他故事中的一些例子：

> Tshikalanga stabbed first.., and he couldn't get **the knife** out of the chest of Mxenge [96]
> 奇卡兰加先刺了一刀……，他无法将刀从姆森格的胸口取出来［96］

在这个故事中，刀（the knife）的身份是假定的，尽管它在之前没有被直接引入过；但它是通过间接方式引入的，因为一个人最有可能用来行刺的东西是一把刀。

下面的例子中的 *the plastic*（塑料）与此类似；它没有被直接提及，但塑料袋显然是由塑料制成的，因此它的"存在"是显而易见的：

> they started to take **a plastic bag**... then one person held both my hands down and the other person put it on my head. Then they sealed it so that I wouldn't be able to breathe and kept it on for at least two minutes, by which time **the plastic** was
> clinging to my eyelids [105] 172
> 他们开始拿一个塑料袋……然后一个人按住我的双手，另一个人把它套在我头上。然后他们把它密封起来，这样我就不能呼吸了，这保持了至少两分钟，这时塑料袋已经粘在我的眼皮上。

这种推断式的照应被称为**桥接**（bridging）。在下面的节选片段中，海伦娜使用这种指称来从她第二个恋人的睡眠习惯中假定 *the bed*（床）的存在：

> Instead of **resting at night**, he would wander from window to window. He tried to hide his wild consuming fear, but I saw it.

In the early hours of the morning between two and half-past-two, I jolt awake
from his rushed breathing.
Rolls this way, that side of **the bed.**
晚上他不**睡觉**，他会从一个窗口走到另一个窗口。他试图遮掩这种难以言表的恐惧，但我还是看到了。
很多个凌晨两点到两点半，我会被他急促的呼吸**震醒**。
翻过身来，朝着**床**的这一边。

自我识别：近指

最后，还有一类资源可以识别参与者，但不需要我们在语篇中去寻找。这发生在如下场景：一个事物修饰另一事物并回答“哪一个？”的问题。比如，如果海伦娜只是提到了 *the Bethlehem district*（伯利恒地区）、*the realities*（现实）、*the people*（人们）或者 *the answer*（答案），我们可能就会问“那是哪里？”，“哪些现实？”，“哪些人？”，“哪个答案？”。但是海伦娜阻止了这些问题。她通过用定性语对事物进行拓展，告诉我们她指的是哪个地区、哪个现实、哪些人和哪个答案：

the Bethlehem district of Eastern Free State
the realities of the Truth Commission
the people of the struggle
the answer to all my questions and heartache
东自由邦伯利恒地区
真理委员会给出的现实
斗争的人们
我所有问题和痛苦的答案

事物的各个方面也是以同样的方式运作：

the bottom of his soul
the rest of my life

the role of ‘those at the top’
他灵魂的深处
我的余生
“那些上级”的角色

因此，在这些元素中假定的信息在我们读到结构末尾时就得到的解释。当这些元素只指向它们自己的时候，它们被称为**近指**。

指称的种类

我们之前介绍的指称术语都是名词：预指、回指、外指等等。但每一个都有一个形容词形式，它比名词更常见，包括预指的（cataphoric）、回指的（anaphoric）和外指的（exophoric）。这里有一个表格，总结了每个术语的意思。在表 5.5 中，近指被当作向前指的一种方式，而桥接则是向回指的一类。我们将这整个系统称为**恢复性**（RECOVERABILITY）。 173

表 5.5　指称的种类

指称	往哪看	例子
回指	往回看	*plastic bag—it* 一只塑料袋——它
桥接	间接往回看	*plastic bag—the plastic* 一只塑料袋——塑料
预指	向前	*the following Act—Act* 下面的法案——法案
近指	同一个名词词组内向前	*the people of the struggle* 斗争的人们
独指	向外指向共有知识	*the Truth Commission* 真理委员会
外指	向外指向情境	*(Look at) that view*（看）那个景色

5.5　追踪与语类

参与者被识别的方式是语篇展开方式的一个重要方面。迄今为止，在所有语类中，故事对指称资源的使用是最多的，用以在语篇中引入和追踪参与者。在其他语类中，如图图的说明文和法案，一般参与者被引入后只是简短地追踪。我们也分析了指称用以帮助法案构建阶段的方式：通过使用代词和限定词来追踪小节内而非小节间的信息，以及通过依赖名称来指示小节间的信息。我们在这里集中讨论海伦娜的故事。

从某种意义上说，海伦娜是她故事中的主角。图图通过她的名字将她引介给我们。她用这个假名在信的结尾处签名。在故事中，她比其他人出现得更频繁，并且总是作为代词出现（*I, my, we, our* 我、我的、我们、我们的；当她引用第二个恋人的话时也使用了 *you* 你）。然而，与其说海伦娜在向我们讲述一个关于她自己的故事，不如说是关于她的两个恋人的故事，以及他们血腥的工作对他们造成的破坏性影响。不足为奇的是，追踪这两位关键主人公的方式比针对海伦娜的稳定代词指称更多样、更有趣。此外，其他主要的参与者也在不同的相中被引入和追踪，其中包括她的第二任丈夫的三个朋友、“那些上级”和斗争的人们。

表 5.6 概述了海伦娜故事中用以引入和追踪主要人物的资源。

图图在介绍海伦娜的来信部分呈现了她的名字之后，在其他阶段，都是用第一人称和第二人称代词来指称她。

词汇资源被用来引入她的两个恋人（“一个男青年”“另一个警察”），之后用代词来追踪他们，直到词汇资源再次被用来对他们进行评价（“英俊高大结实的男人”“没用的废物”）。事件一是关于海伦娜的初恋情人，在整个事件中他都是被追踪的对象，并且在事件二的开端又再一次被提及。之后，她的第二个恋人在事件二中被引入并被追踪，也在解释阶段的两个相中发挥了作用。

次要角色呈现更多的局部性。首先，三个朋友仅在事件二阶段的早期相中被追踪。解释阶段依次介绍了其他角色：当她讨论她新发现的“知识”时，她引入了 *those at the top*（那些高层），以及她的第二个恋人，后者被重新描述为 *my murderer*（我的谋害者）。随后在她对“黑人的斗
175 争”的讨论中，*the people of the struggle*（斗争的人们）被引入并追踪。在

表 5.6 识别和故事的相

	海伦娜	第一个恋人	第二个恋人	三个朋友	那些上级	人们
楔子	*my, I* 我的、我					
事件一	*I, we, my, our, me** 我、我们、我的、我们的、我（宾格）*	*a young man, his, he, we*, my first love, that beautiful big strong person* 一个男青年、他的、他、我们*、我的初恋、英俊高大结实的男人				
事件二	*I, my, our, you, me, we** 我、我的、我们的、你、我（宾格）、我们*	*my first love* 我的初恋	*Another policeman, he, our, we, my, his, they** 另一个警察、他、我们的、我们、我的、他的、他们*	*3 of our friends, we, we, his friends, they, they, they* 我们的三个朋友、我们、我们、他的朋友、他们、他们、他们		
解释“知识”	*I, my, me** 我、我的、我（宾格）*		*our men, my murderer* 我们的人、我的、谋杀者		*'those at the top', the cliques', their, they, their, 'those at*	

续表

	海伦娜	第一个恋人	第二个恋人	三个朋友	那些上级	人们
					the top' "那些上级"、"集团"、他们的、他们、他们的、"那些上级"	
"黑人的斗争"	*I, my, our* 我、我的、我们的 *					*the people of the struggle, their, their, their* 斗争的人们、他们的、他们的、他们的
"白人的罪行"	*we, I* 我们、我				*Our leaders, Mr F. W. de Klerk, he* 我们的领导、德克勒克先生、他	
尾声	*I, my, me* 我、我的、我（宾格）		*my wasted vulture, me, I, my** 我那没用的废物、我（宾格）、我、我的 *			

* 列举的是代词追踪的种类，而非所有的语例

“白人的罪行”这个相中，*those at the top*（那些高层）被重新表述为 *our leaders*（我们的领导）和 *Mr F. W.de Klerk*（德克勒克先生）。最后，在尾声处，当她的第二个恋人描述自己所遭受的精神折磨时，她将他重新表述为 *my wasted vulture*（我那个没用的废物）。

从整体来看，这样的列表可以让我们考察不同人物在故事发展中的作用，因为在每一个语篇相中他们都会被依次呈现并反复呈现。从局部来看，列表可以让我们研究参与者在每个相中被引入和追踪的方式。当一个参与者被引入之后，这种呈现方式还可以让我们监控词汇资源（而不是代词）如何被用来追踪参与者。这与评价有关，我们在海伦娜的叙述中已经注意到这一现象。

现在让我们聚焦来看看指称和词汇资源是如何在故事的一个相中被用来引入和追踪人物。我们在前面看到海伦娜的初恋是如何在事件一中被追踪的；这些关于他的指称资源再次列于表 5.7 中。和海伦娜一样，他最初也是通过一个代词序列被追踪的：*he*（他）、*his*（他的）、*we*（我们）。然后通过一个完整的名词词组，他被指称为一类人：*my first love*（我的初恋）、*that beautiful, big, strong person*（那个英俊高大结实的男人），最后再次成为 *my first love*（我的初恋）。

表 5.7 对海伦娜初恋的指称

呈现	假定代词	联合代词	词汇
一个男青年			
	他的（二十多岁）		
	他		
		我们（和海伦娜）	
	他		
	他		
	他		

续表

呈现	假定代词	联合代词	词汇
	他		
		我们（和海伦娜）	
	他		
			（我的）初恋
	他		
	他		
			英俊高大结实的男人
	他		
			（我的）初恋

在这里我们可以提出两个观点。第一点：用名字或完整的名词词组而非代词来指代人物与讲故事的语篇相有关。因此，我们用海伦娜的名字来引入并结束她的故事；我们用 *a young man*（一个男青年）来介绍她的初
176 恋，在他最后一次被提及的时候使用 *my first love*（我的初恋）；而当多年后海伦娜再次遇到他时，*my first love*（我的初恋）也被使用。我们在这里看到的是，在讲故事的过程中，代词被用来维持相内的指称，名词则被用来框定（frame）语篇相。

我们需要说明的第二点与 *that beautiful, big, strong person*（那个英俊高大结实的男人）有关。这个指称得到了大量的评价，并让人回想起海伦娜在故事开始时对她的初恋所描绘的过分乐观的画面（*young, bubbly, vivacious, wild energy, sharply intelligent, popular* 年轻、活泼、生动、狂野的能量、敏锐的智慧、受欢迎）。她的重点是要把那个男人同他在海外行动后的样子形成对比。因此，使用完整名词词组来追踪参与者的另一个功能是评价，以此，海伦娜为她的读者塑造了故事的要点。

我们可以看到在海伦娜的第二段爱情中，密切相关的功能（框定相和评价人物）也发挥着作用。他被介绍为 *another policeman*（另一个警察），当他变得难以驾驭时被称为 *the man*（这个男人）。而在海伦娜最后一次提到他时，则被称为 *my wasted vulture*（我那没用的废物）：

I met **another policeman**
I can't handle **the man** anymore!
I end with a few lines that **my wasted vulture** said to me one night
我遇到了**另一个警察**
我再也无法忍受这个**男人**！
我用**我那个没用的废物**某晚对我说的几句话来结束我的故事

其中第二和第三句也是评价性的，指的是她的第二个恋人，因为 *the man*（这个男人）表达了他们关系中的距离，而 *my wasted vulture*（我那没用的废物）记录了她对他地狱般生活的同情。

通过所属进行追踪

在评价方面，我们应该关注的另一个追踪模式是所属指称的频繁使用，这将她的第二个恋人与朋友和亲属以及他的痛苦和恐惧联系起来。所属指称是第二个事件和尾声的一个关键特征：

'operations'
'Now, now **my darling**. We are real policemen now.'
He and **his friends** would visit regularly
no other life than that of worry, sleeplessness, anxiety about **his safety**
And all that we as loved ones knew... was what we saw with **our own eyes**

'repercussions'
After about three years with the special forces, **our hell** began
Sometimes he would just press **his face** into **his hands** and shake uncontrollably

He tried to hide **his wild consuming fear**, but I saw it
I jolt awake from **his rushed breathing**.
177 The terrible convulsions and blood-curdling shrieks of fear and pain from the bottom of
his soul
I never knew. Never realised what was being shoved down **his throat** during the 'trips'
He's going to haunt me for the rest of **my life** if I leave him

Coda
I end with a few lines that **my wasted vulture** said to me one night
The problem is in **my head, my conscience**.
There is only one way to be free of it. Blow **my brains** out. Because that's where **my hell** is.

"行动"
"现在，**亲爱的**，我们是真正的警察了。"
后来他和**他的朋友们**经常过来
整日为**他的安全**和所在之处担忧、无眠、焦虑
所以作为恋人，我们所知道的仅仅是**我们双眼**看到的一切。

"影响"
在特种部队大约三年后，**我们的磨难**开始了。
有时候他用**手捧着脸**浑身无法控制地颤抖
他试图遮掩**这种难以言表的恐惧**，但我还是看到了
我会被**他急促的呼吸**震醒
可怕的抽搐和那种来自**灵魂**深处的恐惧和痛苦所引发的令人毛骨悚然的尖叫声
我永远无法理解。从未意识到他在那些"旅行"中**嗓子**里灌进过什么东西
如果我离开他，这个男人会**一辈子**阴魂不散

尾声
我用我那个**没用的废物**某晚对我说的几句话来结束我的故事
这是**我脑子**里的问题，是**我的良知**。

只有一种办法能够摆脱它的纠缠。把**我的脑子**毁掉，因为它就是**我的地狱**。

在这些相中，所属指称的广泛使用集中在海伦娜、她的男人和他们的朋友之间的人际关系上，以及她的男人与他的身体、他的反应和他的意识之间的关系上。

在引用话语中追踪

在引用的话语中，用来追踪参与者的代词发生了变化，即指示海伦娜第一个和第二个恋人的代词，从第三人称变为第一人称：

'**We** won't see each other again... maybe never ever again.'
'**We**'re moving to a special unit. Now, now **my** darling. **We** are real policemen now,'
'What **you** don't know, can't hurt **you**.'
'They can give **me** amnesty a thousand times. Even if God and everyone else forgives **me** a thousand times—I have to live with this hell. The problem is in **my** head, **my** conscience. There is only one way to be free of it. Blow **my** brains out. Because that's where **my** hell is.'
"**我们**不会再见面了……或者永远不再见面了。"
"**我们**要到一个特别行动单位去。现在，亲爱的，**我们**是真正的警察了。"
"**你**不用知道这些，这样**你**就不会受到伤害。"
"他们可以给**我**上千次的赦免。即使上帝和每个人都原谅**我**千百次——**我**必须忍受这个地狱。这是**我**脑子里的问题，是**我的**良知。只有一种办法能够摆脱它的纠缠。把**我的**脑子毁掉，因为它就是**我的**地狱。"

因此，追踪资源在设置叙述阶段方面发挥了作用，包括叙述者直接告诉我们的内容和她从别人那里引用的内容。在海伦娜的故事中，我们看到了一点：语法让我们期待的东西和实际发生的东西之间的紧张关系。海伦娜似乎准备引用（*Then he says* 然后他说，后面是冒号），但她继续使用了第三人称（*he and three of our friends* 他和我们的三个朋友），没有启动引用：

> Then he says: **He and three of our friends** have been promoted.
> 'We're moving to a special unit. Now, now my darling. We are real policemen now.'
> 后来他说：**他和三个朋友**被提拔了。
> “我们要到一个特别行动单位去。现在，亲爱的，我们是真正的警察了。”

在引文中，她本会写到 '*three of our friends and I ...*'（“我们的三个朋友和我……”）。动词的时态（*have* 而不是 *had*）与追踪结合在一起，延续了小句，使其未能转换为直接引语。标点符号、语法和语篇之间的这种互动的总体效果是创造出一种介于讲述和引用之间的意义。

故事发出混合信号的另一个地方与追踪海伦娜的第二个恋人和他的特
178 种部队朋友有关。在下面这段话中，我们不能完全确定 *they*（他们）（在 *they stayed over* 他们逗留期间）是否包括她的第二个恋人。如果她的第二个恋人和她住在一起，估计不会包含其中；但如果他离开了，和他的团队住在一起，那可能是这样。海伦娜没有说清楚，搬到一个特殊的单位是否也意味着搬离了家：

> Then he says: He and three of our friends have been promoted.
> 'We're moving to a special unit. Now, now my darling. We are real policemen now.' We were ecstatic. We even celebrated.
> He and his friends would visit regularly.
> **They** even stayed over for long periods.
> Suddenly, at strange times,
> **they** would become restless.
> 后来他说：他和三个朋友被提拔了。
> “我们要到一个特别行动单位去。现在，亲爱的，我们是真正的警察了。”我们欣喜若狂。大家还庆祝了一下。
> 后来他和他的朋友们经常过来。
> **他们**甚至来住过很长时间。
> 突然，在某些奇怪的时刻，
> **他们**会变得焦躁不安。

随着文本的展开，我们似乎清楚，*they*（他们）包括她的第二个恋人，因为他显然是和他的团队一起去“旅行”；由此我们可以得出结论，事实上，他和她的初恋一样，在晋升后离家出走了：

Then he says:
He and three of our friends have been promoted.
'**We**' re moving to a special unit. Now, now my darling.
We are real policemen now.' We were ecstatic. We even celebrated.
He and his friends would visit regularly.
They even stayed over for long periods.
Suddenly, at strange times,
they would become restless.
ØAbruptly mutter the feared word 'trip'
And Ødrive off.
I...as a loved one...knew no other life than that of worry, sleeplessness, anxiety about his safety and where **they** could be.
后来他说：
他和三个朋友被提拔了。
“**我们**要到一个特别行动单位去。现在，亲爱的，
我们是真正的警察了。”我们欣喜若狂。大家还庆祝了一下。
后来**他和他的朋友们**经常过来。
他们甚至来住过很长时间。
突然，在某些奇怪的时刻，
他们会变得焦躁不安。
Ø 突然说出那个可怕的词“旅行”
然后 Ø 就开车离开了。
我……作为一个坠入爱河的人……整日为**他们**的安全和所在之处担忧、无眠、焦虑。

因此，在某一点上我们不能确定；但回头看，我们觉得更有信心。这种紧张关系告诉我们，参与者追踪是一个动态设计，它对我们在语篇展开时所

处的位置非常敏感。在分析中，重要的是不要忽视最终可以解决的不确定性，因为我们可以往回看，仔细地看，花尽可能多的时间，并以事后的眼光来衡量证据，从而在整体上对意义做出解释。意义在语篇中积累的方式与我们最终决定的语篇意义同样重要。阅读开启；阅读结束。

隐性追踪身份

整体图景中至今尚未涉及的一部分，但在这里是相关的一部分，就是使用省略作为追踪手段。在下面的例子中，海伦娜实际上并没有用代词来告诉我们谁突然嘟囔了一下，谁开车走了，但我们完全知道她指的是谁，因为英语可以通过省略来指代参与者：

179 Suddenly, at strange times, **they** would become restless.
ØAbruptly mutter the feared word ‘trip’
and Ødrive off.
突然，在某些奇怪的时刻，**他们**会变得焦躁不安。
Ø 突然说出那个可怕的词“旅行”
然后 Ø 就开车离开了。

这种隐性指称被称为**省略**（**ellipsis**）。在许多语言中（如西班牙语、日语），这种省略比代词要常见得多；但英语更喜欢使用代词（原因在第 7 章第 7.3 小节有概述）。同样在这里，海伦娜的标点符号也不太规范，不是这类省略表追踪的常见用法。在英语中，这类省略通常出现在句子内部，而不是在句子之间。

追踪抽象事物

到目前为止，我们所涉及的内容告诉了我们大部分我们需要知道的事情，因为识别本质上是一种追踪人物的手段，毕竟人物是故事和闲聊的主要对象。正如我们所看到的，同类资源可用于具体事物，也可以用于抽象事物，甚至可以用于话语本身。但一般来说，对于非人类而言，追踪的情况要少得多。有一条经验法则是：参与者越抽象，就越不可能被假定。

这其中一个重要原因是：抽象往往发生在对事物进行概括的语篇中。海伦娜在她的故事中确实是朝着这方向发展的，因为她阐明了她的叙述重点。例如，当她提到白人时，是指一般意义上的白人；她并没有想到具体的个人：

> If I had to watch how **white people** became dissatisfied with the best and still wanted better and got it.
> 如果我不得不看那些**白人**即使拥有最好的东西也依然不满足而想要更好的东西，且能够得到想要的一切。

当她把精神上的谋杀和身体上的谋杀相提并论时，她说的是一般的概念，而不是她第二个恋人的精神谋杀或他可能犯下的身体谋杀。同样，*a murder victim*（谋杀的受害者）指的是这一类事物中的所有成员：

> **Spiritual murder** is more inhumane than **a messy, physical murder**.
> At least **a murder victim** rests.
> 精神上的谋杀比肮脏的肉体谋杀**更**不人道。
> 至少**谋杀受害者**得到了安息。

因为它指的是事物的一般类别，所以这类引用被称为通指（generic reference）。就像刚才的例子一样，这类追踪要比对个人的具体指称少得多。

在论证中，这种指称是常态。图图以一个关于一般意义上的赦免和正义的问题开始，而不是与某一具体案件有关的赦免或正义：

> So is **amnesty** being given at the cost of **justice** being done? 180

所以是否要在牺牲**正义**的前提下给予**赦免**?

在论证的其余部分，赦免被多次提及，但只有一次是通过代词提及的：

the granting of **amnesty**
amnesty is only given to those who plead
Amnesty is not given to innocent
that **amnesty** was refused to the police officers who applied for **it**
Once **amnesty** is granted
The effect of **amnesty** is as if the offence had never happened
给予**赦免**
赦免只给予那些认罪的人
赦免不会给予无辜的人
赦免不会给予申请**赦免**的警察
赦免一旦被给予
赦免的效果就像罪行从未发生过一样

而这个代词 *it*（它）事实上是用来指代图图文本中唯一一次具体提到的赦免——谋杀史蒂夫·比科的警察一案中的赦免申请被拒绝：

It was on precisely this point that **amnesty** was refused to the police officers who applied for **it** for their part in the death of Steve Biko.
正是由于这一点，**赦免**不会给予警察，因为他们在史蒂夫·比科（Steve Biko）的死亡案件中曾申请为其所承担的责任寻求赦免。

另一方面，就像海伦娜故事中的人物一样，这些具体的官员是以代词的方式被追踪的。

to the police officers who applied for it
for **their** part in the death of Steve Biko
They denied that

they had committed a crime
claiming that **they** had assaulted him only in retaliation
for his inexplicable conduct in attacking **them**.
给予因参与史蒂夫比科死亡案而**申请的警察们**
他们否认
他们犯了罪
他们声称他们殴打他只是
为了报复他莫名其妙攻击**他们**的行为

因此，尽管论证中的例子像叙述一样识别了具体的参与者，但论证中的概括却没有。其原因是，对于通指来说，没有太多的分类工作要做。如果你知道 *amnesty*（赦免）在英语中的意思，你就知道图图在说什么，因为他说的就是一般的赦免。另一方面，海伦娜在她的故事中不得不给几个不同的男人分类：她的初恋和第二个恋人、她的第一任丈夫、她的第二个恋人的三个朋友、德克勒克先生、“那些上级”等等。这给识别系统在分清谁是谁上带来了更大的压力。对于一般意义上的赦免来说，一个简单的名词就够了。

在一般参与者被假定的情况下，往往是整个一类人都包含其中，而且指称涉及的往往是局部的人（在同一句话中），并且不是持续不变的（只涉及一两个代词）：

because amnesty is only given to **those who plead guilty**, who accept responsibility 181
for what **they** have done
It is also not true that the granting of amnesty encourages impunity in the sense that **perpetrators** can escape completely the consequences of **their** actions
因为赦免只给予**那些认罪的人**，**他们**要为自己的所作所为承担责任。
赦免在某种意义上会助长有罪不罚，那样**犯罪者**可以完全逃避**其**行为的后果，这也是不真实的。

在文本指称方面也是同样的情况，追踪往往是相当局部的，只有一两个指称回指已经说过的话。当然，这里的指称通常是存在于句子之间：

For some it has been so traumatic that marriages have broken up.
That is quite a price to pay.
对一些人来说，它是如此的痛苦，以至于婚姻破裂了。
这是一个相当大的代价。

It is important to note too that the amnesty provision is an ad hoc arrangement meant for this specific purpose.
This is not how justice is to be administered in South Africa for ever.
It is for a limited and definite period and purpose.
还必须指出，赦免条款是为这一特定目的所做的一项特别安排。
南非的司法管理方式并非永远**如此**。
它有限定的时间段和明确的目的。

行政语篇中的追踪

在政策语篇中，几乎所有提到的人物和事物都是通指的，因为这些规定要面向所有人。这方面也有例外情况：条款规定的具体实体和机构，以及这些规定本身。如上所述，随着语篇的展开，这些条款被逐节、逐段命名（使用数字和字母）。由于法律上要求必须绝对清楚地说明语篇各部分是如何联系在一起的，因此这些名称几乎在每一个需要参考的时候，都被用来在文件中作回指和预指指称。在法律文件中，这种情况比在叙述或论证中要常见得多。这样做的结果是，文本内的关系形成了一个复杂的网格模型，这与我们在叙事中看到连锁效应相反。重要的是，这里没有语篇指称；命名的作用是提炼语篇，以便它能在另一个小句中发挥作用。

在使用其他类型的指称时，对于政策来说，一般规则是，参与者可以在句内被追踪，但不能在句子之间被追踪。这一点对于人物和事物的一般类别，以及具体的施事或机构也同样适用：

(c) establishing and making known the fate or whereabouts of **victims** and by restoring the human and civil dignity of such victims by granting **them** an opportunity to relate **their** own accounts of the **violations** of which **they** are the victims, and by recommending reparation measures in respect of **them**;

4. The functions of **the Commission** shall be to achieve **its** objectives, and to that end the Commission shall

（c）确定并公布**受害者**的命运或下落，通过让受害者有机会讲述**他们**作为受害者所遭受的**侵权行为**，恢复他们的人格和公民尊严，并建议对**他们**采取赔偿措施；

4. 委员会的职能应是实现**其**目标，为此，委员会应当

这种局部追踪规则也适用于对条款的指示指称：

c) The joint committee may at any time review any regulation made under **section 40** and request the President to amend certain regulations or to make further regulations in terms of **that section**. 182

c）联合委员会可以在任何时候审查根据**第 40 条**制定的任何条例，并要求总统修改某些条例或根据该条制定进一步的条例。

41. (1) Subject to the provisions of subsection (2), **the State Liability Act, 1957 (Act No. 20 of 1957)**, shall apply, with the necessary changes, in respect of the Commission, a member of its staff and a commissioner, and in such application a reference in **that Act** to "the State" shall be construed as a reference to "the Commission", and a reference to "the Minister of the department concerned" shall be construed as a reference to the Chairperson of the Commission.

41.（1）根据第（2）款的规定，**1957 年《国家责任法》（1957 年第 20 号法）**应适用于委员会、其工作人员和专员，并作必要的修改，在这种适用过程中，**该法**中提到的"国家"应解释为"委员会"，而提到的"有关部门的部长"应解释为委员会主席。

比较指称也同样受到限制：

(viii) "former state" means any state or territory which was established **by an Act of Parliament** or by proclamation in terms of **such an Act** prior to the commencement of the Constitution and the territory of which now forms part of the Republic;

(a) establishing as complete a picture as possible of the causes, nature and extent of the **gross violations of human rights which were committed during the period from 1 March 1960 to the cut-off date**, including the antecedents, circumstances, factors and context of **such violations**, as well as the perspectives of the victims and the motives and perspectives of the persons responsible for the commission of the violations, by conducting investigations and holding hearings

（八）"以往省区"指宪法颁布之前按照**国会法案**建立的省或地区，或在《宪法》生效之前依照**类似法案**建立并且现已成为共和国一部分的省或地区；

（a）通过进行调查和举行听证会，尽可能全面地了解**1960年3月1日至截止日期期间发生的严重侵犯人权行为**的原因、性质和程度，包括**这种侵犯行为**的前因后果、因素和背景，以及受害者的观点和对实施侵犯行为负有责任者的动机和观点

总的来说，这意味着除非我们用一个专有名词来指示某个事物［例如，*For the purposes of sections 10(1), (2) and (3) and 11 and Chapters 6 and 7*... 为了第10（1）、（2）和（3）条和第11章以及第6章和第7章的目的……］，否则任何被假定的信息必须在刚刚出现在前面的共同文本中获取。我们推测，这种追踪方式的形成是为了避免在法律质疑中出现可能被利用的模糊性。其结果是，一个形式上划分开的语篇作为"提议"和"定义"等短的语篇相展开。我们将在第6章中再次讨论这种脚手架的意义。

5.6 识别系统概览

我们现在可以对我们建立的识别系统做一个相对技术性的总结。我们先从一般的识别资源开始，然后是用于追踪的资源，接着是名词词组

语法的视角。

识别系统

识别系统涉及两个系统，如图 5.3 所示：一个用于呈现（*a young man* 一个男青年）或假定有关的参与者身份，另一个通过比较将他们的身份与另一个身份联系起来（*another policeman* 另一个警察）。各种资源可以被
用来假定身份，分为代词和名词。代词性指称可以被分为说话人和受话人 183
角色（第一和第二人称）以及其他角色（第三人称）；名词性指称包括名字（*Tutu* 图图）或限定性名词。限定名词分为带定冠词（*the Commission* 委员会）的名词和带指示代词（*this chapter* 本章）的名词。在语法允许的情况下，这些选择可以与比较指称选择相结合，也可以不结合。这种选择在共时系统中呈现出来，其中包括选择"比较"或选择"不比较"（用破折号"——"表示）。

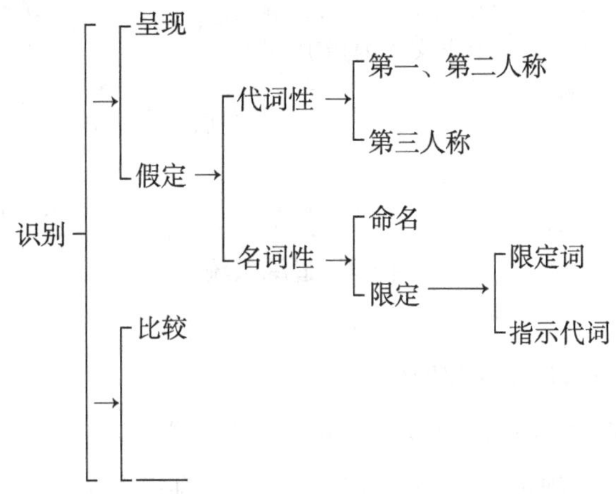

图 5.3　识别系统

追踪系统

对于追踪而言，假定的信息可以通过两种情形恢复：基于共有知识

（*the Truth Commission* 真相委员会、*Mandela* 曼德拉）；或者出现在情境中，如图 5.4 所示。在一个情境中，信息可以从言语（内指）或非言语模态（外指）中被假定。针对上下文的指称可以指向前方或后方。如果是往回看，那么直接指称可以同推测区分开来。如果是向前，那么可以将两类名词词组区分开来：一类是一个名词词组指向该词组之后的另一个事物——预指；同在一个名词词组内的指称——近指。从术语上讲，我们把桥接当作回指的一种类型；但名词词组内部的前向指称（近指）比名词词组外的前向指称（预指）要常见得多，所以最好把“预指”这个术语保留给外部指称。

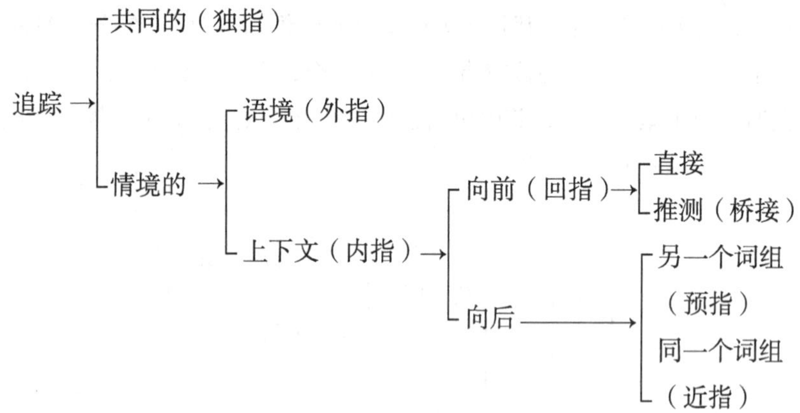

图 5.4 追踪系统

184 名词词组语法中的识别资源

在第三章中，我们在表达事物和人物的名词词组结构部分，介绍了描写参与者的语法视角。我们在上面讨论的每一种识别资源都是由名词词组中的一个或另一个功能来实现的。指示语和事物可以通过限定词或名词识别参与者。数量和特征语通过顺序（数字）或品质（副词）来比较参与者。定性语对它所定性的参与者进行比较或定位。(类别语不参与识别）。这些资源列于表 5.8 中。

表 5.8 名词词组内的识别资源

指示语	数量	特征语	类别语	事物	定性语
“识别”	“比较”	“比较”	—	“名称”	“比较”、“定位”
限定词	数词	er/est 形容词	名词	名词	小句 / 短语
	形容词	次修饰语 形容词			
呈现……					
a (certain), one				*someone*	
some, any, Ø				*anyone*	
every, all				*everyone*	
what				某人	
一个（某个）、一				任何人	
一些、任何、Ø				每个人	
每一个、所有					
什么					
假定……					
the (said)	*first*	*such*		*Tim, Sue else*	
this, that	*next*	*better*		*section3 here, there*	
these, those	*fewer*	*best*		蒂姆、苏、其他	
each, both	*as much*	*as big*		第 3 小节、这里、	
either, neither	首先	*more lovely*		那里	
which, whose	其次	如此			
my, your, her...	更少的	更好			
上述	一样多	最好			
这个、那个		一样大			
这些、那些		更可爱			
每个、两个都					
任一个、两个都不					
哪个、谁的					
我的、你的、				*I, you, she...*	
她的……				我、你、	
				她……	

韩礼德还发现了名词词组中的后置指示语功能。这是由一个形容词实现的，这个形容词一般出现在指示语之后，数量之前。其中有几个是表达比较的：

185 the **same** three..., a **similar** one..., the **other** two..., a **different** one..., someone **else**...
相同的三个……，相似的一个……，另外两个……，不同的一个……，其他的……

为了将资源的概述补充完整，还有几个地点性的表达，它们假定了关于时间和空间的信息：

now, then; here, there; hereby, thereby; herewith, therewith
现在，然后；这里，那里；以此，由此；并此，与此

在“小语篇”中，如标题、电报、手机短信、标题、标签、图表、广告牌等，限定词往往被排除在外，所以导致呈现和假定之间的区别消失了。例如，“the”在法案标题中没有出现，但在段落中出现了：

CHAPTER 2
ØTruth and Reconciliation Commission
ØEstablishment and **Øseat** of **ØTruth and Reconciliation Commission**
2. (1) There is for the purposes of sections 10 (1), (2) and (3) and II and Chapters 6 and 7 hereby established a juristic person to be known as **the Truth and Reconciliation Commission**.
(2) **The seat** of **the Commission** shall be determined by the President.
第二章
Ø 真理与和解委员会
Ø 真理与和解委员会的 **Ø 设立**和 **Ø 席位**
2.（1）为了第 10（1）、（2）和（3）条和第 11 章以及第 6 章和第 7 章的目的，现设立一个法人，称为**真理与和解委员会**。
（2）**委员会**的**席位**由总统决定。

我们还应该注意到，各种代词通常是以一种笼统的方式使用的，并不假定任何人的身份：

You don't know who your friends are 'til you' re down and out.

We just don't behave like that round here!

They're double parking both sides of the street again!

It's too damn hot!

你不知道谁是你的朋友，直到你穷困潦倒。

我们只是和这里的人表现得不一样！

他们又把车并排停在了街道的两边！

太热了！

最后，还有结构性的 *it*（它）也有很多类别，这些类别在同一个句法结构中假定信息。如果需要的话，这些都可以当作语篇指称。同近指一样，话语分析并不能真正说明那些语法分析中尚未说明的问题。例子包括：

It's **Tutu who forgave them** 是**图图宽恕了他们**

It pleased me **he forgave them** 我很高兴**他原谅了他们**

I like **it he forgave them** 我喜欢看到**他原谅了他们**

It's good **he forgave them** 很好，**他原谅了他们**

It's reported **he forgave them** 据报道，**他原谅了他们**

It appears **he forgave them** 看上去**他原谅了他们**

第六章

信息格律：信息流

187 本章提纲

语篇格律关注信息流——关注作者如何组织意义以便我们更容易理解。

本章首先是一个概括介绍，之后在第 6.2 节观察小句中的信息流，介绍两个概念：**主位**（Theme）和**新信息**（New）。第 6.3 节将分析向上扩展到段落，考察**超主位**（hyperTheme）（亦称话题句）如何预示段落的信息，**超新信息**（hyperNew）如何总结归纳这些信息。接着在第 6.4 节我们观察这一模式如何延伸到更大的结构，即细致编辑的语篇（**宏观主位** macroTheme 和**宏观新信息** macroNew）。

在第 6.2 节至 6.4 节提出**信息格律等级**（hierarchy of periodicity）这一概念之后，第 6.5 节将比较等级语篇和系列语篇，前者包括多重预示和总结（波浪中的波浪），后者从一个部分到另一个部分平展开来。

然后在第 6.6 节和第 6.7 节我们用上述概念探索两种艰难阅读：后结构主义语篇和法律语篇，包括对**标题**（**headings**）中信息格律的讨论。

最后在第 6.8 节我们聚焦语篇系统之间的互动，展示评价、概念、连接、识别、信息格律系统如何在语篇中分阶段巩固以使我们跟上节拍或引导我们随转挡而更换节奏。

6.1　信息波 188

信息格律关注信息的流动：关注信息如何安排以便我们更容易理解。上学期间学过写作的人都会记得作文会包括"话题句"、散文要包括"引言——主体——结论"；学过修辞的人会想起类似建议如"你要告诉别人你要讲什么，说出来，然后告诉人家你讲了什么。"这些就是关于信息流的概念——给读者可以期待的内容，满足这些期待，然后总结这些内容。

我们已经看到海伦娜的叙事是如何构建的。因为图图是用它来例示自己的论断，他精心地将它过渡到自己的说明：

> The South Africa Broadcasting Corporation's radio team covering the Truth and Reconciliation Commission received **a letter** from a woman calling herself Helena (she wanted to remain anonymous for fear of reprisals) who lived in the eastern province of Mpumalanga. They broadcast **substantial extracts**.
>
> 南非广播公司报道真理与和解委员会的团队收到**一封信**，这封信来自一位自称海伦娜的女士（她害怕报复，希望匿名），她住在普马兰加省东部。电台播送了**大量的摘录内容**。

图图使用了话语命名（*letter, extract* 信、摘录）来架起桥梁。然后海伦娜接过来将她的语类命名为叙事（*my story begins* 我的故事开始），将我们的预期引导到将要阅读的信件内容。然后海伦娜清晰地将她的故事结束，宣布最后用她那个不中用的废物说的几句话来结束故事。

像 *letter, extract, story, lines, end*（信、摘录、故事、几句话、结尾）这类术语可以被描述为“元话语”，因为它们将话语指称为事物（*letter, extract, story, lines* 信、摘录、故事、句/行），以及指称为过程（*end* 结束）。这类词汇是包装语篇的一个重要资源。海伦娜的叙事用开头和结尾框定了故事语类，也因此组织了她的故事与图图的说明之间的关系。

韩礼德、派克（Pike）和其他学者曾经使用了波浪隐喻来描述这类信息流。派克指出，意义“像潮汐中的涟漪一样流动，小波浪一个没入另一个形成小波浪阶梯……然后没入更大的波浪”（派克 1982: 12—13）。

派克的小波浪融入大波浪这个概念对于理解信息流来说非常重要，因为语篇的节奏可以有多个层次。例如，在海伦娜讲述第二个事件的“影响”阶段，她先用 *our hell began*（我们的磨难开始了）来介绍丈夫的痛苦经历，接着详细讲述他的遭遇。这样，她在故事的一个阶段构建了一个层次的信息，如我们所见那样，故事被构建为一个较大的信息波（*My story begins...* “我的故事是这样开始的”……到 *I end with a few lines...* “我用几句话结束……”），此外，联系到图图的叙述，海伦娜的故事是一个更大的信息脉冲（pulse）。我们可以使用缩进来概述第一个例子中这些较大信息波与较小信息波之间的关系。

189 南非广播公司负责报道真理与和解委员会的团队收到**一封信**，是一位自称海伦娜的女士写来的（她希望匿名，担心报复），她住在东部的普马兰加省。**他们播放了大量的摘录片段**。

我的故事从我十八九岁时开始，当时我是东自由邦伯利恒地区的农家女……

在特种部队大约三年后，**我们的磨难开始了**。

他变得很安静、沉默寡言。有时候他用手捧着脸，浑身无法控制地颤抖。我意识到他喝酒喝得太多了。晚上他不睡觉，他会从一个窗口走到另一个窗口。他试图遮掩这种难以言表的恐惧，但我还是看到了。很多个凌晨两点到两点半，我会被他急促的呼吸震醒。翻过身来，朝着床的这一边，他面色苍白。在闷热的夜晚，他竟然手脚冰凉，浑身被汗水湿透。眼神迷茫，但像死人一样无神。然后就是颤抖。可怕的抽搐和那

> > 种来自灵魂深处的恐惧和痛苦所引发的令人毛骨悚然的尖叫声。有时候他坐着一动不动，直直地盯着前面看。我永远无法理解。从未意识到他在那些“旅行”中嗓子里灌进过什么东西。我只是直坠地狱。祈祷，恳求，“上帝呀，到底发生了什么？他怎么啦？他怎么会变化这么大？他要发疯吗？我受不了这个男人了！但是，我也逃不脱。这个男人会一辈子阴魂不散。上帝，为什么？”
>
> 我用我那个没用的废物某晚对我说的几句话**来结束我的故事**：“他们可以给我上千次的赦免。即使上帝和每个人都原谅我千百次，我必须忍受这个地狱。这是我脑子里的问题，是我的良知。只有一种办法能够摆脱它的纠缠。把我的脑子毁掉，因为它就是我的地狱。”

“波”这个词用来表达这样一种意义，即框定时刻代表语篇意义凸显的波峰，随后是不太凸显的波谷。因此语篇通过预示来创建预期，并通过归纳总结来巩固预期。这些预期表现为信息的顶点，从信息流的角度来看，实现这些预期的意义可以看作是相对减弱的。**信息格律**一词用于描述信息流的规律性：波峰形成规则模式的趋势，波的层次构成可预测的节奏。换句话说，语篇是有节奏的；没有节奏的语篇很难理解。

6.2 小波浪：主位和新信息

信息波的概念一直是功能语言学的一个重要部分，例如在20世纪30
年代布拉格学派的交际动力研究中，以及自20世纪60年代以来的系统功 190
能语言学中。韩礼德认为，从文本意义的角度来看，小句本身就是一个信息波。句首信息最凸显的部分称为**主位**。

分析主位

进行主位分析时，我们选定一个语篇相，将其划分为若干小句；以海伦娜对她丈夫痛苦经历的描述为例。

研究语篇时，我们需要把小句中省略的参与者补充出来，因为参与者

的身份是听众 / 读者预期信息的一部分。省略的参与者及其相关的动词成分置于方括号内表示：

He became very quiet,
[He became] Withdrawn.
Sometimes he would just press his face into his hands
and [he would] shake uncontrollably,
I realized
he was drinking too much.
Instead of resting at night, he would wander from window to window.
He tried to hide his wild consuming fear,
but I saw it.
In the early hours of the morning between two and half-past-two, I jolt awake from his rushed breathing.
[He] Rolls this way, that side of the bed.
He's pale.
[He's] Ice cold in a sweltering night
[He's]—sopping wet with sweat.
[His] Eyes [are] bewildered,
but [his eyes are] dull like the dead.
And [he had] the shakes.
[He had] The terrible convulsions and blood-curdling shrieks of fear and pain from the bottom of his soul.
Sometimes he sits motionless,
just staring in front of him
他变得很安静，
[他变得]沉默寡言。
有时候他用手捧着脸，
[他]浑身无法控制地颤抖。
我意识到
他喝酒喝得太多了。
晚上他很少睡觉，他会从一个窗口走到另一个窗口。

他试图掩饰这种难以表达的恐惧，
但我还是看到了。
很多个凌晨两点至两点半，我会被他急促的呼吸震醒。
[他]翻过身来，朝着床的这一边，
他面色苍白。
在闷热的夜晚，他竟然手脚冰凉，
浑身被汗水湿透。
[他的]眼神迷茫，
但[他的眼睛]像死人一样无神。
然后[他]颤抖。
[他]可怕的抽搐和那种来自灵魂深处的恐惧和痛苦所引发的令人毛骨悚然的尖叫声。
有时他坐着一动不动，
直直地盯着前面看。

有时很难知道要补全多少参与者。上文已经提供了相当丰富的信息，除了最后一处非限定性小句（*just staring in front of him* 直直地盯着前面看）[①] 之外，其他小句的参与者“空位”都已补全。从主位分析的角度看，补全主位可以使文本信息更加丰富。

下一步是突出主位——在书面语体中，主位基本上就是包括参与者在内的、功能上充当小句主语的成分。英语小句的主语就是附加疑问句中具有可识别身份的参与者：

He tried to hide his wild consuming fear, didn't **he?**
But **I** saw it, didn't **I**?
他试图掩饰这种难以表达的恐惧，[**他**]不是吗？（此处的[**他**]即附加疑问句的主语）
但**我**还是看到了，[**我**]不是吗？（此处的[**我**]即附加疑问句的主语）

---

① （边码 218）在主位分析中，非限定从句被略去，一个原因是非限定成分不纳入到语篇某个相的主流信息中。

191 因此，小句主位最常见的选择就是小句的主语。在主语之前出现的概念意义称为标记主位，其话语功能与普通主语 / 主位不同，我们稍后再议。下文中，所有主位都用粗体表示，标记主位用粗体加下划线表示：

He became very quiet.
[**He** became] Withdrawn.
Sometimes he would just press his face into his hands
and [he would] shake uncontrollably,
I realized
he was drinking too much.
Instead of resting at night, he would wander from window to window.
He tried to hide his wild consuming fear,
But I saw it.
In the early hours of the morning between two and half-past-two, I jolt awake from his rushed breathing.
[He] Rolls this way, that side of the bed.
He's pale.
[He's] Ice cold in a sweltering night
[He's] —sopping wet with sweat.
[His] Eyes [are] bewildered,
but [his eyes are] dull like the dead,
And [he had] the shakes,
[He had] The terrible convulsions and blood-curdling shrieks of fear and pain from the bottom of his soul.
Sometimes he sits motionless,
just staring in front of him ...
他变得非常安静。
[**他变得**] 沉默寡言。
有时他用手捧着脸，
[**他**] 浑身不受控制地颤抖。
我意识到

他喝酒喝得太多了。

晚上他很少睡觉，**他**会从一个窗口走到另一个窗口。

他试图掩饰这种难以表达的恐惧，

但我还是看到了。

很多个凌晨两点至两点半，**我**会被他急促的呼吸震醒。

［**他**］翻过身来，朝着床的这一边，

他面色苍白。

在闷热的夜晚，**他**竟然手脚冰凉，浑身被汗水湿透。

［**他的**］眼神迷茫，

但［**他的眼睛**］像死人一样无神。

然后［**他**］颤抖。

［**他**］可怕的抽搐和那种来自灵魂深处的恐惧和痛苦所引发的令人毛骨悚然的尖叫声。

有时他坐着一动不动，

直直盯着前面看。

在这个阶段，反复出现的主语/主位是海伦娜的丈夫 *he*（**他**）。这个身份为这个阶段的话语确定了基本的场域；海伦娜的丈夫是她在每个配列中提供新信息的线索。作为每个小句的主位，他是反复出现的信息出发点，是我们在每个配列中所采取的观察语场的视角。这些连续的主语/主位使一个语篇相具有连续性。由于主语是话语中最常见的主位类型，所以听众/读者将它们视为“无标记”主位。因为是每个小句的信息出发点，所以在话语流中略微突出，又由于其典型性，所以并不特别突出。

标记主位

作为非主语的主位，其效果则不同；由于是非典型的，所以更加突出，
故称为“标记”主位。标记主位可以包括环境成分，例如地点或时间，或 192
者是除了主语之外的参与者。标记主位常被用来标记语篇的新阶段：新的时间背景或主要参与者的转换；标记主位的功能就是展示非连续性。

在海伦娜的故事中，标记主位在语篇相的转换过程中起着重要作用。下面是这个故事中关键的标记主位。可以看出，标记主位引导我们从一个事件转到另一个事件；从事件转换到阐释。在事件内部，标记主位框定不同的语篇相：见面、行动和影响等。下面例子中标记主位由下划线标出。

事件 1

十八岁那年，我遇到了一个二十多岁的男青年。
后来有一天，他说他要去“旅行”
一年多以前，通过一位好朋友的帮助我又见到了我的初恋

事件 2

第一次婚姻失败后，我遇到了另一位警察。
[后来他说：他和另外三个朋友被提拔了]
在特种部队大约三年后，我们的磨难开始了。

阐释

今天，今天我知道了我所有问题和痛苦的答案。

新信息

小句信息的另一端是韩礼德所说的新信息。这是另一种类型的语篇突显，与伴随文本展开的信息扩展有关。在目前我们集中讨论的语篇相中，新信息是海伦娜丈夫的感受，因此占主导地位的新信息模式都与负面评价（抑郁的精神状态和奇怪的行为）有关。请注意，新信息的选择比无标记主位的选择更加多样化。新信息可依据人们的兴趣来阐述，而无标记主位的选择往往用于聚焦我们的关注点。

小句层次的信息流分析可以通过表 6.1 来概括总结一下。对于韩礼德来说，有两种重叠的波浪：一种是主位波，波峰出现在小句开头；另一种是新信息波，波峰出现在句尾（如果大声朗读小句，能感受到波峰的移

动）。在这个语篇相，参与者身份识别将非标记主位连结在一起，而消极评价模式将新信息的选择连结在一起。主位的反复选择和新信息的选择共同将语篇打包为信息的各个相。

表 6.1　对海伦娜丈夫描述中的信息流 193

标记主位	主语 / 主位	新信息
在特种部队服役三年后	我们的磨难	**开始了**
	他	变得**很安静**
	[他]	[变得] **沉默寡言**
	[有时] 他	**用手捧着脸**
	(然后) [他]	[会] 浑身**无法控制地**颤抖
	{我意识到}	
	他	喝酒喝得**太多了**
晚上他很少睡觉	他	会从一个窗口走到另一个窗口
	他	试图遮掩这种**难以言表的恐惧**
	(但是) 我	还是**看到了**
很多个凌晨两点到两点半	我	被**他急促的呼吸**震醒
	[他]	翻身**过来，朝着床的这一边**
	他	**面色苍白**
	[他]	**在闷热的夜晚，**竟然手脚冰凉
	[他]	**浑身被汗水湿透**

续表

标记主位	主语 / 主位	新信息
	[他的] 眼睛	**眼神迷茫**
	{但是} [眼睛]	**像死人一样无神**
	[他]	**颤抖**
	[他]	**可怕的抽搐和那种来自灵魂深处的恐惧和痛苦所引发的令人毛骨悚然的尖叫声**
	(有时候) 他	**坐着一动不动**
		直直地盯着前面看。

6.3 大波浪：超主位和超新信息

通过每个小句，我们可以看到语篇是主位和新信息选择的集合，这种选择体现在多个语篇相所构成的更大规模的模式中。这些模式可以预测语篇每个相所发生的事件，并蒸馏每个相所呈现的新信息。

194 **预测语篇阶段**

如本章开头所述，海伦娜介绍了“磨难”这个语篇的相，小句以标记主位开始：

After about three years with the special forces, **our hell began.**
在特种部队大约三年后，**我们的磨难开始了。**

海伦娜把他们的生活评价为 *our hell*（磨难），这对于随后她详细说明磨难所指的具体事件起到了一种“主题句”的作用。从语言学的角度来看，我们可以把这个“主题句”视为一种更高层次的主位：超主位。这样的话，主题句与后续文本的关系就像一个小句中主位与小句其余成分的关系。在这两种情况下，主位都给读者提供了一个方向来预测语篇的走向，即所谓的参照系。除此之外，超主位还具有预测性，读者可借助它预测后续文本将如何展开。

在许多语域中，超主位往往涉及评价。以下这段文本可以说明评价的合理性，同时也提供了关于超主位所涉及语场（即它的“话题”）的更多细节。当语篇从一个相进入下一个相时，超主位可以成为推动叙事的动力。下面的例子是米尔顿（1999）从《纳撒尼尔的肉豆蔻》（*Nathaniel's Nutmeg*）[①] 中摘录的片段。超主位中的评价用粗体，它们预测的话语用缩进表示：

This was **only the beginning of his misfortune.**

> When all the Englishmen in the town had been captured, including Nathaniel Courthope, they were herded together and clapped in irons; ‘my selfe and seven more were chained by the neckes all together: others by their feete, others by their hands.’ When this was done, the soldiers left them in the company of two heavily armed guards who ‘had compassion for us and eased us of our bonds, for the most of us had our hands so straite bound behind us that the blood was readie to burst out at our fingers’ end, with pain unsufferable’.

Middleton still had no idea why he had been attacked, but he was soon to learn the **scale of the Aga's treachery**.

> Not only had eight of his men been killed in the ‘bloudie massacre’ and fourteen severely injured, he now heard that a band of one hundred and fifty

① 该书全名为 *Nathaniel's Nutmeg: Or the True and Incredible Adventures of the Spice Trader Who Changed the Course of History*，是英国当代畅销书作家贾尔斯·米尔顿（Giles Milton）的重要作品，2000 年 7 月由企鹅出版社出版。该书的中译本译名为：《改变历史的香料商人》（龚树川译，广东旅游出版社，2021 年出版）。——译者

Turks had put to sea ‘in three great boats’ with the intention of taking the **Darling**—now anchored off Mocha—by force.

The attack caught the Darling’s crew **completely unawares**.

Knowing nothing of the treachery ashore they first realised something was amiss when dozens of Turks were seen boarding the ship, their swords unsheathed. The situation quickly became desperate; three Englishmen were killed outright while the rest of the company rushed below deck to gather their weapons. By the time they had armed themselves the ship was almost lost. ‘The Turkes were standing very thicke in the waist [of the ship], hollowing and clanging their swords upon the decke.’

195 It was a **quick thinking** crew member who saved the day.

Realising their plight was helpless he gathered his strength and rolled a huge barrel of gunpowder towards the Turkish attackers, then hurled a firebrand in the same direction. The effect was as dramatic as it was devastating. A large number of Turks were killed instantly while the rest retired to the half-deck in order to regroup. This hesitation cost them their lives for the English had by now loaded their weapons which they ‘set off with musket shot, and entertayned [the Turks] with another trayne of powder which put them in such feare that they leaped into the sea, hanging by the ship’s side, desiring mercy, which was not there to be found, for that our men killed all they could finde, and the rest were drowned, only one man who was saved who hid himselfe till the furie was passed, who yielded and was received to mercie’.

The Darling had been saved but Middleton’s situation was now **even more precarious**...

(Milton 1999)

这只是**他不幸的开始**。

当镇上所有的英国人包括纳撒尼尔·考托普在内都被俘后，他们被聚成一群，用铁链锁着；“我自己和另外七个人都被锁住了脖子：其他人脚被锁住了，还有人手被锁住了”。然后，士兵把他们交给两名全副武装的卫兵，这两名卫兵“同情我们，解开了我们的束缚，因为大多数人的双手被紧紧地绑在身后，好像血液随时都会从指尖喷涌而出，痛苦不堪”。

米尔顿还不知道自己为什么会遭到袭击，但他很快就意识到**阿加叛乱的规模**。
不仅他的八名士兵在“血腥大屠杀”中丧生，十四人重伤，他现在还听说一个由一百五十名土耳其人组成的团伙“乘坐三艘大船”出海，打算强行夺取正停泊在摩卡岛上的**达林号船只**。

这次袭击使达林号的船员**措手不及**。
他们对岸上的叛乱一无所知，当看到几十名土耳其人登上船，各个手持明晃晃的刀剑时，他们第一次意识到了事情的严重性。形势很快就变得令人绝望；三名英国人当场被杀，其他人员则冲到甲板下去拿武器。等他们武装好自己的时候，这艘船几乎被敌人占领了。”密密麻麻的土耳其人站在（船的）中部，在甲板上挥舞着刀剑。

一位**思维敏捷的**船员拯救了这一天的灾难。
意识到孤立无援后，他使出所有的力气，将一个巨大的火药桶滚向土耳其袭击者的方向，然后朝同一方向扔了一个火棍。这一举动产生了戏剧性的、也是毁灭性的效果。大量土耳其人当场死亡，剩下的人则退到甲板，打算重新集结。这片刻的犹豫让他们付出了生命的代价，因为英国人现在已经装好了武器，用步枪发射子弹，向土耳其人猛烈开火。这令土耳其人非常害怕，他们纷纷跳进海里，有的挂在船舷上，想得到怜悯，但这根本不可能。所有能找到的土耳其人都被杀死了，其余的淹死了，只有一个幸存者躲起来，暴动过后他投降，并免去一死。

达林号已经得救了，但现在米尔顿的处境**更加危险**……

（米尔顿 1999）

蒸馏新信息

超主位预测语篇每个相的主要内容。随着相的展开，新信息在每个小句中逐渐积累，特别是在书面文本中，新信息的积累往往被蒸馏为一个结尾句，从而成为该相的超新信息。在一个相中，超主位告诉我们将要去哪里，超新信息告诉我们去过哪里。

一般来说，写作总是向前看，而不是向后看。所以超主位比超新信息更常见；“预示”比“回顾”更多。但更高层次新信息的例子也是有的。以下是曼德拉在自传《漫长的自由之路》结尾时总结自己人生的两个片段（我们将在第8章再讨论这篇文章）。这两个片段都包括一个超主位，并与超新信息（粗体）形成互补。

> 但后来我慢慢地认知到，不仅我没有自由，我的兄弟姐妹也没有，我知道被剥夺的不仅仅是我的自由，还有每个跟我一样肤色的人的自由。
>
> 那是我加入非洲国民大会的时候，也是对自己自由的渴望成为对人民自由的更大渴望的时候。正是这种希望人民有自由过上有尊严和自尊生活的渴望激励了我，使一个畏惧的年轻人变成了一个勇敢的人，促使一个守法的律师成为罪犯，使一位热爱家庭的丈夫变成了无家可归的人，迫使一个热爱生活的人向僧人一样生活。我并不比其他男人更善良，或更愿意做出自我牺牲，但是，当我知道我的人民不自由时，我甚至无法享受自己可怜而有限的自由。
>
> **自由是不可分割的；任何一个人身上的锁链都是所有人身上的锁链，所有人身上的锁链都是加于我身上的锁链。**

196 当我走出监狱的时候，解放被压迫者和压迫者就成了我的使命。有人说，这个使命已经实现了，但我知道情况并非如此。

> 事实是，我们还没有自由；我们只是实现了有自由和不受压迫的权利。我们不是在踏上旅程的最后一步，而是在一条更漫长、更艰难的道路上迈出了第一步。因为自由不仅仅是摆脱束缚，而是以尊重和帮助他人实现自由的方式生活。
>
> **我们对自由是否忠诚，真正的考验才刚刚开始。**

一般来说，超主位通过段落正文内容来释义，而正文内容又通过超新信息来释义。但超新信息从来都不是超主位的准确释义，也不是对波浪低谷的简单总结；它将文本带到一个新的点，我们只能通过冲浪来达到这个点。

下面这段历史语篇显示了类似的三明治结构，超主位预测后文内容，超新信息蒸馏前文内容（即上文提到的修辞，其结构是“先说你要说什么，说出来，然后说你说过了什么”）。对于这两篇文章，注意超主位是如何准确预示后文（下划线部分）的主位模式的，而超新信息又如何归纳总结之前的新信息模式：

第二次世界大战进一步促使澳大利亚经济向制造业基础的转型。

1937年至1945年间，工业产值几乎翻了一番。这一增长速度比其他任何时候都要快。这种势头在战后得到了延续，到1954—1955年，制造业产值是1944—1945年的三倍。澳大利亚钢铁生产能力的扩大，以及化学品、橡胶、金属制品和汽车制造规模的扩大，都归功于战争的需求。

这场战争在某种程度上成为技术进步和经济变革的温床。

一千年来，鲸鱼的商业价值一直在于鲸肉、鲸油和鲸骨。

大约在公元1000年，捕鲸业始于巴斯克人使用帆船和划艇。他们把注意力集中在行动缓慢的露脊鲸身上。随着捕鲸业扩展到其他国家，捕鲸的目标转向驼背鲸、灰鲸、抹香鲸和弓头鲸。捕鲸的地域范围也在变化。公元1500年时在格陵兰岛附近；18世纪时到了大西洋沿岸的美洲；19世纪时到了南太平洋、南极和白令海。本世纪初，挪威人引进了爆炸式鱼叉，用捕鲸船上的枪炮发射，捕鲸的目标转向更大更快的须鲸。日本和苏联引进捕鲸船，进一步加剧了捕鲸活动。

因此，在全世界范围内，捕鲸业逐步向新物种和新地区发展，效率不断提高，其发展在本世纪达到了顶峰。

上述两个超新信息都包含评价性隐喻，这是这类文本中更高层次新信息的 197
一个典型特征。小句主位模式被描述为构建文本“发展的模式”（method of development）；新信息的模式确立了这个发展过程的“要点”（point）（Fries 1981）。

6.4 潮汐波浪：宏观主位、宏观新信息及其他

在许多书面文本中，主位和新信息构成的波远远超出了小句和段落的范围，延伸到更大的单位，即语篇的相。在前文，我们介绍了用来开始和结束海伦娜故事的较高层次的主位和新信息，以及把图图的说明文与海伦娜故事联系起来的更高层次的主位。除此之外，图图的说明文本身就带有一个更高层次的主位：他关于正义代价的疑问。因此，海伦娜对她丈夫痛苦经历的描述只是一个更大范围层级体系中的一个涟漪：

所以是否要在牺牲公正的前提下给予赦免？**这不是一个轻浮的问题，而是一个严肃的问题**，这一问题挑战着整个真理与和解过程的正义性。

> 该法规定，如果罪行为严重侵害人权——被定义为绑架、杀戮、酷刑或严重虐待——申请应在公开听证会上处理……
>
> 因此将有公开曝光和侮辱等惩罚。许多前来寻求赦免的那些安全组织成员之前在他们的群体中都被看作是受人尊敬爱戴的成员。多数情况下，他们的群体，有时甚至是家庭成员，都是第一次听说这些人实际上都是，比如，行刑队成员或经常对被拘留者施以酷刑的人。对一些人来讲，这令他们痛苦不堪，导致婚姻破裂。这是一个相当大的代价。
>
> > 南非广播公司负责报道真相与和解委员会的团队收到了**一封信**，是一位自称海伦娜的女士写来的（她希望匿名，担心报复），她住在东部的普马兰加省。他们播放了**大量的摘录片段**。
> >
> > > **我的故事**从我十八九岁时开始，当时我是东自由邦伯利恒地区的农家女……
> > >
> > > > 在特种部队大约三年后，**我们的磨难开始了。**
> > > >
> > > > > 他变得很安静，沉默寡言……
> > >
> > > **我用**我那个没用的废物说的**几句话来结束我的故事**：“他们可以给我上千次的赦免。即使上帝和每个人都原谅我千百次，我必须忍受这个地狱。这是我脑子里的问题，是我的良知。只有一种办法能够摆脱它的纠缠。把我的脑子毁掉，因为它就是我的地狱。”

我们可以将预测超主位的更高层次主位称为宏观主位，将提取超新信息的更高层次的新信息称为宏观新信息。除此之外，就很难为每一层赋予 198
一个新的术语，因为根据文本中信息相的复杂性，分层可以无限地进行下去。通过简单地对较高级别的主位和新信息进行编号，从较小到较大的波浪，更容易实现对信息的追踪，就像下面图图的这段说明。

在这段描述中，我们给图图这本书的第四章加了标题：**正义呢**？作为一个更高层次的宏观主位（当然，除此之外，还有章节目录、致谢、整本书的标题以及封面上的评论——所有更高层次主位，以及作为最高层次新信息的后记和索引）：

宏观主位[iv]
正义呢？……

宏观主位[iii]
是否要在牺牲正义的前提下给予赦免呢？这不是一个轻浮的问题，而是一个非常严肃的问题，这一问题挑战着整个真理与和解过程的正义性。

该法规定，如果罪行为严重侵害人权—被定义为绑架、杀戮、酷刑或严重虐待—申请应在公开听证会上处理……
因此将有公开曝光和侮辱等惩罚。

宏观主位[ii]
南非广播公司负责报道真相与和解委员会的团队收到了**一封信**，是一位自称海伦娜的女士写来的（她希望匿名，担心报复），她住在东部的普马兰加省。他们播放了**大量的摘录片段**。

宏观主位[i]
我的故事从我十八九岁时开始，当时我是东自由邦伯利恒地区的农家女……

超级主位
在特种部队大约三年后，**我们的磨难开始了。**

他变得很安静，沉默寡言……

宏观新信息
我用我那个没用的废物说的**几句话来结束我的故事**……

图 6.1 总结了此处回顾的波浪模式。图表显示主位的层次构成了文本的发展模式，这种发展对语类的阶段特别敏感。另一方面，新信息的层次推动了文本要点的展开，尤其是围绕文本语场扩展的概念意义。

199

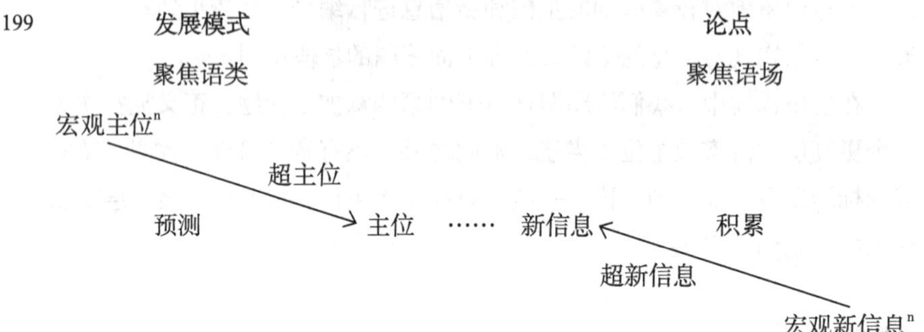

图 6.1　语篇中主位和新信息的层次

6.5　语篇如何发展：等级与系列

作为语篇分析者，我们倾向于将文本视为物体，随口语或书面语篇的产生而展开的结构。因此，需要记住，此处讨论的信息格律是一个逐步展开的过程，而不是连接部分与整体的固定结构。

用宏观主题和超主位预测语篇相的策略构建了一个信息格律的“等级结构”，即在较大的语篇单元中“搭建”较小的语篇单元。还有其他构建语篇的方法，以便读者能够理解。其中一种是与等级结构相对立的一种扩展文本的策略，这就是图图用来构建其论点的策略。我们可以称之为“系列扩展”（serial expansion）。

语篇的系列扩展

系列扩展与信息格律不同，它更多是一种链式策略，即语篇被添加到之前的内容中，而不由更高层次主位来预测。例如，图图在第四章“正义呢？”用他所辩论的问题来开篇：

> 正义呢？
>
> 仅仅坦白自己的所作所为，就可以让犯下最可怕暴行的人逃脱惩罚，这样做是否正确？批评者是对的吗：真相与和解进程是否违背了道德？

但是，他没有像在辩论中那样立即解决这个问题，而是先讲述一些关于《促进国家团结与民族和解法案》的背景信息，他觉得开始辩论之前需要这些信息。因此，在分析说明文之前，我们先看一份报告，它概述了获得赦免的条件：

> 依据《促进国家团结与民族和解法案》所设立的委员会，甚至没有要求申请 200
> 者表示任何忏悔，而规定获得赦免的唯一条件是：
>
> - 要求赦免的行为应该发生在1960年夏普维尔大屠杀之年和1994年曼德拉总统宣誓就任南非第一位民选国家元首这一期间。
> - 该行为必须具有政治动机。如果肇事者出于个人贪念而杀人，则他们不符合赦免条件，但如果他们是为了响应前种族隔离政府及其附属组织如班图斯坦家园等政治组织，或是公认的解放运动组织如非洲民族会议或泛非议会的命令或代表该组织的命令而杀人，他们确实有资格获得赦免。
> - 申请者必须充分披露与寻求赦免的罪行有关的所有事实。
> - 必须遵守相称性准则（the rubric of proportionality），即方式与目标相匹配。
>
> 如果满足上述条件，法律规定“应该”给予赦免。受害者有权证明申请者不满足赦免条件，但他们无权否决赦免。
>
> 后来我们意识到，立法机构没有把忏悔作为赦免的条件，这比我们最初想象的要明智得多。如果有这样的要求，一个不习惯于道歉和忏悔的申请者就可能被判定为不真诚，而一个举止正式而唐突的人可能会被指控为冷酷无情、漠不关心、不真正悔改。这样对各方都不利。事实上，大多数申请者都表达了悔恨之情，并要求受害者原谅。但他们的要求是否真正源于内心的悔恨，显然是未知的。（Tutu 1999: 47–48）

然后，在与读者达成这一共识后，图图重申了这个问题，并开始阐述。图图从问题到报告，从报告到说明的转变，既不涉及更高层次主位的构建，也没有涉及更高层次新信息的蒸馏。实际上，他并没有在报告之前告诉我们，为了讨论这个问题他得先提供一些背景；他也没有在报告结束时对讨论的内容进行总结。在这两个点上，他只是讲下去，用报告来扩展问题，然后用阐释来扩展报告。

这是一个从语篇中某一时刻到另一时刻的系列运动。一旦图图开始他的阐述，我们只是希望读下去，而不是琢磨语篇的每个相是如何精心构建的。在他的阐述之后，这一章沿着类似的思路展开（一部分是系列展开，一部分具有信息格律的等级），这是一种串联行为（tandem act），在这种行为中，语篇有时会提示我们要去哪里，已经去了哪里，而其他时候，我们只是不断地阅读并在这个过程中找到答案。

这里的重点是：系列展开和信息格律都是动态的资源，通过这些资源
201 文本的展开体现为一个过程。意义并不是像透明的水晶一样呈现在我们面前，文本也不是像从网上下载的图像那样，在我们眼前呈现出细节、形状和焦点。相反，随着文本的展开，意义也在流动。文本随着时间而逐渐具体化，然而动态的书面记录反而会歪曲文本的真实性。

信息格律和系列展开的相互交织

在曼德拉自传的结尾，我们可以看到系列展开和信息格律等级结构的结合。作为自传式的讲述，他的故事按照时间的维度展开。因此，有大量的系列展开，从一个情节到下一个情节，在每个情节中都有大量的按时间顺序展开的事件。例如，曼德拉书的最后一章以 1994 年 5 月 10 日就职日的讲述开始。曼德拉跳过段落中的一行，反思南非人民做出的难以想象的牺牲，以及他个人以牺牲家人为代价的失败经历。然后，他又跳过一行，再次连续回顾了他生命的历程，其中一部分我们曾读过。

以下是曼德拉自述的全文，我们分析了其语类阶段。这是一种被称为讲述文（recount）的故事语类，包括典型的各个阶段：

楔子^事件讲述^重新定位（reorientation）

讲述也可看作是由多层的超主位和超新信息（黑体标记部分）组织起来的：

楔子

我生来就向往自由。

我生来是自由的，我所知道的一切都是自由的。我可以在母亲小屋附近的田野里自由奔跑，可以在流经村庄的小溪里自由地游泳，可以在星空下烤玉米吃，也可以骑在悠闲漫步的牛背上。只要我听从父亲的命令，遵守部落的习俗，我就不会受到人或上帝的法律的困扰。

事件讲述

直到我开始认识到我童年的自由是一种幻觉时，当我发现作为一个年轻人我已经被剥夺了自由时，我才开始渴望自由。

起初，作为一名学生，我只想要自己的自由，能够在晚上待在外面，读我喜欢的书，去喜欢去的地方，诸如此类短暂的自由。后来，在约翰内斯堡，作为一个年轻人，我渴望实现我的潜力、挣钱养家糊口、结婚生子、过上体面生活的自由——在合法生活中不受阻碍的自由。

但后来我慢慢地认识到，不仅我没有自由，我的兄弟姐妹也没有。 202

我知道被剥夺的不仅仅是我的自由，还有每个跟我一样肤色的人的自由。那是我加入非洲国民大会的时候，也是对自己自由的渴望成为对人民自由的更大渴望的时候。正是这种对人民有自由过上尊严和自尊生活的渴望激励了我，使一个畏惧的年轻人变成了一个勇敢的人，促使一个守法的律师成为罪犯，使一位热爱家庭的丈夫变成了无家可归的人，迫使一个热爱生活的人像僧人一样生活。我并不比其他男人更善良或更愿意做出自我牺牲，但是，当我知道我的人民不自由时，我甚至无法享受自己可怜而有限的自由。

自由是不可分割的；任何一个人身上的锁链都是所有人身上的锁链，所有人身上的锁链都是加于我身上的锁链。

正是在这些漫长而孤独的日子里，我对自己的人民获得自由的渴望变得宽广了，我渴望所有的人民，无论黑人还是白人，都获得自由。
我清楚地知道，压迫者和被压迫者都必须得到解放。剥夺他人自由的人成为仇恨的囚徒，被关在偏见和狭隘的铁窗里。如果我剥夺了别人的自由，我就没有真正的自由，正如我的自由被剥夺了，我也就没有自由一样。
被压迫者和压迫者同样都被剥夺了人性。

当我走出监狱的时候，我知道解放被压迫者和压迫者就是我的使命。
有人说，这个使命已经实现了，但我知道情况并非如此。事实是，我们还没有自由；我们只是实现了有自由和不受压迫的权利。我们不是在踏上旅程的最后一步，而是在一条更漫长、更艰难的道路上迈出了第一步。因为自由不仅仅是摆脱束缚，而是以尊重和帮助他人实现自由的方式生活。
我们对自由是否忠诚，真正的考验才刚刚开始。

重新定位

我走过了通往自由的漫长道路。我努力不动摇，我一路上犯了很多错误，但我发现了一个秘密，在翻过一座大山后，你会发现还有更多的山要爬。我在此处休息片刻，偷看一下我周围的美丽景色，回顾了我走过的路程。但我只能休息片刻，因为有了自由就有了责任，我不敢逗留，因为我的长途跋涉还没有结束。（Mandela 1995: 750–751）

这里用了五个超主位来讲述曼德拉对自由的渴望与日俱增（其“发展模
203 式”）。我们用符号“=”来表示高层主位对信息的预测以及新信息对信息
的蒸馏。韩礼德（1994）将这种关系称为详述（elaboration）：

1 我并非生来就渴望自由。

= ……

2 直到我开始认识到，我童年时的自由只是一种幻想……我才开始渴望自由。

= ……

3 但后来我慢慢发现，不仅我没有自由，我的兄弟姐妹也没有。

= ……

4 正是在这些漫长而孤独的日子里，我对自己的人民获得自由的渴望变得宽广了，我渴望所有的人民，无论黑人还是白人，都获得自由。

=……

5 当我走出监狱时，这就是我的使命，解放被压迫者和压迫者

=……

然后用三个超新信息来蒸馏他的结论，为自由而斗争（即他的要点）。

3 ……= 自由是不可分割的；任何一个人身上的锁链都是所有人身上的锁链，所有人身上的锁链都是加于我身上的锁链。

4 ……= 被压迫者和压迫者都被剥夺了人性。

5 ……= 我们对自由是否忠诚，真正的考验才刚刚开始。

在每个语篇相，除了超主位和超新信息，楔子也可以作为宏观主题，重新定位作为宏观新信息。把曼德拉全书作为一个整体，那么这一讲述文就是一个更高层次的宏观新信息，既总结了他的旅程，又提炼了他的人生意义。这里的关键是文本的扩展，这种扩展可能是也可能不是通过主位和新信息的层次来构建的。大多数文本是由信息格律和系列扩展混合构建而成，这两种策略在文本扩展过程中是互补的。

6.6 艰难阅读 204

有些文本，不管我们碰巧对其内容有多感兴趣，都觉得很难读下去。弄清抽象语篇中信息格律的层次结构对理解这种语篇很有帮助，我们简要地看一个例子。

信息格律与其他资源的互动

以下片段摘自拉斐尔（Rafael）关于菲律宾基督教皈依的后殖民论

述，即《承包殖民主义》(*Contracting Colonialism*)[①]。我们可以借用此前构建的有关连接词和信息格律的工具来深入挖掘这一点：

> There is a sense, **then,** in which the demand for a total recollection of sins results In the unlimited extensions of discourse purporting to extract and convey *one's successes* and failures in accounting for past acts and desires.
>
> > Accounting **thus** allows confession to become a self-sustaining machine for the reproduction not only of God's gifts of mercy but of "sin" as well. **For** God's continued patronage—the signs of His mercy—requires a narrative of sins to act upon. The confessor who sits in lieu of an absent Father needs the penitent's stories, without which there can be no possibility of asserting and reasserting the economy of divine mercy. Without the lure of sin, the structure of authority implicit in this economy would never emerge. Confession was crucial **because** it produced a divided subject who was **then** made to internalise the Law's language. The penitent became "the speaking subject who is also the subject of the statement" (Foucault 1980: 1:61). **But** confession was **also** important **because** it made for the ceaseless multiplication of narratives of sin through their ever-faulty accounting. **In** introducing the category of "sin", confession converted the past into a discourse that was bound to the Law and its agents.
>
> **In this way** the accounting and recounting of the past generated the complicitous movement between sin and grace. (Rafael 1988: 103)
>
> **因此**，在某种意义上，要完整回顾所有罪行，就要无限制地延伸语篇，以便抽取和传递在解释过去的行动和欲念中那些成功和失败的经历。
>
> > **所以**，解释可以使忏悔成为自我维持的机器，不仅复制了上帝的怜悯，也复制了“罪恶”。**因为**要一直得到上帝的庇护——他仁慈的体现——就要把罪行都讲出来。坐在缺席的天父旁边的忏悔者需要讲述忏悔的故

① *Contracting Colonialism* 一书，全名为 *Contracting Colonialism: Translation and Christian Conversion in Tagalog Society under Early Spanish Rule*《承包殖民主义：他加禄社会在早期西班牙统治下的翻译和宗教皈依》，作者为华盛顿大学历史系讲席教授维森特·L. 拉斐尔(Vicente L. Rafael)，该书 1988 年由康奈尔大学出版社出版。——译者

> 事，没有这些故事，神圣的慈悲就无法伸张和重申。如果没有罪恶的诱惑，隐藏于这个制度中的权威就不会显现出来。忏悔至关重要，**因为**它催生了一个分裂的主体，**然后**，这个主体能够内化法律的语言。忏悔者是“说话的主体，也是陈述的主体”（福柯 1980: 1: 61）。**但是**，忏悔本身**也**很重要，**因为**通过不断的解释过去犯的错，有关罪恶的叙述可以无休止地增加。**在**引入“罪恶”这个范畴时，忏悔将过去发生的事转化为一种受法律及其代理人约束的话语。
>
> **这样**，在对过去经历的叙述和重述中，罪恶与宽恕之间发生了合谋性的互动。（拉斐尔 1988: 103）

忏悔的功能在超主位中预先提及，然后进行了扩展，最后蒸馏为超新信息，即 *the complicitous movement between sin and grace*（罪恶与宽恕之间的合谋性的互动）。然而，论证的构建还需要各种资源共同作用。那么，拉斐尔是如何运用概念、连接和识别这些资源来达成这一效果呢？

首先，概念包括几个类属关系链条——使宗教（本书的主题）和话语（拉斐尔的后结构主义立场）前景化：

叙事——故事——叙事——解释——解释——讲述
要求——主张——重申——话语
罪恶——成功——失败——慈悲——罪恶——慈悲——罪恶——罪恶—— 205
罪恶——罪恶——宽恕
上帝——上帝——听忏悔神父——天父——忏悔者——忏悔者
等等

其次，我们发现拉斐尔在构建论证逻辑时，连接在句子之间和句子内部都起到了很大的作用。

> There is a sense, **then,** in which the demand for a total recollection of sins
> Accounting **thus** allows confession to become a self-sustaining machine
> **For** God’s continued patronage ... requires a narrative of sins to act upon.
> Confession was crucial **because** it produced a divided subject who was **then** made

to internalise
But confession was **also** important **because** it made for the ceaseless multiplication...
in introducing the category of "sin" , confession converted
In this way the accounting and recounting of the past generated the complicitous movement
因此，在某种意义上，要回忆所有罪行，
所以，在解释过程中不断地忏悔，
因为要一直得到上帝的庇护……需要把罪行都讲出来。
忏悔至关重要，**因为**它催生了一个分裂的主体，**然后**，这个主体能够内化法律的语言。
但是，忏悔本身**也**很重要，**因为**它通过不断地解释过去犯的错，
在引入"罪恶"这个范畴时，忏悔将过去发生的事转化为
这样，在对过去经历的叙述和重述中，罪恶与宽恕之间发生了微妙的互动。

第三，虽然文本很抽象，概括了不同类别的参与者，我们还是能发现参与者构成的链条：

上帝的——上帝的——他的怜悯
忏悔——它
忏悔——它
罪行的讲述——不断地解释过去犯的错
法律——其代理人

可以看到，在文本的开始和结尾，连接和指称链相互作用，这一点很重要。最后，连接成分 *in this way*（以这种方式）中的 *this*（这种）确定了 *the accounting and recounting of the past*（对过去的讲述和重述）中 *this*（这）的内容范围，预设了这些内容是对前段讲述和重述的解构。

但在这一段的开头，我们要解决 *the demand for a total recollection of sins*（回忆所有罪行的要求）所指代的具体内容，以及连接词 *then*（因此）所限定的范围。"因此"只是告诉我们前后内容存在因果关系。要做

到这一点，我们需要将 *the demand*（要求）与拉斐尔早些时候提到的 *the Spanish demand*（西班牙人的要求）联系起来。要追踪其具体所指，我们需要把段落置于上下文中，置于拉斐尔文本的信息格律所构成的层次结构中：

> 外部层次结构的内在化包括两个相互关联的过程：解释过去的事件，再现忏悔词中所包含的审讯话语。
>
>> 首先，解释的过程。所有忏悔词都包含无条件披露所有罪行……
>>
>>> **西班牙人要求**不得有任何隐瞒。 206
>>>
>>>> 忏悔者应该在其话语中坦白全部回忆的内容，包括回忆者本人及其回忆的内容。在神父面前忏悔时应当设法控制自己的过去——使用服从的话语。但是，检验自己的良知却需要一个知晓法律的自我，以及行为偏离法律的另一个自我。而“好的忏悔”应该坚持展现自我，完全把控自己的过去。
>>>
>>> 正是在这个意义上，忏悔话语是强加给忏悔者的。罗兰·巴特称之为“极权经济”，包括让过去完全复原并服从现在，以及在牧师面前忏悔（巴特 1976: 39–75）。
>
>> 然而，想完美地解释罪行，还需要在叙事中重述，这注定会成为一项永无休止的任务。
>>
>>> 考虑到记忆的局限性，解释“本身会产生错误”。错误的解释所产生的错误会成为另一个罪过，添加到原有的罪行列表。正确的解释本身也极可能产生错误，正如记住自己的罪过是没有意义的，除非有可能完全忘记这些罪过。因此，正因为解释罪过时容易犯错，才使原原本本的回忆变得十分必要。
>>
>> 对此，巴特的表述更简洁：“解释具有天然的优势：作为一种语言的语言，它能够使错误的解释无限循环下去”（巴特 1976: 70）。
>
>> 因此，在某种意义上，要完整回顾所有罪行，就**要求**无限制地延伸语篇，以便抽取和传递在解释过去的行动和欲念中那些成功和失败的经历。……这样，在对过去经历的叙述和重述中，罪恶与宽恕之间发生了

合谋性的互动。

然后我们来看忏悔词所规定的层级内在化的第二个关键时刻：审讯话语的再现（拉斐尔 1988: 101–103）

这个较长的语篇相是从之前（*This internalization of an exterior hierarchy* 外部层级的内部化）到接下来（*two interrelated procedures* 两个相互关联的程序）的转变。这些“程序”由连接词*first*（首先）和*second*（第二）来实现，最终通过讲述的过程和审问话语的再现来实现。拉斐尔为这两个“程序”搭建了脚手架，他在总结信息格律构成的层级性时是这样表述的：

macroTheme[ii]
This internalisation of an exterior hierarchy consists of **two** interrelated procedures: **the accounting of past events** and **the reproduction of the discourse of interrogation** contained in the confession manuals.

macroTheme[i]
207 **FIRST, the process of accounting.** All confession manuals contain the unconditional demand that all sins be revealed...

hyperTheme
There is a sense, then, in which the demand for a total recollection of sins results in the unlimited extensions of discourse purporting to extract and convey one’s successes and failures in accounting for past acts and desires....

hyperNew
In this way the accounting and recounting of the past generated the complicitous movement between sin and grace.

macroTheme[i]
These considerations bring us to the second moment in the interiorisation of

hierarchy prescribed by confession: **the reproduction of the discourse of interrogation**

宏观主位 ii

外部层次结构的内在化包括**两个**相互关联的程序：**解释过去的事件**，**再现**忏悔词中所包含的**审讯话语**。

宏观主位 i

首先，**解释的过程**。所有忏悔词都包含无条件披露所有罪行……

超主位

因此，在某种意义上，要完整回顾所有罪行，就要求无限制地延伸语篇，以便抽取和传递在解释过去的行动和欲念中那些成功和失败的经历。

超新信息

这样，在对过去经历的解释和重述中，罪恶与宽恕之间发生了合谋性的互动。

宏观主位 i

然后我们来看忏悔词所规定的层级内在化的第二个关键时刻：**审讯话语的再现**

概念隐喻与信息格律

这种信息的层层构建并不能够解决所有问题。文本中除了偶尔的具体参与者（即忏悔词、牧师、忏悔者）外，还有很多概念隐喻：

This **internalisation** of an exterior hierarchy consists of two **interrelated procedures:** the **accounting** of past events and the **reproduction** of the discourse of **interrogation** contained in the **confession** manuals.

First, the **process** of **accounting.** All **confession** manuals contain the **unconditional demand** that all sins be revealed

外部层次结构的**内在化**包括两个**相互关联的程序**：**解释**过去的事件，**再现**忏悔词中所包含的**审讯**话语。

首先，**讲述**的**过程**。所有**忏悔**词都包含**无条件**披露所有罪行从抽象的角度来看，这种话语可能是全世界写作史上最具隐喻性的。每个句子都将大量信息打包成一串密集的抽象术语，这些抽象术语源于概念隐喻，例如 *internal*（内部的）→ *internalize*（内化，动词）→ *internalization*（内化，名词）。

在这种语篇中，更高层次的主位可以预测更低层次的主位，更高层次的新信息可以蒸馏更低层次的新信息。这就要求语篇用语法隐喻来打包所预测和蒸馏的信息。具有讽刺意味的是，能够引导我们理解文本的恰恰也是最难理解的。

除此之外，抽象语篇还包含并启用大量专业词汇。如我们谈论天主教时，就会用到有关宗教的表述，包括讨论的焦点，如 *confession*（忏悔）：

208 [confession] & sins, priest, penitent, penitent, priest, sins, sins, sins, sins, sins, God's gifts of mercy, "sin", God's, His mercy, sins, Father, penitent's, divine mercy, lure of sin, penitent, sin, "sin", sin, grace

［忏悔］和罪过、牧师、忏悔者、忏悔者、牧师、罪过、罪过、罪过、罪过、罪过、上帝的仁慈、"罪过"、上帝的、他的仁慈、罪过、神父、忏悔者的、神的仁慈、罪恶的诱惑、忏悔者、罪过、"罪过"、罪过、宽恕

既然此处教会作为一个殖民机构，语篇也使用了很多与行政管理有关的词汇：

exterior hierarchy, two interrelated procedures, unconditional, manuals, process manuals, submission, the Law's, Law, individual, "totalitarian economy", submission, guarantee, original list, patronage, structure of authority, Law, agents, hierarchy, prescribed

外部等级、两个相互关联的程序、无条件的、手册、程序手册、服从、法律的、法律、个人、"极权经济"、服从、保证、原始列表、赞助人、权力结构、法律、代理人、等级制度、规定

有趣的是（这要感谢拉康），还有一大串我们可以称之为精神分析的术语：

> internalisation, memory, the self, the present self, recalls, recalled, conscience, the division of the self, the other self, a self in total control, the limitations of memory, remembering, forgetting, conceivable, total recall, total recollection, desires, a divided subject, internalise, "the subject who is also the subject of the... ", interiorisation
>
> 内化、记忆、自我、现在的自我、回忆、回忆的、良知、自我的分裂、另一个自我、完全控制的自我、记忆的局限、记忆、遗忘、可以想象的、全面回忆、完整回忆、欲望、分裂的主体、内化、"同时也是……的主体"、内化

与话语相关的术语列表要更长（感谢巴特和福柯），这个列表中也包含了忏悔：

> accounting, discourse, interrogation, accounting, demand, revealed, demand, discourse, discursive, discourse, accounting, recounting, narrative, accounting, accounting, accounting, accounting, accounting, imperative, accountancy, language, language, accounting, demand, discourse, accounting, accounting, signs, narrative, stories, asserting, reasserting, language, speaking, statement, narratives, accounting, introducing, discourse, accounting, recounting, considerations, discourse, interrogation, & [confession]
>
> 解释、话语、审问、解释、要求、披露、要求、话语、话语的、话语、解释、重述、叙述、解释、解释、解释、解释、解释、命令、记录、语言、语言、解释、要求、话语、解释、解释、符号、叙述、故事、断言、重申、语言、说话、陈述、叙述、解释、介绍、话语、解释、重述、考虑、话语、审问、和［忏悔］

如果我们不熟悉这些专业术语，或者不习惯这种彼此连接的用法，即使脚手架在那里，也很难去识别。以第一层的第二个宏观主位为例：

> These considerations bring us to the second moment in the interiorisation of

hierarchy prescribed by confession
考虑到这些，我们来看忏悔词所规定的层级内在化的第二个关键时刻

精神分析、行政管理和宗教领域各自的专门词汇在这里都有所体现（分别是 *interiorisation, hierarchy prescribed, confession* 内在化、层级规定和忏悔）。*these considerations*（考虑到这些）提及并指向第一个内在化程序，*the second moment*（第二个时刻）命名并指向下一个程序，明确体现了文本的更高层次宏观主位（*...two interrelated procedures...* ……两个相互关联
209 的程序……）。脚手架具有高度隐喻性，"思想"将读者带到另一个时间，意思是"现在我们已经考虑了第一个程序，我们可以继续第二个程序"。但如果不抓住脚手架，我们就会迷失在辩论中，被排除在话语之外。这并不是拉斐尔一书的意图，该书旨在为我们提供一些新的方式来思考菲律宾的教会和殖民化。他的话语演变成了对现代性的去自然化，虽不排斥我们，却也不易读懂。

或许从这个语篇中，我们可以看到语篇系统之间相互作用的重要性。连接、识别、概念和信息格律以各种方式相互联系，为论点提供支撑，语法隐喻在每一个关键点都在催化这种共生关系。对于大多数人来说，第一次学习理解这类语篇组织时，做适当的语篇分析很有帮助。

6.7 谈谈标题

在第一章中我们研究了真理与和解委员会法案的总体结构及其语类结构。在分析识别时，我们探讨过该法案的章节及其部分是如何用数字和字母系统来标记的：

- 第 1、2、3……49 节
- 第（1）、（2）、（3）小节
- 第（a）、（b）、（c）段落

- 第（i）、（ii）、（iii）一级子段落
- 第（aa）、（bb）和（cc）二级子段落

此外，章节分为以下几章：

1 解释与适用	［1］
2 真理与和解委员会	［2—11］
3 对侵犯人权行为的调查	［12—15］
4 赦免机制与程序	［16—22］
5 受害者的赔偿与康复	［23—27］
6 委员会的调查与听证	［28—35］
7 一般规定	［36—49］

章节和部分都有标题和数字编号，但这些标题并非对应文件的特定部分。例如，以下是第 3 章和第 4 章各部分及其章节标题：

第 3 章　对侵犯人权行为的调查 210
12. 侵犯人权调查委员会
13. 委员会章程
14. 委员会的权力、职责和职能
15. 提交赔偿和康复委员会

第 4 章　赦免机制和程序
16. 赦免委员会
17. 委员会章程
18. 赦免申请
19. 委员会审议赦免申请

20. 赦免的授予及其效力
21. 赦免的不予授予及其效力
22. 提交赔偿和康复委员会

在识别那一章里，我们提到过假定信息的范围应该限于句子内部，而不是句子之间，除非使用数字 / 字母名称作标记，这种句子内的限制是理解法案语篇如何打包信息的关键。

法案所采用的基本策略是使语法做尽可能多的事，即用句子层面的语法去做通常由文本中语篇策略来完成的工作。事实上，整个法案实际上是一句话，从下面这句话开始……

> It is hereby notified that the President has assented to the following Act which is hereby published for general information:
> 总统已同意在此颁布以下法案，特此发布：

……该法案其余部分就此展开。在陈述该法案的目的之后，由另一个句子作为开始：

> BE IT THEREFORE ENACTED by the Parliament of the Republic of South Africa, as follows:
> 南非共和国议会**据此制定**，如下：

这实际上是一个长句子的结束，包括前面六条理由：

> **自** 1993 年《南非共和国宪法》（1993 年第 200 号法案）颁布以来，致力于在过去和未来之间搭建一座历史性桥梁。过去是一个以枪支、冲突、难以言状的痛苦和不公正为特征的严重分裂社会。未来将是一个在尊重人权、民主，让所有南非人（不分肤色、种族、阶级、信仰或性别）和平共处基础上建立起来的新社会。
> **并且鉴于**弄清过去人权侵害事件的真相、动机以及发生的环境，让调查结果

公之于众以避免将来类似事件再次发生；
并且由于《宪法》规定，追求民族团结、所有南非公民的福祉与和平，需要南非人民之间的和解和社会的重建； 211
并且由于《宪法》规定，需要理解而不是复仇，需要赔偿但不是报复，需要乌班图但不是牺牲；
并且由于《宪法》规定，为了推动和解和重建，对在过去冲突中与政治目标相关的行为、失职和违法行为应给予赦免；
并且由于《宪法》规定，议会将在宪法原则下依法确定一个明确的日期，即1990年10月8日以后的某个日期为截止日期，在《宪法》规定的日期之前，规定一些机制、标准和程序（如果需要，可以包括制裁）处理与赦免有关的事务。
该法案由南非共和国议会制定如下条款：

文中还有类似的模式。从某种意义上讲，我们是在探索语法的局限性：在被语篇语义系统取代之前，语法在多大程度上发挥作用。这究竟是一些语法学家的梦想，还是立法的噩梦，最终取决于我们对这类语篇的态度。

就信息格律的层次结构而言，语法的作用不容忽视。以第一章的下一个阶段为例，该阶段涉及定义术语：

(xix) “victims” includes—
(a) persons who, individually or together with one or more persons, suffered harm in the form of physical or mental injury, emotional suffering, pecuniary loss or a substantial impairment of human rights -
(i) as a result of a gross violation of human rights; or
(ii) as a result of an act associated with a political objective for which amnesty has been granted

（十九）“受害者”包括
（a）个人或与其他人一起，人权受到严重侵犯的情形，包括遭受身体或精神伤害、精神痛苦、金钱损失或人权遭到重大损害；
（i）人权遭受重大侵害的情形；或者
（ii）由于与政治目的相关的行为而被赦免

我们也可以将其改写为一个段落，从而减少小句复合体表达的复杂性，如下所示：

There are two kinds of victim. There are persons who, individually or together with one or more persons, suffered harm in the form of physical or mental injury, emotional suffering, pecuniary loss or a substantial impairment of human rights as a result of a gross violation of human rights. And there are those who suffered as a result of an act associated with a political objective for which amnesty has been granted.

有两种受害者。一种是单独或与多人一起，因受到严重的人权侵害而遭受身体或精神伤害、精神痛苦、金钱损失或人权的重大损害。另一种是政治行为的受害者，而此种情况下加害者已被赦免。

除了小句复合体之外，也可以构建一个超主位和低谷结构。

212 There are two kinds of victim.

There are persons who, individually or together with one or more persons, suffered harm in the form of physical or mental injury, emotional suffering, pecuniary loss or a substantial impairment of human rights as a result of a gross violation of human rights. And there are those who suffered as a result of an act associated with a political objective for which amnesty has been granted.

有两种受害者。

一种是单独或与多人一起，因受到严重的人权侵害而遭受身体或精神伤害、精神痛苦、金钱损失或人权的重大损害。另一种是政治行为的受害者，而此种情况下加害者已被赦免。

语篇语义学，准确说是信息格律的层级结构，取代了语法，将语篇信息进行打包。

同样，在第二章第三节中，我们看到了下列语法结构：

3.(1)委员会的目标是通过以下方式放下过去的冲突和分裂，以促进国家团结与民族和解：

(a) 对于发生在1960年3月1日至截止日期间的严重人权侵犯行为，应通过调查和听证会的方式，建立尽可能完整的资料，以说明其原因、性质和程度，包括侵犯行为的前因后果、情况、事实和场景，包括受害者的观点，侵害者的动机和观点。

(b) 如果侵害行为是出于政治目的，侵害者已充分披露有关事实，并符合本法案要求，侵害者可申请获得赦免；

(c) 查实并公布受害者的命运或下落，让受害者有机会讲述他们所遭受的侵权行为，并采取旨在给予赔偿的措施；

(d) 编纂报告，尽可能全面地说明(a)、(b)、(c)条款中所涉及的调解委员会的活动和调查结果，提出旨在防止严重侵犯人权的建议。

(2)第(1)小节的规定不得解释为限制委员会调查或提出建议的权力，其目的最终是促进或实现本法案范围内的国家团结与民族和解。

(3)为了实现委员会的目标——

(a) 第3章所述的人权委员会，除其他事项外，应处理与调查严重侵犯人权行为有关的事项；

(b) 如第4章所述，赦免委员会应处理与赦免有关的事项；

(c) 第5章所述的赔偿与康复委员会应处理与赔偿有关的事项；

(d) 第5(d)节所指的调查单位应执行第28(4)(a)节所述的调查工作；

(e) 小组委员会须行使、实施和执行委员会授予、指派或规定的权 213
力、职能及职责。

第3(1)小节和第3(3)小节都可以按照上述示例的思路重写。下面是我们对3(1)条的改写；3(3)条将留着读者来思考：

委员会的目标是放下过去的冲突和分裂，以促进国家团结与民族和解。它将通过下列四种方式实现这一目标。

首先，对于发生在1960年3月1日至截止日期期间的严重人权侵犯行为，委员会将通过调查和听证会的方式，建立尽可能完整的资料，来说明这些侵犯行为发生的原因、性质和程度，包括侵犯行为发生的前因后果、情况、事实和背景，还包括受害者的观点，侵害者的动机和观点。

此外，如果人权侵害行为是出于政治目的，但侵害者已充分披露有关事实，并符合本法案要求，那么侵害者可申请获得赦免。

然后，委员会查实并公布受害者的命运或下落，让受害者有机会讲述他们所遭受的侵权行为，并采取旨在给予赔偿的措施。

最后，委员会将编纂一份报告，尽可能全面地说明以上条款中所涉及的调解委员会的活动和调查结果，并提出旨在防止严重侵犯人权的建议。

如果这还不够具有挑战性，请看第 2 章第 4 节。这里需要对信息格律的等级结构进行更深入的研究。以下对文本中潜在的更高层次主位进行了标注：

潜在的宏观主位

4 委员会的职能是实现其目标，为此，委员会应当

潜在的超主位

（a）促进，并在必要时发起或协调对——

（i）严重侵犯人权行为的调查，包括有计划地实施虐待等违法行为；

（ii）严重侵犯人权行为的性质、原因和程度，包括导致这种侵犯行为的原因、情况、因素、场景、动机和观点；

（iii）参与此类违法行为的所有个人、当局、机构和组织的身份；

214 （iv）此类违法行为是否是省、以往省区或其任何机关、任何政治组织、解放运动或其他团体或个人故意策划的结果；以及

（v）对任何此类行为的政治或其他责任；

（b）促进、发起或协调收集信息和接受任何人提供的证据，包括声称是此类侵害行为的受害者或受害者代表，以确定此类侵害行为的受害者身份、他们的命运或目前的下落以及受害者所受伤害的性质和程度；

（c）对出于政治目的而采取的侵害行为给予赦免，如果侵害者愿意充分

披露与侵害行为有关的所有事实，并提交赦免申请，则委员会应将此类申请转交赦免委员会，由其做出决定，并在《公报》上公布赦免决定；

(d) 确定为隐瞒侵犯行为或出于政治目的而实施侵犯行为而销毁的物品；

(e) 基于所收集的事实信息或收到的证据，撰写一份报告，全面说明其活动和调查结果；

潜在的超主位

(f) 就以下方面向总统提出建议：

(i) 为了恢复受害者作为人和作为公民的尊严而给予其赔偿的政策或措施；

(ii) 向受害者提供紧急临时赔偿的措施；

(g) 为实现本法案的目标，在对证人实施一定程度保护措施方面向部长提出建议；

(h) 就建立有利于稳定和公平社会的机构，以及为防止侵犯人权而引入的体制、行政和立法措施向总统提出建议。

总之，在许多运用信息格律等级结构来协调信息流的语域中，如该法案，对信息的包装都会尽可能地语法化。该法案使用了复杂的句子，其他语域可能会使用介绍语句、主题句和段落。

与此同时，也许有人会担心这种语篇组织的局部化可能会使人们很难理解法案的内容。因此，除了用于指代章节及部分的数字和字母标记外，每个章节都有一个标题，这些章节又分为更小的章节，每个都有自己的小标题。标题使我们对法案内容有一个宏观的了解。它们的作用是替代信息格律的等级结构和立法者用来包装信息的局部化语法，使非专
业的读者更易理解法案内容。因此，《法案》是一种有趣的语类，读者的 215
脚手架需求与作者的立法需求之间存在冲突。语言向来是这样的，作者总会调用资源，直到与读者达成和解。标题和标点符号这些资源是和解的关键。

6.8 语篇组织：话语系统的阶段性

如前文所示，语篇信息的包装方式是多样的。可以在小句之上通过脚手架建立一个明确的信息格律等级结构，各层面的主位和新信息会告诉我们信息的起始点和走向。而系列扩展类型的语篇，其各个阶段都有所变化，且不存在明确的脚手架。在某些类型的语篇中，如立法，在某种意义上，明确性是通过如下方式实现的：(i) 在非常复杂的句子中将尽可能多的等级进行语法化和 / 或 (ii) 以数字和 / 或字母命名文本的各个部分，并 / 或为它们提供标题。许多文本会组合使用这些资源，以便将信息分阶段分解为可理解的语块。

这种明确性也可能存在变化，因为文本中语篇系统的相互作用可以告诉我们从一个阶段到下一个阶段，哪些在继续，哪些发生了改变。因此，在结束本章之前，我们来看一下这种互动是如何运作的。我们将把继续的部分称为“连续性”，而改变的部分称之为“非连续性”。

为此，我们将以海伦娜第二个事件的“影响”相为例。这一次，我们要问的是，作为一个相，它是如何自成一体的，以及它是如何从一个“我们的磨难”视角转变到另一个视角的。这是文本，它的超主位从低谷出发，分为两个子相。我们可以把这两个子相称为“他的磨难”和“她的磨难”：

在特种部队大约三年后，我们的磨难开始了。

> “他的磨难”
>
> 他变得很安静、沉默寡言。有时候他用手捧着脸浑身无法控制地颤抖。我意识到他喝酒喝得太多了。晚上他很少睡觉，他会从一个窗口走到另一个窗口。他试图遮掩这种难以言表的恐惧，但我还是看到了。很多个凌晨两点到两点半，我会被他急促的呼吸震醒。翻过身来，朝着床的

这一边，他面色苍白。在闷热的夜晚，他竟然手脚冰凉，浑身被汗水湿
透。眼神迷茫，但像死人一样无神。然后就是颤抖。可怕的抽搐和那种
来自灵魂深处的恐惧和痛苦所引发的令人毛骨悚然的尖叫声。有时候他 216
坐着一动不动，直直地盯着前面看。

“她的磨难”

我永远无法理解。从未意识到他在那些“旅行”中嗓子里灌进过什么东西。我只是直坠地狱。祈祷，恳求，“上帝呀，到底发生了什么？他怎么啦？他怎么会变化这么大？他要发疯吗？我受不了这个男人了！但是，我也逃不脱。这个男人会一辈子阴魂不散。上帝，为什么？”

以上两个子阶段表现出一种连续性，但连接手段使用并不多，只有几处连接用来表明变化：

“他的磨难”：instead of, but 而不是、但是
“她的磨难”：but，if 但是、如果

总体来说，这是一系列描述，文本在这些描述中得以扩展。

另一方面，识别既有连续性，也有非连续性。在“他的磨难”中，主要识别链是海伦娜的丈夫，而海伦娜扮演着次要角色：

he, he, his, his, he, he, he, his, his, he, his, he, him; I, I, I; fear-it
他、他、他的、他的、他、他、他、他的、他的、他、他的、他，他；我、我、我；害怕—它

在“她的磨难”中，海伦娜和她丈夫都是活动参与者：

I, I, I, I, I, me, my, I; his, him, he, he, the man, he; God, God
我、我、我、我、我、我、我的、我；他的、他、他、这个人、他；上帝、上帝

在“他的磨难”中，概念和类属关系体现在她丈夫身体的各个部位，以及不安的神情：

face, hands, eyes; resting, jolt awake, sits motionless, staring
脸、手、眼睛；休息、震醒、一动不动地坐着、盯着看

另一方面，“她的磨难”体现在认知、祈求、离开和疯狂等过程：

understood, knew, realised; praying, pleading; get out, leave; wrong, changed, going mad
理解、知道、实现；祈祷、恳求；出去，离开；错误、改变、发疯

就预期而言，“他的磨难”围绕着崩溃而展开，而“她的磨难”则围绕着她日益强烈的意识和逃离的需要而展开。

在不同子相之间，评价会有非常显著的不同。“他的磨难”中，前景化的是情感，以及大量的情感增强，而情态则涉及偶尔的行为和习惯性行为（*sometimes, would* 有时，会）：

217 态度
非常安静、沉默寡言、难以言表的恐惧、迷茫、令人毛骨悚然、恐惧、痛苦、用手捧着脸、无法控制地颤抖、喝得太多、很少睡觉、从一个窗口走到另一个窗口、急促的呼吸、翻过身来、朝着床的这一边、面色苍白、在闷热的夜晚、冰冷、湿透、颤抖、可怕的抽搐、尖叫、坐着一动不动、直直盯着面前看

语势
像死人一样无神、非常安静、无法控制地颤抖、太多、极度恐惧、冰冷、闷热的夜晚、湿透、可怕的抽搐、令人毛骨悚然的尖叫……有时从他灵魂的深处

情态
有时、会、有时

“她的磨难”在记录海伦娜的感受（*can't handle, haunt* 无法处理、困扰）方面不够明确，且使用了一些鉴赏（*went through hell* 经历了磨难）和判断（*mad, wrong* 疯狂、错误），而情态方面的表述则是绝对的语气（*never, can't* 从不，不可能）。从介入资源的使用看，“她的磨难”比“他的磨难”更具对话性，明确地援引上帝的声音来回答海伦娜绝望的追问：

态度
经历了磨难、错误、疯狂、无法处理、困扰

语势
磨难、恳求、如此之多、我的余生

情态
从不、从不、从不、不可能、不可能

语气变化
[陈述、疑问：一般疑问语气和特殊疑问语气]

随着信息格律的进展，主位和新信息的反复出现构成前景化的小波浪。在“他的磨难”中，这种语篇发展的模式是通过海伦娜丈夫作为主语/主位建立起来的：

he, he, he, he, he, I, I, he, eyes
他、他、他、他、他、我、我、他、眼睛

在“她的磨难”里，我们可以看到更多的三元视角：海伦娜、她的丈夫和她无法理解的事件：

I, I, what, I, what, what, he he, I, I, he, I, why
我、我、什么、我、什么、什么、他、他、我、我、他、我、为什么

218 就新信息而言，“他的磨难”中的要点是海伦娜丈夫的感受：

began, very quiet, withdrawn, into his hands, uncontrollably, too much, from window to window, his wild consuming fear, from his rushed breathing, this way, that side of the bed, pale, in a sweltering night, sopping with sweat, bewildered, dull like the dead, the shakes, the terrible convulsions and blood-curdling shrieks of fear and pain from the bottom of his soul
开始、非常安静、沉默寡言、双手捧着、无法控制、太多、从一个窗口到另一个窗口、难以言表的恐惧、他急促的呼吸、朝着床的这一边、苍白、在闷热的夜晚、浑身汗水湿透、迷茫、像死人一样无神、颤抖、可怕的抽搐、来自灵魂深处的恐惧和痛苦所引发的令人毛骨悚然的尖叫声

“她的磨难”中新信息更为多样：海伦娜的困惑、她的恳求、她丈夫的疯狂、她的逃离：

understood, knew, realised, during the ‘trips’, hell, praying, pleading, happening, wrong with him, so much, mad, anymore, get out, the rest of my life, leave him
理解、知道、意识到、在“旅行”中、磨难、祈祷、恳求、发生、
他怎么了、太多了、疯了、更多、离开、我的余生、离开他

总的来说，新信息从对海伦娜丈夫的影响转变为对她影响。但就某些特定语篇模式而言，“她的磨难”与“他的磨难”有所重叠，这使得整个相具有连续性，同时子相也发展出独特的模式。

这里的关键是，只需要出现这种共同模式，我们就能识别一个特定的语篇相。说教文的语类阶段（楔子、事件、解释）在特定文化中经常重现，具有高度预测性。语类可预测其所包含的阶段。但是，每个语类阶段中的相，如“影响”，则更富于变化。正是语篇特征的共同模式使我们能

够识别出一个特定的相。虽然海伦娜使用了明确的脚手架，即超主位 *our hell began*（我们的磨难开始了），来构建整个相，但在相内部她不需要转换关注点。我们只需跟随她的视角；小句内部和小句之间的信息波就足以完成这项工作。

第七章

协商：对话中的互动

219 本章提纲

协商与说话人之间作为交换的互动有关：说话人如何选取交换角色并为彼此指派角色，以及如何组织语步使其彼此关联。

首先是概括性介绍，然后在第 7.2 节我们建构**言语功能**（speech function）的基本类型，在第 7.3 节将言语功能与它们在**语气**系统的语法体现方式对应起来，在第 7.4 节我们谈论**回应**（responses）。

接着在第 7.5 节我们观察这些选择在**交换**过程中如何发展为**语步**序列，然后在第 7.6 节我们讨论打断性语步，用于**追踪**概念资源或**挑战**（challenge）交换的发展过程。在第 7.7 节分析延伸到更加复杂的包括多个**语步复合体**（move complexes）和**交换复合体**（exchange complexes）的复杂对话。

最后在第7.8节我们将语气、言语功能和协商系统网络进行形式化，并简单讨论会话中协商、评价、识别和连接的交互作用。

7.1　对话中的互动 220

迄今为止，本书所使用的三个主要语篇本质上都是单声语篇。在某些片段，海伦娜和图图会建构一些会话性的交流。例如，海伦娜对上帝说话，问一系列有关她丈夫崩溃的问题，对她自己的感触发出感叹：

> "上帝呀，到底发生了什么？他怎么啦？他怎么会变化这么大？他要发疯吗？我受不了这个男人了！但是，我也逃不脱。这个男人会一辈子阴魂不散。上帝，为什么？"

再如图图向听众提出了有关真相委员会的正义性的问题：

> 一个犯下最可怕暴行的人仅仅通过承认他或她的所作所为就被允许免受惩罚而逍遥法外，这是正确的吗？批评者对吗？真理与和解进程是否违背了道德？……那么，是否要在牺牲正义的前提下给予赦免呢？

海伦娜没有从上帝那里得到答案，图图也只能在后面的论证中自己来回答自己的问题。所以，这两个对话并没有发展下去。但是，在口语语篇中，说话人之间所协商的情感和概念意义分别在第三章和第二章讨论过。接下来，我们要讨论在对话中使对话能够进行下去的资源系统——协商系统。

为了探索协商，我们需要构建一个口语交流场景，这里我们采用南非电影《宽恕》(2004)，由伊恩·加百利（Ian Gabriel）执导。《宽恕》讲述的故事与海伦娜的第二任丈夫很相似，一个白人，以前是警察。这个白人警察名叫德蒂斯·库切，他来到了帕特诺斯特（Paternoster），一个位于南非大西洋海岸的贫穷渔村。十年前，库切在前种族隔离政权下的警察部队工作期间，曾开枪打死了一名政治活动家丹尼尔·格鲁布姆（Daniel Grootboom），当时，库切和他的同事为获取有关袭击核反应堆的计划的相关情报而折磨丹尼尔。和海伦娜的丈夫一样，库切也曾在真相委员会面前作证，并被赦免，但过去的事情一直在折磨着他。为了寻求宽恕，他拜访了丹尼尔的家人（他们的种族在南非被称为“有色人种”）。丹尼尔的父母亨德里克和玛格达准备给库切一个机会，但他的妹妹桑妮和弟弟欧内斯特拒绝原谅他。桑妮联系了丹尼尔以前的战友卢埃林、卢克和扎科，于是这几位战友驾车一路去往帕特诺斯特，准备为丹尼尔报仇。一位牧师，即道尔顿神父，出面作为库切和格鲁布姆家族的中间人。以下是演员阵容：

221	德蒂斯·库切	前警察（杀害丹尼尔的凶手）
	亨德里克·格鲁布姆	丹尼尔的父亲（帕特诺斯特渔夫）
	玛格达·格鲁布姆	丹尼尔的母亲
	桑妮·格鲁布姆	丹尼尔的妹妹（年轻女子）
	欧内斯特·格鲁布姆	丹尼尔的弟弟（青春期男子）
	丹尼尔·格鲁布姆	哥哥（已故）
	卢埃林	丹尼尔的有色人种战友
	卢克	丹尼尔的白人战友
	扎科	丹尼尔的非洲裔战友
	道尔顿神父	帕特诺斯特牧师

这是一部扣人心魄的电影，此处暂且不透露更多信息。我们采用的语料改编自它的脚本，其中涉及到英语和南非荷兰语之间的语码转换——特别是格鲁布姆家族的人，他们的母语就是南非荷兰语。（尽管库切是白人，但他的名字也是南非荷兰语，他在整部电影中都说英语，这是该故

事中许多复杂的讽刺之一。）我们截取电影字幕，作为南非荷兰语对话的内容。

协商系统为说话人在对话中所扮演的言语角色提供了资源——陈述信息、提出问题、提供服务和索要物品。下面，桑妮向库切透露了她家人的感受，并询问了他下一步的计划：

桑妮：　　我们不太担心你的过去。
库切：　　——不，当然不是。

桑妮：　　你要走了吗？
库切：　　——当然，我要走了。

再看对话双方的行为，当库切和道尔顿神父来到格鲁布姆家餐厅吃饭时，亨德里克请客人入座：

亨德里克：　　那么，我们都坐下吧？
所有人：　　——（库切、格鲁布姆一家和道尔顿神父坐下）

在另一个场景中，在一次成功的钓鱼之旅后，亨德里克让儿子欧内斯特把鱼拿来清洗：

亨德里克：　　欧内斯特，把那些梭鱼［一种鱼］拿来 222
欧内斯特：　　——（欧内斯特按照父亲说的做了。）

正如我们所看到的，每一个陈述、提问、提议和命令都需要听话人回应——通过认可、回答、接受和服从来回应。因此，对话中的语步往往是成对出现的——研究会话分析的学者称之为“相邻对”。当然，在实践中会话可以发展为更长的序列。应库切邀请，亨德里克和家人一起去酒店餐厅，亨德里克点了红酒：

亨德里克：	能来一瓶你们这最好的干红葡萄酒吗？
女服务员：	——好的。
亨德里克：	——谢谢。

我们知道，人们并不总是按照对方提供的站位来做出回应。有时他们可能没有弄清楚对方所说内容的大意，需要再确认一下。桑妮打电话给卢埃林，告诉他库切来了，这时卢埃林要求桑妮对所说的内容进行确认：

桑妮：	他来了。
卢埃林：	——谁来了？
桑妮：	——库切。
	他在帕特诺斯特。

有时，交谈的双方甚至不愿意合作。例如，玛格达并不愿意接受库切的邀请：

库切：	玛格达，可以邀请你们今晚和我在酒店里共进晚餐吗？
玛格达：	——我不去。
库切：	——求你了，格鲁布姆太太。
桑妮：	没事的，妈。
	谢谢，库切先生，我们会去的。
库切：	——好的。

所以，他们的反应可能是顺从的，也可能不是。综上所述，在会话中我们需要考虑三个方面的因素：说话者采用的语步有哪些，语步的顺序是如何安排的，以及当会话没有按计划顺利展开时如何处理。我们将从各种类型的语步模型开始，先是聚焦陈述、提问、提议和命令以及每一种语步对应的顺从性的回应，如表 7.1 所示。

然后我们讨论交换结构，交换结构可以处理较长的语步序列。

表 7.1 基本言语功能 223

	开始	回应
给予信息	**陈述**	**认可**
索取信息	**提问**	**回答**
提供物品和服务	**提议**	**接受**
索取物品和服务	**命令**	**服从**

7.2 交换角色：言语功能

根据上面介绍的例子，我们可以提取协商的三个基本参数：协商的对象是什么，协商的方式是给予还是索取，一个语步是开始一个交换过程还是回应这个过程。首先，我们协商的对象可能是信息，也可能是物品和服务。请注意，如下面举例所示，在协商信息时，我们期待口头回应（或手势），而在协商物品和服务时，我们期待行动。

协商**信息**：

开始	亨德里克：	一切都还好吧？
回应	库切：	——是的。

协商**物品和服务**：

开始	库切：	我们进去好吗？
回应	格鲁布姆一家人：	——（一家人转身走进了酒店）

这些例子也说明了第二个参数——会话中开始语步和回应语步具有互补性。服从的回应语步可能相当简单，因为正在协商的内容很容易在起始语步中找到；在物品和服务交换中，回应语步通常都是动作，而不需要语言（除非是口头承诺未来采取行动的情形）。

第三个要考虑的参数是给予还是索取。就信息而言，给予信息是陈述，索取信息是提问；就物品和服务而言，提供物品和服务是给予，要求得到物品和服务是索取：

给予信息（**陈述**）：
卢埃林：　　他们拿走了我的手机，（当时同志们的车在加油站遭到抢劫）
卢克：　　——是吗？

224 **提供**物品和服务（**给予**）
玛格达：　　神父，来点茶吗？
道尔顿神父：　　好的，谢谢。

索取信息（**提问**）：
亨德里克：　　你怎么知道丹尼尔参与其中了？
库切：　　——我们在他大学的房间里发现了炸药……核电站的图纸和地图。

索取物品和服务（**索取**）：
亨德里克：　　我们得（把鱼）去内脏用盐腌。
桑妮：　　——好的。

表7.2总结并举例说明了这三个维度上的两两对立所形成的八种言语行为，它们构成了语篇语义系统的核心，我们称之为言语功能。

表 7.2　基本言语功能及实例

提供信息	**陈述**	**认可**
	They took my phone	*—Did they?*
	他们拿走了我的电话	——是吗？
索取信息	**提问**	**回答**
	Everything OK?	*—Yes.*
	事情还顺利吧？	——是的。
提供物品和服务	**提议**	**接受**
	Some tea, Father?	*—Yes, please.*
	来点茶吗，神父？	——好的，谢谢。

续表

索取物品和服务	**命令**	**遵从**
	We have to gut and salt	*—OK*
	鱼去除内脏然后腌制	——好的。

我们至少还需要另外五种言语行为才能完成这个表格。其中两个与问候和告别有关（人们在到达和离开某地，在打电话和结束通话时打招呼和道别）。我们可以把这些语步称为问候语和对问候语的回应。卢埃林向桑妮打招呼（作为他的同龄人）：

卢埃林：　　你好。
桑妮：　　　——你好。

然后他向桑妮的父母问好（作为长辈，桑妮的父母把卢埃林当作晚辈来回应）：

卢埃林：　　格鲁布姆夫人，格鲁布姆先生
玛格达：　　——卢埃林。

还有一个问题是，要引起人们的注意——也可以通过**打招呼和回应**。在这 225
里，亨德里克和桑妮打招呼，然后去看望被欧内斯特打伤的库切。

亨德里克：　桑妮。
桑妮：　　　——怎么了？
[亨德里克：——和道尔顿神父一起去。确保那个人没事。]

最后，我们需要考虑评价资源的其他用法，比如海伦娜在她说教文的阐释阶段使用过的“该死！”；卢克和道尔顿神父、库切和格鲁布姆一家在丹尼尔的墓前，低声说了几句话表达他的愤怒：

卢克：胡说；胡说。

这些**感叹语**（exclamations）也可能是其他言语行为所引起的说话人的情绪反应，例如，当桑妮告诉她弟弟，他的所作所为已经把库切赶走时，欧内斯特的语步是：

桑妮：　　　　　他现在要走了。
欧内斯特：　　　——**哈利路亚！**

卢克也以类似的方式和他以前的战友发生了言语上的冲突：

Luke: You know I missed you two fuckers.
Llewelyn: —Sorry I can't say the same Luke.
Zuko: —Yeah me too.
Luke: —**Well fuck you, man.**
Fuck both of you.
All: — (laughter as Luke realizes his mates were teasing)
卢克：　　你知道我很想念你们两个混蛋。
卢埃林：　——对不起，卢克，我不能也这样说。
扎科：　　——我也是。
卢克：　　——**去你妈的，混蛋。**
　　　　　——**去他妈的，你们俩。**
所有人：　——（卢克意识到他的伙伴们在取笑他，所有人都笑了）

作为个人情感的爆发，感叹语是没有商量余地的——所以我们很少需要识别一个感叹语的回应语步。

以上阐释为我们提供了一个言语功能的系统，包括如图 7.1 所示的基本选项。

语步可以包含名字（呼语 vocatives），用于指定应该做出回应的人。出于分析工作的需要，我们建议不要把呼语当作单独的语步，只把它当作伴随一个言语行为出现的成分即可。这就意味着下文中我们把欧内斯特对库切说话的语步看作是一个包含呼语“你这个白人混蛋”在内的陈述句，而他父亲的语步则是一个包含呼语“欧内斯特”在内的一个命令：

Ernest: You understand nothing, **you white piece of shit**. 226

(Ernest throws his notebook at Coetzee)

Hendrik: —Ernest, enough.

欧内斯特：　你什么都不懂，**你这个白人混蛋**。

（欧内斯特把笔记本扔向库切）

亨德里克：　——**欧内斯特**，够了。

因此，只有当呼语出现在问候或打电话的序列中并作为独立的语步时，才会被视为独立的言语行为（例如，*Mrs Grootboom. Mr. Grootboom* 格鲁布姆夫人。格鲁布姆先生。—*Llewelyn* ——卢埃林，以及 *Sannie* 桑妮。—*What?*——什么？）。

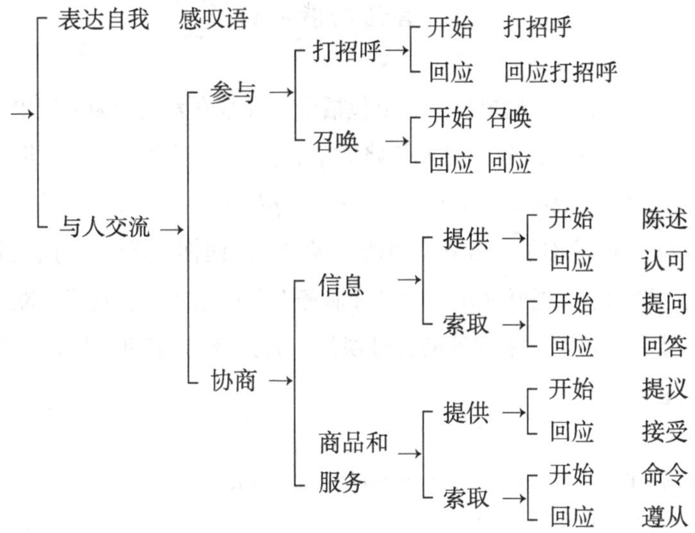

图 7.1　言语功能框架

语步也可能以指向听话人的附加疑问句结尾（*don't you?*［你］不是吗？ *isn't he?*［他］不是吗？等等）。这类附加疑问句也不建议作为单独的语步，而是邀请听话人回应的一种明示。因此，桑妮下面的两个言语行为将被视为带附加疑问句的陈述（而不是陈述加提问）。毕竟所协商的命题只有一个，而不是两个：

附加疑问句的陈述：
Sannie: You think you can just buy forgiveness, **don't you**?
Coetzee: —No.
Sannie: You could have killed the man, **you know**?
Ernest: —I wish I had.
桑妮：　　你认为你可以用钱买到原谅，**是吗**？
库切：　　——不。
桑妮：　　你差点杀了那个人，**你知道吗**？
欧内斯特：——我倒希望我真的杀了他。

227 7.3 言语功能和语气

在上一节中，我们提出了一个包括十三种基本言语行为的清单；现在我们需要考虑在会话分析时如何将它们彼此区分开来。下面这组标记语 *please, kindly, ta, thanks, thank you, OK, alright, no worries, you're welcome, not a problem*（求你了、劳驾、谢谢、多谢、谢谢你、好的、好、别担心、不客气、没问题）通常表示与物品和服务有关的语步。在这里，欧内斯特一直在恳求库切留下来和他的父母谈谈（直到欧内斯特的朋友赶到现场，打算杀死库切）：

Ernest: **Please** Mr Coetzee, I need you to talk to them. **Please.**
Coetzee; —**OK**, I'll be there.
欧内斯特：**求你了**，库切先生，我要你和他们谈谈。**求你了**。
库切：　　——**好的**，我会去的。

亨德里克一家人与库切共进晚餐时，他点了红酒：

Hendrik: Could I have a bottle of your best dry red?

Waitress: —Yes.

Hendrik: —**Thank you.**

亨德里克：　能来一瓶你们这最好的干红葡萄酒吗？

女服务员：　——可以。

亨德里克：　——**谢谢**。

如果上述标记语并没有出现在对话里，我们可以仔细分析一下，它们是否可能出现（例如，在亨德里克的命令后面加上 *please* 请，把桑妮对她父亲的动作回应变成语言表达 *alright* 好的）：

亨德里克：不要熬夜太晚。

桑妮：——（点点头）

此外，这些例子还说明，不同的语法结构可以实现相同的言语功能。欧内斯特的 *I need you to talk to them*（我要你和他们谈谈）和亨德里克的 *Could I have a bottle of your best dry red*（能给我一瓶你们这最好的干红葡萄酒吗）和 *Don't stay up too late*（不要熬夜太晚）都可以看作是命令，即它们在会话中的言语功能是命令。但是从语法学家的角度来看，"我要你和他们谈谈"是陈述句，"可以来一瓶你们这最好的干红葡萄酒吗？"是疑问句，"不要熬夜太晚"是祈使句。如表 7.3 所示，这种变异是语篇分析中一个重要的变量。因此，我们将在这里介绍一些基本的语法来说明这一点。

表 7.3　命令的其他语法体现形式

	话语功能	语法语气
I need you to talk to them. 我要你和他们谈谈。	**命令**	**陈述**
Could I have a bottle of your best dry red? 能来一瓶你们这最好的干红葡萄酒吗？	**命令**	**疑问**
Don't stay up too late. 别熬夜太晚。	**命令**	**祈使**

228 我们从下面这段欧内斯特挑战库切的对话开始：

Coetzee: I understand how you feel.
Ernest: —**You don't** understand how I feel.
库切：　　我明白你现在的感受。
欧内斯特：——**你不会**明白我的感受。

欧内斯特用 *You don't*（你不会）来反驳库切的陈述；如果欧内斯特在这句话后面加一个附加疑问句（*do you?* 是吗？），那么这恰恰是将 *you don't*（你不会）这两个词调换顺序的结果。

Ernest: **You don't** understand how I feel, **do you?**
欧内斯特：——**你不会**明白我的感受，**是吗？**

在韩礼德的英语功能语法中，上面这两个可重复出现的小句功能被称为主语（Subject，*you* 你）和限定成分（Finite，*don't* 不会）。限定成分是动词词组中体现时态（过去、现在、将来）、情态（可能性、经常性、义务、倾向、能力）和极性（肯定、否定）的成分。在陈述句中，主语在限定成分之前，而在大多数疑问句中，限定成分在主语之前：

陈述句
You don't understand how I feel. **你不**明白我的感受。
疑问句
Don't you understand how I feel? **难道你不**明白我的感受吗？

因此改变"主语 + 限定成分"结构的方法可以是给小句加上一个附加疑问句，或者把陈述句改为疑问句。加上一个附加疑问句使主语和限定成分的结构重复出现（*you don't...do you?* 你不……，是吗？），而改变语气则调换了两个成分的顺序（*you don't/ don't you* 你不 / 是吗）。

在英语祈使句中，通常会省略主语和限定成分：

祈使句

Understand how I feel. 想想我的感受吧。

然而，主语和限定成分可以出现在附加疑问句中——*Understand how I feel, won't you?*（想想我的感受，好吗？），以及出现在包含主语在内的命令句（*let's go* 我们走）、否定命令句（*don't go* 不要走）、带有第二人称的命令句（*you go* 你走）和强调性命令句（*do go* 务必走）中。

这些例子表明，在英语中，主语和限定成分的存在与否以及它们的顺序决定了语气的类型。这意味着我们在分析回应语步的言语功能时，只需考虑主语和限定成分即可。下面，桑妮的陈述暗示了库切的来访为他们钓鱼带来好运，但欧内斯特拒绝把库切作为陈述句的主语（即对情态负责任的对象）：

Sannie: You know who brought the fish back. 229
Ernest: —**The sea did**.
桑妮：　　你知道是谁让咱们逮到了鱼。
欧内斯特：——**是大海**（让咱们逮到了鱼）。

问句中的听话人主语 *you*（你）在回应语中变成说话人主语 *I*（我）：

Sannie: Are you leaving?
Coetzee: —Of course **I am**.
桑妮：　　你要走了吗？
欧内斯特：——当然，**我**要走了。

在命令句中，主语和限定成分是隐含的，回应语可以让隐含的成分显现出来：

Ernest: Go.

Sannie: **—I won't**.

欧内斯特：　去吧。

桑妮：　　　**——我不会去的。**

在一般情况下，英语使用者用陈述句来陈述，用疑问句来提问，用祈使句来发出命令。但正如我们上面所说的，有时考虑到上下文语境，换一种语法体现方式更有效——例如，当我们恳求时，或者当我们试图在曾经只供白人使用的酒店餐厅表现得彬彬有礼时：

用陈述句体现命令

Please Mr Coetzee, **I do** need you to talk to them. Please.

求你了，库切先生，我**确实**需要你和他们谈谈。求你了。

用疑问句体现命令

Could I have a bottle of your best dry red?

可以来一瓶你们这最好的干红葡萄酒吗？

用祈使句体现命令和用另一种语气体现命令相比，其效果是有很大不同的。所谓的"间接言语行为"在某种意义上把命令的语篇语义与陈述句（即"提供信息"）或疑问句（即"索取信息"）的语法意义结合起来。由于语篇的语义和语法不完全一致，因此这种结合产生的意义大于各部分意义的简单加和。命令语气把听话人置于提供服务的地位，即为说话人提供服务的人。而疑问语气则把听话人作为知道答案的人，是情境语境中信息的权威者。用疑问句来体现命令，就掩盖了该命令所暗含的会话双方地位的不平等（*Could I have a bottle. ..?* 可以给我一瓶……吗？）。然而，如果只是为了获得信息，疑问句仍然是一种请求。实现命令的一种更间接的方式是使用陈述语气，似乎是在提供信息，而不是请求（*I need you to talk to them* 我要你去和他们谈谈）。请注意，在这些例子中，主语是说话者，而不是听话人。

我们可以用同样的言语功能去解释其他现象，比如提问。在所有条件 230
都相同的情况下，英语中询问某人名字的默认方式是使用特殊疑问句，即以特殊疑问词开头的疑问句，用于具体说明需要的信息，包括 *who, what, when, where, how, why*...（谁，什么，何时，何地，如何，为什么……）

用特殊疑问句体现的提问

What's your name? 你叫什么名字?

—Coetzee. ——库切。

这个问题可以用一般疑问句来间接提问，因为一般疑问句提供了拒绝的选项。

用一般疑问句体现的提问

Could you **tell me** your name? 能**告诉我**你的名字吗?

—Coetzee. ——库切。

假设我们处于更权威的位置，我们也可以使用祈使句（即命令某人提供信息）或不完全陈述句（让某人将陈述句补充完整）来询问信息：

由祈使句体现提问

Tell me your name. 告诉我你叫什么名字?

—Coetzee. ——库切

由陈述句体现提问

And your name is...? 你的名字是……?

—Coetzee. ——库切

从某种角度来看，每种情况的结果都是一样的：询问者得到了想要的信息。与此同时，每一次互动都是不同的，在说话者之间构建了一种不同的社会关系，为协商地位开辟了更多的可能性。

按照韩礼德（如 Halliday & Matthiessen, 2004）的说法，我们可以把“同等条件”下的体现方式称为一致式，把间接的体现方式称为隐喻式——因为它是语法隐喻的一个维度，尤其是人际隐喻。表 7.4 概括了人际隐喻的框架。人际隐喻为诸如命令中的义务等意义的精细分级提供了极大的可能性。在前面介绍的四种主要言语功能中，提议（offer）是一个特殊的功能，因为它没有一致式的语法体现方式；带有限定成分 *shall*（将要）的疑问句是它最独特的形式（但这种形式起源于英式英语）。在这里，我们暂且不再进一步讨论隐喻性提议的可能性。

231 **表 7.4　话语功能的一致式和隐喻式体现**

	一致式体现	**隐喻式体现示例**
陈述	*This abnormal life is a cruel human rights violation.* 这种生活是对人权的残酷践踏。	*What else can this abnormal life be than a cruet human rights violation?* 这种生活不是对人权的残酷贱踏，那什么才是？
提问	*Who is this?* 这是谁？	*And this is... ?* 这是……？
命令	*Do it tomorrow!* 明天就做这件事！	*You've got to/ought to/could do it tomorrow.* 你应该明天就做这件事。
提议	*Shall we sit down?* 我可以坐下吗？	——

7.4　回应

如上所述，会话中的陈述、提问、提议和命令都期待听话人做出回应。如果是顺从型的回应，听话人应该接受由开始语步中的主语——限定成分结构所建立的协商条件。这可能包含一个完整的小句；或只包含主语和限定成分，省略小句的其余部分，又或可能是在前一个语步内容完全给定的情况下，仅仅出现一般疑问句的标志词（例如 *Yes* 是，*No* 不，*OK* 好的）。当卢埃林问起他的老战友时，扎科的哥哥可以用以下几种不同方式回答：

Llewelyn: Does Zako live here?
Zako's brother: —He lives here.

Llewelyn: Does Zako live here?
Zako's brother: —He does.

Llewelyn: Does Zako live here?
Zako's brother: —Yeah...
卢埃林：　　扎科住在这里吗？
扎科的哥哥：——他住在这里。

卢埃林：　　扎科住在这里吗？
扎科的哥哥：——是的。

卢埃林：　　扎科住在这里吗？
扎科的哥哥：——是啊。

即使我们不接受开始语步中给定的极性（是 / 否）选择，会话中也会呈现出同样的模式：

Coetzee: I understand how you feel.
Ernest: —You don't understand how I feel.
库切：　　我理解你的感受。
欧内斯特：——你不了解我的感受。

Coetzee: I understand how you feel.
Ernest: —You don't.
库切：　　我理解你的感受。
欧内斯特：——你不会。

Coetzee: I understand how you feel.
Ernest: —No.

库切：　　我理解你的感受。
欧内斯特：　　——不。

对于特殊疑问句，顺应型回应会以独立小句或者部分小句的形式提供对方所需要的信息。亨德里克问库切是如何掩盖谋杀他长子这一事实的：

232 Hendrik: Whose idea was it to make it look like a car hijack?
Coetzee: —Mine.
亨德里克：　　是谁出的主意，让它看起来像是一起汽车劫持案件？
库切：　　——是我的主意。

然后他又问女儿有关儿子的其他情况：

Hendrik: —Where's Ernest?
Sannie: —At home.
亨德里克：　　欧内斯特在哪？
桑妮：　　——在家。

一个渔夫问亨德里克，为什么每个人都这么兴奋：

Fisherman: What's happening?
Hendrik: —The snoek are running boys!
渔夫：　　发生什么事了？
亨德里克：　　——伙计们，这里有好多梭鱼！

与限定成分的意义密切相关的意义，如时间和情态，也经常出现在回应中，尽管它们可能会略微改变所讨论的内容。有时情态副词也会出现（*maybe, probably, surely, seldom, usually, never* 或许、可能、一定、很少、通常、永不，等等）。在接下来的例子中，想除掉库切的几个人在密谋：

Llewelyn: He's not buried, not yet.

Luke: —**Perhaps** not.
卢埃林：　　他还没有被埋掉，还没有。
卢克：　　——**也许**还没有。

时间副词（例如 *still, already, finally* 依然、已经、最后）也可能出现。亨德里克还在担心欧内斯特：

Hendrik: Is Ernest back yet?
Sannie: —Not **yet.**
亨德里克：　欧内斯特回来了吗？
桑妮：　　——**还**没有。

因此，我们可以把一个回应语步定义为这样一种语步：

（1）它所对应的起始语步，其经验内容是给定的；
（2）默认由主语——限定成分所确立的一般条件（即它的极性 / 情态 / 时态）。

这个定义考虑到了极性、情态和时态的变化。例如，库切和欧内斯特改变了桑妮陈述句的极性和情态，如下：

Sannie: You probably even lied to the Truth Commission.
Coetzee: —No, I didn't
桑妮：　　你甚至可能对真相委员会撒了谎。
库切：　　——不，我没有。

Sannie: You could have killed the man, you know? 233
Ernest: —I wish I had.
桑妮：　　你差点杀了那个人，你知道吗？
欧内斯特：——我倒是希望我杀了他。

但一个回应语步不应该改变论元的核心（即小句的主语），或小句其余部分所讨论的内容。根据定义，任何改变论元核心和小句内容的语步都不再被视为回应语步，而是一个新开始的语步。沿着这些思路推理，库切在这里回应了桑妮有关她哥哥的第一个语步（*it's his own fault* 这是他自己的错），而对第二个语步没有回应（*is* **that** *what you're saying?* **那**就是你所说的吗？）：

Sannie: So **it**'s his own fault he's dead.
Is **that** what you're saying?
Coetzee: —No, **it**'s my fault.
桑妮：所以他死了，**这**是他自己的错。
那就是你所说的吗？
库切：——不，**这**是我的错。

桑妮下面的第一个语步（*I'm not* 我没有）回应了欧内斯特质问她对库切心存同情，但是第二个语步（*Ma is* 是**妈妈**心软了）却是一个新的开始语步：

Ernest: Don't you be getting soft on him.
Sannie: —**I**'m not getting soft on him;
Ma is.
欧内斯特：你可别对他太心软了。
桑妮：——**我**没有对他心软。
是**妈妈**心软了。

同样，下面欧内斯特的第一个语步（*Yes* 是的）将被视为对库切问题的回应。但他的第二个陈述是一个新的命题（*but now you're telling us* 但现在你却告诉我们），开始了一个新的话轮，因为它改变了库切忏悔的对象（从真相委员会转向了格鲁布姆）：

Coetzee: I told all this to **the Commission**.
Ernest: —Yes,

but now you're telling **us.**

库切：　　我把这些都告诉了**委员会**。

欧内斯特：——是的

但现在你却告诉**我们**。

在分析中，这种对回应的严格定义使我们更容易判断什么是回应，什么不是。否则，我们就会遇到这样的问题：一个回应语的内容改变多少才算是开始一个新的语步。然而，这也意味着我们必须以其他方式来表示两个开始语步之间的关系，如利用第三章中讲到的概念分析。同时，我们也要介绍在交换结构中出现挑战性语步的可能性，这些将在下一节中展开。

有两种边界情况，我们在此处稍作扩展。在这两种情况下，回应语所协商的内容与主语和限定成分的内容并不完全一致，它们是：i）文本引用（参见第六章）和 ii）某些感叹语。在文本引用中，代词 *it* 或指示语（通常是 *that*）用来直接指代前面的言语行为，从而可以对所指代的内容进行评论[1]。亨德里克的妻子对他保护她的承诺并不放心：

Hendrik: No harm will come to you if I am with you. 234

Magda: —? I wish **it** was true.

亨德里克：　如果我和你在一起，你就不会受到伤害。

马格达：　　——我希望**这**是真的。

桑妮的父母对儿子被杀缺乏好奇心，对此她是这样评价的：

Coetzee: Won't your parents have any questions, you know, about what happened?

Sannie: —No,

—? and that's wrong.

① 原文为 a 'meta' comment upon it，意思是这些词（it, that）直接指向刚刚提到的话语内容，并对它们直接进行评论。Meta 在元功能中译为"元"，但这里无法译为"元评论"，会产生歧义，因此省略不译。——译者

库切：　你父母对发生的事情没有任何疑问吗？

桑妮：　——没有，

　　　　——？那样做不对。

许多感叹句是对前一个语步的直接评价，从态度上对其进行考察。欧内斯特反对他母亲暗示他对哥哥的死负有罪责：

Magda: That is where you must ask forgiveness, from Daniel.

Ernest: —? **Jesus** Ma!

玛格达：　这就是你必须请求丹尼尔原谅的地方。

欧内斯特：——？**天啊**，妈妈！

如果这类语步被视为回应，那么下面库切和欧内斯特的对话可以分析为对于桑妮解释库切来访动机所进行的协商和讨论：

Sannie: He passes here for the sympathy.

Coetzee: —? I don't think that's true.

Ernest: —? Bullshit, man.

桑妮：　他经过这里是为了博取同情。

库切：　——？我不这么认为。

欧内斯特：——？胡说，你这家伙。

主语和限定成分在对话中扮演的关键角色也可以用来定义对话中什么是独立的陈述、提问、命令或提议。简单一点的说法是，语步是一个可以在其后添加附加疑问句的单位：

Sannie: You know who brought the fish back **(don't you?**).

Ernest: —The sea did **(didn't it?**).

桑妮：　你知道是谁为我们带来了鱼（**是吧？**）。

欧内斯特：——是大海（**不是吗？**）。

Magda: God brought the fish back **(didn't he?).**
玛格达：　是上帝把鱼带来的（**不是吗？**）。

Coetzee: I told all this to the Commission **(didn't i?).**
Ernest; —Yes (you did, **didn't you?),**
　　but now you're telling us **(aren't you?).**
库切：　我把这些都告诉委员会了（**不是吗？**）。
欧内斯特：——是的（你这样做了，**不是吗？**）。
　　但现在你告诉我们（**不是吗？**）。

用术语来讲，我们所说的一个语步是一个级阶化的小句，包括嵌入其中的任何小句，以及依存于它的小句。所以我们可以在下面的例子中标记主句；主句的意义是可协商的。库切想让其他人而不是他自己来对酷刑设施负责：

Coetzee: They had a facility outside Capetown that we used to farm for information **(didn't they?** not ***didn't we?).**
库切：　他们在开普敦外有一个设施，用来（从嫌疑人那里）获取信息（**他们有吗？**而不是 * **我们有吗？**）。

桑妮是让村里传播谣言的人而不是她的家人来负责：　235

Sannie: They'll say we're selling the house **(won't they?** not ***aren't we?).**
桑妮：　他们会说我们要卖房子（**他们会吗？**而不是 * **我们会吗？**）。

画线小句不能直接用来协商意义；如果要使它们能够协商意义，就需要增加一个开始语步，把它从一个从属成分提升到一个独立成分的位置。需要注意的是，这个原则的一种例外情形是某些第一人称或第二人称现在时的心理过程小句（*I think...*，我想……，*I suppose...*，我认为……，*do you reckon*，你认为是吗，*don't you suppose*，你不认为是吗，等等）。这些实际上是包含语法隐喻的情态表达（Halliday & Matthiessen 2004）。在这些情况下，所协商的是从句，而不是主句，正如句末的附加成分所示：

Hendrik: I think **we've** heard enough **(haven't we?** not * don' t I?).

Coetzee: —I know **this must** be very difficult for you **(isn't it?** not ***don't I?**).

亨德里克： 我想**我们已经**听够了（**我们不是吗**？而不是 * 我不想吗？）。

库切： ——我知道**这**对你来说**一定**很困难（不是吗？而不是 * 我不这么认为吗？）。

所以桑妮下面的两个语步都回应了库切的陈述；桑妮所协商的并不是她自己的想法，而是她父母应该和不应该做什么：

Coetzee: They don't want to talk to me.

Sannie: —No,

but I think they should.

库切： 他们不想和我说话。

桑妮： ——不是的，

但我认为他们应该和你谈谈。

感叹句、呼语和问候序列往往是由单词和短语而不是小句来体现，因此“附加性”并不能作为识别语步的标准。根据经验，在可能的情况下，可以在其他语步中使用咒骂语和呼语，只在没有附加语的情况下才将它们视为独立的语步。所以“桑妮”在她父亲的命令中是一个呼语：

Hendrik: Sannie, go with Father Dalton.

Sannie: —(goes)

亨德里克：桑妮，跟道尔顿神父一起去。

桑妮： ——（桑妮照做了）

但在这次交谈的电影版本中，库切被欧内斯特袭击并受伤，在随后的混乱中，亨德里克首先要引起桑妮的注意，然后再与她协商要做的事情：

Hendrik: Sannie.
Sannie: —What?
Hendrik: Go with Father Dalton.
Sannie: —(goes)
亨德里克：桑妮。
桑妮： ——什么？
亨德里克：跟道尔顿神父一起去。
桑妮： ——（桑妮照做了）

7.5 语步序列：交换结构 236

到目前为止，我们可以从语步是否成对出现这个角度来看待对话片段。但正如上文所预测的那样，协商信息或物品和服务可能需要两个以上、也可能是更少的语步。例如，在与库切一起的家庭晚宴上，亨德里克要了一杯酒，之后女服务员可能在返回时直接为客人倒一杯酒，而不需要再主动提出这样做，或者被告知这样做：

Waitress: Your wine, sir (pouring).
女服务员：先生，您的酒（倒酒）。

这可视为一个完整的协商，点餐服务已经完成。

或者，亨德里克也可以发起一个同样实现点餐功能的交换结构，向服务员要酒，然后服务员承诺照办：

Hendrik: Could I have a bottle of your best dry red?
Waitress: —Yes.
亨德里克：能来一瓶你们这最好的干红葡萄酒吗？
女服务员：——好的。

因为实际上去拿酒需要一两分钟时间，所以服务员的承诺代替了随后的行为。

或者，协商可以从服务员提供红酒开始：

Waitress: Wine?
Hendrik: —Could I have a bottle of your best dry red?
Waitress: —Yes.
女服务员： 需要红酒吗？
亨德里克： ——能来一瓶你们这最好的干红葡萄酒吗？
女服务员： ——好的。

上述三个交换结构都有可能随着亨德里克对女服务员表达感谢而延伸下去：

Waitress: Wine?
Hendrik: —Could I have a bottle of your best dry red?
Waitress: —Yes.
Hendrik: —Thank you.
女服务员： 需要红酒吗？
亨德里克： ——能来一瓶你们这最好的干红葡萄酒吗？
女服务员： ——好的。
亨德里克： ——谢谢。

同时，服务员可以通过礼貌地回应来延伸上述交换结构：

Waitress: Wine?
Hendrik: —Could I have a bottle of your best dry red?
Waitress: —Yes.
Hendrik: —Thank you.
Waitress: —Not a problem.
女服务员： 需要红酒吗？
亨德里克： ——能来一瓶你们这最好的干红葡萄酒吗？

女服务员：　——好的。
亨德里克：　——谢谢。
女服务员：　——不客气。

从这些变化中可以看到，物品和服务的交换可以涉及一、二、三、四或 237
五个语步。这取决于到底是谁主动发起了交换——亨德里克还是女服务员——以及当女服务员倒上红酒或答应提供红酒时，双方是否继续对话。

我们可以在信息交换中找到同样的模式。在给卢埃林打电话时，桑妮可能只是想宣布库切到来的消息：

Sannie: Coetzee's here.
桑妮：库切来了。

卢埃林也可以用一个提问来引出这个消息：

Llewelyn: Who's there?
Sannie: —Coetzee.
卢埃林：谁在那儿？
桑妮：　——库切。

或者，桑妮可以在告诉卢埃林这件事之前，先提醒他有消息要告诉他：

Sannie: You'll never guess who's here.
Llewelyn: —Who?
Sannie: —Coetzee.
桑妮：　你永远都不会猜到谁来了。
卢埃林：——谁？
桑妮：　——库切。

无论这种交流以何种方式开始，一旦信息传递出去，卢埃林就可以继续跟进，明确地承认他听到的消息：

Sannie: You'll never guess who's here.

Llewelyn: —Who?

Sannie: —Coetzee.

Llewelyn: —Is he?

桑妮：　　你永远都不会猜到谁来了。

卢埃林：——谁？

桑妮：　　——库切。

卢埃林：——是他？

这样，桑妮就可以通过确认消息的真实性来跟进会话：

Sannie: You'll never guess who's here.

Llewelyn: —Who?

Sannie: —Coetzee.

Llewelyn: —Is he?

Sannie: —Yeah.

桑妮：　　你永远都不会猜到谁来了。

卢埃林：——谁？

桑妮：　　——库切。

卢埃林：——是他？

桑妮：　　——是的。

我们可以根据温托拉（Ventola 1987）在贝利（Berry，如 1981）基础上提出的框架来解释上述交换结构。交换结构至少包括一个必须出现的语步。在协商物品和服务时，这个语步提供物品或服务；在协商信息时，这个语步确定信息的真实性。

238 贝利将对物品和服务的协商称为行动交换，将信息交换称为知识交换。同时，将负责提供物品或服务的人称为主要行动者（primary actor），有权裁定信息真伪的人称为主要知情者（primary knower）。因此，下面女服务员的语步是 A1，而桑妮的语步是 K1：

女服务员：	A1	——您的酒，先生（倒酒）。
桑妮：	K1	——库切来了。

贝利将与主要行动者对话的一方称为次要行动者（second actor），是接受物品和服务的人；次要知情者（second knower）是接受主要知情者提供信息的人。在由次要行动者（要求物品和服务）或次要知情者（要求信息）发起的交换中，典型的交换结构包含两部分：

亨德里克：	A2	能来一瓶你们这最好的干红葡萄酒吗？
女服务员：	A1	——好的。
卢埃林：	K2	谁来了？
桑妮：	K1	——库切。

第三种可能性是，由主要行动者和知情者发起交换。主要行动者会主动提供物品或主动提供服务，期望实现物品或服务的交换。主要知情者会预先提醒听话人未来可能会被告知的信息。从某种意义上说，这些预备性的语步延迟了物品、服务和信息的交换，因此贝利将其称为 dA1 和 dK1 语步（“d”代表“延迟”）。

女服务员：	dA1	需要红酒吗？
亨德里克：	A2	——能来一瓶你们这最好的干红葡萄酒吗？
女服务员：	A1	——好的。
桑妮：	dK1	你永远都不会猜到谁来了。
卢埃林：	K2	——谁？
桑妮：	K1	——库切。

在会话中，dK1^ K2^ K1 序列可以用于再次确认需要强调的命题，例如丹尼尔的战友在争论是谁向当局出卖了他。

卢克：	dK1	谁把 AK47 藏起来的，扎科？

扎科：　K2　——是你干的。
卢克：　K1　——该死的对了，是我干的。

239 这也是知识竞赛节目中最受欢迎的交换序列，在这些节目中，竞赛主持人评判答案，在课堂上，老师问学生一些他已经知道答案的问题：

主持人：　dK1　现在，出价6.4万美元，请问曼德拉被监禁在哪里？
参赛者：　K2　——罗本岛。
主持人：　K1　——正确！
老师：　dK1　真相委员会的领导人是谁？
学生：　K2　——图图大主教。
老师：　K1　——正确。

在这两种情况下，在主持人和老师分别完成K1语步之后，交换结构才算完成。

为了更详细地说明这个问题，我们考虑一下次要行动者或次要知情者发出后续语步的可能性（f代表“跟进”）：

女服务员：　dA1　需要红酒吗？
亨德里克：　A2　——能来一瓶你们这最好的干红葡萄酒吗？
女服务员：　A1　——好的。
亨德里克：　A2f　——谢谢。
桑妮：　dK1　你永远都不会猜到谁来了。
卢埃林：　K2　——谁？
桑妮：　K1　——库切。
卢埃林：　K2f　——是他？

假如次要行动者或次要知情者发出后续语步，那么主要行动者或主要知情者就有可能继续跟进：

女服务员：　dA1　需要红酒吗？

亨德里克：　A2　——能来一瓶你们这最好的干红葡萄酒吗？
女服务员：　A1　——好的。
亨德里克：　A2f　——谢谢。
女服务员：　A1f　——不客气。
桑妮：　dK1　你永远都不会猜到谁来了。
卢埃林：　K2　——谁？
桑妮：　K1　——库切。
卢埃林：　K2f　——是他？
桑妮：　K1f　——是他。

我们可以用括号来总结这里提到的各种可能性。

行动交换的结构潜势如下：

((dA1)^A2)^A1^(A2f^(A1f)①)

对于信息交换，也存在同样的结构潜势： 240

((dK1)^K2)^K1^(K2f^(K1f)②)

如果用系统网络来表示，我们有一个包含三个交叉系统的意义资源。一个系统是关于交换是如何开始的——由主要行动者/知情者或者次要行动者/知情者发起。如果发起人是主要行动者/知情者，那么核心语步 A1/K1 是预期发生的或是直接实现的。另一个系统区分了行动交换和知识交换。行动交换可以协商所提供的物品或服务（在这种情况下，A1 语步可以用语言来表达，也可省略，在某种意义上，用语言表达 A1 语步是多余的）。行动交换还可以协商在提供物品或服务发生之前这段时间（在这种情况

① 此处原文为 A2f，有误。经与作者确认，译文改为 A1f。

② 此处原文为 k2f，有误。经与作者确认，译文改为 k1f。——译者

下，用语言来表达 A1 语步作为承诺就非常必要，其功能是做口头上的承诺，而事实上却未必会兑现）。最后，还有一个允许有后续语步的系统，首先是次要行动者 / 知情者的后续语步，然后，如果这些语步发生了，接下来还有主要行动者 / 知情者的后续语步。这些选项如图 7.2 所示。

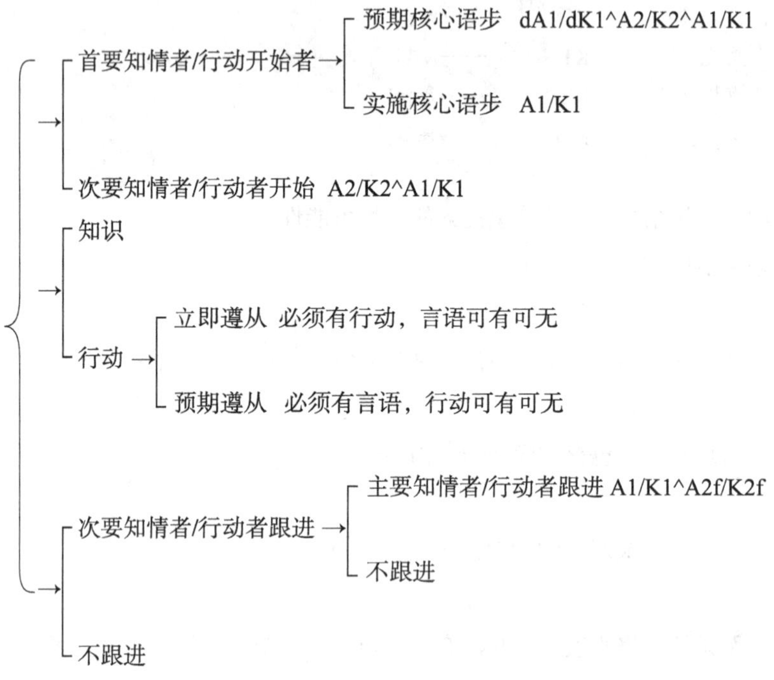

图 7.2 交换结构的协商系统

7.6 打断交换：追踪和挑战

在上一个部分，我们主要讨论了协商进展顺利的情形。交谈者非常清楚所要协商的内容，对讨论的内容也没有异议。然而，有时交谈的一方可能并不清楚正在讨论的内容，在弄清楚之前，这一方可能不会像上述语步结构潜势所预测的那样使用会话的语步。例如下面库切提及了他们折磨和

杀害丹尼尔的农场；但是亨德里克却从未听说过这个农场，因此打断他的 241
谈话来确认。当库切告诉他有关农场的信息后，他点头表示知晓：

库切：　K1　我们带他去了农场。
亨德里克：　——什么农场？
库切：　——我们在开普敦城外有一个用来审讯犯人的地点。
亨德里克：　K2f　——（点头）

我们把这种非独立的语步称为追踪语步，它以某种方式澄清了正在协商的概念内容，并根据需要将它们标记为 tr（表示跟踪语步 track）和 rtr（表示对追踪语步的回应 response to track）。

在其他情况下，一方可能对自己在交换中所处的位置不满意，并一直抗拒，直到找到更满意的位置。如下文，桑妮邀请库切去喝茶，这样库切就能在丹尼尔的战友赶来杀死他之前多待一会儿。到目前为止，库切与格鲁布姆家族的关系非常不愉快，以至于他不能确定桑妮的邀请是否是真诚的。在同意赴约之前，他想确认一下：

桑妮：　A2　你可以明天来，喝茶。
库切：　——你确定吗？
桑妮：　——如果我不确定的话，我不会来这儿的。
库切：　A1　——好的，我会来的。

我们把这种非独立的语步称为挑战语步，它在某种程度上会影响交流的进展，根据具体情况可将它们标记为 ch（挑战语步 challenge）和 rch（对挑战语步的回应 response to challenge）。

追踪语步的使用意味着它前面的一个或所有语步的内容可能受到了质疑。为了回应质疑，有时需要完全重复之前的语步：

桑妮：　K1　库切来了。

卢埃林：　tr　——什么？
桑妮：　rtr　——库切来了。
卢埃林：　K2f　——真的吗？

242 带有特殊疑问词的追踪语步通常称为“回应性提问”（echo questions）。从语法上讲，这类句子属于陈述句而不是疑问句，其主语在限定成分之前，疑问词则出现在我们想要知道的信息所在的位置：

库切：　K1　我们在开普敦城外有一个用来审讯犯人的地点。
亨德里克：　tr　——你们的地点在哪儿？
库切：　rtr　——在开普敦城外。
亨德里克：　K2f　——哦。

当听话人听到了所协商的内容，但是需要确认的时候，通常会重复前文所述内容，而不是用特殊疑问短语：

库切：　K1　我们在开普敦城外有一个用来审讯犯人的地点。
亨德里克：　tr　——在开普敦城外？
库切：　rtr　——是的。
亨德里克：　K2f　——哦。

追踪语步包括部分重复的内容和K2f语步，通常由 *Mm, Mm hm, Uh huh*（嗯、嗯嗯、嗯哼）等类似的词体现，这类语步在电话交谈中很常见，用于向对方确保电话线路是畅通的，可以收到对方的信息。这些“反馈”性的语步用的是降调，表示不需要对方澄清：

桑妮：　K1　库切来了。
卢埃林：　tr　——库切

桑妮：　K1　他昨天开车来的。

卢埃林：　K2f　——嗯嗯。

桑妮：　K1　这让妈妈很不高兴。
卢埃林：　K2f　——嗯哼。

由于挑战涉及到不合作行为，因此不论是在知识交换还是行动交换中，它们对说话人在交流中所处的位置都很敏感。下面，卢克用 K2 语步将卢埃林定位为主要知情者——一个卢埃林很不适应的定位，因为他不知道答案：

卢克：　K2　她怎样做才能把他留在那里？
卢埃林：　ch　——不知道呢。

在接下来的交流中，欧内斯特挑战了库切的诚意，不承认库切是自己情感的主要知情者：

库切：　K1　我来这不是为了表达同情。 243
欧内斯特：　ch　——胡说。

dK1 语步可以邀请听话人对接下来的信息表达自己的兴趣，或者给他们表达不感兴趣的机会：

桑妮：　dK1　你永远都不会猜到谁来了。
卢埃林：　ch　——我不想知道。

对 dA1 语步的挑战表达了听话人不愿意按照主要行动者的意图去行事。道尔顿神父不想勉强玛格达：

马格达：　dA1　要茶吗，神父？
道尔顿：　ch　——不，我知道你还有很多事情要做。

对于A2语步，主要行动者可能不愿意或无法遵从。在这里，桑妮拒绝了欧内斯特的三个命令：

欧内斯特：　A2　打电话给阿霍伊民宿，
　　　　　　A2　告诉他不要来。
　　　　　　A2　快去。
桑妮：　　　ch　——我不去。

对于A1语步，次要行动者必须迅速采取行动，将事情阻止在萌芽状态：

服务员：　A1　再来点酒吗？（开始倒酒）
玛格达：　ch　——我不要，谢谢。

在知识交换和行动交换中，也许最有效的挑战方式是改变争论的内容。卢埃林控诉卢克的背叛行为时，卢克被激怒，他没有简单地否认这一指控，而是两次改变了争论的内容，挑战卢埃林的神智是否正常，以及他的可靠性：

卢埃林：　K1　我说，也许是你把丹尼尔的名字告诉了警察。
卢克：　　ch　——你他妈疯了吗？
　　　　　ch　——你相信这些鬼话？

同样，亨德里克没有直接拒绝库切的晚餐邀请，而是改变了话题，解释说帕特诺斯特的酒店并不欢迎有色人种：

244 库切：　A2　格鲁布姆先生，可以邀请你和你的家人今晚一起在酒店共进晚餐吗？
亨德里克：　ch　——库切先生，这酒店不是像我们这样的人去的地方。

桑妮反驳说“爸爸，种族隔离制度早就废除了”。她这样说，让亨德里克暂时避免回应邀请，关于种族歧视的交谈为决定是否接受晚餐邀请赢得了时间。

7.7 延伸交换：语步与交换复合体

现在，我们再次转移场景，从帕特诺斯特酒店到夸祖鲁——纳塔尔省（Kwazulu-Natal）彼得马里茨堡市（Pietermaritzburg）索班图镇（Sobantu）的一所学校。基于电影的对话是非连续的，不足以说明我们此前所做的分析，因此需要考察更多互动性话语。戴维（David）在这所学校的一堂历史课上教非洲学生阅读学术散文。他的学生母语是祖鲁语，英语是第二语言，主要用于口头表达。戴维此刻正在研究的文本涉及 20 世纪 80 年代中期南非城镇的起义，抗议当时的种族隔离政权。

革命时期：1984 年至 1986 年的起义

80 年代中期，南非全国各地黑人所居住的城镇都爆发了政治叛乱。政府的镇压政策引发了愤怒和恐惧。政府随后推行了改革政策，但这更加引发了黑人要求变革的愿望，这是政府无法实现的。在前一节中的概述中我们说到，各种抵抗力量现在已经结合起来，对政府构成了重大挑战。

这些城镇变成了战区。1985 年，非洲国民大会号召它在年轻人中的支持者采取行动，使这些地区变成“无法治理”的地方。军队占领了战事频发的城镇地区。冲突非常复杂和暴力：不仅涉及安全部队和抵抗者之间的冲突，还涉及相互竞争的政治组织之间、长者和青年之间、棚户区居民和城镇居民之间的暴力冲突。（努塔尔等 1998: 117）

当我们进入他的课堂时，戴维正在进行他所说的“精细阅读”（*Detailed Reading*），他带领学生一行一行地阅读文本的措辞。我们来看看他为原文第一句所作的详细准备工作。

首先，戴维让学生阅读第一句话。他告诉孩子们这句话的意思，用他们都能理解的术语来解释，然后读给他们听。接下来，他准备让学生去识别

句子的一个成分，即句子开头的时间性环境成分，并说明时间的及物范畴是
245 表示“何时”，以及时间在句中出现的位置（这句话开头说的是……）。戴维上述第一句话和后面两句之间的逻辑关系是详述（Halliday & Matthiessen 2004）。按照温托拉（1987）的说法，我们可以将这个语义三元组视为一个语步复合体，在交换结构中填充一个槽位——换句话说，两个语句共同作为一个 K1 语步。在详细说明语步之前，我们用“=”作为上标，标记语步复合体，并在其左侧使用曲线表示依存关系，将这些语步组合在一起：

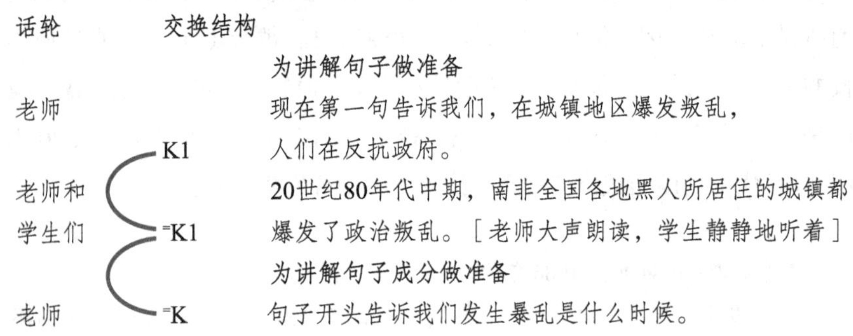

然后戴维通过 dK1 语步让学生注意文本中的单词并识别句子成分。一个学生用 K2 语步正确地识别了句子成分，但在确认这一点并以 K1 语步结束交换之前，戴维开始了一个追踪序列，让全班学生都参与识别，当他们都答对了之后，戴维给予了表扬。此处我们使用向右的箭头表示依存关系，为追踪语步归类：

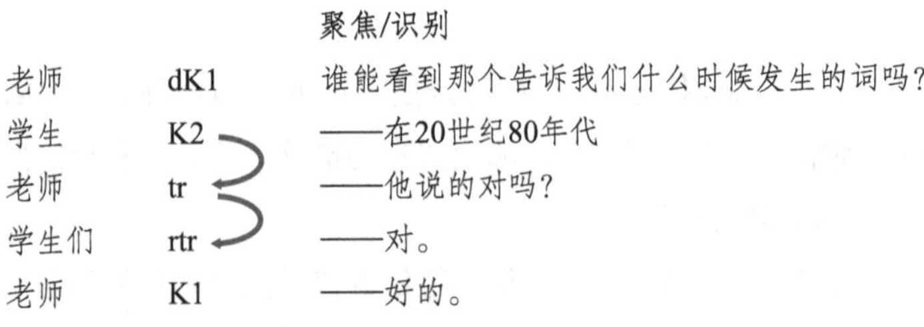

接下来，戴维切换到一个行动交换，使用一个包含式的祈使句（let's），让每个人都用记号笔标出句子的时间成分。学生们默默地遵从了他的建议：

		标记
老师：	A2	我们来标记“20世纪80年代”（这个时间成分）
学生：	A1[nv]	——（学生用记号笔做了标记）

现在戴维开始准备讲20世纪80年代中期发生的事情。他首先准备书面文 246
本中的下一个单词，通过K1语步解释它，然后使用dK1语步复合体再次解释这个单词，并明确它在句中的位置。一个学生正确地说出单词“爆发”（erupted）（K2），戴维非常高兴地重复了一遍“爆发”（erupted）（K2），然后开始了另一个追踪序列，让全班学生说出这个单词并对其正确性予以确认：

		为讲解句子做准备
老师	K1	接着它还告诉我们南非政局发生了暴乱。
		聚焦/识别
老师	dK1	能看到南非政局发生什么了吗？
老师	dK1	南非政局……
学生	K2	爆发了。
老师	K1	爆发了！
老师	tr	他说得对吗？
学生们	rtr	对。

然后戴维问了一个真正的问题（K2），以确保每个学生都跟上他的讲解思路，并对他们的学习状态表示满意。戴维用一个交换服务的句子开始：

		标记 / 聚焦
老师	K2	能看到“爆发”这个词吗？
学生	K1	——能看到。
老师	A2	——我们都标记一下这个单词，爆发。
学生	A1	——（学生做标记）

此时，戴维花了一些时间解释在叛乱的背景下“爆发”这个术语的隐喻用法。他揭示了隐喻的表层含义（K1），并问学生他们是否听说过火山喷发（K2^K1^tr^rtr）：

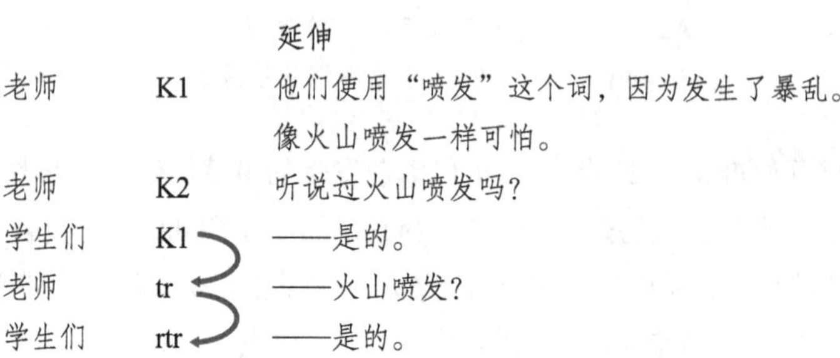

然后，他切换到下一个问题，通过 dKl 语步复合体让学生自己来识别类比，然后用 Kl 复合体来确认学生的回答。最后，他通过 Kl 语步[①]，用学生能够理解的语言解释了隐喻中类比的第二层意义：

247
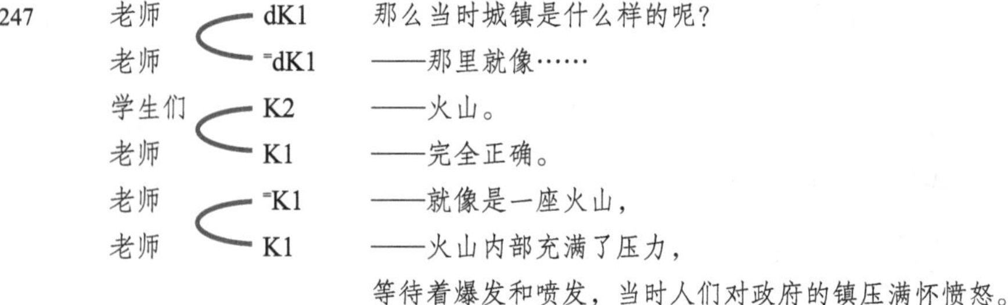

接下来，戴维开始讲解名词化 *rebellion*（叛乱），他在 K1 语步中把它解释为“人们在发动叛乱”。他用 dK1 语步复合体[②]要求学生注意并识别这个单词，并再次以表扬学生答对的追踪序列结束这个交换结构。紧接着又是

① 原文 247 页的插图中，右侧连接线有误，经与作者确认，调整为现在的两两对应。——译者

② 原文 247 页的插图中，左侧箭头错位，经与作者确认，调整为话轮间对应。——译者

一个重要的行动交换结构：

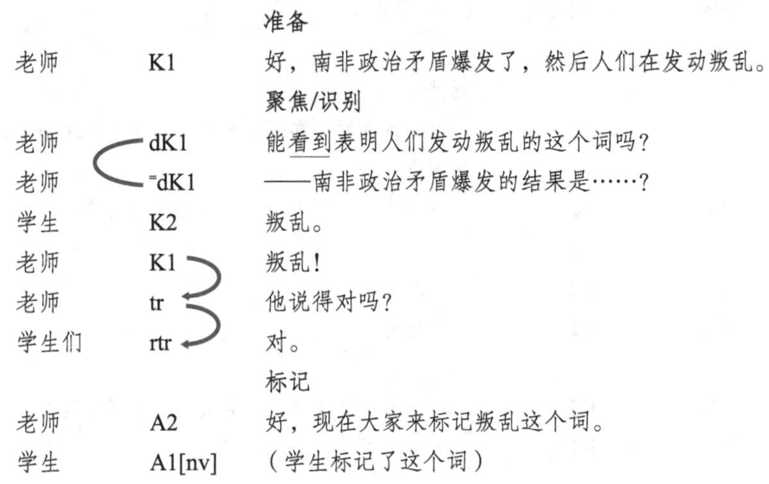

		准备
老师	K1	好，南非政治矛盾爆发了，然后人们在发动叛乱。
		聚焦/识别
老师	dK1	能看到表明人们发动叛乱的这个词吗？
老师	=dK1	——南非政治矛盾爆发的结果是……？
学生	K2	叛乱。
老师	K1	叛乱！
老师	tr	他说得对吗？
学生们	rtr	对。
		标记
老师	A2	好，现在大家来标记叛乱这个词。
学生	A1[nv]	（学生标记了这个词）

“精细阅读”的下一阶段是个很有趣的例子。到目前为止，可以看出识别的过程遵循着一定的步骤。当戴维发起 K1 语步，并准备说出 dK1 语步的时候，学生抢在他之前，很快说出叛乱发生的地点。这强调了对话是一个持续的协商过程。在这个过程中，说话人可以根据自己的目的重新解释之前的语步。在这个例子中，学生知道在哪里可以找到回答老师问题所需的信息，并可以先发制人，抢先说出句子中疑问词所指的内容（人物、事物、过程、地点、时间）：

		准备 / 识别
老师	K1/dK1	然后它告诉我们叛乱发生在哪里。
学生们	K2	——在城镇。
老师	K1	——完全正确。
老师	dK1	——发生在哪个城镇？
学生	K2	——在黑人居住的城镇。
老师	K1	——正确。

248

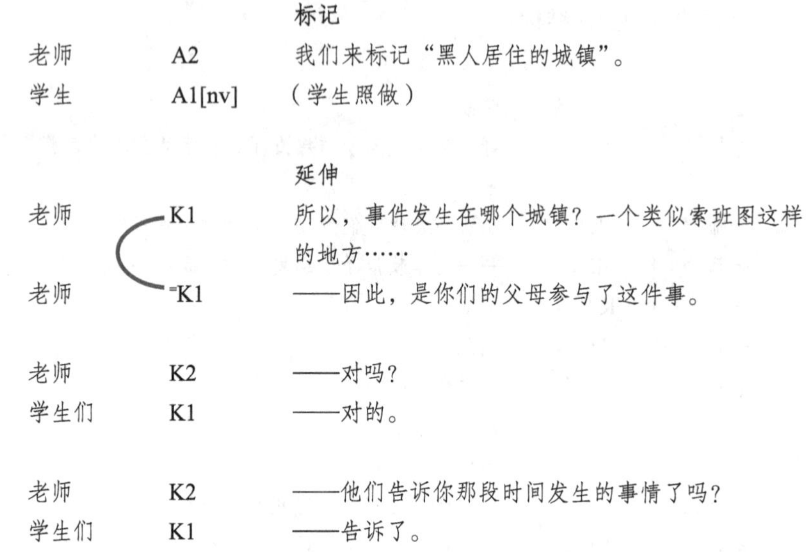

		标记
老师	A2	我们来标记“黑人居住的城镇”。
学生	A1[nv]	（学生照做）
		延伸
老师	K1	所以，事件发生在哪个城镇？一个类似索班图这样的地方……
老师	=K1	——因此，是你们的父母参与了这件事。
老师	K2	——对吗？
学生们	K1	——对的。
老师	K2	——他们告诉你那段时间发生的事情了吗？
学生们	K1	——告诉了。

在这里，戴维接受了学生抢先识别答案的语步，然后用另一个 dKl 语步调整他们的阅读。接下来是标记（A2^A1）和延伸阶段，戴维将文本内容与学生个人经历联系起来，问了几个关于学生父母生活的真实问题，所以这些是 K2 语步，与 dKl 语步形成对比。

正如我们所看到的，老师和学生在短短一句话中投入了大量的精力。这些细节是戴维为了确保所有学生都能学会阅读这种抽象的书面话语而精心准备的（Martin 2006, Martin and Rose 2005, Rose 2004a, 2005a，出版中）。这是一种基于一般课堂话语的循环教学程序，通常被称为“三步对话”（triadic dialogue）或“发起——回应——反馈”（IRF）（Sinclair& Coulthard 1975, Wells 1999）。但在精细阅读教学法中，教师对这个循环过程进行了重新设计，以使所有学生都能够完全理解所阅读的文本。在上面的例子中，这个循环的各个阶段可以标记为准备、聚焦、识别、标记和延伸。

在这些阶段中，核心阶段是识别，在这个阶段学生们会主动地阅读。有两个阐述阶段穿插在阅读过程中，一个是初始阶段（准备阶段），一个是最后阶段（延伸阶段），这两个阶段的任务是在书面文本和口语话语之间来回切换，以便学生更容易理解。此外，还有两个跨模态阶段，围绕核心，并将课堂的口头交流与写作联系起来——聚焦阶段确保学生认真阅读文本，标记阶段指导他们在仔细阅读时标记重要的单词或短语：

识别	核心 IRF 交流（“阅读”）
准备	前瞻性阐述
扩展	回顾性阐述
聚焦	感知文本 249
标记	修改图像

这些阶段之间的相互依存关系如图 7.3 所示。实际上，可以把这些环节看作是一个三明治结构。在这个结构中，通过围绕阅读任务的几个阶段，让学生对文本进行感知和实践，而这又反过来被另外几个阶段所涵盖，这些阶段解释了文本的意义，使学生能够理解，同时，将文本的非常规知识和表达的话语与学生自己的个人经验联系起来。

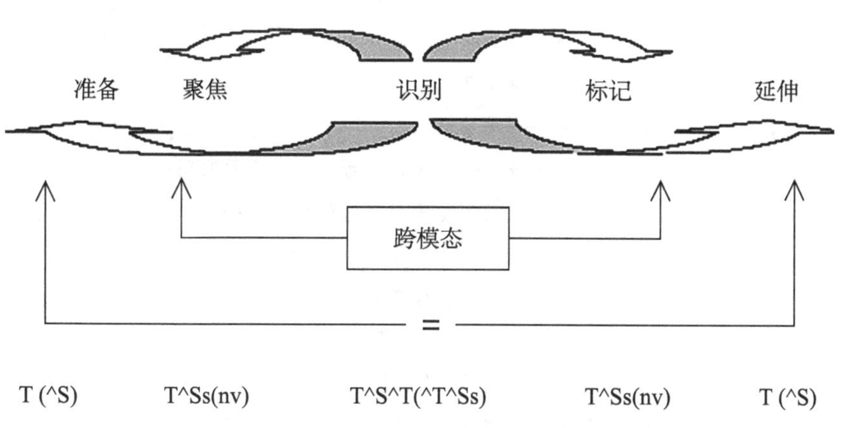

图 7.3　罗斯精细阅读周期中相互依存的各个阶段

用教育学的术语来说，我们在这里看到的是教师精心设计的脚手架，为学生进入这一学术话语体系时提供支持。从交换结构的角度来看，我们研究的是交换复合体。每一次交换都旨在实现准备、聚焦、识别、标记或延伸中某个阶段的目标；并根据上述仔细阅读周期（见图 7.3）的布局对每个阶段进行排序。

并不是所有语域的话语都有这种复杂的交换结构。但根据经验我们可以预期，话语越是机构化，就越有可能表现出这种交换结构的秩序性。在某些情况下，这些惯例非常机构化，以至于我们会把其视为一种语类的阶段——例如，温托拉对前台对话的研究（或者辛克莱和库尔哈德在 1975 年对课堂话语的研究）。

另一方面，谈话越“琐碎”，就越不可能在对话结构中发现这种高阶的交换复合体，谈话就越有可能是由单一语步组成的一系列交换结构。下面的谈话是几个二十多岁的朋友在晚宴上讨论一位老朋友大卫·艾伦比和他的妹妹吉尔（Eggins & Slade 1997: 151）。除了尼克追问艾伦比在服用
250 哪种药物的语步之外，整个对话基本上是由一系列 K1 语步组成的。将这些对话联系在一起的不是交换结构，而是评价，因为朋友们主要是在评价吉尔的智力和艾伦比早熟但顽皮的处世方式（下面粗体字）：

大卫	K1	吉尔真的非常聪明。
		——她很不错。
费伊	K1	——她非常聪明。
大卫	K1	——学习—论学习她可能比大卫更聪明。
大卫	K1	——大卫总是表现得比较早熟……
大卫	K1	——唯一的十六岁巨星（?）来到悉尼（?）
大卫	K1	——直接服用镇静剂。
尼克	tr	——直接服用什么?
费伊	rtr	——镇静剂。(大笑)
大卫	K1	——他真个好孩子。
大卫	K1	——只是对酒精没有抵抗力。
大卫	K1	——有很多次我把他从打斗中拉了出来。
大卫	K1	——这太荒谬了。

就像艾金斯和斯莱德指出的，在晚宴上保持流畅的交谈是很重要的，因为沉默令人尴尬。在不断延伸的K1语步系列中总是重新启动交换结构是保持交谈的好方法。这种谈话是艾金斯和斯莱德（1997）特别关注的，上面我们借用两位学者分析过的一个片段来说明这个问题。马丁（2000）还探讨了机构化的交谈和半机构化交谈之间的互补性。

大卫、尼克和费伊就上述“镇静剂”进行的交换说明了交换可能涉及两个以上的参与者。与其类似的是，桑妮用K1语步驳回了库切的想法，库切和欧内斯特在讨论桑妮，库切不同意桑妮的观点，而欧内斯特则质疑他的反驳：

桑妮：	K1	他来这是为了表达同情。
库切：	K2f	——我不认为是这样。
欧内斯特：	ch	——胡说，你这家伙。

同样，库切、玛格达和欧内斯特在接下来的三方之间的行动交换中各扮演一个角色，突出了玛格达的同情和欧内斯特的敌对情绪：

库切：	A2	请问有头痛药吗？夫人……
玛格达：	A1	——有的（转身去拿）
欧内斯特：	ch	（打断）——我们没有药给他。

除了多个主体的交换结构，我们偶尔也会遇到多方主体的语步。在上面介 251
绍的晚餐对话中，就在我们回顾这个交换结构之前，尼克先是对艾伦比做出了积极评价，然后他似乎要用一个负面评价来反驳之前的正面评价；但实际上他没有完成这个语步，而是由费伊完成的：

尼克：	K1	哦，我很喜欢大卫。
尼克：	K1	还有，但是……
费伊：		（结束语步）……他喝了酒就闹事。

也就是说，绝大多数说话人在开始交谈时都期望 i）完成语步；ii）听话人会回应自己（通过一个呼语，并在必要时明确地用称呼语发出邀请）；iii）听话人听到他们的对话；iv）听话人采用顺从性协商——既接受讨论的核心（谈话主题），也接受讨论的条件（和主题有关的限定词和相关的情态和极性）——从而达到交谈的目的。但正如我们所看到的，达到顶峰的道路可能是曲折的；会有挑战成功的时刻，但协商可能没有终点。

7.8 协商及其他

在本章中，我们提出了两种分析对话的系统。第一个是言语功能，旨在探索语步及其语法体现形式之间的关系（用术语说就是语气）。言语功能构成的系统网络见图 7.4，包括上面列出的 13 种基本言语行为。系统网络的精密度还可以提高，例如，我们可以区别询问未知信息的问题与探究给定小句的情态和极性的问题（例如 *Who betrayed Daniel?* 谁背叛了丹尼尔？与 *Did one of his friends betray Daniel?* 是丹尼尔的一个朋友背叛了他吗？）。这种对精密度的探讨在艾金斯和斯莱德（1997）以及韩茹凯及其同事的工作（例如韩茹凯 1996）中得到了进一步的发展。

就语气中言语功能的体现方式而言，我们提到了间接言语行为（即韩礼德的语气隐喻）在延伸说话人在对话中协商所表达的意义潜力方面发挥的重要作用。图 7.5 列出了英语小句的主要语气选项。从技术上讲，言语功能是通过语气语法（包括没有出现在图 7.5 中的称呼、附加语、情态、极性等表达）体现的语篇语义系统。

252 上述言语功能对应语篇语义系统的协商系统，即语步序列。协商系统的基本结构包括由一个到五个语步组成的交换结构，如图 7.6 所示。此外，还有未包含在网络中的追踪语步和挑战语步。这两种语步可以在 K1 或 A1 语步出现之前，延伸一个交换结构中语步的数量。在许多情况下，挑战语步会通过拒绝服从而完全终止交换，并且可能会将协商引向另一个方向（通过发起新的交换结构）。

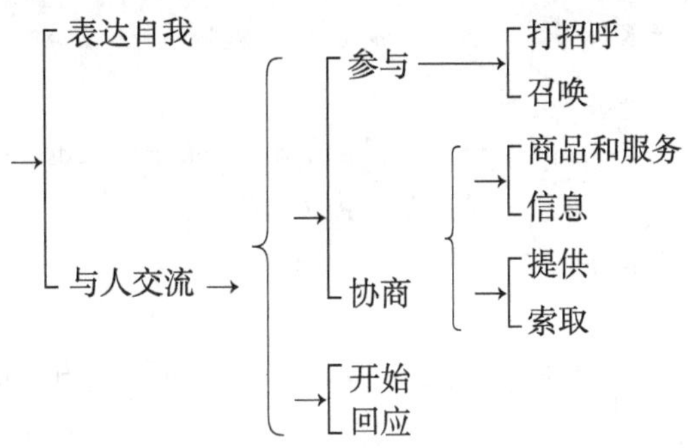

图 7.4 完整的言语功能系统网络

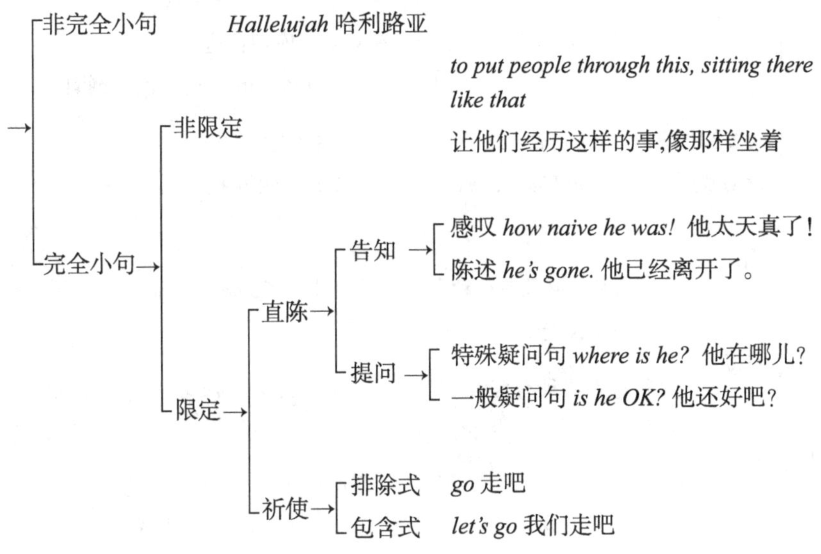

图 7.5 语气系统的基本选项

dKl, K2, Kl, K2f, Klf, dAl, A2, Al, A2f, Alf 和追踪语步或挑战语步的不同角色可以通过它们各自所在的位置来区分。通常分析中会把前者作为组成成分放置在语步标记的左侧，后者作为依存成分，置于语步标记的右侧[①]。

① 原文 253 页下面的对话中，右侧箭头有误，经与作者确认，调整为三组对应。——译者

库切	K1	我们带他去了农场。
亨德里克	tr	——什么农场?
库切	rtr	——他们在开普敦外有一个设施，用来（从嫌疑人那里）获取信息。
亨德里克	K2f	——哦。

253

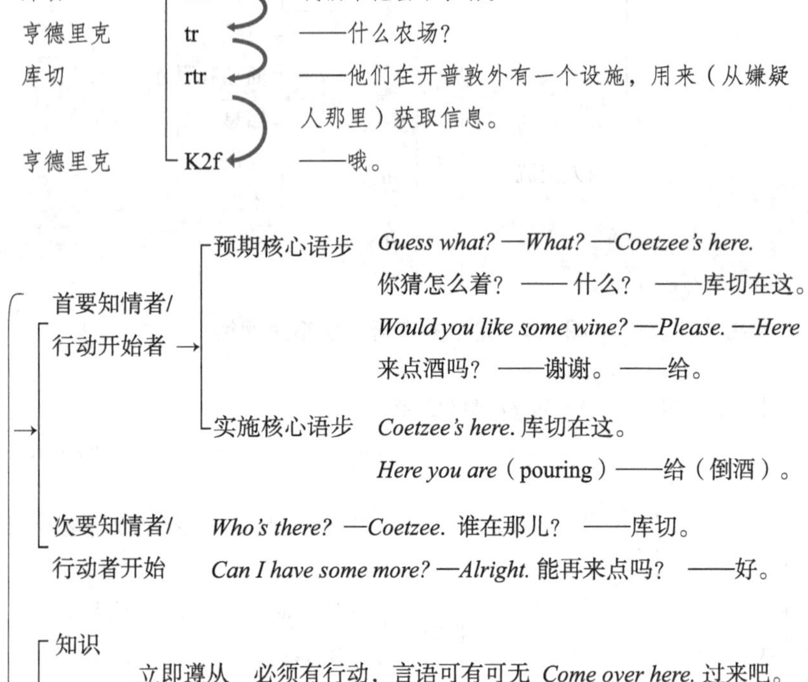

图 7.6 交换结构中基本的协商选项

当然，语气、言语功能和协商都只是对话展开的一部分。评价资源可以在韵律上波及多个语步，就像战友取笑卢克时，他的反应：

卢克：　　你知道我很想念你们两个混蛋。
卢埃林：　——对不起，卢克，我不能也这样说。
扎科：　　——我也是。
卢克：　　——**去你妈的**，混蛋。
　　　　　——**去他妈的**，你们俩。
所有人：　——（卢克意识到他的伙伴们在取笑他，所有人都笑了）

关于识别，使用代词或指示语来指代前面的语步（用术语讲，就是语篇指称）可以视为提供了一个额外的标准来判断作为回应的语步（即使交谈的要点，有时是讨论的内容，已经发生改变）：

桑妮：　　我父母不想让非国大（ANC）的人出现在葬礼上。
亨德里克：——不是**这个**原因。
桑妮：　　——**这**是其中一个原因。

就其本身而言，连接成分通过引入辩解的理由，通常在矛盾和挑战中发挥重要作用。例如，桑妮本可以通过给出拒绝的理由来避免与欧内斯特发生冲突：

欧内斯特：把卢埃林的电话给我。我给他打电话。 254
桑妮：　　——不。
　　　　　（我拒绝了，**因为**）我要亲自给他打电话。

在电影中，她选择不提供理由，遭到对方挑战：

欧内斯特：把卢埃林的电话给我。我给他打电话。
桑妮：　　——不。

欧内斯特：　　——为什么？

正如本书第三章至第五章所介绍的其他类型的人际关系、概念关系和语篇关系一样，上述及许多其他类型的语步间关系都可以为读者所利用。同时，我们把本章最后一个语步留给图图，因为 DVD 版《宽恕》的制作说明中引用了他的一段话，我们期待从这个人身上看到的那种亲切而难忘的 A2 语步：

Tutu: Having looked the beast of the past in the eyes, having asked and received forgiveness... let us shut the door on the past—not to forget it, but to allow it not to imprison us.

图图：正视过去这只野兽的眼睛，我请求原谅并得到宽恕……让过去留在门外吧——不是为了忘记它，而是为了不再被囚禁。

第八章

分析文本

本章提纲 255

本章说明如何使用前几章中描述的语篇系统来分析文本。所使用的文本是纳尔逊·曼德拉《漫长的自由之路》的最后一章，包括三个部分：讲述他的总统就职日，报告他自己和同志在反种族隔离斗争中所付出的代价，以及用浓缩的自传式讲述来总结他对自由意义日益加深的理解。

本章先介绍这些文本以及分析的一般原则，包括识别语类、根据文本的格式和信息格律来识别语场如何在各个相中展开。接下来的每个部分会分析曼德拉这一章中的一节。

在第 8.2 节中，我们介绍就职日的讲述是如何在活动的各个相展开的，这些活动在时间上是来回转换的，正如曼德拉的叙述不断在过去、现在和未来之间切换。在第 8.3 节中我们分析他是如何大量地使用对比来讲述勇气的代价，以强调勇气、自由、权利、仁慈、慷慨、对家人和对人民的义务等价值观。在第 8.4 节中，我们发现他在自传中使用了否定和让步等策略，以预测读者对他的生活，以及对自由的意义的看法。

256 此处他叙述了一些出乎意料的事件，提出了一些意想不到的见解。虽然曼德拉的故事以童年的回忆开始，我们可以看到他如何引入抽象的手法来诠释他的生活，并构建有关自由和责任这些更加复杂的概念。

8.1 开始

在进行语篇分析之前，需要确定要分析的内容，这不像看起来那么容易。我们通常给学生的建议是，从一两页长的整篇文本开始，选择他们真正喜欢或无法忍受的内容。用理论术语讲，语域、语类和意识形态都很重要。从语场角度看，我们会选择分析感兴趣的主题，或者至少与我们正在研究的主题相关的文本；从语旨角度看，我们感兴趣的是口语交际中说话人如何协商人际关系，书面文本如何吸引读者，或如何使读者接受作者的观点；从语式上看，我们想知道口语和书面表达之间的互动，以及它们与其他交流方式（如图像、声音、活动）之间的关系。然后，语类的概念规定了如何处理语篇，就像语法规定了如何分析小句一样——语类是文化中反复出现的重要意义配置，正如小句是语篇中反复出现的重要意义的配置。从意识形态看，分析没有说服力的语篇是没有意义的，因为分析的过程会投入大量时间和脑力劳动，所以分析的内容一定得值得我们花时间。正是由于这些原因，本书是基于一个有趣的领域，一个无疑是这个时代的关键话题，即推翻世界上最后一个宪政种族主义政权。我们聚焦三种语类（说教文、说明文和法案），并选择与上述语场有关的个人经验、公共话语和宪法方面的文本，这些文本在整个分析过程中始终激励着我们，同时也传达了值得推广的意识形态信息。

在本章中，我们将使用本书中列出的工具来说明几种分析文本的方法。此前所选择的文本均属于同一语场，但这一次要分析的是该语场中的经典文本，即纳尔逊·曼德拉自传《漫长的自由之路》的最后一章。这一章包括三个部分，在书中由空行分开。第一部分是讲述曼德拉就任新南非总统当天发生的事件，包括他就职演说的摘录，其中有他的承诺“让自由统治南非”。第二部分描述了从“世界上最严酷、最不人道的社会之一” 257
转变为“承认所有人的权利和自由，无论何种肤色”，同时，曼德拉反思了这一事件的重要性，以及包括他自己和家人在内的许多同胞为勇气付出的悲惨代价。第三部分在第六章中分析过，即他一生的故事概要，也是本书的结尾。他生命各个阶段的事件展现了他内心对自由日渐深刻的理解。

在分析之前，我们将这三个部分依次命名为“就职日”“勇气的代价”和“自由的意义”，并用这些标题作为章节名。

第 115 章　自由

就职日

5 月 10 日的曙光明亮而清澈。在过去的几天里，前来参加就职典礼表达敬意的政要和世界领导人一直在我周围，这令人非常愉快。就职典礼将是南非有史以来规模最大的国际领导人聚会。

仪式在比勒陀利亚联合大厦（Union Buildings）可爱的砂岩圆形剧场举行。几十年来，这里一直是白人拥有的至高无上的地方，现在这里是不同肤色、不同民族人民的聚集地，在这里成立了南非第一个民主、非种族政府。

那个可爱的秋日，我女儿泽妮陪伴着我。在讲台上，德克勒克先生首先宣誓就任第二副总统。然后塔博·姆贝基宣誓就任第一副总统。轮到我的时候，我承诺遵守和维护宪法，致力于共和国及人民的福祉。我对聚集在一起的客人和观看演说的世界人民说：

> 今天，我们所有人聚在这里……为新生的自由带来荣耀和希望。在经历了一场持续太久的非同寻常的人类灾难之后，一定会诞生一个全人类都将为之自豪的社会。
>
> ……不久前，我们还是亡命之徒，今天，我们在自己的土地上接待世界各国来宾。我们感谢所有尊贵的国际客人与我国人民一起取得了正义、和平和人类尊严的共同胜利。
>
> 我们终于实现了政治解放。我们保证将所有人民从持久的贫困、匮乏、痛苦、性别和其他歧视的束缚中解放出来。

> 永远，永远，永远不会再在这样一片美丽的土地上经历一个人压迫另一个人的事情……这是人类如此辉煌的成就，在这里太阳永远不会落下。
>
> 让自由统治南非。上帝保佑非洲！

片刻之后，当一排壮观的南非喷气式飞机、直升机和运兵车以完美的队形呼啸着经过联合大楼时，我们都敬畏地举目观看。他们展示的不仅是精准度和军事力量，也是军队对民主的忠诚，对自由公正选举产生的新政府的忠
258 诚。就在不久前，南非国防军和警察的最高将领们向我致敬，并宣誓效忠，他们的胸前佩戴着多年来获得的丝带和奖章。我并没有忘记，不久前，他们不是向我敬礼，而是逮捕了我。最后，一架黑斑羚V字形喷气式飞机在由黑色、红色、绿色、蓝色和金色组成的新南非国旗上空留下了一道烟迹。

对我来说，这一天非常具有象征意义。我们奏起了两首国歌，白人唱着《南非国歌》，黑人唱着共和国的古老国歌《呐喊》。虽然那天白人和黑人都不懂对方国歌的歌词，但我相信他们很快就会记住歌词。

勇气的代价

就职典礼那天，我沉浸在对历史的回忆中。二十世纪的第一个十年，在激烈的英国与布尔人战争之后的几年，在我出生之前，南非的白种人民族弥合了他们之间的分歧，建立了一个针对自己土地上的黑人民族的种族统治体系。他们创建的制度构成了世界上最严酷、最不人道的社会之一。现在，在二十世纪的最后十年，也是我作为一个男人的第八个十年，这一制度已经被永远推翻，取而代之的是一个承认所有民族的权利和自由的制度，无论何种肤色。

这一天是成千上万人做出了难以想象的牺牲之后才实现的，他们的痛苦和勇气永远无法估量，也无法偿还。在这一天，和其他许多日子一样，我觉得自己只是那些走在我前面的南非爱国者的总和。这条漫长而高尚的道路到了终点，现在我们又踏上了一条新的道路。我感到很痛苦，因为无法表达我对这些爱国者的感激，他们也看不到用牺牲所换来的这一切。

种族隔离政策给国家和人民造成了深刻而持久的创伤。所有人，如果不是几代人的话，都将花很多年的时间从这一严重的创伤中恢复过来。但是几十年的压迫和残暴有另一个意想不到的影响，那就是它产生了我们这个时代的奥利弗·塔姆博斯、沃尔特·西苏卢斯、酋长路德利斯、优素福·达多、

布拉姆·菲舍尔、罗伯特·索布奎斯，他们拥有非凡的勇气、智慧和慷慨，历史上可能不会再有能超越他们的人。也许如此深刻的压迫才能造就如此高尚的品格。我们的国土下蕴藏着丰富的矿物和宝石，但我知道，我们最大的财富是人民，比最纯净的钻石更纯粹、更真实。

正是从这些斗争中的同志身上，我学到了勇气的含义。一次又一次，我看到男人和女人们为了一个信念而冒着生命危险。我见过男人们勇敢地面对攻击和折磨，毫不动摇，展现出超乎想象的力量和韧性。我明白了勇气不是没有恐惧，而是战胜恐惧。我感到恐惧的次数比我记忆中的要多，但我把它藏在了勇敢的面具后面。勇敢的人不是不感到害怕的人，而是能够战胜恐惧的人。

我从未失去希望，坚信这场伟大的变革会发生。不仅因为我上面列举的
那些伟大的英雄，还因为普通人所表现出来的巨大勇气。我一直都知道，在 259
每个人内心深处都有怜悯和慷慨。没有人生来就因为肤色、背景或宗教而憎恨他人。人们必须学会恨，如果他们能学会恨，他们就可以学会爱，因为爱对人的内心来说更为自然。即使在狱中最艰难的时候，当我的同事和我到了忍受的极限时，我也会在一名警卫身上看到一丝人性的光芒，也许只是一秒钟，但这足以让我安心，让我继续前行。人的善良是一束可以隐藏但永远不会熄灭的火焰。

我们无所畏惧地进行斗争，并没有幻想这是一条容易走的路。作为一个年轻人，当我加入非洲国民大会时，我看到了同志们为信仰付出的代价，这是很高的代价。对我自己来说，我从来没有后悔过对奋斗的承诺，我总是准备好去面对影响我个人的困难。但我的家人为我的承诺付出了可怕的代价，也许这代价太高了。

> 在生活中，每个男人都有双重义务——对家庭、父母、妻子和孩子的义务，以及对人民、社区、国家的义务。在一个文明和人道的社会中，每个人都能够根据自己的意愿和能力履行这些义务。但在南非这样的国家，像我这样的出身和肤色的人几乎不可能同时履行这两种义务。在南非，一个试图以人的身份生活的有色人种会受到惩罚和孤立。在南非，试图履行对人民的义务的人一定会被从家中带走，被迫过着与世隔绝的生活，一种隐秘和反叛的生活。起初，我没有选择让人民凌驾于家庭之上，但在试图为人民服务时，我发现自己无法履行作为儿子、兄弟、父亲和丈夫的义务。

> 这样，我对我的人民，以及对我永远不会认识或遇见的数百万南非人民的承诺，是以牺牲我最了解和最爱的人为代价去兑现的。就像一个小孩问她的父亲：“为什么你不能和我们在一起？”父亲不得不说出这些可怕的话：“还有其他像你这样的孩子，很多……”然后声音渐渐低下去。

自由的意义

我并非生来就渴望自由。我生来是自由的，以我所知道的每一种方式都是这样。我可以在母亲小屋附近的田野里自由地奔跑，可以在穿过村庄的清澈溪流中自由地游泳，可以在星空下烤玉米，可以骑在慢吞吞的公牛的宽阔脊背上。只要我服从父亲，遵守我部落的习俗，我就不会被人或上帝的法则所困扰。

直到我开始认识到我童年的自由是一种幻觉时，我发现作为一个年轻人我已经被剥夺了自由时，我才开始渴望自由。

起初，作为一名学生，我只想要我自己的自由，能够在晚上待在外面，读我喜欢的书，去我想去的地方，诸如此类短暂的自由。后来，作为约翰内斯堡的一个年轻人，我渴望实现我的潜力、挣钱养家糊口、结婚生子、过上体面生活的自由——在合法生活中不受阻碍的自由。

但后来我清楚地知道，不仅我没有自由，我的兄弟姐妹也没有。

我知道被剥夺的不仅仅是我的自由，还有每个跟我一样肤色的人的自由。那是我加入非洲国民大会的时候，也是对自己自由的渴望成为对人民自由的更大渴望的时候。正是这种对人民有自由过上尊严和自尊生活的渴望激励了我，使一个畏惧的年轻人变成了一个勇敢的人，促使一个守法的律师成为罪犯，使一位热爱家庭的丈夫变成了无家可归的人，迫使一个热爱生活的人像僧人一样生活。我并不比其他男人更善良或更愿意做出自我牺牲，但是，当我知道我的人民不自由时，我甚至无法享受即便是贫穷而有限的自由。

自由是不可分割的；任何一个人身上的锁链都是所有人身上的锁链，所有人身上的锁链都是加于我身上的锁链。

正是在这些漫长而孤独的日子里，我渴望能获得自由的不仅是自己的人民，还包括所有的人民，无论黑人还是白人。

我清楚地知道，压迫者和被压迫者都必须得到解放。剥夺他人自由的人

> 成为仇恨的囚徒，被关在偏见和狭隘的铁窗里。如果我剥夺了别人的自由，我就没有真正的自由，正如我的自由被剥夺了，我也就没有自由一样。
>
> 被压迫者和压迫者同样都被剥夺了人性。
>
> 当我走出监狱的时候，我知道解放被压迫者和压迫者就是我的使命。
>
> 有人说，这个使命已经实现了，但我知道情况并非如此。事实是，我们还没有自由；我们只是实现了有自由和不受压迫的权利。我们不是在踏上旅程的最后一步，而是在一条更漫长、更艰难的道路上迈出了第一步。因为自由不仅仅是摆脱束缚，而是以尊重和帮助他人实现自由的方式生活。
>
> 我们对自由是否忠诚，真正的考验才刚刚开始。
>
> 我走过了通往自由的漫长道路。我努力不动摇，我一路上犯了很多错误，但我发现了一个秘密，在翻过一座大山后，你会发现还有更多的山要爬。我在此处休息片刻，偷看一下我周围的美丽景色，回顾我走过的路程。但我只能休息片刻，因为有了自由就有了责任，我不敢逗留，因为我的长途跋涉还没有结束。
>
> （曼德拉 1995: 746–51）

这一章的格式给我们提供了三个主要的语篇单元作为分析文本（虽然格式能反映语篇结构，但并不决定语篇结构）。总的来说，“就职日”是一种讲述，一种按时间顺序记录一段经历的语类；“勇气的代价”是一份报告，一种进行概括描述的语类；“自由的意义”是一种自传体讲述，一种记录作者人生重要阶段的语类。

可以肯定的是，我们通过提出一些探索性的问题可以研究这些语类。
首先，宏观结构是一种历时展开的活动，还是脱离开时间对现象的描述？ 261
这一标准将按时间顺序排列的第一节和第三节与第二节区分开来，第二节描述并反映了斗争和参与斗争的主角，但并未遵循时间顺序。其次，活动序列是关于特定人物和事件的，还是关于一般参与者的？这将故事与自然科学和社会科学中的解释和历史语篇区分开来。第三，故事的结构是围绕着对事件进程的重大扰乱，还是仅仅讲述了一系列事件？这将叙事、逸事和说教文（涉及重大破坏）与讲述文（其系列事件可能涉及波折，也可能不涉及）区分开来。最后，它是对一段经历中事件的讲述，比如第一次讲述，还是对一个人生命中的各个阶段的讲述，比如最后一次讲述？马丁和罗斯（2007）详细讨论了这些语类标准。

一个重要的问题是，所有文本都包含不止一个目的，因此，特定文本可能包含我们预期在其他语类中才能够发现的元素。但所有文本都有一个确定的宏观的目的，正是这个宏观目的预测了文本实现这一目的所经历的各个阶段，即它的语类。其他目的是在语类各阶段以下层面实现的，在组成每个阶段的相，以及在每个组成相的信息单位中实现的。要想确定文本的语类，有时需要反复阅读，从确定其宏观目的，到分析其阶段和相，再回到其要实现的目的。正如对待语言的其他特征一样，语类往往不是一眼就能识别出来的。本书附录部分提供了一个有用的指南，包括语类及其所实现的目的和阶段的列表。

用专业的术语讲，第 115 章是一个**宏观语类**，由三个语类组成：一个由报道延伸的讲述，再由另一个讲述延伸。在这一总体结构中，第一个讲述通过引用曼德拉的就职演说来做出一个承诺，在演说中以缩进格式进行标记。因此，在宏观语类（如书籍和章节）中，语类是相互依存的：相互延伸、阐释或投射，如图 8.1 所示。

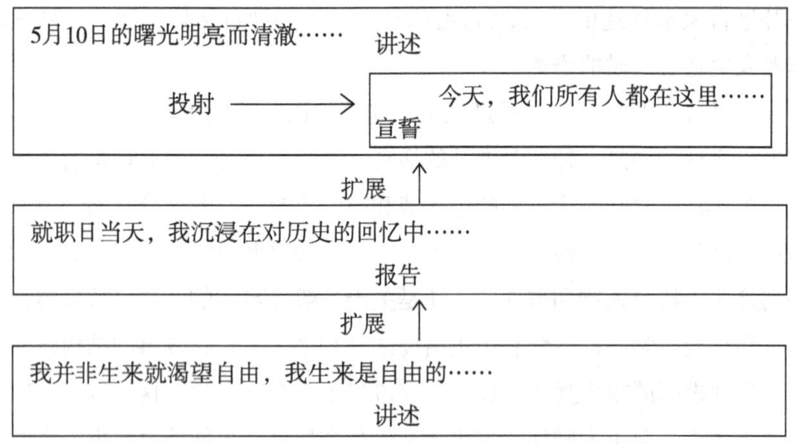

图 8.1　第 115 章“自由”中语类的相互依存关系

语类和语场

在介绍语类概念之后，我们来分析语场是如何在每个语类中展开的。先分析语场的一个原因是，它展开的每个步骤都容易为我们的直觉所感知。如果让人们去复述听到或读过的文本，他们很少会复述其语言特征，而通常是总结其阶段顺序。作为分析者，我们感兴趣的是识解语场展开过程的概念性语言资源，对每个相进行评价的人际资源，以及将每个相作为信息脉冲而呈现的语篇资源。先从语类和语域的视角去识别相的思路可以提供一个有用的脚手架，有助于我们识别其他不那么明显的语篇模式。

正如本书第一章所介绍的那样，文本的相，对语类和语场都很敏感。262
当一个语类的阶段以一种高度可预测的顺序展开时，每个阶段的相一方面通过语类来预测，另一方面根据其活动和实体的特定语场来预测。例如，故事通过场景、问题、人们的反应、描述、问题的解决方案、作者的评论和参与者对事件重要性的反思等来展开。演说家和作者可以像搭建积木块一样，灵活地组合使用这些相来构成故事的基本部分，正如我们在海伦娜的故事中看到的那样。讲述文的相通常是一系列情节，在传记式讲述中，这些情节对应一个人一生的各个阶段。在论说语类中，相可能包括理由和结论，以及证据、例子等，如图图的说明文。在《法案》中，我们发现相还包括目的、动机、规定和定义等。在报告中，每个相倾向于描述被重点关注现象的一个要素或方面。这些可能包括外观、行为、位置、类型、部分等，具体情况取决于报告的特定类型及其语场。我们没有在本书中对相的类型做穷尽性研究，因为语类不是我们的主要关注点（对不同语类中相的讨论，请参阅马丁和罗斯 Martin and Rose 2007 和罗斯 Rose 2007）。这是一个存在很大变异性的领域，有待进一步探讨；这里介绍的工具将有助于分析者开展这方面研究。

相和段落 263

上文讨论书面文本中较大片段时提到，模式是一个很有用的分析起点，而段落有助于识别语场展开过程中的相。由于段落往往与信息格律的等级结构重合，我们可以通过分析超主位和超新信息来调整和扩展段落提供的信息。例如，“就职日”每一个段落开头讲述的都是构成当天事件和曼德拉演讲活动顺序的时间：

> **10 May** dawned bright and clear...
>
> **On that lovely autumn day** I was accompanied by my daughter Zenani...
>
> > **Today,** all of us do, by our presence here confer glory and hope...
> >
> > We, who were outlaws **not so long ago,** have today been given the rare privilege...
> >
> > We have, **at last,** achieved our political emancipation...
> >
> > **Never, never, and never again** shall it be...
> >
> > **A few moments later** we all lifted our eyes in awe...
>
> **5月10日**的曙光明亮而清澈……
>
> **在那个可爱的秋日**，我的女儿泽妮陪着我……
>
> > **今天**，我们所有人聚在这里为新生的自由带来荣耀和希望……
> >
> > **不久前**，我们还是亡命之徒，今天……
> >
> > 我们**终于**实现了政治解放……
> >
> > **永远，永远，永远**不会……
> >
> > **片刻之后**……

就职日当天的活动序列在倒数第二段的超新信息中以 *Finally...*（最后……）而结束，然后在最后一段中重述，以 *The day...*（这一天……）开始。

> **Finally** a chevron of Impala jets left a smoke trail...
>
> **The day** was symbolized for me...
>
> **最后**，黑斑羚的V字形喷气机留下了一条烟迹……
>
> **这一天**对我来说象征着……

这里的宏观脚手架资源是时间序列，体现为外部连接和时间环境。相比之下，“勇气的代价”报告是围绕着那些与种族隔离作斗争的人展开的，这些人在每一段的开头都有明确的身份，从种族隔离政策到参与斗争中的同志，到我（曼德拉），到我们，再到每一个人：

> **The policy of apartheid** created a deep and lasting wound...
> It is from **these comrades in the struggle** that I have learned the meaning of courage...
> I never lost hope...
> **We** took up the struggle with our eyes wide open...
> In life, **every man** has twin obligations...
> **种族隔离政策**给国家和人民造成了深刻而持久的创伤……
> 正是从**这些斗争中的同志**身上，我学到了勇气的含义……
> **我**从未失去希望……
> **我们**无所畏惧地进行斗争……
> 在生活中，**每个人**都有双重义务……

最后一个段落以 *In that way...*（以这样一种方式）开头，将曼德拉解释他的家人为他承诺斗争所付出的代价推向高潮：

> **In that way**, my commitment to my people, to the millions of South Africans I would 264
> never know or meet, was at the expense of the people I knew best and loved most
> **以这样一种方式**，我对我的人民，对我永远不会认识或遇见的数百万南非人民的承诺，是以我最了解和最爱的人为代价的……

这里所涉及的宏观脚手架资源是识别，最初是人的身份识别，最后是在方式环境下的文本指称。这类表达与宏观文本的内部连接密切相关，我们可以通过方式连词 *in that way* 替换 *thus*（那么）来理解这一点。

段落的组织以不同的方式支持这种脚手架资源。“勇气的代价”中有两个例子，其中第一句是超主位，这一段其余部分对它进行了扩展：

> 在就职典礼当天，我沉浸在对历史的回忆中。
>
> 在二十世纪的第一个十年里……南非的白种人弥合了他们的分歧，建立

了种族统治体系……现在，在二十世纪的最后十年，也是我作为一个男人的第八个十年，这个体系已经被永远推翻了……

正是从这些参与斗争中的同志身上，我学到了勇气的含义。

一次又一次，我看到男人和女人们为了一个信念而冒着生命危险……

勇敢的人不是不感到害怕的人，而是战胜恐惧的人……

与此类似的是，超新信息也经常出现在它所蒸馏新信息的段落中。此处，最后一句话用隐喻蒸馏了整个段落的内容：

……我一直都知道，每个人的内心深处，都有怜悯和慷慨……即使在狱中最艰难的时候，我和战友都被迫到了忍受的极限时，也许只有一秒钟，我在其中一名警卫身上看到一丝人性的光芒，但这足以让我安心，让我继续前行。

人性的善良是一束可以隐藏，但永远不会熄灭的火焰。

然而，段落和信息格律等级之间的关系是可变的：超主位倾向于充当能够详述段落内容的主题句，但需要注意的是段落不一定对应语篇的相。例如，在“勇气的代价”高潮阶段，超新信息作为一个新段落，具有前景化的作用。另一方面，超新主位是前一段的最后一句话：

我们无所畏惧地斗争……对我自己来说，我从来没有后悔过对奋斗的承诺，我总是准备好面对影响我个人的困难，[**超主位**] 但我的家人确实为我的承诺付出了可怕的代价，也许这代价太高了。

在生活中，每个男人都有双重义务——对家庭、父母、妻子和孩子的义
265 务以及对人民、社区、国家的义务……但在试图为人民服务时，我发现自己无法履行作为儿子、兄弟、父亲和丈夫的义务。

[**超新信息**] 这样，我对人民的承诺，对我永远不会认识或遇见的数百万南非人民的承诺，是以我最了解和最爱的人为代价来兑现的……

最后，宏观主位和宏观新信息往往出现在特定的一个段落里，特别是当信

息超过一句话的时候——如“自由的代价”讲述的最后一个总结段落：

> [之前的讲述]
>
> 我走过了通往自由的漫长道路。我努力不动摇，我一路上犯了很多错误，但我发现了一个秘密，在翻过一座大山后，你会发现还有更多的山要爬。我在此处休息片刻，偷看一下我周围的美丽景色，回顾了我走过的路程。但我只能休息片刻，因为有了自由就有了责任，我不敢逗留，因为我的长途跋涉还没有结束。

8.2　就职日：从逃亡者到总统

让我们回顾一下“就职日”当天发生的重要事件。从语类的角度看，叙事的典型阶段包括楔子、事件记录和（可选）重述。在本文中，前两段是楔子，包括两类表示环境的相：第一个相介绍时间（5 月 10 日）和关键的主人公（政要和世界各国领导人），第二个相介绍地点（可爱的砂岩圆形剧场）。曼德拉评论了这两类环境：首先是关于人物，南非土地上有史以来规模最大的国际领导人聚会；然后是关于地点，白人霸权的所在地……现在它是不同种族、不同肤色人民的聚集之地。这种讲述、描述和评论的模式是整个章节的核心模式。我们也将反复提及另一个相关的模式，即曼德拉不断地对比过去和未来。

介绍完这两类场景后，第一个片段是德克勒克、姆贝基和曼德拉的“宣誓就职”，包括曼德拉所援引的誓言，其中又分为四个相：首先是“呼吁”建立一个“全人类都为之自豪的社会”，然后是“致谢”“尊贵的各国领导人”，将他们视为这场胜利的共享者，第三个是“承诺”要“解放所有人”，最后“预言”南非永远不会再遭受压迫。

第二个片段是“军事表演”，曼德拉将其解释为它“体现了军队对民主的忠诚”，强调这是国家权力新理念的体现，因为过去“他们未曾向我 266
致敬，却逮捕了我”。最后一个片段是“唱国歌”，他介绍了一个具有象征意义的时刻（这一天，演奏了两首国歌，对我来说，具有重要的象征意义……），然后，他用这个片段作为回顾讲述，并展望未来。在未来，南非黑人和白人很快就“会熟记歌词”。

虽然宏观结构中所包含的讲述文是一系列连续展开的事件，但时间却在不断地来回切换。在事件发生之前和发生时，曼德拉通过这些活动和背景反思过去，过去向新现在的转变，以及一个必将美好的未来。

语场和语篇模式

我们现在来看语篇模式。在语篇模式中，时间往往可以前后跳跃，由于语篇的巨大复杂性，这给我们的微观分析带来了挑战。从某种意义上说，这些挑战只是规模的问题。文本来源于社会符号系统，因此包含非常密集的信息，而这一系统是已知的最复杂的系统。所以我们在分析时必须做出选择。但是，如何确定要分析的内容呢？既要避免做得太多而无法应对，又要避免做得过少而达不到目的。

决定分析内容的第一步是寻找随文本阶段展开的语场所揭示的模式是什么，正如前面所做的那样。下一步是找出语篇系统是如何管理这些模式的。要回答这个问题，需要寻找的关键是**前景化**和**共同表达**（**co-articulation**）。

前景化是指文本倾向于使某些意义相对而言更加凸显。有时我们发现文本从一个相切换到下一个相时，会更多地使用某些选择。共同表达是指不同系统协同工作以产生特定效果，而且这种效果在每个相也都有所不同。上面所分析的这个语篇相中，一个重要的模式是在时间上不断切换，因此下面我们来分析各个系统是如何在时间表达方面共同协作的。

如上所述，讲述在概念上是一种围绕活动序列建立起来的语类。就职日的活动以黎明开始，以黑斑羚喷气式飞机的飞越结束：

10 May dawn<u>ed</u> bright and clear.

^

On the podium, Mr de Klerk was **first** sworn in as second deputy president.

^

Then Thabo Mbeki was sworn in as first deputy president. 267

^

When it was my turn, I pledged to obey and uphold the constitution...

^

To the assembled guests and the watching world, I said: [...]

^

A few moments **later** we all lifted our eyes in awe as South African jets...roared...

^

Only moments **before**, the highest generals ...saluted me and pledged their loyalty.

^

Finally a chevron of Impala jets left a smoke trail...

5 月 10 日的曙光明亮而清澈。

^

在讲台上，德克勒克先生**首先**宣誓就任第二副总统，

^

然后塔博·姆贝基宣誓就任第一副总统。

^

轮到我**时**，我保证遵守和维护宪法……

^

我对聚集在一起的宾客和观看就职的世界人民说：[……]

^

几分钟**后**，当南非喷气式飞机……呼啸而过时，我们都敬畏地举目观看……

^

就在片刻**之前**，最高将领……向我致敬并宣誓效忠。

^

最后，黑斑羚 V 字形喷气机留下了一条烟迹……

用于共同表达这些事件序列的主要资源是连接成分（*first*、*then*、*when*、*as*、*before*、*finally* 首先、然后、那时、当……时候、此前、最后）、时间环境（*a few moments later*、*only moments before* 几分钟后、仅仅几分钟前）

和时态（一般过去时）。大体上，文本是按时间顺序展开的，除了一个细节，将军们的敬礼发生在飞机表演飞行之前，但在文本中却被置于其后（*only moments before...* 仅仅几分钟前……）。

在讲述语类的语境中，给定明确的时间标记，以及语场时间（事件序列）到文本时间（信息序列）的对应关系，我们可以合理地预测，尽管缺乏时间标记，在事件发生过程中，唱国歌是在军事表演之后进行的。以第四章中海伦娜的故事为例，故事语类本身能够预测事件的时间序列，且不需要明确的时间标记。另一方面，曼德拉也可以把这一部分放在最后，以凸显其作为宏观新信息的重要性。从某种意义上说，时间并不重要，因为事件发生的顺序并不是我们关注的全部。

除了当天的活动外，曼德拉还提到了就职典礼前发生的几件事——访问贵宾、选举、军事荣誉、对种族隔离时代的态度：

For the **past** few days I **had been** pleasantly besieg**ed** by dignitaries and world leaders
who were coming to pay their respects **before the inauguration**
For decades this **had been** the seat of white supremacy
a new government that **had been** freely and fairly elect**ed**.
their chests bedecked with ribbons and medals from days **gone by**
the fact that not so many years **before** they **would** not **have** salut**ed** but arrest**ed** me
the lyrics of the anthem they **once** despis**ed**,
在**过去的**几天里，我感到非常高兴，我身边有各国政要和世界领导人，
他们**在就职日之前**到来并表达敬意。
几十年来，这里**一直是**白人至上的所在地，
一个自由、公平选举的新政府
他们的胸前佩戴着过去获得的丝带和奖章，
因为在**几年之前**，他们不是向我敬礼，而是逮捕了我。
他们**曾经**鄙视的国歌歌词，

有两次，他都在展望接下来发生的事情——从就职日之前到就职日当天，从国歌的演唱到南非人民能够记住歌词的那一天：

就职典礼**将是**南非有史以来规模最大的集会……他们**很快**就会熟记这些歌词。 268

语篇是通过使用一系列的资源来实现这种时间的来回跳跃：

时态（在过去发生的事情的过去，***had*** *been besieged*、***had*** *been*、***had*** *been elected*; *would not* ***have*** *saluted but arrested* **被**围在中间、曾经是、**被**选举；不会**向我敬礼**，而是**逮捕**我）
时间环境的范围（*for the past few days*、*for decades* 过去几天，几十年）
时间语气副词（***once*** *despised*、*would* ***soon*** *know* **曾经**鄙视，**很快**就会知道）
时间名词修饰语（***past*** *few days*、*days* ***gone by***、*not so many years* ***before*** **过去**几天，几天**过去了**，就在几年**前**）

这些资源的总体趋势是构建一个对就职典礼产生影响的过去（例如，*for the past few days...had been besieged* 过去几天……被围在中间）——而就职典礼反过来也影响了未来（*would soon know* 很快就会知道）。这也是投射话语中常见的模式：

Today, all of us do, by our presence here...confer glory and hope to newborn liberty.

^

We, who were outlaws **not so long ago**, have **today** been given the rare privilege to be host to the nations of the world on our own soil.

^

We have, **at last**, achieved our political emancipation.

^

Never, never, and never again shall it be that this beautiful land will **again** experience the oppression of one by another.

今天，我们所有人都在这里……为新生的自由带来荣耀和希望。

^

我们**不久前**还是亡命之徒，**今天**被授予了难得的特权，在我们自己的土地上

^

接待世界各国的来宾。

^

我们**终于**实现了政治解放。

^

这片美丽的土地**永远不会、永远不会、永远再也不会**遭受彼此的压迫。

根据我们的经验，这种时间上的往复在讲述中是不常见的，因此，我们需要问一下，曼德拉为什么在讲述一系列简单的事件时如此频繁地切换时间？

语类和语旨：评价时间

频繁切换时间的原因可以归于评价韵律的需要，在任何讲述中，韵律都十分关键，尤其是在这篇讲述文中。由于每个情节片段都会发生时间转换，因此评价也受文本中相的制约，如下所示。

在第一个场景中，通过回顾过去几天的经历，曼德拉强调世界各国领导者所给予的尊重：

标记主位	主语 / 主位	新信息
	5月10日	**明亮而清澈**［+鉴赏］
←过去几天，		**政要和世界领导人**在就职日之前到来并**表达敬意**［+判断］
→	就职典礼	南非有史以来**最大的**国际领导人**集会**［+鉴赏］

269 第二个场景，通过闪回过去几十年的经历，他能够评论南非从白人至上主义政权的不当行为到成立非种族政府的转变：

标记主位	主语 / 主位	新信息
	仪式	在比勒陀利亚联合大厦**可爱的砂岩圆形剧场**［+鉴赏］
←几十年来	这个（圆形剧场）	**白人至上**的所在地［–判断］

现在	它（圆形剧场）	这里是**不同肤色、不同民族人民**的聚集地，在这里成立了南非**第一个民主、非种族政府**［+判断］

这里最关键的是，变革被看作是从一种社会向另一种社会的转变，而不是黑人权力取代白人统治（即“进化”，而不是“革命”）。白人至高无上的地方成为不同肤色、不同民族人民聚集的地方。用专业的术语来讲，文本反复将消极判断（不恰当）再语境化为积极判断（恰当）和鉴赏（反应和构成），这与第二章中图图有关乌班图概念的讨论类似。这里语篇资源的相互交织突出了战胜种族主义的主题。宣誓仪式在评价方面则相对中立：

标记主位	**主语 / 主位**	**新信息**
在讲台上	德克勒克先生	作为第二副总统
	塔博·姆贝基先生	作为第一副总统
轮到我时	我	宪法
	［我］	对共和国及其人民的**福祉**［+判断］
向聚集的客人和观看典礼的世界人民	我	说

但这种中立只是为演讲提供一个背景。在主位和新信息中，对过去的负面判断被再语境化为正面的判断和鉴赏。演讲的宏观主位以新生自由的背景为开端，然后以谴责过去作为标记主位，并以呼吁未来为新信息：

今天	我们所有人	**对新生自由的荣耀和希望**［+鉴赏］	270
←在经历了一场**持续太久的非同寻常的人类灾难之后**［−判断］	［我们］	**一定会诞生一个全人类都将为之自豪的社会**［+判断］	

“感谢”和“承诺”两个相始于曼德拉对他和同志过去作为**亡命之徒**的消极判断，然后通过再语境化，将**世界各国**是**共同胜利**的见证人和参与者作为新信息。但最终的新信息是对目前仍在继续的不公正现象进行谴责：

←不久前，我们还是 **亡命之徒**［–判断］	**在自己的土地上接待世界各国来宾**［+鉴赏］
我们	**正义、和平、人类尊严的共同胜利**［+判断］
我们	**政治解放**［+鉴赏］
我们	**持久的贫困、匮乏、痛苦、性别和其他歧视的束缚**［–判断］

这种谴责构成了演讲中宏观新信息的背景。在这篇演讲中，曼德拉预言压迫必将结束，呼唤自由，并祈求上帝的祝福：

→**永远，永远，**	这片美丽的土地	**一个人压迫另一个人**［–判断］
永远不会再	太阳	**人类如此辉煌的成就**［+判断］
［加强介入］	上帝	**保佑**南非［+判断］

“军事展演”一节将人们对展演的敬畏再语境化为对将军们的积极判断，然后又用**几年前**对其行为做消极判断，最后又通过描述飞机的烟迹将其再语境化为积极鉴赏。

片刻之后	我们	敬畏［+情感］
	一排壮观的南非喷气式飞机、直升机和运兵车	经过联合大楼
271	它	展示**精准的军事力量**［+鉴赏］，军队**对民主的忠诚**［+判断］，对自由公正选举产生的新政府的忠诚［+判断］

←不久前	南非国防军和警察的最高将领们，他们的**胸前佩戴着丝带和奖章**←从过去的日子	**敬礼**［+判断］
	［将军们］	**他们的忠诚**［+判断］
←就在几年前	他们	**不是向我敬礼，而是逮捕我**［-判断］
	一架黑斑羚喷气式飞机	**在由黑色、红色、绿色、蓝色和金色组成的新南非国旗上空留下了一道烟迹。**［+鉴赏］

有趣的是，这里有一件事没有按时间顺序，它预示着将军们行为的变化。他们胸前佩戴的丝带和奖章，有多少是因为对抗非洲人国民大会及其盟友而被授予的？

这种富于变化的语篇组织在讲述的宏观新信息部分进行了概念化的改造。在这里，正如在宏观主位中一样，时间被识别为参与者和无标记主位（*May 10... The day...* 5 月 10 日……那天……）。作为一个参与者，就职日（即这一天的意义）可以形成象征性关系，这是通过曼德拉互换参与者之间身份来实现的——白人唱黑人的国歌，黑人唱白人的国歌。通过曼德拉回忆中的景象，这种互补性进一步得到了加强：到那时每个群体都会牢记他们曾经鄙视的国歌的歌词——通过这种平衡性的胜利，将负面情感（仇恨）进行了再语境化：

这一天		两首国歌，以及这一景象——白人唱着《上帝保佑南非》，黑人唱着共和国的旧国歌《呐喊》
虽然在那一天	没有一个群体	国歌的歌词←他们**曾经鄙视过**［-判断］
	他们	→很快就会**记住歌词**［+判断］

272 可见，曼德拉将国歌与就职日当天其他活动分开，单独表述，以强化他要讲述的重点——为实现一个多元种族的共和国而斗争的决心。

关于讲述中的时间切换、评价和分歧的解决，还可做更具体的分析。比如，参与者身份识别就很引人注意——南非领导人和国际领导人、曼德拉和泽妮（Zenani）（不是温妮 Winnie）、德克勒克、姆贝基和曼德拉（分别是前任、现任和下任总统）、军队和政府、白人和黑人。也许可以把这些对立、相互交织和共同表达的意义留给读者去探索。

8.3 勇气的代价：从支配到自由

如果说“就职日”讲述的主要语义主旨是时间切换和分歧的解决，那么“勇气的代价”这一报告则与此不同，其主要倾向是曼德拉无法解决的为斗争所付出的个人代价。我们之前注意到，报告是一种用于概括描述的语类。从概念意义上讲，讲述侧重于活动，但报告侧重于实体。在“勇气的代价”中，重点关注的实体是那些在斗争中的同志，以及抽象的事物：新旧社会、勇气的意义、人们心中的善良、承诺的代价和不可调和的义务。

报告的宏观主位通常对要描述的实体进行分类。本文中，曼德拉将这个实体命名为一种让他沉浸其中的“历史感”，并把它描述为“种族统治制度”与“承认所有人民权利和自由的制度”之间的对比。接下来的两段描述并评价了那些走在他前面的“南非爱国者”。然后描述了他对“勇气含义”的理解。接着，他反思了“每个人心中”的“仁慈和慷慨”。随后，曼德拉用两个段落介绍了自己和同志们为承诺付出的代价，又在下一个段落详细地从个人角度阐述了他对家庭和人民的“双重义务”之间的冲突。如果报告包含一个宏观新信息，这个信息就是把这场冲突再语境化为一个小型的说教文，关于他不得不对孩子们说的那些“可怕的话”。

因此，语篇中相的修辞运动就是从政治冲突的历史背景，到自由卫士为自由而战，再到他们所表现出的勇气。然后这种积极判断扩展到了包含狱卒在内的所有人的人性。之后，曼德拉将冲突具体化为自己被迫在他所爱的国家和爱他的孩子们之间做出艰难的选择。

前景化对比 273

那么这些运动在语篇系统中如何实现的呢？通过共同表达来调整时间，这是“就职日”讲述中一个凸显的模式，此处用来对比的资源被前景化了。两类宏观主位，即“种族统治制度”与“承认所有民族权利和自由的制度”在词汇上形成对立。这种词汇对比以新信息的形式呈现，但以对比鲜明的时间主位为标志：

> 在二十世纪的第一个十年，在残酷的英国——波尔人战争之后几年，在我出生之前，南非的白人民族弥合了他们之间的分歧，建立了一个针对自己土地上的黑人民族的种族统治体系。他们创造的制度是世界上已知最严酷、最不人道的社会之一，[**隐含对比**] 现在，在二十世纪的最后十年，也是我作为一个男人的第八个十年，这一制度已经被永远推翻，取而代之的是一个承认所有民族的权利和自由的制度，无论他们是何种肤色。

在这几种情况下，作为主位的时间不是出现一次，而是两次或三次，有力地标记了前文与后文的对比。后文还使用了对比性的空间主位并通过连接词 *but*（但是）来强化对比：

> In a civil and humane society, each man is able to fulfil those obligations according to his own inclinations and abilities. [**explicit contrast**] **But** in a country like South Africa, it was almost impossible for a man of my birth and colour to fulfil both of those obligations.
>
> 在一个文明和人道的社会中，每个人都能够根据自己的初衷和能力履行这些义务，[**显性对比**] **但在**南非这样的国家，一个如我这般出身和肤色的人几乎不可能同时履行这两项义务。

在整个报告中“但”多次用来明确表示对比：

> 种族隔离政策给国家和人民造成了深刻而持久的创伤。所有人，如果不是几代人的话，都将花很多年的时间从这一严重的创伤中恢复过来。[**显性对比**] **但是**几十年的压迫和残暴有另一个意想不到的影响，[**显性添加**] **那就是**它产生了我们这个时代的奥利弗·塔姆博斯、沃尔特·西苏卢斯、酋长路德利斯、优素福·达多、布拉姆·菲舍尔、罗伯特·索布奎斯，他们拥有非凡的勇气、智慧和慷慨，历史上可能不会再有能超越他们的人。

> 我明白了勇气不是无所畏惧，[**显性对比**] **而**是战胜畏惧。

> 勇敢的人不是不会感到害怕的人，[**显性对比**] **而**是战胜恐惧的人。

> 对我自己来说，我从未后悔过我对斗争的承诺，这样做会给我个人带来困难，我一直都准备好面对这些困难。[**显性对比**] **但是**我的家人还是为我的承诺付出了可怕的代价，太高昂的代价。

274 从这一对比主题延伸出的另一种连接手段是表达让步关系的 but，因为它可以表达与预期相反的命题：

> 我的国家拥有丰富的地下矿产和宝石，[**显性让步**] 但我一直都知道，它最大的财富是人民，比最纯净的钻石更纯粹、更真实。

这里的让步连接词 but（但）表达了实际与预期的对立（这里做一比较，“虽然我的国家拥有丰富的地下矿产和宝石，但它最大的财富是人民”）。

我的国家拥有丰富的地下矿产和宝石，

预期：

这些是它最大的财富

反预期：

它最大的财富是人民，比最纯净的钻石更纯粹、更真实。

这种模式还有好几个例子：

> 我已经记不清有多少次感到过恐惧，[**显性让步**] **但是**，我都把它们藏到勇敢的面具背后。

> 这不是因为我刚才提到的伟大英雄，[**显性让步**] **而是**因为我们国家那些普通人民的勇气。

> 即使在监狱里最艰难的时候，我的同事和我几乎无法忍受时，我也能在其中一名警卫身上看到一丝人性的光芒，也许只是一秒钟，[**显性让步**] **但**这足以让我安心，让我坚持下去。

> 起初，我并没有选择让人民凌驾于我的家庭之上，[**显性让步**] **但**在试图为人民服务时，我发现自己无法履行作为儿子、兄弟、父亲和丈夫的义务。

> 这很简单，[**显性添加，让步**] **但同时**也像小孩子问她父亲的时候一样令人费解。

识别和概念在具体说明对比连接和构建其他对立等方面都起着关键的作用。以下列表中包含识别资源的对比——一个或一群参与者与另一个或一群参与者的对比（用≠表示）：

> 第一个十年≠最后一个十年
> 种族统治制度≠一个承认所有人权利和自由的制度，无论白人还是黑人
> 南非的白人民族≠他们自己土地上的黑人民族
> 成千上万人民 / 所有南非的爱国者 / 那条漫长而高贵的战线≠我 275
> （造成了）深刻而持久的创伤≠另一个意想不到的影响
> 恐惧的消失≠战胜恐惧
> 伟大的英雄们≠普通的男人和女人们

热爱≠它的反义词
我的同事和我≠一名警卫
我≠我的同志
我≠我的家人
他的家人……他的父母……他的妻子和孩子≠他的人民，他的社区，他的国家
一个文明和人道的社会≠一个像南非这样的国家
我的人民≠我的家人
我永远没有机会认识或遇到的数百万南非人民≠我最了解的人
一个小孩≠她的父亲
其他孩子，……他们中的很多≠你

通常，概念规定了形成对比的基础：

白皮肤≠深色皮肤
深度≠高度
伟大的英雄≠普通男女

并支持其他对比，超越参与者识别的范围：

结束≠开始
睁大眼睛≠景象

与“就职日”讲述一样，**转换**是前景化的——外部世界的变化（*patched up the differences* 弥合分歧、*overturned* 颠覆、*replaced* 取代、*recovering* 恢复、*resilience* 复原、*transformation* 转变）和内心的变化（从 *seeing*“看”中 *learning*“学”）：

正是从这些坚持斗争的同志身上，我**领悟到**勇气的含义。一次又一次，我**看到**人们为了一个信念而甘冒生命危险。我曾**见过**男人们勇敢地面对攻击和折磨，毫不动摇，展现出超乎想象的力量和韧性，我**明白了**勇气

> 不是无所惧怕，而是要战胜恐惧。
>
> 我一直都**知道**，每个人的内心深处都有怜悯和慷慨。没有人生来就因为肤色、背景或宗教而憎恨他人。人一定是**学会**去憎恨的，如果一个人能**学会**恨，我们就可以**教**他学会爱，因为爱对人的内心来说更为自然。即使在狱中最艰难的时候，当我的同事和我到了忍受的极限时，我也会在一名警卫身上**看到**一丝人性的光芒，也许只是一秒钟，但这足以让我安心，让我继续前行。

评价对比 276

对比和转换的概念对评价来说也很重要。宏观主位将种族隔离政权的非妥当性与其对立方的妥当性进行对比：

> 最严厉，最不人道≠承认所有人的权利和自由，无论白人还是黑人

接下来的“南非爱国者”相中也做了类似的对比判断：

> 压迫和残酷＝压迫之深≠非凡的勇气，智慧和慷慨＝品格的高度

曼德拉花了很多笔墨来解释小句内的非妥当性判断也可以转换成妥当性判断。通过名词成分（*effect* 效果）和动词成分（*produced* 产生，*requires* 需要）的转换，将原因实现为由否定判断到肯定判断的转换。

> 但是几十年的压迫和残暴有另一个意想不到的**效果**，那就是它**产生**了奥利弗·塔姆博斯、沃尔特·西苏卢斯、酋长路德利斯、优素福·达多、布拉姆·菲舍尔、罗伯特·索布奎斯等我们这个时代的人，他们拥有非凡的勇气，智慧和气概，历史上可能不会再有能超越他们的人。也许需要经受如此深刻的压迫才能铸就如此高贵的品格。

在“勇气的意义”相中，情感和判断的相互交织是最重要的特点。曼德拉特别关注由情感引发对性格的判断。他首先谈到勇气战胜恐惧，谈到杰出的同事和勇气的意义（把这些作为主位来前景化，如：“正是从这些敢于

斗争中的同事那里……”）：

> 我从这些敢于斗争中的同志身上领悟到**勇气**的含义。一次又一次，我看到人们为了一个信念而甘冒生命危险。我见过男人们勇敢地面对攻击和折磨，毫不动摇，展现出超乎想象的**力量**和**韧性**。
> 我明白了勇气不是无所惧怕，而是战胜恐惧。无数次我也曾感到**害怕**，但我把它藏在了**勇敢**的面具后面。
> **勇敢**的人不是不感到**害怕**的人，而是能够战胜**恐惧**的人。

在这里，每个小句都详细阐述了曼德拉的观点，即他和他的同事并不总是感到安全和自信；他们确实感到害怕。但他们学会了用勇气来战胜恐惧——用性格的力量（用术语讲，即用判断代替情感）。

277 同样，在“每个人内心”相中，怜悯、慷慨、仁慈和善良战胜了仇恨：

> 我一直都知道，每个人的内心深处都有**怜悯**和**慷慨**。
> 没有人生来就因为肤色、背景或宗教而**憎恨**他人。人一定是学会去**憎恨**别人的，如果一个人能学会**憎恨**，那我们就可以教他学会**爱**，因为相比**它的对立面**，**爱**对人的内心来说更为自然。即使在狱中**最艰难**的时候，当我的同事和我到了忍受的极限时，我也会在一名警卫身上看到一丝**人性**的光芒，也许只是一秒钟，但这足以让我**安心**，让我继续前行。
> 人的**善良**是一束可以隐藏但永远不会熄灭的火焰。

在这一段中，评价以超主位和超新信息的形式被前景化，情感的前景化则通过曼德拉对信仰的叙述体现的。

当然，英雄的事迹都是激励人心的。但曼德拉不得不为他的原则付出巨大的代价。“双重义务”相在每个小句中都将**义务**、**倾向**和**能力**前景化[①]。但在试图履行一项义务时，曼德拉无法履行另一项义务。冲突体现

① （边码 293）韩礼德（1994）将对义务、倾向和能力的评价归类为意态（modulation），涉及交换物品和服务的提议（即提供商品或服务的义务、倾向或能力）。

在超主位的词汇层面，结果体现在超新信息中。

> 在生活中，每个男人都有**双重义务——对家庭、对父母、对妻子和孩子的义务以及对人民、社区、国家的义务。**
>
> 在一个文明和人道的社会中，每个人都**能够**根据自己的**意愿**和**能力**履行这些**义务**。但在像南非这样的国家，像我这样的出身和肤色的人，几乎**不可能**同时履行这两项**义务**。在南非，一个试图以自由人的身份生活的有色人种会受到惩罚和孤立。在南非，一个试图履行对人民**义务**的人不可避免地**被迫**与家人和家庭分离，被迫过着与世隔绝的生活，被迫过着隐秘而反叛的生活。
>
> 起初，我没有**选择**把人民置于家庭之上，但在试图**为人民服务**时，我发现自己无法履行**作为儿子、兄弟、父亲和丈夫的义务**①。

在这个相中，义务、对比（*but* 但）和意念（*attempted, tried, attempting, prevented* 尝试、试着、尝试、阻止）都被前景化，互相交织，共同表达曼德拉的进退两难的困境。这两项义务被详述了两次，并通过识别资源联系起来（*two obligations—both of those obligations* 两项义务——两项义务）。就概念而言，这两项义务被分解了三次；第三次强调的不是义务，而是曼德拉无法同时兼顾他的人民和他的家人：

双重义务——　278

　对家庭、父母、妻子和孩子的义务；

　对人民、社区和国家的义务。

两种义务——

　像一个自由人那样生活

　尽到对人民的义务

---

① （边码 293）这里的意态主要体现方式为名词和形容词（客观形式）；我们之所以将 *choose*（选择）这个词包括在内，是因为它与倾向在语义上关系密切，同样，*forced*（被迫）与义务存在密切的因果关系。但我们不继续讨论意动类动词了（*prevented, attempted, tried, attempting* 阻止、尝试、试着、尝试），这类动词的语义正在朝着这个方向延伸。

> 把人民置于家庭之上——
> 为人民服务，
> 作为儿子、兄弟、父亲和丈夫的义务

在第一次详述中，列举的使用增加了两类责任感的力度（家庭、父母、妻子、子女、人民、社区、国家），但第三次强调的重点是个人的失败，凸显了曼德拉的良知，以及与前文形成对照的一系列凸显男性视角的词汇（儿子、兄弟、父亲、丈夫）。

最终，这份报告的语篇发展模式以解释勇气的意义开始，却以强调个人付出的代价结束。宏观新信息再次回顾了两种无法兼顾的义务，重申了其代价：

> 这样，**我对人民，对我永远不会认识或遇见的数百万南非人民的承诺**，是以牺牲**我最了解**和**最爱的人**为代价的。就像一个小孩问她的父亲："为什么你不能和我们在一起？" 父亲不得不说出这些可怕的话；"因为还有其他像你这样的孩子，很多……" 然后声音渐渐低下去。

曼德拉使用了类属识别（*a small child—her father—the father* 一个小孩——她的父亲——父亲）和现在时来概括这个故事，正如发生在许多家庭中的故事那样。但我们不禁想到，这件事应该就发生在曼德拉身上。当他选择"类属指称" *one*（一个）来指代父亲的声音时，这就是他自己的声音，很明显，类属被用来掩盖他内心的痛苦。表面是同情他人，实际是邀请读者去同情他自己。也许，将"就职日"与"勇气的代价"联系在一起的是谦逊的态度——不是胜利而是解决分歧，不仅是勇气，还有个人失去的一切。

8.4 自由的意义：从自我到群体

如果说讲述文是关于治愈（解决冲突）的，而报告是关于冲突（未解决的个人付出的代价）的；那么“自由的意义”呢？在这篇自传体的讲述中，曼德拉在第一句话中向读者介绍了作为焦点的自由（*I was not born with a hunger to be free* 我并非天生渴望自由）；然后，文本围绕个人经历展开，每一部分都讲述了不同的人生阶段（*I was born free...* 我出生时是自由的……；*as a young man...* 作为一个年轻人……；*I joined the African National Congress...* 我加入了非洲国民大会……；*those long and lonely years...* 那些漫长而孤独的岁月……；*When I walked out of prison...* 当我离开监狱时……）。经历了这五个人生阶段，他对自由的理解越来越全面，从我小时候的 *free in every way that I could know*（我所知道的一切自由），到作为一个年轻人 *freedom only for myself*（只为自己自由），到作为斗士 *the greater hunger for the freedom of my people*（为人民获得自由而斗争），到作为囚犯 *a hunger for the freedom of all people*（渴望所有人获得自由），到最后他作为自由人 *liberate the oppressed and the oppressor both*（解放被压迫者和压迫者）的使命。最后两段回顾了这对国家未来发展的意义，这是我们 *the true test of our devotion to freedom is just beginning, and himself, ...with freedom come responsibilities, and 1 dare not linger, for my long walk is not yet ended*（对自由的奉献精神的真正考验，……有了自由就有了责任，我不敢逗留，因为我的长途跋涉还没有结束）。 279

因此，曼德拉自传体讲述中的修辞运动是社会意识的内在成长以及社会角色的外在成长，从自我到整个世界，从一个小孩到一个国家领导人。在看重传统的文化中，曼德拉用旅行作为隐喻将他的内在成长映射到外部生活——上文第 8.3 节所述的旅行隐喻的延伸。

否定与让步

否定与让步的双重运动是如何实现的呢？一个重要的模式是前景化和否定与让步的共同表达。自传中几乎有一半的小句都是否定句，而正常的英语语篇中这一比例仅约十分之一，伴随否定的是让步连接词的使用：

后来，作为一个约翰内斯堡的年轻人，我渴望实现我的潜力、挣钱养家糊口、结婚生子和过上体面生活——在合法生活中**不**受阻碍的自由，

但后来我慢慢发现，**不仅**我没有自由，**而且**我的兄弟姐妹也没有。

我知道，**不仅仅**是我的自由被剥夺了，**还有**每个长得像我一样的人也被剥夺了自由

我**并不比**任何一个男人**更**善良、更具有自我牺牲精神，**但**我发现我**甚至不能**享受哪怕是贫穷和有限的自由！我知道我的人民没有自由。

有人说，现在已经实现了自由。**但**我知道情况**并非**如此。

我们**不是**在踏上旅程的最后一步，**而是**在一条更漫长、更艰难的道路上迈出了第一步。

280 因为自由**不仅**是甩掉自己身上的锁链，**而是**以一种尊重和提升其他人自由的方式来生活

我努力**不**动摇；我一路上犯了错误。**但是**我发现了一个秘密，在爬完一座大山后，人们只会发现还有更多的山要爬。

我只能停留片刻，偷偷欣赏周围壮丽的景色，远远望着我走过的路。**但**我只能休息片刻，因为有了自由，就有了责任，我**不**敢逗留，因为我的长途跋涉还**没有**结束。

如此短的篇幅里使用了大量的否定和反预期。如果我们思考一下否定和让步这两种介入系统所表达的含义，我们可以看到它们凸显的互补性。与肯定不同，否定的意思相反[①]，“某些悬而未决”的意义被否定了。在整个故

① （边码 293）这种情况在疑问句中较常见。例如，*Aren't you coming?*（你不来吗？），暗示说话者认为你是要来的。而 *Are you coming?*（你来吗？）则对回答是肯定还是否定不做任何预期。

事中，曼德拉对读者可能相信的事情进行了假设，然后予以澄清。有时，他不仅否认错误的信仰，还用“真正的”信仰来代替它们：

> 我**并非**生来就渴望自由。
> 我生来是自由的……
>
> 事实是，我们还**没有**自由；
> 我们仅仅实现了获得自由、不受压迫的权利。

让步与其说是错误的想法，不如说是不合实际的期望。通过让步，曼德拉对读者在文本展开过程中可能期望遵循的内容进行了假设，并引导他们走上了另一条道路——比如说，在漫长的旅途之后他可能需要长久的停下来休憩，但实际上这并不是他将要做的事情：

> 我在这里休息片刻……**但**只能休息片刻。

在讲述的三个点上，曼德拉与读者结盟时，否定和让步直接相互交织：

> 有人说现在已经实现了自由。
> **但**我知道情况并**非**如此。
>
> 我们**不是**在踏上旅程的最后一步，
> **而是**在一条更漫长、更艰难的道路上迈出了第一步。
>
> 因为自由**不仅仅**是摆脱束缚，**而是**以尊重和帮助他人实现自由的方式生活。

在否定和让步的相互作用中，我们可以添加另一个调整期望的系统——使 281
用连接词让读者重新定位自己对文本的理解，因为读者对下文的预期未必非常准确。

> 当我走出监狱，我知道这就是我的使命，解放被压迫者和压迫者。有人

> 说，现在已经实现了自由。但我知道情况并非如此。事实是，我们还**没有**自由；我们**仅仅**实现了获得自由、不受压迫的权利。我们不是在踏上旅程的最后一步，而是在一条**甚至**更漫长、更艰难的道路上迈出了第一步。因为自由不**仅仅**是摆脱束缚，而是以尊重和帮助他人实现自由的方式生活。对自由的忠诚的考验**才**刚刚开始。

这里共现的是曼德拉引导读者一起踏上启蒙之旅的决心，他不仅运用智慧，而且通过预测读者的假设和期待来实现这个目的。他的做法很温和，没有直接把错误的假设和期待归因于任何人——因此，投射的信息来源不是其他任何人，而是他自己。但他通过使用一系列互补资源，最终让读者坚定地站在自己一边。

抽象

在故事的内部和外部语场，曼德拉的经历以隐喻的方式被识解为一段旅程。文本发展的另一条主线是语式。从某种意义上说，从童年到成熟的旅程，也是从意义的口语表达到书面语表达的过程。曼德拉用比较具体的语言开始叙述他的故事。参与者（人物、地点和事物）由名词来体现；品质（描述性和态度性）由形容词体现；过程（动作和发生的过程）由动词体现；情态评价由情态动词体现；逻辑连接由连接成分体现。下面的例子说明曼德拉构建自己童年时选择的语言，象征着他童年生活的无忧无虑：

参与者作为名词

I, fields, hut, stream, village, mealies, stars, bulls, father...

我、田地、小屋、溪流、村庄、牧场、星星、公牛、父亲……

品质作为形容词

free, clear, broad

自由的、清澈的、宽阔的

过程作为动词

was born, to run, to swim, to roast, rise, obeyed...

诞生、奔跑、游泳、烘烤、上升、服从……

评价作为情态动词①

I could know

我可以知道

逻辑关系作为连接

as long as

只要

然而，随着讲述的继续，意义与措辞的关系变得更加间接。除了参与者由名词体现外，过程、质量和情态评估也可以由名词体现（例如，对比下列每个例子中小型大写字母部分所体现的语义）： 282

过程作为事物（名词）

this desire 这个愿望	比较 I DESIRED freedom 我渴望自由
hatred 仇恨	比较 They HATED the prisoner 他们憎恨囚犯

质量作为事物（名词）

a hunger to be free 对自由的渴望	比较 I was HUNGRY to be free 我渴望自由
dignity 尊严	比较 They were DIGNIFIED 他们是有尊严的
narrow-mindedness 狭隘的思维	比较 They were NARROW-MINDED 他们是狭隘的人
humanity 人性	比较 They were HUMAN 他们是人

评价作为事物（名词）

achieving my potential 实现我的潜力	比较 I achieved what I COULD 我实现了我所能做的

① （边码 293）情态动词是英语中带有概率、频率、倾向、义务和能力意义的助动词，例如必须解放（must be liberated），可能知道 could know。

truth 真理 比较 It CERTAINLY was 这一定是
responsibilities 责任 比较 I MUST act 我必须做

作为抽象模式的一部分，因果关系（或者体现为从句之间的连接）在从句内部体现为名词化的施事，作用于其他名词化成分并引出事件。请注意，*this desire for the freedom of my people...*（对人民获得自由的渴望……）成为 *my life*（我的生命）的施事角色及下面四个关键的转变：

逻辑关系作为施动者（在小句内）

It was this desire for the freedom of my people to live their lives with dignity and self-respect
that **animated** my life,
that **transformed** a frightened young man into a bold one,
that **drove** a law-abiding attorney to become a criminal,
that **turned** a family-loving husband into a man without a home,
that **forced** a life-loving man to live like a monk.
正是这种希望人民获得自由生活及其尊严和自尊的渴望
使我的生活**充满活力**，
使一个胆怯的年轻人**变成**一个勇敢的人，
迫使一位守法的律师**成为**罪犯，
使一位热爱家庭的丈夫**变成**一个没有家的男人，
迫使一位热爱生活的男人过着僧人般的生活。

这类的抽象语言与那种描述人们对其他人物和事物采取行动和做事情的语言有很大不同。我们已经进入了一个抽象的世界，它代表着跨机构和跨学科的非常识意义的语篇，像曼德拉这样训练有素的律师和政治家已经学会了使用这种语言。对曼德拉来说，这种语言的优势在于使他能够更好地阐释自己的生活，相对而言，楔子中使用的语言就非常通俗直白。

从概念意义看，如前文所述，文本开头将自由识解为一种性质（语法
283 上是一个由形容词体现的属性），这是一种在非正式语域中的口语和我们

文化中的儿童语言中使用的表达：

自由作为品质
我并非生来渴望**自由**
我出生时是**自由的**，在很多方面都是**自由的**
自由地奔跑……
自由地游泳……
自由地烤玉米……

接下来，自由通常被体现为一个实体，一旦被名物化，它就可以承担更多的参与者角色。我们已经注意到自由是变革的施动者（*It was this desire for freedom...that transformed...* 正是这种对自由的渴望……改变了……）。此外，在动作过程中，自由成为一种可以交换的商品（即给予或带走）：

自由作为商品
当我发现……时，我已经**被剥夺**了**自由**，
……**被剥夺自由**的不仅仅是我，还有……的自由
剥夺他人**自由**的人成为仇恨的囚徒
如果我**剥夺**别人的**自由**
当我的**自由**被**剥夺**了

在心理过程中，自由的功能是作为渴望的对象：

自由作为一个渴望
我**开始渴望**它（自由）
起初，作为一名学生，我**想要**自由……
后来，……，我**渴望**基本的和受人尊敬的自由……
……我**甚至不能享受**哪怕是可怜的有限的自由

作为关系过程中的一个实体，自由还可以分类和转换。

自由作为一个类别
直到那时，我才开始意识到我童年时期的**自由**是一种**幻觉**，
自由是不可分割的……
……我对**人民自由**的渴望变成了对**所有人自由**的渴望，无论黑人还是白人
自由作为一种身份
……那时候，我对**自己自由**的渴望成为了对**人民自由**的更大渴望

一旦名词化，自由还可以作为环境成分：作为抽象目的，甚至作为旅途中一个抽象的同伴：

284 **自由作为地点**
我走过了通往**自由**的漫长道路。

自由作为伴随
但我只能休息片刻，因为**伴随着自由**而来的是责任……

因此，概念隐喻使曼德拉能够使用英语的整个概念系统来讨论自由。我们再回到这个问题，他是如何在下面的文本中调用这一系统潜势的。在这一点上，请注意，正是环境成分（*long road to freedom* 通往自由的漫长之路）确立了一段旅程这个扩展的词汇隐喻，强化了曼德拉对人生的解释：

自由作为扩展的词汇隐喻
When I walked out of prison... We have not taken the final step of our journey, but the first step on a longer and even more difficult road...I have walked **that long road to freedom.** I have tried not to falter; I have made missteps along the way, But I have discovered the secret that after climbing a great hill, one only finds that there are many more hills to climb. I have taken a moment here to rest, to steal a view of the glorious vista that surrounds me, to look back on the distance I have come. But I can only rest for a moment, for with freedom come responsibilities, and I dare not linger, for my long walk is not yet ended.

> 当我走出监狱时……我们不是在踏上旅程的最后一步，而是在一条更漫长、更艰难的道路上迈出了第一步……我已经走过了**通往自由的漫长道路**。我努力不动摇；我一路上犯过错误，但我发现了一个秘密：在翻过一座大山后，你会发现还有更多的山要爬。我在此处休息片刻，偷看一下我周围的美丽景色，回顾了我走过的路程。但我只能休息片刻，因为有了自由就有了责任，我不敢逗留，因为我的长途跋涉还没有结束。

当然，旅程在我们的文化中是一个为人所熟知的隐喻；曼德拉在讲述文的高潮部分用自己的术语阐述了这一点。基于分类和同类关系的相关类属串包括 *journey, road, road, way; walked, taken the final step/the first step, tried not to falter, made missteps, climbing, climb, my long walk; to rest, rest, dare not linger*（旅程、道路、道路、路；走，走完最后一步 / 迈出第一步，努力不动摇，犯错误，攀爬，攀登，我的长途跋涉；休息，休息，不敢逗留）。这些意义串共同发展了本书标题所蕴含的语义主旨。

启蒙

抽象表达为曼德拉提供了他所需要的语言来书写我们所理解的双重讲述，其中两个故事相互映射：一个是他穿梭于时间和空间中的日常经历；另一个是他政治上的成长以及他对自由理解的转变。换句话说，他的旅程不仅是一次身体上的旅程；也是一次心灵的旅程——一次走向启蒙的精神探索。我们不禁要问，这是如何实现的？

由于文本是一种讲述，它随着时间推移而展开。时间的线性是通过连接成分（*at first, later, then, when, when, during, when* 开始、后来、然后、那时、那时、期间、那时）和时态（楔子部分的一般过去时 *I was not born...* “我不是生来……”，然后在讲述部分的现在时态中引入过去时——重述部分 *I have walked...* “我已经走过……”）来体现的。这种线性 285
通过生命周期各个阶段的词汇，例如 *born, boyhood, young man, husband, family*（出生、童年、年轻人、丈夫、家庭），以及引导读者一路走来的词汇，包括动词成分（*when I began to learn, I began to hunger for it, achieving my potential, has now been achieved, achieved the freedom to be free, is just beginning, is not yet ended* 当我开始理解，我开始渴望它，发挥我的潜力，现在已经实现了，实现了获得自由的自由，这是一个开始，而尚未结束）和名词成分（*the final step of our journey, the first step on a longer and even more difficult road* 我们旅程的最后一步，一条更漫长、更艰难的路的第一步）得到进一步强化。

如上所述，这种穿越时间的运动被曼德拉重构为穿越空间的运动。借助于概念隐喻，这段旅程不仅是一段穿越物理空间的旅程，也是一段通往抽象的自由的旅程。通过这些步骤，空间 / 时间的运动变得更有深度；文本从二维发展到三维进程。

为了识解这种深度，曼德拉将走向自由之路构建为一种精神追求（我们在“勇气”中见过这种模式）。生命是理解不断加深的过程。

free in every way that I could **know**
when I began to **learn** that my boyhood freedom was an **illusion**
when I **discovered** as a young man that my freedom had already been taken from me
But then I slowly **saw** that not only was I not free
I **saw** that it was not just my freedom that was curtailed
but I **found** that I could not even enjoy the poor and limited freedoms I was allowed when I **knew** my people were not free
I **knew** as well as I knew anything that the oppressor must be liberated
But I **know** that this is not the case
But I have **discovered** the secret that after climbing a great hill
one only **finds** that there are many more hills to climb
我所能够**理解**的每种意义上的自由
当我开始**了解**到我童年的自由是一种**幻觉**时
还是一个年轻人时，我**发现**已经被剥夺了自由
但后来我慢慢**发现**，不仅我没有自由
我**发现**不仅我自己被限制了自由

当我**得知**人民不自由时，我发现自己甚至无法享受那点可怜而有限的自由
我也**知道**，压迫者必须被解放
但我**知道**事实并非如此
但我**发现**了一个秘密，在翻过一座大山之后，人们只会发现还有更多的山要爬

生活在不断变化中（另一个与“勇气”平行的部分）：

the hunger for my own freedom **became** the greater hunger for the freedom of my people...
It was this desire for the freedom of my people to live their lives with dignity and self-respect that animated my life, that **transformed** a frightened young man into a bold one, that drove a law-abiding attorney to **become** a criminal, that turned a family-loving husband into a man without a home, that forced a life-loving man to live like a monk.
It was during those long and lonely years that my hunger for the freedom of my own people **became** a hunger for the freedom of all people, white and black.
对自己自由的渴望**变成**对人民自由的更大渴望……
让人民有自由过有尊严和自尊的生活，正是这种渴望激励了我的生活，使一个胆怯的年轻人**变成**一个勇敢的人，迫使一个守法的律师**成为**罪犯，使一位热爱家庭的丈夫**变成**一位没有家的男人，迫使一位热爱生活的男人过着僧人的生活。
正是在那些漫长而孤独的岁月里，我对我人民自由的渴望**变成**对所有人自由的渴望，无论是白人还是黑人。

随着理解的深入和认识的转变，自由的构想平稳地展现出来，贯穿文本始终。从概念意义上讲，文本中可以识别出七个与理解有关的相，对应于曼德拉生活的七个阶段：

（1）“童年的自由” 286
自由地奔跑……自由地游泳……自由地在星空下烤玉米，自由地骑在行动迟缓的公牛的宽阔背上

（2）“作为一个学生”
短暂的自由，能在晚上待在外面，读我喜欢的书，去我想去的地方
（3）“作为一个年轻人”
渴望实现我的潜力、挣钱养家糊口、结婚生子、过上体面生活——在合法生活中不受阻碍的自由。
（4）“加入了非洲国民大会”
对自己自由的渴望变成了对人民自由的更大渴望……有尊严和自尊地生活”
（5）“在那些漫长而孤独的岁月里”［在狱中］
我对自己人民自由的渴望成为了对所有人自由的渴望，无论白人还是黑人，
（6）“当我走出监狱时”
获得自由不仅仅是挣脱枷锁，而是以尊重和提升他人自由的方式生活
（7）［作为总统］
……但我只能休息片刻，因为自由带来责任，我不敢逗留，因为我的长途跋涉还没有结束。

在前三个相，曼德拉都是以自己和家庭为导向：

［人生的阶段	自由］
孩童时代的自由	玩耍
青年时代的自由	独立
成熟后的自由	养家

在接下来的两个相中，曼德拉重新定位自己，以满足南非人民的需求，然后是以整个群体（包括压迫者）的需求为目标。个人做事的自由转变为群体免受压迫的自由：

派系的自由	为我的人民
群体的自由	为所有的人

最后，曼德拉对自由的理解更为抽象，他认为自由是尊重和提升他人的自由，并继续履行实现自由的责任：

民主自由　　尊重、提升他人自由
机构自由　　自由伴随着责任

总体而言，曼德拉的启蒙部分被组织为三个再语境化的波浪。第一个波浪 287
包括他生命的三个阶段（童年、青春期、成熟期）。这些共同构成了他的第一个焦点转移——从自己（个人）自由转移到人民（派系）的自由，然后转移到整个国家（不同群体）的自由。而这些又进一步构成了他思想转变的第一个阶段——从个人自由到尊重他人的自由（民主），最后是有责任的自由（民主制度）。这三个波浪中的波浪可概括为：

1 个人自由
　I 个体自由
　　i 童年的自由　　玩耍
　　ii 青年的自由　　独立
　　iii 成年的自由　　养家
　II 派别的自由　　为了我的人民
　III 群体的自由　　为了所有人民
2 民主的自由　　尊重、提升他人的自由
3 机构的自由　　自由需要责任

就宏观信息流而言，这些相构成的组织很重要。如果以曼德拉的这些段落为例，我们会发现一个连贯的模式，先是介绍性的超主位，然后是详述。第一个超主位介绍了童年的自由，第二个介绍了青年和成人的自由，第三个是南非黑人的自由，第四个是包括压迫者和被压迫者在内的群体的自由：

> 我不是生来就渴望自由，我生来是自由的，以我所知道的一切方式都是自由的。
> ……
> 直到我开始认识到我童年的自由是一种幻觉时，我发现作为一个年轻人我已经被剥夺了自由时，我才开始渴望自由。
> ……

> 但后来我慢慢发现，不仅我没有自由，我的兄弟姐妹也没有。
> ……
> 正是在这些漫长而孤独的日子里，我渴望能获得自由的不仅是自己的人民，还包括所有的人民，无论黑人还是白人。
> ……

第5段过渡到了抽象自由，超主位引入了该段，但没有具体命名这个新的理解阶段：

288 当我走出监狱时，这就是我的使命，解放被压迫者和压迫者。有人说，现在已经实现了这一点。但我知道事实并非如此。

命名出现在其后段落中倒数第二句话（一个更具新闻价值的位置）：

> 因为自由不仅仅是摆脱束缚，而是以尊重和提升他人自由的方式生活。

同样，在讲述的最后一段，超主位引入了详述小句：

> 我走过那条通往自由的漫长道路。
> ……

但自由的最后一个相，即制度自由，保留到了本书的最后一句话：

> 因为自由伴随着责任……

从宏观的意义上讲，曼德拉将个人自由理解为解放（行动自由和免受压迫的自由），被视为一种回溯——他对自己生活的看法，正如这本书作为一个整体所展示的那样。但是，一旦我们转到最后两段中的含义，就会发现，曼德拉对自由的最终解释（尊重自由的自由，带有责任的自由）在后面的段落中被定位为新信息，两种情况下都以结论性的连词 *for*（因为）开头，使旅程的信息更加完整：

... We have not taken the final step of our journey, but the first step on a longer and even more difficult road. **For** to be free is not merely to cast off one's chains, but to live in a way that respects and enhances the freedom of others. The true test of our devotion to freedom is just beginning.

...I can only rest for a moment, **for** with freedom come responsibilities, and I dare not linger, **for** my long walk is not yet ended.

……我们不是在踏上旅程的最后一步，而是在一条更漫长、更艰难的道路上迈出了第一步。**因为**自由不仅仅是摆脱束缚，而是以尊重和帮助他人实现自由的方式生活。我们对自由是否忠诚，真正的考验才刚刚开始。

……但我只能休息片刻，**因为**有了自由就有了责任，我不敢逗留，**因为**我的长途跋涉还没有结束。

曼德拉对自由的最终理解所具有的新信息价值，通过最后一段对讲述文的总结以及讲述文本身作为自传的概要而得到进一步提升。因此，小句、相、语类（文本）、章节和全书协调一致，凸显尊重自由的责任，作为对曼德拉生平故事的最终评价。

介入 289

前文讨论过本故事中否定和让步的前景化，并评论了这些资源用于定位读者的方式。除了这种结盟读者的模式之外，我们还发现了一系列特征，用来不断澄清和加强曼德拉的立场，以免读者对他讲述的内容产生任何疑惑。这种模式在意义层面上起作用，相同的命题以不同的措辞反复出现，使其意义愈加清晰。我们用符号“=”来象征详述。

（意义）的详述：

我生来是自由的

= 以我所知道的每一种方式都是自由的

=可以在母亲小屋附近的田野里自由奔跑，可以在流经我村庄的小溪里自由游泳，可以在星空下烤玉米，可以骑在慢吞吞的公牛宽阔的背上，
=只要我遵循父亲和族群的习俗，就不会被任何人的法律或上帝所困扰

直到我开始认识到我童年的自由是一种幻觉时
=我发现作为一个年轻人我已经被剥夺了自由
起初，作为一名学生，我只想要自己的自由，
=能够在晚上待在外面，读我想喜欢的书，去我想去的地方，诸如此类短暂的自由。
后来，作为约翰内斯堡的一个年轻人，我渴望最基本和体面的自由：实现我的潜力、挣钱养家糊口、结婚生子
=在合法生活中不受阻碍的自由……

自由是不可分割的
=任何一个人身上的枷锁都是所有人身上的枷锁，
=任何人身上的枷锁都是束在我身上的枷锁

剥夺他人自由的人被仇恨所囚禁，
=他被囚禁在偏见和狭隘的牢笼中，
=如果我剥夺他人的自由，我就不会真正自由，
=正如我的自由被剥夺时，我也不会自由一样。
=被压迫者和压迫者都被剥夺了自由。

……这是我的使命，
=解放被压迫者和压迫者

事实是我们还未获得自由
=我们只是获得了自由的自由，
=不被压迫的权利
=我们不是在踏上旅程的最后一步
=而是在一条更漫长、更艰难的道路上迈出了第一步。

因为自由不仅仅是挣脱枷锁，而是以尊重和提升他人自由的方式生活。 290
= 我们对自由是否忠诚，真正的考验才刚刚开始。

在措词层面，这些详述通过在随后的小句中反复使用平行语法结构（“grammatical parallelism”）而得到加强。我们在“勇气”中见过这种模式，但与这里出现的频率和所取得的修辞效果完全不同：

平行结构（措辞）：
我并非生来就渴望自由。
我生来是自由的。
我生来是自由的——以我所知道的每一种方式都是自由的。
可以在我母亲小屋附近的田野里自由奔跑，
可以在穿过村庄的清澈溪流中自由地游泳，
可以在星空下烤玉米，
可以骑在慢吞吞的公牛的宽阔脊背上。
直到我开始认识到我童年的自由是一种幻觉，
作为年轻人，我发现我已经被剥夺了自由，
那是一种短暂的自由，可以在晚上待在外面，
读我喜欢的书，
去我想去的地方。
基本和体面的自由：发挥我的潜力、
挣钱养家糊口、
结婚生子
——在合法生活中不受阻碍的自由。
但后来我慢慢发现，不仅我没有自由，
我的兄弟姐妹也没有。
我知道，不仅我的自由被剥夺了，
而且每个看起来像我的人也被剥夺了自由。
那是我加入非洲国民大会的时候，
也是我对自己自由的渴望成为对人民自由更大渴望的时候。
正是这种对人民过上有尊严和自尊生活的自由的渴望激励了我，
使一个畏惧的年轻人变成了一个勇敢的人，

驱使一个守法的律师成为罪犯，
使一位热爱家庭的丈夫变成了无家可归的人，
迫使一个热爱生活的人过着僧人一样的生活。
任何一个人身上的枷锁，都是所有人身上的枷锁；
所有人身上的枷锁，都是束在我身上的枷锁。

我们认为，对齐和强化这两种模式都体现了一种修辞，它与口头演讲的关系比书面陈述更为密切（Gee 1990, Olson 1994, Ong 1982）。这并不奇怪，因为曼德拉像他的父亲一样，得到培养，准备成为滕布族人（Thembu）统治者的顾问。他通过观察族群召开会议学到了这些技能，在这些会议上，所有人都可以自由发表意见，但议员的意见很重要：

291 我注意到一些演讲者语无伦次，似乎从来没有说到要点。我明白了另一些演讲者是如何直截了当、简洁而有力地提出了一系列论点，我观察到一些演讲者是如何使用情感和戏剧化的语言，并试图用这些技巧来感动观众的，而其他人则是清醒而平和，回避情感。（曼德拉 1995: 25）。

遗憾的是，我们没有关于曼德拉所听到的确切情况的记录。但是，如果我们将其与世界各地的有关演讲的研究（Hymes 1995，Whitaker 和 Sieneart 1986）进行比较，他彼时对公众演讲的研究对他的影响就更加明显了。例如，下面是土著长者文森特·林吉埃利（Vincent Lingiari）在澳大利亚总理将土地移交给人民之际发表的讲话[①]：

这位重要的白人正在极其隆重地把这块土地交给我们。过去它属于白人，但今天它掌握在我们这些土著人手中。让我们像朋友一样快乐地生活在一起，

① （边码 293）此次移交指的是 1975 年 8 月 16 日，（当时的）总理高夫·惠特兰（Gough Whitlam）和土著事务部长莱斯·约翰逊（Les Johnson）将属于波峰站的 1250 平方英里的土地租赁给穆拉·穆拉·古林德基公司（Lingiari 1986 年）。由帕特里克·麦康维尔（Patrick McConveil）将古林德基语译为英文。

让我们不要为难彼此。

这位重要的白人已经来到这里，他们现在正在把我们的国家还给我们。他们会给我们牛，给我们马，然后为我们而高兴。他们来自不同的地方，我们不认识他们，但他们为我们感到高兴。我们想以更好的方式生活在一起，土著人和白人，让我们不要为任何事情争吵，让我们成为伙伴。

他（首相）将隆重地把牛和马送给我们；我们还没有看到这些；他们会给我们钻、斧头、电线之类的东西。这些地位显赫的白人男子来到我们的仪式场地，很受欢迎，因为他们来这里不是出于任何其他原因，只是为了（移交的仪式）。白人和黑人即将成为同伴，你们（古林德基人）必须保护这片土地的安全，它不属于任何其他人。
他们把我们的国家夺走，现在隆重地把它送回来了。

此处不再做更详细的分析；但是，以听众为导向的对齐和强化模式很明显，即使是将土著语言古林德基语译成英语也是如此。还要注意的是，文本以循环的方式展开（如上所示），四次回归到白人夺走了古林德基的土地，现在又将它归还——包括一个传递和解和伙伴关系的友好信息。因此，就像在曼德拉的讲述中一样，局部的对齐和强化与宏观文本结构相一致。

两部分文本的主要区别在于，曼德拉也利用书面语言资源（即语法隐喻），将演讲术（循环）映射到线性时间（时间展开）上，这种映射产生了一种螺旋织体结构，通过这种结构，我们对自由的理解随着阅读的进程而深化。按照这个思路，我们猜测曼德拉可能已经重新构思过自传体讲述的语类，将西方文化的特点与滕布人的演讲术融合在一起，以更好地解释其生命历程的新含义。

在本节结束之前，我希望读者注意这一点，曼德拉运用介入资源使读 292
者产生一种参与感，而不是被支使的感觉。他没有告诉读者该怎么看；相反，考虑到读者可能会产生的误解，他让我们了解到他所领悟的东西。在这方面，他所使用的修辞反映了他对领导力的理解，也就是他小时候在滕布摄政王的宫廷中学到的：

> 作为一名领导者，我始终遵循摄政王在大皇宫展示的原则。在大胆说出自己想法之前，我一直努力倾听每个人在讨论中所说的话。通常，我自己的观点仅仅代表了我在讨论中所听到的共识。我永远记着摄政王所说的公理：他说，领导者就像牧羊人。他待在羊群后面，让最敏捷的那只羊走在前面，其他羊跟着，却始终没有意识到引导羊群的人一直走在最后。（曼德拉 1995: 25–6）

8.5　再品

当我们从语类和语场的角度，然后从语篇模式的角度研究了文本之后（尽管无论如何都不会穷尽），我们可以暂时回到宏观的视角，考虑一下“就职日”讲述、“勇气的代价”报告和“自由的意义”讲述三个部分是如何共同构成一个宏观语类，构成曼德拉自传①的最后一章。如果考虑曼德拉此前的经历和全书的内容，那么就职典礼就应该是所有叙事的结尾。但本书并没有就此结束；曼德拉随后补充了一份报告和另一份讲述文，以结束一切。是什么原因促使他继续讲述下去的？

正如我们所看到的，曼德拉在第 115 章中非常重视评价他的成就，并与读者分享他的评价。这扰乱了“就职”叙述的时间线，使曼德拉基于过去对现在进行评价，强调斗争的决心——建立一个超越种族分歧的多元民族的联盟。重点不是斗争的胜利，而是建立民主国家的决心。

曼德拉随后在报告中对这场斗争中的人民、他们坚强的品格和支撑他们的原则予以认可并赞扬。他文章的语气很恭敬，充满感激之情，但赞扬有度，因为普通人也发挥了作用，而且还为其家庭成员的政治承诺付出了

---

① （边码 293）有关宏观语类的更多信息，请参阅 Martin（1995a，2001）。

代价。不仅有伟大的英雄，还有付出巨大代价的普通人。不仅是评价由情感转为判断，还有失去的一切。

最后，曼德拉用一个讲述文作为结尾，根据他对自由的新认识来评价自己生命的意义。“就职日”主要讲述他的政治斗争，“勇气”揭示了他的个人冲突，讲述部分主要记录他精神上的追求——对他所为之奋斗的目标的鉴赏。螺旋式的语篇结构将介入系统与启蒙之旅交织在一起，让我们感 293
到启蒙之旅的起点是自由，其终点也是自由。

总的来说，从概念意义上讲，将这一章联系在一起的是演进，而不是革命。在某种意义上，斗争已结束，但在另一种意义上，还有很多要做——学习国歌，从伤痛中恢复，学习治理。从人际意义上看，贯穿这一章的是谦逊的态度——它自然而然引起我们对在胜利中保持风度的钦佩，将对勇气的钦佩与对损失的同情结合起来，以谦逊的态度承担责任。不仅仅是成就，还有政治生涯和道德的提升。不是悼词或祈祷，而是誓言，是邀请。

第九章

关联

295 本章提纲

在本章中，我们探讨语篇语义学研究方法与社会语境之间的联系，以及语篇分析的其他途径。第 9.1 节概述了社会语境的分层模型，包括语域——语场、语旨和语式三个维度，以及两个语境层——语域和语类之间的关系。第 9.2 节讨论语言数据的本质及分析方法，解决符号系统的惯性和变化问题。

然后，我们探讨语篇分析方法的互补性。第 9.3 节提出了批评性话语分析（CDA）领域与体裁、语域和语篇语义学之间关系的理论模型。第 9.4 节概述了一种分析语言之外社会符号的模式即多模态语篇分析（MDA）方法。第 9.5 节讨论了其他有助于解释这些系统的语言范式，最后对语篇分析领域的前景做出展望。

正如在引言中提到的，我们要确定语言系统分析的重点。语言是一种
极其复杂的现象，不亚于它所体现的社会生活语境，语篇分析是一个非 296
常庞大且不断发展的实践领域，因此，研究重点始终是提供可用来分析这些领域的工具。为此，我们关注的是语篇语义层面的系统，而不是词汇语法或社会语境层面的系统，尽管在某些方面会触及这些较低和较高层次的系统。具体来讲，我们探索的语篇语义资源包括体现社会关系的评价和协商系统，识解不同语场经验的概念和连接系统，以及把上述体现和识解组织为语境中有意义的语篇的识别和信息格律系统。在语篇语义学理论框架里，没有涉及的语篇资源是替换和省略，部分是由于韩礼德和韩茹凯在1976年《英语衔接》中有关论述已经相当完备，部分是由于其分析会涉及很多额外的语法描述。马丁（1992）的《英语语篇》也包含衔接和谐与情态责任（modal responsibility），故此处不再讨论。下面就马丁（1992）提出的语境模型展开讨论。

9.1　语境：语域和语类

本书中，我们用来理解语境的主要理论建构是语类。我们主要讨论五种语类——说教文、说明文、法案、讲述文和报告。语类可以帮助我们了解文化，即便作为语言学家，我们也试图将文化构建为一个语类系统。但这只是一个开始，在过去二十年里，功能语言学在与社会理论的互动中发挥了很好的作用。（关于语类理论和应用，包括从系统功能语言学和其他视角开展的研究，请参见海兰（2002）。马丁和罗斯（2006）详细介绍了语类分析在不同方向的发展。

语域

语域和语类一样，是功能语言学家用来构建语境模型的主要结构。在系统功能语言学中，语域按元功能分为语场、语旨和语式。研究交际者之

间关系的维度称为**语旨**；与社会活动有关的维度称为**语场**；与语言角色有关的称为**语式**。对于这三个维度，韩礼德是这样描述的：

297 **语场**指正在发生的事情，正在发生的社会行为的性质，参与者所从事的活动，其中语言是必要组成部分。

语旨是有关参与者的，包括参与者的性质、地位和角色，角色之间永久或暂时的关系，他们在对话中扮演的言语角色类型，以及他们所参与的整个社会关系总和。

语式是指语言所扮演的角色，参与者希望语言在情境中所承担的角色：文本的象征性组织结构、它的地位及其在语境中的功能。

（韩礼德和韩茹凯 1985: 12）

语言体现社会语境，社会语境的每个维度都通过语言的特定元功能来体现，如下所示：

元功能	**语境**	
人际功能	语旨	“各种角色关系”
概念功能	语场	“正在发生的社会行为”
语篇功能	语式	“语言所扮演的角色”

情景语境的语旨、语场和语式共同构成文本的语域。语域不同，文本的含义也不同，其变化具有系统性，故我们把语旨、语场和语式称为**语域变量**。社会语境的语言模式见图 9.1。就语类而言，我们可以将语场、语旨和语式视为从概念、人际和语篇的不同角度跨越语类生成意义的资源。以语旨为例，在不同的语类中，我们要考虑主导和非主导的复现模式，因此无须每次都去重复描述同一件事。同样，在解释、说明、历史叙述和报道（如前文所述）这些从较具体到较抽象的隐喻性话语中，语式也会有变化，语域的概念使我们可以概括这些变化，概括多种语类中表达意义的资源。

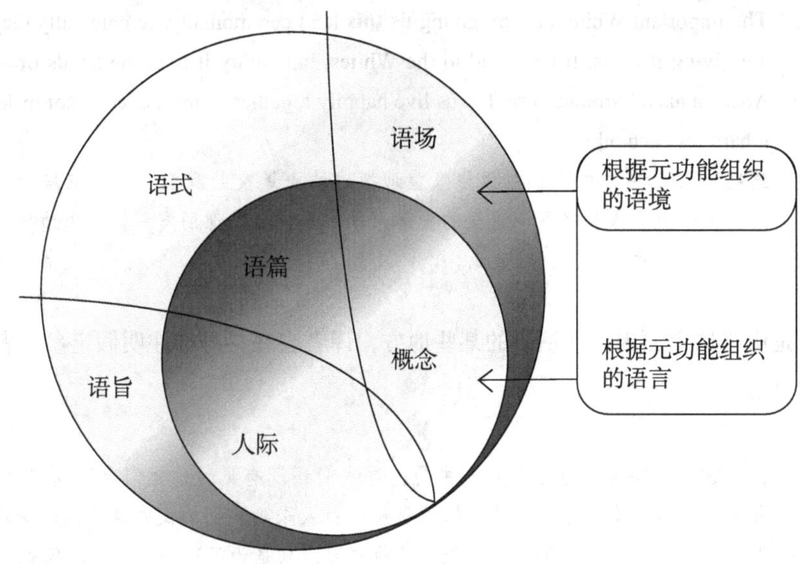

图 9.1　元功能与语域变量

语式 298

我们先从语式开始，逐个探讨这些变量。语式中的一个重要变量是语言在做事过程中扮演的角色，即它在多大程度上参与了做事，是仅仅伴随着某个语场活动而存在，还是独自构建了语场。语式的一个互补维度是由独白到对话、由单向到互动构成的连续体。

我们从楔子开始分析。例如，在文森特·林吉埃利（Lingiari 1986）的演讲中，有几处指代语篇外、在交接仪式上实际存在的人物、地点和事物。话题链中依次出现了 *the important white men*（地位显赫的白人）、*us*（我们）（土著人）、*this land*（这块土地）、*today*（今天）和 *here*（此处）（有争议，如果不是回指 *this land* 的话）。这类文本可以看作是语境依赖型的，如果没有来自情境的信息（我们看到的或稍后通过观察图片获取的信息），我们就无法确定参与者的身份：

The important White men are giving **us this** land ceremonially, ceremonially they are giving it to us. It belonged to the Whites, but **today** it is in the hands of us Aboriginals all around **here**. Let us live happily together as mates, let us not make it hard for each other.

这些地位显赫的白人正在极为隆重地把**这块**土地交给**我们**。过去它属于白人，但**今天**它掌握在我们**这里的**土著人手中。让我们像朋友一样快乐地生活在一起，让我们不要为难彼此。

正是由于这个原因，在演讲的某些地方，译者会在括号中注明假定参与者的身份：

他（首相）将隆重地给予我们牛马；这我们还没有见过；他们会给我们钻、斧头、电线之类的东西。这些地位显赫的白人来到我们的仪式场地，很受欢迎，因为他们来这里不是出于任何其他原因，只是为了这个（移交的仪式）。白人和黑人将成为同伴，你们（古林德基人）必须保护这块土地的安全，它是你们的，它不属于任何其他人。

另一方面，曼德拉对自己童年生活的构建并不依赖于上下文。文中提供了所有假定的信息。我们无须身临其境，只需阅读文本就可以了解：

299 **我**生来是自由的，在**我**所知道的每一方面都是自由的。我可以在**我母亲小屋附近的田野里**自由奔跑，**在流经村庄的小溪里**自由地游泳，可以在**星空下**烤米饭，可以骑在慢吞吞**的公牛宽阔的背上**。只要**我**遵循**父亲和族群的习俗**，**我**就不会被**任何人的法律或上帝**所困扰。

除此之外，我们还有一些文本，其内容具有概括性，并不受语境的限制。如曼德拉对无数南非家庭的经历作了这样的概括：

这很简单但又不可理解，就像**一个小孩**问她的父亲“为什么你不能和我们在一起？”**父亲**不得不说出这些可怕的话：“因为还有其他像你这样的孩子，很多……”然后**父亲的声音**渐渐低下去。

如果作更深入的分析，我们就会发现语法隐喻是将文本从情境中分离出来的关键资源，因为它能够将活动重新识解为事物，从而打破语言和物质活动之间的像似性关联（iconic connections）[①]。语法隐喻将社会行为转化为另一个话语领域，在这个领域中，抽象概念之间形成了各种各样的关系。例如，曼德拉将呼啸在联盟大楼上空的飞机重构为精确、有力和忠诚的象征（*a display* 一种展示和 *a demonstration* 演示）；这样，他对事物的情感和鉴赏（*in awe as a spectacular array ... in perfect formation...* 当一排……以完美的队形……敬畏）相应地转变为判断（包括能力、韧性和妥当性：*pinpoint precision and military force, loyalty to democracy ... freely and fairly elected...* 强调军事力量和精准，对民主的忠诚……自由而公正地选举……）。这样一个转变使曼德拉能够对当天的事件进行评价：

> A few moments later we all lifted our eyes in awe as a spectacular array of South African jets, helicopters and troop carriers roared in perfect formation over the Union Buildings. It was not only a display of **pinpoint precision and military force,** but a demonstration of the military's **loyalty to democracy, to a new government that had been freely and fairly elected.**
>
> 片刻之后，当一排壮观的南非喷气式飞机、直升机和运兵车以完美的队形呼啸着经过联合大楼时，我们都敬畏地举目观看。他们展示的不仅是**精准和军事力量**，也是军队**对民主的忠诚，对自由公正选举产生的新政府的忠诚。**

一旦涉及概念隐喻，语篇意义就不再是寻常意义，非常识性语篇包括所有人文科学、社会科学和自然科学在内的整个语篇世界，以及官方和技术领域使用的语言，都是如此。语篇不仅对经验进行概括，而且将经验组织起来，在一个高度抽象的层次上反思（这种抽象可以通过各种方式实例化），有时可以促成行为的发生：

---

① （边码 332）象似性是指我们所感知的世界与概念之间的关联，即人与物作为名词，行为作为动词等等。

> ACT—To provide for the **investigation** and the **establishment** of as complete a picture as possible of the **nature, causes** and **extent** of gross **violations** of human **rights** Committed during the period from l March 1960 to the cut-off date contemplated in the **Constitution,** within or outside the **Republic,** emanating
> 300 from the **conflicts** of the past, and the **fate** or **whereabouts** of the victims of such **violations.**
>
> 法案——对于发生在1960年3月1日至《**宪法**》规定的截止日**期间**的，由于过去的冲突而在**共和国**之内或以外发生的侵犯人权行为，应通过**调查**和听证会的方式，**建立**尽可能完整的资料，以说明其**原因**、**性质**和**程度**，以及此类**侵犯行为**受害者的**命运**或**下落**。

——有时是对一系列行为进行评价：

> 种族隔离**政策**给国家和人民造成了深刻而持久的创伤。所有人，如果不是几代人的话，都将花很多年才能从这一严重的**创伤**中恢复过来。但是几十年的**压迫**和**残暴**产生了另一个意想不到的**影响**，那就是它产生了我们这个时代的奥利弗·塔姆博斯、沃尔特·西苏卢斯、首席路德利斯、优素福·达多、布拉姆·菲舍尔、罗伯特·索布奎斯，他们拥有非凡的**勇气**、**智慧**和**慷慨**。历史上可能不会再有能超越他们的人，也许需要经受如此**深刻**的**压迫**才能铸就如此**高尚**的**品格**。

语式变化的范围通常是从行动中的语言到作为反思的语言所构成的连续体。我们已经分析了这一连续体的中间部分和靠近反思的一端，书面语类就在这一范围内。对于语言在事件中作用较小的文本，我们需要研究活动过程中的口头语言，例如对体育赛事或游行进行现场评论，或者当人们的大部分意识被高强度的体力活动（运动、艰苦的体力劳动、攀岩、跳舞等）占据时，他们设法说出那些话。例如，有这样一个交流场景，在这个场景中，教师在指导一个学习者，但没有说明他正在做的事情是什么，也没有提供做事的地点。因此，如果没有在场，就无法解释这种活动（见Rose 2001 a 和 b, 2006 a 对于一种叫作皮辰彻查罗的澳洲土著语言的讨论）：

学习者：　这里？
教师：　——不，这不好。在那边。往远处挖。
学习者：　——在这里？
教师：　——是的，在那里。
教师：　——看到了吗？
学习者：　——啊哈！

语式分析的另一个维度是对话连续体上的互补性独白。该连续体能够反映出各种通信技术对口语和书面语辅助的交际活动产生的影响，很多电子设备的使用都可以影响交际活动，如短波收音机、对讲机、电话、传真、电子邮件、聊天室、网站、收音机、录音带、光盘、电视、数字视频光盘、视频和电影。这里关键的物质要素是对话者能否听到和看到对方（听觉和视觉反馈）以及回应的迫切性（即时或延迟）。

显然，书面数据并不适合描述这个连续体。技术的运用可以促成语篇 301
组织的形成，却不能起决定作用。无论如何，像写作这样的行为都可以提供不同程度的互动，如一个事件中的对话（各种各样的脚本）、用来引出对话的投射，就像下面这段曼德拉说教文里作者想象中的应答：

孩子　"为什么你不能和我们在一起？"
父亲　——"因为还有其他像你这样的孩子，很多……"

即使在祈祷和无须回应的各种形式的公开演讲中，交谈者也可能被唤起，如海伦娜引用祈祷语那样，例如：

海伦娜　"上帝呀，到底发生了什么？他怎么啦？他怎么会变化这么大？他要发疯吗？我受不了这个男人了！但是，我也逃不脱。这个男人会一辈子阴魂不散。上帝，为什么？"

曼德拉和林吉埃利都在演讲中告诫听众，不要放弃发言权：

林吉埃利　让**我们**像朋友一样快乐地生活在一起，**我们**不要让彼此难堪。

曼德拉　今天，**我们**所有人聚在这里……为新生的自由带来荣耀和希望。在经历了一场持续太久的非同寻常的人类灾难之后，一定会诞生一个全人类都将为之自豪的社会。**我们**感谢所有尊敬的国际友人……**我们**保证解放所有的人民……永远、永远、永远不会再让这片美丽的土地经历一个人压迫另一个人的事情……让自由统治南非。上帝保佑南非！

书面语也可以模仿对话，达到预期的修辞效果。如图图先是提出问题，然后自己回答；或者曼德拉用一个矛盾的观点否定了一个错误的主张：

所以要不要在牺牲公正的前提下给予赦免？这不是一个轻浮的问题，而是一个极为严肃的议题，这一问题挑战着整个真理与和解过程的正义性。

有人说，现在已经实现了自由。
但是**我知道**事实并非如此。

302 对于一些几乎是独白的文本，我们要参考《法案》内容去理解命题和提议是如何实现的。同时，独白文本不需要回应：

总统已同意颁布以下法案，特此告知……由南非共和国议会**通过该法案**，内容如下

至此，人们很容易从会话分析理论的话轮转换联想到评价系统的介入资源，并从更接近巴赫金对话理论的角度去考虑语式对会话的影响。对此我们不做深入探讨（见 Martin and White 2005 年的讨论），我们更倾向于将此处的介入作为一种能够解释语旨、尤其是阐释结盟关系的资源。同时，我们会继续探讨介入与语式的关系。

在这里，我们要探讨的一个问题是语言在不同语类中所扮演的角色，即语式。我们可以从两个连续体的维度探讨通信技术对语篇组织的影响：抽象的程度（行为 / 反思）和互动的程度（独白 / 对话）。该领域需要开展更多的研究，从韩礼德和马丁（Halliday & Martin 1993）、马丁和维尔（Matin & Veel 1998）、马丁（Martin 2001a）和克里斯蒂（Christie 2002）这些研究中可以看到该领域取得的进展。

语旨

语旨的重要变量是权力和结盟，即人际关系的纵向和横向维度。权力变量可以概括不同语类中地位的平等和不平等。

在后殖民社会中，不平等有五个主要方面：代际、性别、民族、能力和阶层，这些决定了我们在家庭生活早期所处的位置。代际指的是与年龄相关的不平等地位；性别包括生理性别和基于性别的差异；民族与种族、宗教和其他“文化”差异有关；能力是指有无各种身体上的残疾；阶层是以物质资源的分配为基础的，可以说是最基本的层面，因为后殖民经济秩序就是建立在经济地位的不平等之上的。我们将这些方面理解为社会符号学的编码取向，通过物质形式和语义风格实现。当然，具体操作方式因文化而异，并超出了本书的讨论范围。熟悉社会学家伯恩斯坦（Bernstein）和他著作的读者都清楚，他的思想对权力研究产生了重要影响。关于我们之间的一些对话，见克里斯蒂（Christie 1999）。所有这五个维度都制约了一个人在家庭以外的教育、宗教、娱乐和工作场所中等级制度里的位置，因此对于大多数文本，我们都要结合语场来考虑权力的分配。

波恩顿（Poynton 1985）概述了权力（power）和一致（solidaritty） 303
的重要实现原则。对于权力，她认为选择的互惠性是一个关键变量。因此，地位平等的社会主体通过获得和接受相同种类的选择来构建平等关系，而地位不平等的主体接受不同种类的选择。称呼语是一个最明显的例子。海伦娜称呼图图为图图主教，而图图称呼她为海伦娜；海伦娜称呼她丈夫的名字，而她丈夫则称呼她海伦娜。但如果海伦娜称呼图图为德斯蒙德，就很出人意料。由此可见，这不仅是一个互惠的问题，也是一个处于支配地位和一个处于恭敬地位的对话者可以选择不同称呼语的问题。第 7 章中有一个例子提到了卢埃林问候桑尼，桑尼是他的同龄人：

卢埃林：　　你好。
桑妮：　　——你好。

桑尼的父母是卢埃林的长辈，他们对卢埃林是这样回应的：

卢埃林：　　格鲁布姆夫人。格鲁布姆先生。
玛格达：　　——卢埃林。

权力是一个很宽泛的研究领域。需要指出的是，写作并不是南非或澳大利亚社会每个人都可以选择去做的事情，因为它依赖于某种制度化的学习，而且这两个社会都存在文盲现象。此外，图图和曼德拉之所以是高明的写作者，是由于他们都接受过高等教育和一个或多个领域学徒制的训练。只有少数南非人或澳大利亚人能够有机会获得这样的资源，因此，能够具备如此卓越写作才能的人更是少见。我们在分析中主要讨论了权力话语，当然，也会兼顾其他方面的分析。海伦娜可以直接对那些比她地位高的人（南非广播公司和图图主教）表达敬意，而林吉埃利笔下的澳洲土著人的声音总是通过非土著学术人士的文字和政治活动家的笔录传播到更广阔的世界。如果你在本书中读到了这一点，那么你肯定是在以林吉埃利，可能还有海伦娜无法接触到的方式做出回应——无论你是否真的有时间直接回应本书作者戴维和吉姆。请注意，我们用名字来称呼自己的同时，就是在试图构建一种平等关系，并希望对方以同样的方式回应我们。

语旨的横向维度，即一致，在不同语类中都可将社会主体纳入到各种等级的组织中：亲友关系网络，以及不同程度的制度化的活动（休闲和娱乐、宗教、公民身份和所从事的工作）的关系总和。个人在组织中的融入程度与共同开展活动的范围和频率有关，也与个人对活动的价值判断和感 304
受有关。例如，史蒂夫·雷·沃恩的铁杆粉丝会比他的普通粉丝更频繁、更乐于收听他的录音，并且会拥有更多关于史蒂夫·雷·沃恩的书籍和纪念品，花更多时间在他的网站上浏览，甚至去他的坟墓朝圣等等。亚马逊网站上有关他的录音和视频的评论十分热烈，这表明史蒂夫·雷·沃恩的粉丝构成了一个群体，用他粉丝的话说，这个群体按照从核心到边缘的维度可分为：

一个史蒂夫的铁杆粉丝	**核心** ↑
任何普通粉丝！或普通爱好者	
进入主流**蓝调吉他**的舞台	
任何**纯蓝调**迷……	
任何蓝调粉丝的收藏	
如果你是**业余的蓝调**粉丝	
只是普通音乐粉丝的收藏	
如果你……就像**一次很棒的演出**	↓ **边缘**

对于一致，波恩顿提出了“扩散”和“收缩”两个实现原则。扩散是指关系越密切的人之间可以交流的意义就越丰富。可以想象我们结识一个人的过程，当你们不熟悉时，可以谈论的话题比较有限（如天气），当你们非常熟悉以后，就能够谈论很多话题（几乎任何事情）。或者回到史蒂夫·雷·沃恩粉丝群的话题，亚马逊的内部编辑往往会在评论中提到他的全名；而粉丝提到他时可能会使用不同的称呼（史蒂夫、史蒂夫·雷或姓名缩写字母 SRV），李（Leigh 1993: 3）引用史蒂夫哥哥吉米的话，吉米

称史蒂夫为“小兄弟”，而史蒂夫称呼他哥哥为“伙计”[①]

> “干得好，**小兄弟**！”吉米喊道，拍了拍他的背。“你听到了吗？听！他们快疯了！史蒂夫，你竟然会这样演奏！太棒了！”
>
> 也许他第一次听到吉米这么说，也许他第一次相信了吉米的话，史蒂夫的眼睛湿润了，他紧紧拥抱着吉米，说：“谢谢，**伙计**。你知道这对我有多重要。”

态度的扩散作用尤其明显，因为共情是一种重要的结盟资源。李（Leigh 1993）所记录的史蒂夫和哥哥的亲密时刻包含很多评价资源，包括言语的和非言语的（拍背、拥抱、哭泣）。同样，海伦娜和曼德拉各自分享的说教文也自然而然与读者建立了亲密的关系，正如林吉埃利在文中使用的情感表达使读者产生更多认同感一样。

305 态度的收缩维度指人们交流时所需要承担的工作量，了解程度越深，越是不需要使用非常明确的语言表达。波恩顿通过讨论命名证明了这一点。她指出，熟人之间互相称呼时，更多使用拼写较短的名字，不熟的人之间往往用拼写较长的名字。对于局外人来说，史蒂夫可能会被称为德州蓝调歌手史蒂夫·雷·沃恩，而对于他的铁杆粉丝来说，只需称呼他名字的首字母就够了：

> 德州蓝调歌手史蒂夫·雷·沃恩
> 史蒂夫·雷·沃恩
> 史蒂夫·雷
> 史蒂夫
> SRV

---

① （边码 332—333）在两个段落之后，李（Leigh）在《序曲：上帝的仁爱》一章中将埃里克·克莱普顿（Eric Clapton）称为上帝，在史蒂夫看来这很重要，李还提到了舞台上的史蒂夫、吉米（Jimmie）、埃里克（Eric）、巴迪·盖伊（Buddy Guy）和罗伯特·克雷（Robert Cray），以及吉米·亨德里克斯（Jimi Hendrix）的曲子《上帝也仁爱》（*And the Gods Made Love*）[参见李《序曲：上帝的仁爱》一书的封底标题“他们叫他‘旋风吉他’”]。

从专业角度讲，一个同义词包含的义项越少，它所构建的群体关系就越紧密，排除的个体就越多。在这方面，缩略语通常是敏感的群体成员标志（见 Martin 2000 a 对“介人”资源的讨论，如诅咒语、俚语、反语言、专业词汇和技术词汇）。

考虑到文化差异，态度的收缩常常具有排除的功能。以林吉埃利演讲中提到的语篇外所指为例：

> **The important White men** are giving **us this** land ceremonially, ceremonially they are giving it to us. It belonged to the Whites, but **today** it is in the hands of us Aboriginals all around **here.** Let us live happily together as mates, let us not make it hard for each other.

the important white men	Gough Whitlam, Len Johnson and others
us	Vincent Lingiari and Gurindji people
this land	Wave Hill Station (later Daguragu Station)
today	16 August 1975
here	Wattie Creek

> **这些地位显赫的白人**正在及其隆重地把**这片**土地还给**我们**。过去它属于白人，但**今天**它掌握在我们**这里**的土著人手中。让我们像朋友一样快乐地生活在一起，不要让彼此难堪。

这些地位显赫的白人	高夫·惠特兰、伦·约翰逊和其他人
我们	文森特·林吉埃利和古林德基人
这片土地	波峰站（后来的达古拉古站）
今天	1975 年 8 月 16 日
这里	瓦蒂溪

此处仅介绍大部分（但不是所有）澳大利亚人和少数其他人能够理解的同义词表达。当然，除了上述提到的词义，林吉埃利认为在场的每个人都应该明白交接的含义。澳大利亚作曲家保罗·凯利（Paul Kelly）在介绍歌曲《以小积大》时，对于他和土著音乐家凯夫·卡莫迪（Kev Carmody）

创作的这首里程碑式的斗争之歌是这样评价的：

> 《以小积大》这首歌是献给文森特·林吉埃利的。1966年，古林德基牧民带
> 306 着家人离开了维斯特里养牛场，开始了长达八年争取土地的诉求。惠特兰政府在1974年归还了古林德基大部分土地。戈夫·惠特兰亲自在古林德基向文森特·林吉埃利捧成杯状的手上撒了一小撮土，象征着恢复古林德基人合法的土地所有权。1966年这一看似简单的举动产生了许多后果。（Paul Kelly and the Messengers 1991）

林吉埃利的两位编辑赫尔库斯（Hercus）和萨顿（Sutton）为他的演讲添加了一个序言：

> 这是古林德基人民的领袖文森特·林吉埃利的演讲（第40页），当时，他正在面积为1250平方英里的土地租约移交的现场，该土地原属波峰站的一部分，1975年8月16日，总理高夫·惠特兰和土著事务部长莱斯·约翰逊前往穆拉·穆伊拉·古林德基公司办理移交。
>
> 截止到1977年，古林德基人在达古拉古站放牧了5000多头牛，他们打了几口新的水井，并用栅栏围起了新围场。虽然赢得了这场持久的土地争夺战，他们仍然只持有牧区租约，而不是自由保有租约，并且仍在帮助其他群体获取土地权利。
>
> 文森特·林吉埃利现年70多岁，年迈体弱，但仍然是达古拉古、利巴南古定居点和邻近车站约500—600名古林德基人公认的广受尊敬的领导人。1976年，他被授予澳大利亚勋章。

在上文中，随着内容的每一步扩展，读者群体也在扩大，他们能够了解正在发生的事情。对于内部人士来说，仅提及高夫·惠特兰向文森特手上撒了一小撮土，或只需看一眼文森特的照片就够了。

语场

现在我们讨论语域的第三个变量，语场。语场涉及正在进行的活动，

包括家庭的或机构的。根据定义，语场是一组面向家庭、当地社区或整个社会的、具有一定目标的活动序列。活动序列、序列中每一步骤以及参与者的分类都可以让我们对语篇内容作一定的预期。因此为了确定语场，我们需要考虑正在发生的事情的性质，例如，结束一场音乐会，或者开始罢工：

> 11 点 20 分，当最后一个音符演奏完毕，五位演奏者兴奋地从后面的出口离开了舞台，他们相互拥抱，亲切地交谈着。他们摆好姿势合影、签名留念，看着各自指尖上的老茧，互相指责，说“看看这个，伙计”“不，看看这个”“我的比你的大！”不时地爆发出阵阵笑声。（Leigh 1993: 3）

> 1966 年 8 月 23 日，古林德基长者文森特·林吉埃利带领他的族人离开维斯
> 特里畜牧组织经营的大型养牛场，抗议牧场提供的工资和生活条件。他们要
> 求英联邦参与这个案件的处理，希望得到土地并建立自己的养牛场。随后，
> 他们向总督递交了请愿书，但没有立即得到答复。然而，他们反对不公正的 307
> 立场引发了全国对土著人土地权利的关注。这次罢工发展为古林德基人长达
> 七年的要求归还土地的运动，成为整个澳大利亚广受公众关注的事件。这场
> 运动也得到了工会运动的大力支持，并引发了许多土著人发起的人权运动，
> 包括要求获得土地权。这是对英联邦领导层的呼吁，但在惠特兰政府选举之
> 前，政府未采取任何实质行动。（Tickner 2001: 8）

不同的序列暗示着不同的事件，这些事件与语场的性质关系十分密切：

> 他们摆好姿势合影
> 签名留念
> 看着各自指尖上的老茧

> 古林德基长者文森特·林吉埃利带领着他的族人离开了养牛场
> 他们随后向总督递交了一份请愿书

这些事件暗示着不同参与者，这些参与者按照特定语场来分类和组合，例

如，蓝调吉他手和他们的歌曲……

蓝调吉他手

埃里克·克莱普顿、罗伯特·克雷、巴迪·盖伊、史蒂夫·雷·沃恩、吉米·沃恩

史蒂夫·雷·沃恩的专辑列表（部分）

《特克萨斯洪水》《骄傲与欢乐》《里维埃拉天堂》《交火》《无法忍受这天气》《坠落》《智利伏都教》《甜蜜家园芝加哥》

……还有预期的同伴及其带来的礼物：

同伴

首相高夫·惠特兰、文森特·林吉埃利
地位显赫的白人、我们土著人
白人、白种人、土著人、黑人

礼物

土地、国家、牛群、马群、钻孔、斧头、线

通过活动和参与者等参数，以及它们在不同语类中的体现方式，我们可以探索不同领域的生活，特别是日常领域、技术领域和机构领域之间的差异，以及参与这些领域所需的训练。这对于理解与交流相关的文化差异
308 至关重要。例如，与非土著澳大利亚人相比林吉埃利通过“仪式性归还土地”认识到了什么？在非土著澳大利亚人的群体中，谁会特别重视土地所有权的法律细节？（例如，田园租约和不可剥夺的自由保有权之间的区别）：

……**极其隆重地将土地授予我们**，它掌握在我们这些土著人手中，把我们的国家还给我们。这些地位显赫的白人来到了我们的仪式场地……为了这次（移交），[土地]不属于任何其他人，[土地]被隆重地归还了。（Lingiari 1986）

土地所有权的**合法恢复**（Paul Kelly and the Messengers 1991）

尽管赢得了这场长久的土地争夺战，但他们仍然只拥有**牧区**，而**不是自由保有租约**……（Hercus and Sutton 1986）[①]

人们对这一领域存在的误解，被一些澳大利亚右翼民粹主义政治家无情地利用，这类误解也为探索土地所有权和监护权的常识性及非常识性解读提供了一个非常有用的交流平台（Gratton 2000）。

有关日常语言、技术性语言和抽象性语言、技术和官僚机构语言以及人文、社会科学和科学领域的话语研究工作，请参见韩礼德和马丁（Halliday and Martin 1993）、韩茹凯和威廉姆斯（Hasan and Williams 1996）、克里斯蒂和马丁（Christie and Martin 1997）、马丁和维尔（Martin and Veel 1998）、克里斯蒂（Christie 1999）、昂斯沃斯（Unsworth 2000）、海兰（Hyland 2000）和马丁和沃达克（Martin and Wodak 2003）；克里斯蒂和马丁（Christie and Martin 2007）探讨了与伯恩斯坦及其合作者在知识的社会学领域研究相关的领域。

语类和语域

语域分析提供了除语类之外的另一种思考语境的方式。两种方式主要区别在于，语域分析根据元功能分为语场、语旨和语式，而语类分析则不是。语域和语类的关系是一种跨层的关系，语域体现语类（如图 9.2 所示）。换言之，语域和语类的关系类似于语言和语境的关系，以及语言层次之间的关系（如第一章所述）。根据莱姆克的观点（Lemke 1995），图 9.2 所描述的层级之间的关系是一种“元冗余”，即上一个级别的模式与下一个级别的模式部分产生回荡。因此，语类是一种语域模式，语域变量

① （边码 333）虽然出走事件发生在 1966 年，但直到 1986 年古林德基人才获得其土地的不可剥夺的自由保有权。

是语言变量的模式。但请注意，层级之间的关系是体现，不是决定；语类不决定语域变量，语域变量也不决定语言选择。相反，语类被识解、实现或呈现为语场、语旨和语式的动态配置；后者又被识解、实现或呈现为展开的语篇语义模式。语类、语域、语篇和语法之间的关系在某种程度上对特定文化成员来说是可预测的，但同时它们又是独立变量；这些互补的特点赋予语言和文化既保持稳定又富于变化的能力。

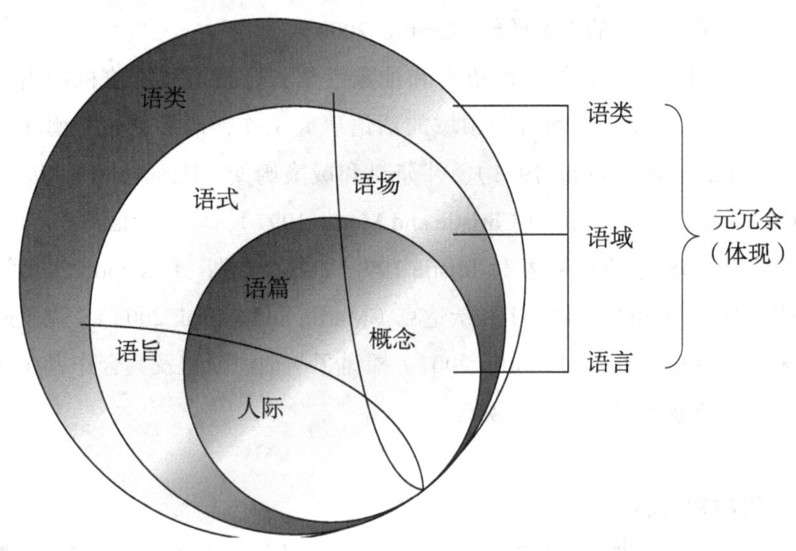

图 9.2　语类、语域和语言

309　关于语域和语类结构之间关系的另一个观点来自韩茹凯和她的同事，他们建立了系统和结构之间的“轴向”关系模型。在这个模型中，语类结构的强制性要素受语场制约，而可选要素则取决于语旨和语式。因此，语类之间关系的问题就是不同语类所共有和非共有的语场、语旨和语式的选择问题。这与马丁（Martin 1992）提出的模型不同，在马丁的模型中，语类之间的选择在语域层面上形成一个超越语场、语旨和语式的网络系统。在系统功能语言学中，语场、语旨和语式仍然属于相对不够明确的理论建构，因此在现阶段很难评价不同模型策略（层间体现与轴向体现）的相对优势和劣势。马丁的模型主要受教育语言学方面工作的影响。在教育语言学中，不同学科语类之间的映射关系一直是人们关注的焦点（Martin 2001a、2002a、b; Martin and Plum 1997）。更进一步的讨论请参见麦迪森（Mattheissen 1993）、马丁（Martin 1999c、2001d）、韩茹凯（Hasan 1995、1999）、马丁和罗斯（Martin and Rose 2005、2007）。

9.2 语料 310

在本章的开篇，我们探讨了从语类和意识形态的角度分析问题。此处，作为结束语，我们再回到韩礼德和麦迪森（1999）提出的“实例化连续体”（cline of instantiation）的问题上来。

实例化涉及在社会微观系统中观察亚稳态的方式，即动态、惯性或介于两者之间的状态。韩礼德用天气和气候的比喻来说明实例化。天气是我们每天经历的变幻莫测的状态，气候是我们长期以来已经适应的用来做计划依据的惯性。韩礼德指出，天气和气候实际上是看待同一现象的不同方式。我们可以说，天气对气候的改变可能很重要（如全球变暖），也可能不重要（如今天的气温比平均气温高出两度），或者气候决定天气（比如说，某地总是下雨，因为那儿的气候很糟糕）。

韩礼德用这个比喻想说明文本和系统相互作用，正如天气和气候相互作用。实例化连续体包括系统（语言的广义意义潜势）、语域（以语域和语类为特征的子意义潜势）、文本类型[①]（广义实例，实现系统潜势的一组文本），最后是文本（实例提供的意义）。我们可以在连续体的终端添加阅读（读者从文本中获取的带有主观性的意义）：

---

① （边码 333）事实上，韩礼德和麦迪森把语域视为系统的子潜势，而文本类型则视为文本的超潜势，两者处于概括性连续体的同一层面；此处，我们添加了一个选项，使文本类型比语域更具体。

系统	（广义意义潜势）
语域	（子意义潜势）
文本类型	（广义实例）
文本	（文本实例）
阅读	（主观意义）

我们将阅读添加到连续体中，是考虑到文本总是提供一系列不同的解读方式。我们暂时把这些解读概括为“策略”（tactical）、“抗拒”（resistant）和“顺应”（compliant）三个类别（pace de Certeau 1984）。顺应性阅读是一种对文本意义自然而然接受的阅读立场。我们在本书中非常深入地探讨了文本意义的共同表达如何使阅读立场自然化：图图如何让读者认同他的立场，海伦娜如何使读者同情她丈夫，曼德拉如何一步一步去引导读者。抗拒性阅读则与顺应性阅读截然相反，例如，我们可能会说，赦免是个很糟糕的主意，或者说，带有责任的自由根本就不是真正的自由。抗拒性阅
311 读通常与特定非主流文化有关（在西方，抗拒性阅读涉及的主体包括那些不具备白人、盎格鲁人、中产阶级、成熟且能干的社会主体所具备的话语能力的人）。策略性阅读是指从文本意义的某个方面入手，并根据兴趣对其进行有倾向性的阅读。例如，作为语言学家，我们选取海伦娜故事的一部分，将其作为一种或另一种语言系统的范例进行分析，那么就是对图图和海伦娜进行策略性阅读；我们既不完全接受也不抗拒他们的言论，只是用它来服务于我们自己的专业研究。

策略阅读的一个更典型例子是乐迷在亚马逊网站构建成员共同体的方式。第二章讨论鉴赏时，我们使用了亚马逊网站编辑为史蒂夫·雷·沃恩发行《德克萨斯洪水》而作的一篇内部评论。在“编辑评论”之后，亚马逊安排了“每日客户评论”，一个不断更新的动态流通式语料库，在这里，粉丝可以大肆赞扬自己喜爱的明星。以下是一些好评：

史蒂夫·雷·沃恩——《特克萨斯洪水》，2000 年 3 月 18 日

如果你不懂得欣赏这张唱片上的音乐，你就不是一个真正的美国音乐迷。史蒂夫·雷·沃恩绝对会永远停留在这张唱片了！如果你听了这里面的歌曲，就会发现其中两首歌听起来非常相似：《傲慢与欢乐》和《对我说》。史蒂夫的妻子第一次听到《傲慢和欢乐》时，心生嫉妒，认为这是他为另一个女人写的，所以，可怜的史蒂夫不得不修改歌词，创作了《对我说》（对你来说是一个小细节……）。无论如何，这张唱片是必须拥有的！标题剪辑是八九十年代的蓝调国歌。

"蓝调风格"怎么拼？ 2000 年 2 月 18 日

S-T-E-V-I-E R-A-Y，蓝调风格就是这样写的。我告诉你，在发现史蒂夫之前，我还不知道我是个蓝调迷。这张唱片"一开始"就展示了大师的风采，我敢说你听了之后也会有同感。他的唱片里有你需要的一切，从"适合跳汽车舞的"《爱情撞了我》和《对我说》，到令人心痛的曲风，从非常典型蓝调风格的《得克萨斯洪水》，到充满活力的《粗鲁的情绪》，天啊，简直太刺激了！当然，《骄傲与欢乐》仍然是无法超越的经典，也是史蒂夫的招牌歌曲。永远爱它。

显然，这是亚马逊卖力销售唱片的一个策略。这是一个清晰的消费逻辑："如果你是一个粉丝（或者即便不是），你会喜欢这张唱片，所以你会买"。与此同时，粉丝们也在追求另一个目标，即扩大他们的群体。除了消费逻辑，还有一种归属感逻辑："如果你买了这张唱片，你就会喜欢它，因此会成为一个粉丝。"正如莱姆克（Lemke）向吉姆（Jim）指出的那样，这体现了后福特主义以信息和通信技术为基础并满足个性化需求的现状。

将阅读作为实例化连续体的终端，引发了一个问题，即如何确定是哪 312
一种阅读。毫无疑问，我们需要根据这些解读在文本中的具体化体现方式来探索顺应性、抗拒性和策略性阅读。这就需要审视文本本身所能提供的阅读意义，考虑到话语所涉及的不同主体，在"文本"和"阅读"之间来回切换，如此循环往复，直到充分地探索文本所协商的意义。这在实例化连续体终端产生了一种递归循环：阅读反馈到文本中，文本反馈到文本类型中，文本类型反馈到语域，等等。

这意味着我们在收集和分析数据时，必须非常清楚数据在实例化连续体上的位置。与某些话语分析的观点相反，我们认为分析个别文本中的实例很重要。特定文本的独特之处可能正是最重要的；我们不想因为只重视跨文本语料的一般性而失去特殊性。此外，正如话语分析者所概括的那样，在这一阶段，我们倾向于暂时忽略根据特定话语发生的可能性，语篇织体是如何随着文本展开而被识解的。换言之，我们可能会暂时忽略本书中所提倡的分类分析。因此，实例化连续体的文本和阅读端是很重要的部分，然而期刊编辑可能不愿意发表对单个文本的分析，就好像他们认为气候最重要，而天气不重要一样。

即便如此，我们仍然想了解文本类型、语域和系统。就语篇语义学而言，这里的主要问题是技术问题。即便我们已经很清楚要分析的特征，如哪些系统是前景化的，哪些系统共同表达了重要的意义，手工分析文本仍然非常耗时。这限制了可以概括的文本数量。自动化分析是一种可能节省时间的工具。然而，目前的自动句法分析工具仍然局限于语法形式的分析；而我们想要获得超出小句层面的含义。语篇的自动分析工具仍然需要大量时间和金钱的投入。短期内，我们不得不使用包含自动、半自动和手动分析的交互式平台。这会影响分析的进度。这里需要注意的问题是，不要把对很多小句的分析错误地当作是语篇分析。不管我们分析了多少小句，只有分析了小句之外的意义，才是对语篇意义的分析。如果想了解我们在这个时代的生态社会气候中所经历的天气，就需要沿着实例化连续体来进行语篇分析。

313 具体来讲，在实例层面上我们已经读过了曼德拉“自由的意义”一文，口语和书面语结合的讲述是一种新的模式，它融合了书面语，如图图的论述；也融合了口语，像林吉埃利的交接演讲那样的口语语篇。这种融合是曼德拉在自传中特别设计的，目的是将他的信息传递给读者。在文本类型的层面上，我们要留意这种模式是否在其他讲述（或其他语类）中也会出现，进而去发现值得探索的口语文本和书面文本类型，尤其是为公共场合公开演讲所书写的文本。在语域层面，基于对更多话语的分析之后，可能会提出一种新的模式，将传统上与口语和书面文本相关的特征融合在一起（参见 Halliday 1985）。新的模式可能随着某些宗教和政治话语的演变而出现。最终，在这个想象中的进化过程中，我们可能会发现，系统本身可能也发生了变化，例如，与否定、让步和详述相关的系统概率发生变化。我们将生活在一个不同的世界里，在这个世界里，口语和书面语不仅仅在语义上互补，随着电子通信方式的广泛运用，可能会产生新的意义。谁知道呢？此处我们只是为了说明分析数据的一系列优势，即实例对系统性变化的影响，以及分析语篇的巨大成本。

专注于一个文本，或几个文本，有时被称为“定性”分析，与基于计数和统计分析的“定量”研究形成对比。我们在实际工作中主要依赖大量的定性分析，因为没有资金、技术和时间从事定量的语篇分析。语篇分析的成功取决于所选样本的质量，如典型的科学程序、典型的历史讲述、典型的书评等等。而对这些文本的分析又取决于良好的研究团队，利用特定领域核心成员的专业知识以及局外人能够获得的任何内部知识。这种跨学科的工作非常适合专业知识的交流，就像语言教育工作一样，教育语言学家负责收集数据，并在教材和实践中试用他们的分析。根据经验，解决实际问题是“测试”定性分析质量的一种好方法，因为理论越完善，能取得的进展就越大。从短期看，我们希望本书的思想能够体现在这种理论和实践结合的辩证方法中。若要看到更多的定量工作所取得的成果，还需假以时日。

9.3　批评性话语分析 314

批评性话语分析（Critical Discourse Analysis 以下简称 CDA）一直与系统功能语言学有着密切的联系，这种联系可以追溯到 20 世纪 70 年代东安格利亚大学福勒（Fowler）等人（如 1979 年）所做的批评性语言学研究。韩礼德将语言学研究视为一种坚持特定意识形态的社会行为，这是两者展开对话的一个重要因素。对于语境中的文本，系统功能语言学相对丰富的跨语言和跨模式的语义指向（semantic orientation）意味着批评性话语分析往往可以从中找到对文本进行系统阅读的分析工具。马丁（Martin 2000 b）从系统功能语言学角度、朱利艾里基和费尔克劳（Chouliariki and Fairclough 1999）从批评性话语分析角度回顾了各种连接手段，杨和哈里森（Young and Harrison 2004）则将这两种传统的工作结合起来。

批评性话语分析倾向于关注为权力服务的符号，甚至借助它来定义语言和意识形态（例如 Fairclough 1995），系统功能语言学则倾向于采取更宽泛的角度，认为意识形态渗透在语言和其他符号系统中（如第 1 章中所述）。一方面，这表明对意义的每一种选择都受到意识形态的驱动；另一方面，它关注文化中意义的分布。哪些意义在社团成员中共享，哪些没有共享，意义是如何分配的，又遵循哪些原则？此前讨论语旨时，我们考虑了社会地位原则与代际、性别、种族、能力和阶层的关系，这对于概括跨语类选择的互惠性至关重要。但除此之外，代际、性别、种族、能力和阶层是所有意义分配和每个社会主体定位的重要参数。用伯恩斯坦的话来说，这些参数能够概括语义或“编码取向”，从而区分一个社会主体和另一个社会主体。这使每一个语篇都带有利益的色彩（根据某人的利益行事）；从这个角度来看，任何意义都是有关权力的意义。

系统功能语言学中，这一方向的主要研究成果是韩茹凯及其麦考瑞大学的同事们有关编码取向和主观性的研究，其中许多方面在克里斯蒂（Christie 1999）中有所介绍。这项研究是依据伯恩斯坦社会学的社会理论视角，重点关注从家庭到学校过渡中的阶层和性别。系统功能语言学另一个以意识形态为导向的工作是在语言教育领域，吉姆、戴维和许多同事试图设计读写方案，在社会阶层和种族之间重新分配书面语资源的使用。这项工作的初步研究策略是识别和解构特定领域权力关系的语类。使
315 用的教学方法是与学习者一起解构这些语类，让学习者可以更好认识和

分享语篇的组织结构。这样，所有社会主体都能接触到这些语类，而不必通过“潜意识”符号资源才能获取。这种教学法以系统功能语言学对家庭语言发展的研究为基础（Painter 1984, 1998），以精心设计的脚手架为特色，引导学习者延螺旋式上升的教学课程体系，从日常经验出发逐渐掌握“非常识”性技术领域知识。根据伯恩斯坦（Bernstein 1996），这类应用研究需要处理“体现和识别规则”。体现规则涉及如何生成一种语类，识别规则涉及如何以及何时使用它。这方面研究的介绍请参见科普和卡兰茨（Cope and Kalantzis 1993 年）、韩礼德和马丁（Halliday and Martin 1993）、韩茹凯和威廉姆斯（Hasan and Williams 1996）、克里斯蒂和马丁（Christie and Martin 1997）、马丁和维尔（Martin and Veel 1998）、克里斯蒂（Christie 1999），马丁（Martin 2000）、维塔克等（Whittaker et al. 2006）、约翰斯（Johns 2001）和海兰（Hyland 2001），上述学者都将这项研究与世界各地类似的项目建立了关联。

专注于描述编码取向的研究当然与旨在重新分配意义的行动研究项目是互补的。语义只有被理解才能重新分配，而干预是激发人们对语言和意识形态研究兴趣的首要动因。批评性话语分析倾向于聚焦分析不平等话语，系统功能语言学则关注如何纠正不平等[①]。这意味着要用什么样的方式看待文本，是通过文本使世界变得更美好，还是通过文本将我们无法接受的权力关系自然化。部分出于这个原因，我们被图图和曼德拉这样的领导者所吸引，因为他们实现了和解——成就了和平而不是战争。另一种说法是，我们需要在批评性话语分析与积极话语分析之间取得平衡，这样我们干预的结果是既分享好消息，也推翻坏消息（Martin 2002、2003、2004a、b、2006；Martin and Stenglin 2006）。

基于上述观点，我们认为批评性话语分析研究的重点是霸权，揭示

① （边码 333）Bernstein（1996）还指出，CDA 的重点是作为“教学法接力”的意识形态“内容”，而不是探究它如何“接力”。

话语中权力的自然化，从而在某种意义上反对霸权。（我们可以将其描述为一种贯穿马克思 Marx、葛兰西 Gramsci 和阿尔都塞 Althusser 分析的轨迹。）詹克斯和伊万尼奇（Janks 和 Ivanic 1992 年）关于解放话语的研究证实了这一趋势，令人印象深刻，因为它在文本导向方面与众不同，它旨在使世界变得更美好。在关注社团时，应采用互补的视角，考虑人们如何聚集在一起，以某种方式重新分配权力，各自获得一定的空间，同时又不必相互抗争。（见戈尔 Gore, 1993 关于福柯有关批判性和女性主义教育学中的赋权概念的讨论，特别是关于权力的去妖魔化。）图 9.3 概述了我们对霸权和社团互补性研究的焦点，这既可以促进产生性活动，也可以促进解构性活动。

316

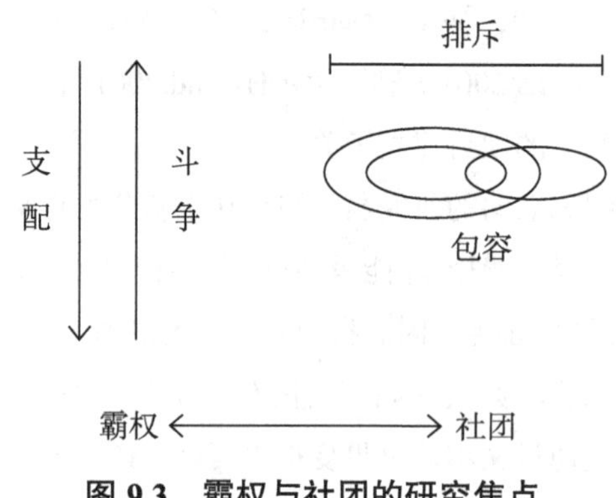

图 9.3　霸权与社团的研究焦点

对文本进行细致的意识形态分析这一任务，就留给比我们更适合接受这一挑战的人。有太多有关南非的互文文本我们无法分享，因此对于到底发生了什么，我们也就无法发表意见，尤其是在这样一个政治变革的动荡地区。马丁（Martin 1985）提出了一个探索政治变革的模型，涉及两个维度：左派 / 右派、正面角色 / 反面角色，左派是有权力的人，右派是失去权力的人。正面角色是试图解决问题的人，而反面角色是试图制造问题的人。基于这些对立，我们可以围绕不同的问题为各方及其文本建立一个权力配置图，如图 9.4 所示。

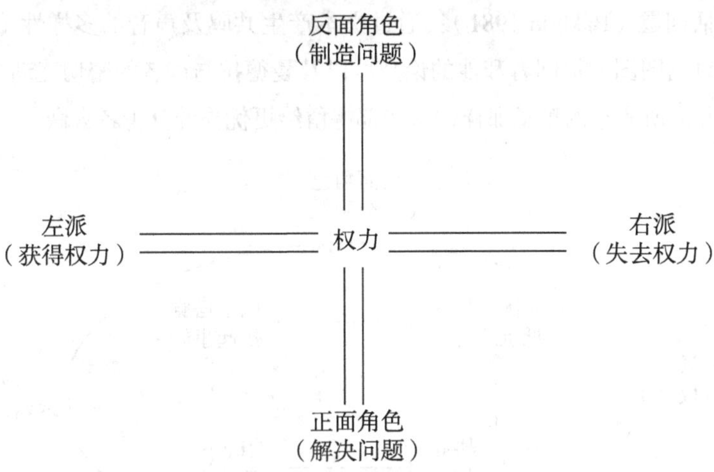

图 9.4 社会变化的配置

为了更好说明反种族隔离斗争这一问题，我们需要为具有广泛群众基础的南非国民大会、班图的因卡塔自由党（the Bantu-based Inkatha Freedom Party）、南非国民党（Afrikaner-based National Party）、自由党反对派（the Liberal Party opposition）等角色进行定位，同时也考虑到斗争的不同阶段。从局外人的角度看，在曼德拉恢复南非国家党谈判者身份之前，南非国民大会（简称“非国大”）似乎一直扮演着左翼敌对者的角色（以获得所需的权力来制造事端）。随后，非国大扮演了左翼主角的角色（为了获得权力，他们与国家党领导层合作，争取和平解决这场斗争）。在谈判中，因卡塔自由党似乎扮演了右翼反对者的角色并挑起事端，因为他们担心在民选的非国大政权下会失去权力。随后发生的暴力事件则帮助国家党政府在一场明显的黑人对黑人冲突中佯装中立。图 9.5 总结了这些变化和关系。 317

通过这一框架，我们可以审视这些和平的缔造者和勇士，他们所采用的语类，以及他们如何调整自己以提升其在斗争中的地位。随着利益和权力关系的转变，框架也会发生改变。此外，该框架还引出了巴赫金意义上的对话问题（Bakhtin 1981）：通过文本产生共鸣及声音的多样性（正如前文讨论图图的提问者和他的论辩，以及曼德拉与读者的密切互动）。如我们此前所表达的歉意那样，这些都将留给更优秀的分析者去做。

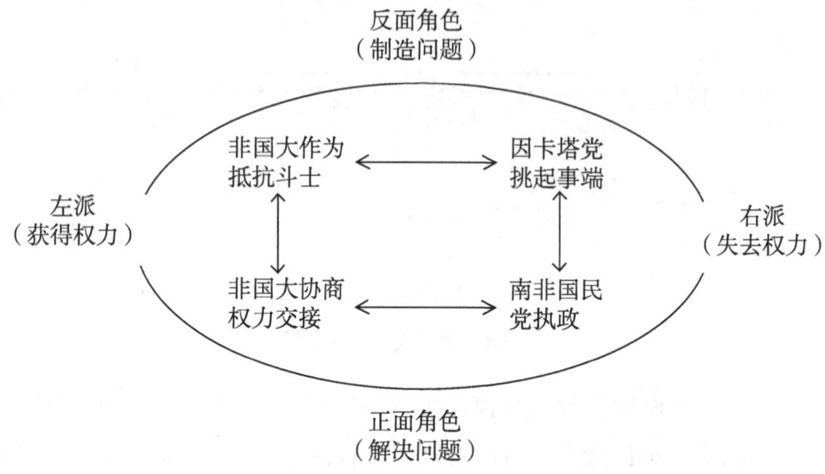

图 9.5　反种族隔离斗争中的角色和权力

318　围绕这些议题的语类互动及其再语境化使人们注意到意识形态分析中变化的关键作用。在一种文化中，权力的分配永远不会超过亚稳态；权力关系若在一段时间内保持稳定，它们就必须不断适应变化：正如生活必须既有惰性又有变化才能持久。韩礼德和麦迪森（Halliday 1992, 1993; Halliday and Matthiessen 1999）提出了一个与此高度相关的描述社会符号学变化的综合性框架。对于时间较短的框架，例如涉及文本展开，他们建议使用“话语发生”（logogenesis）（本书前文曾提及此观点）；对于个体语言的长期发展框架，使用“个体发生”（ontogenesis）（韩礼德曾在科技英语历史的解读中提到过，见 Halliday and Martin, 1993）；对于最长远时间维度，使用“系统发生”（phylogenesis）。曼德拉“自由的意义”讲述就是一个很好的例子，它以螺旋结构展开，在后殖民历史（系统发生）的主要文化变迁背景下，描绘了他作为政治领袖的发展（个体发生）。这个三重视角的框架可概括如下。

话语发生	文本的实例化[①]	展开
个体发生	个体的发展	成长
系统发生	文化的扩展	进化

在这种模式中，系统发生为个体发生提供了环境，而个体发生反过来又为话语发生提供了环境。换言之，一种文化在其进化过程中的发展为个体语言发生提供了社会背景，而个体在其发展过程中也为文本的实例化提供了资源，如图 9.6 所示。相反，话语发生为个体发生提供了物质条件（即符号物品），这反过来又为系统发生提供了物质条件；换言之，文本提供了个体互动学习系统的手段。正是通过个体系统（通常已经是社会系统）的多声叠加，通过所有个体不断变化的声音，发展出文化的符号轨迹。这个模型中的语言变化是根据扩展的意义潜势来理解的，这是符号系统适应新的话语和物质环境时的一个关键特征。

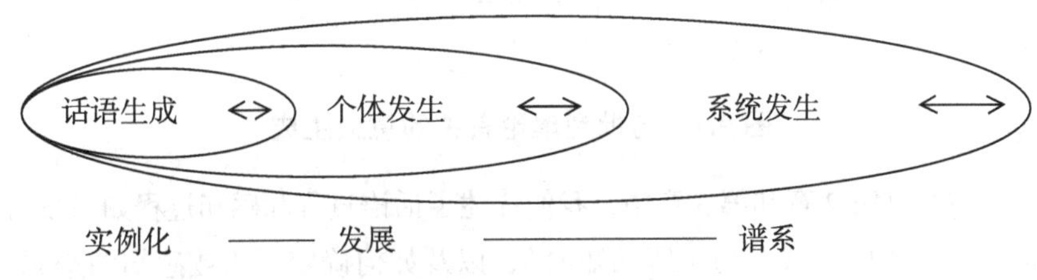

图 9.6 时间框架和意义生成

从批判性理论的角度来看，系统发生可能会被忽略，因为它与话语形 319
式的进化有关［如 Fairclough（1995）所探讨的］，个体发生与社会主体的发展有关（如 Walkerdine and Lucey 1989），话语发生和阅读位置的自然化或去自然化有关（如 Cranny-Francis 1996）。根据伯恩斯坦（1996），系

① （边码 333）术语“实例化”是指文本作为文化符号系统的实例，即语言系统在文本中实例化。

统发生涉及文化意义库的变化，个体发生与个体意义的发展（即编码取向）有关；话语发生与系统功能语言学所说的系统在文本中的实例化（或者从更动态的角度来看，是“过程”）有关。如图 9.7 所示。

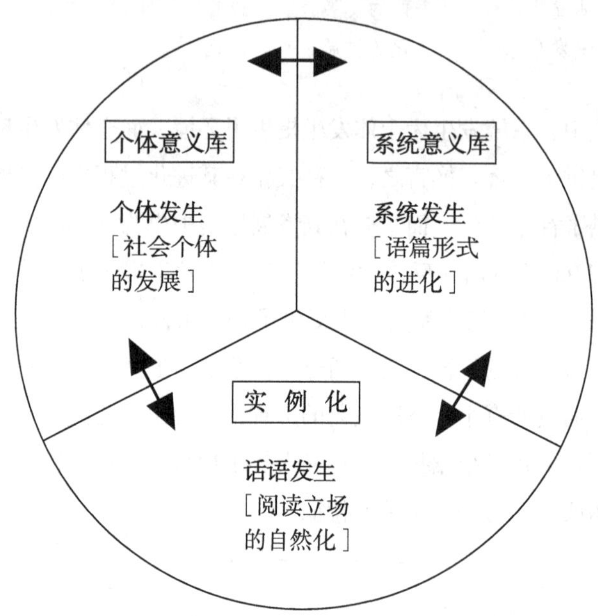

图 9.7 与批判理论有关的意义生成

在本书第 2 章和第 3 章中，我们描述了话语过程和感知过程如何投射言辞（所说的）或思想（所感知的），以及如何确定话语或感知的来源，以及如何定位。因此，如果我们说 *Bakhtin argued that creativity depends on mastery of the genre*（巴赫金认为创造力取决于对语类的精通程度），那么的投射小句则是 *Bakhtin argued*（巴赫金认为）：

- 通过过程动词 *argue*（认为）投射言辞 *that creativity depends on mastery of the genre*（创造力取决于对语类的精通程度）
- 相对于 *if we say*（如果我们说），通过使用动词“认为”（*argued*）的过去式，将话语过程置于过去时间

- 将话语来源归于 Bakhtin（巴赫金）。

换句话说，投射小句为解释投射提供了一个框架。通过类推，我们可以认为，在不同的时间节点，随着语篇的展开，依据交谈者的主观意图及相关语篇形式，语义都可能发生变化。意义生成系统就是通过这样调节诸 321
多语义对立来投射语言、语域和语类的。按照这样的思路，将语言、语域和语类配置为一个系统，相当于在语篇结构中映射对话者可用的意义库。语言、语域和语类系统可视为由对话者过去已经或可能已经做出的、并与现在仍然相关的固有的意义选择。在这些意义中，意义库将依据其社会化程度分布于每个个体。而对意义的选择是在文本展开过程中进行的。图 9.8 概述了赋予意义价值的时间概念。在这张图中，我们添加了诸多法国“大师”的名字，他们的思想为许多批判性分析提供了灵感：话语生成学（德里达 Derrida）、个体发生学（拉康 Lacan）和系统发生学（福柯 Foucault）。根据韩礼德（1994）用 α’β 表示从句之间投射关系的做法，我们可以认为时间赋予意义以价值。这代表了一种意义，即历史（即语义发生 semogenesis）赋予共时（尽管总是在变化）符号以意义（semiosis），因为我们所处的三种时间决定了相对价值——意义以这样或那样的方式相互对立，因此在系统中具有了价值。

多年来，我们在研究语言和意识形态问题时，主要关注的一个问题是与接受过阅读文本训练（因此可以阐释小句之上的含义）和接受过批判性阅读训练（因此能够解构文本）的理论家展开对话，以便在语言学家努力突破的同时，吸引社会理论家加入。吉比特和奥卡罗尔（Giblett and O’ Carroll 1990）、克里斯蒂（Christie 1991）和克里斯蒂等（Christie et al. 1991）记载了一些非常富有成效的讨论。我们目前的推测是，如图 9.8 所示，从社会变革的角度来看意义，这将有助于与批评性话语分析（Fairclough 1995，Chouiarki 和 Faircloough 1999）之间进一步对话，目前，后者在世界各地都有所发展。

320

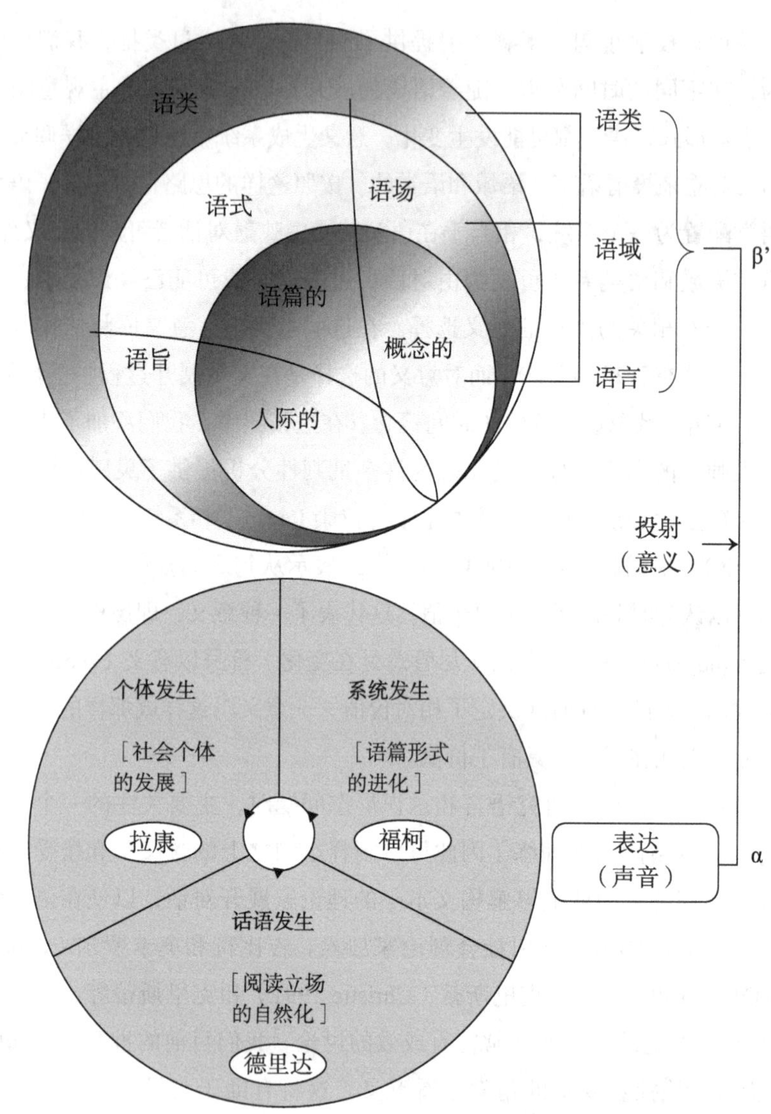

图 9.8　语言、语域和语类在时间维度的变化

9.4　多模态话语分析

在讨论语式时，我们谈到了文森特·林吉埃利演讲中的外指是如何
“依赖语境”的，如何取决于阅读时在脑海里想象正在发生的事情。另一
种说法是，语言涉及不止一种模态，这里使用的术语“模态”是指语言、
音乐、图像或动作等交流方式。换言之，要理解林吉埃利演讲的内容，我
们需要处理语言与图像的关系，或语言与行动的关系。两种模态共同表
达了正在发生的事情。从语域的角度来看，需要扩展模态的概念，使之
包含多模态话语分析（multimodal discourse analysis 以下简称 MDA）。这
意味着超越语言学，进入社会符号学，并考虑尽可能多的以系统描述的
交流方式。在系统功能语言学中，对图像（O’Toole 1994, Kress and van
Leeuwen 1996/2006; Goodman 1996, Jewitt and Oyama 2001, Stenglin and 322
Iedema 2001 有介绍性的研究）、音乐和声音（van Leeuwen 1999）、空间
（Martin and Stenglin 2006）、动作（Martineč 1998, 2000a, b）和对语言的
研究（Halliday and Matthiessen 2004, Caffarel et al. 2004）都十分富有成效。
综上，多模态话语分析已经成为功能语言学中一个非常令人兴奋的研究前
沿（Kress and van Leeuwen 2001, Martineč 2005），这两个领域都受到了基
于计算技术的新型电子通信方式的启发和支持（Baldry 1999，Baldry and
Thibault 2006, O’Halloran 2004）。

此处仅简要介绍多模态话语分析，我们将用它分析曼德拉一书的最后一章。届时我们将使用四套工具进行分析。第一是分析图像中的概念模式，这些模式来自第三章概念系统的概括分类。第二是分析人际关系模式，该模式基于第二章评价系统的通用分类。第三是图像和布局中的文本组织，是基于克瑞斯和勒文（Kress and van Leeuwen 1996）提出的模型。第四是利用扩展和投射的逻辑语义关系分析图像和相关文本之间的关系（参见 Martineč and Salway 2006）。此前多模态话语分析的工作通常是从

功能语法出发，采用自下而上的角度，将语法类别重新应用于视觉模式，而我们的视角是从语篇语义学出发，探究语篇层面的语义模式是如何在图像层面体现为视觉模式的，目标是发现这些工具可能实现的功能。由于该领域尚处于起步阶段，还有很多研究的空间。

我们仅用一个分析来说明这些可能性，即 1996 年曼德拉的自传《漫长的自由之路（插图版）》（*The Illustrated Long Walk to Freedom*）的最后两页。在这个“咖啡桌大小”的插图版中，每两页都会有一张或多张有光泽的黑白照片或彩色照片，这与 1995 年版形成了鲜明对比，1995 年版主要是文字（除了书中少数几张黑白照片）。为了给图片腾出空间，1995 年的文本被删减了。在新的“插图”版本中，用图像的旁注来调节措辞和图像的布局。

书的最后两页（202—3 页）是一幅水平三联画，由“自由的意义”删节版组成，文本左侧是一个握着拳头的男孩的照片，右侧是曼德拉总统就职典礼上人群的大幅照片，照片上有一面南非国旗，十分醒目。这张照片占据了 203 页的全部和 202 页的五分之一。这些图片是彩色的，作为该书的封面和封底。完整布局如图 9.9 所示。

左边的空白处是另一幅三联画，中间是一个小男孩的照片，其上方和
324 下方是“勇气的代价”报告，我们已经标记了“政权”和“影响”（这是 1996 年咖啡桌版本中该报告余下的全部内容）：

小男孩照片上方的“政权”

在就职典礼当天，我沉浸在对历史的回忆中。二十世纪的第一个十年，在激烈的英国与布尔人战争爆发几年之后，在我出生之前，南非的白人民族弥合了他们之间的分歧，建立了一个针对自己土地上的黑人民族的种族统治体系。

小男孩照片下方的“影响”

他们创建的政体构成了世界上最严酷、最不人道的社会之一。现在，在二十世纪的最后十年，也是我作为一个男人的第八个十年，这一制度已经被永远

323

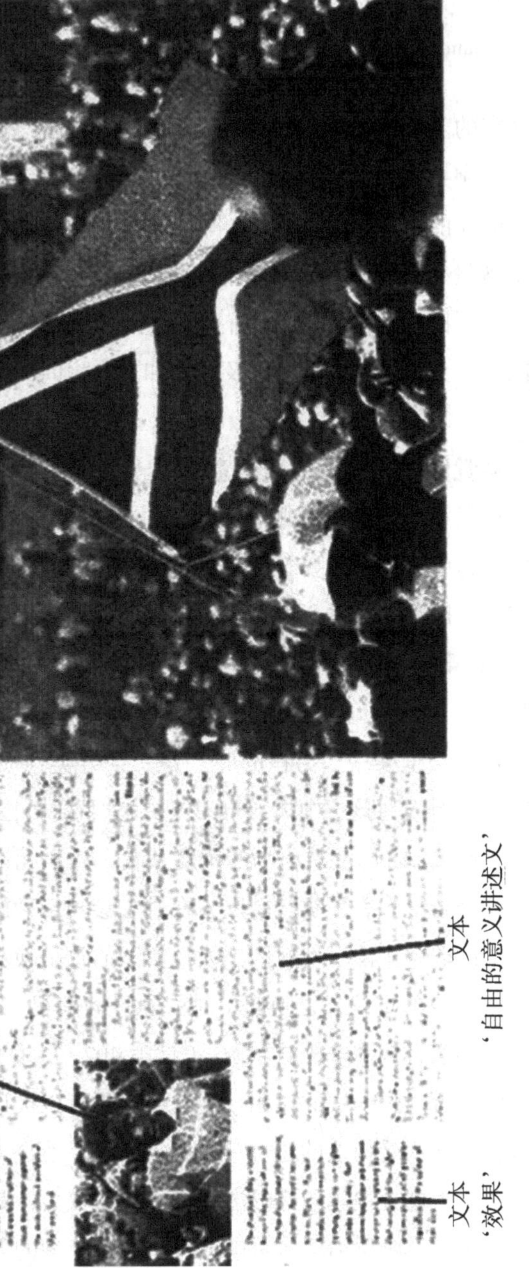

图 9.9　曼德拉 1996：202—3 页的图像和文字版面布局

> 推翻，取而代之的是一个承认所有人的权利和自由的制度，无论何种肤色。（Mandela 1996: 202）

在文字的宏观语类中，插图版可视为一种多模态语类。在这种语类中，图像与文字共同表达意义。实际上，“就职典礼”和“勇气”已经被修改为带有旁注的图像；这些文字 / 图像文本与删节的“自由”讲述相配合，共同识解曼德拉书中再语境化的终极意义。这一次，文本表达的信息是什么？为了回答这个问题，我们将从概念、人际和语篇意义的元功能角度，在图像和文本各自内部，以及图像和文本之间的维度去探究。

视觉图像所识解的概念意义

根据第 3 章提到的概念的含义，视觉图像的首要焦点是实体或活动。以实体为中心的图像要么可以进一步分类，要么其本身作为部分再组成其他实体；以活动为中心的图像可以分析单个活动（简单）或活动序列（复杂）。在第 8 章中讨论语类时，我们说图像也可能通过其构成元素实现次要焦点。

在这个框架中，男孩的照片是一个分类性质的图像。用核心术语描述，一个黑人男孩（中央 central），在人群（外围 peripheral）面前举起拳头（核心 nuclear）。从语场的角度来看，每个元素都至少有两个可能的所指。这个男孩代表了年轻的黑人在过去参与反种族隔离斗争，以及未来在自由的南非中生活。他对“黑人权力”的致敬唤起了历史上学生对实行种族隔离政权的抗议，也唤起了对就职日的庆祝。曼德拉在 1995 年版本中将这一姿态称为“非洲式致敬”（见第 402—3 页之间的照片），强调了其在团结土著人过程中的作用。这个男孩既可以被识解为人群中的一员，也可以被识解为曼德拉的化身——换句话说，他是一个领导者，暗指与曼德
325 拉的关联。此处视觉图像的潜在歧义在于权力：其解读对观众来说相对开放，增加了其吸引力，多重解读可以通过隐喻的方式相互映射，唤起比简

单图像更概括或更抽象的意义范畴（参见上文 9.1 节对语法隐喻和语式的讨论）。

就职演说的图片识解了一个简单的活动，在这个活动中，人群抬头看向舞台，然后越过左侧，目光落在一面巨大的旗帜下。然而，在这一活动中，图片也可以解释为以隐含的方式将位置较低的普通人与舞台上高于他们的显要人物分开。中央的旗帜可以解释为调解这些类别分类，并代表最高类别的国家。国旗本身就是一个构图，它隐含地象征南非人民和历史。也就是说，红色、白色和蓝色代表前种族隔离时代的南非国旗（英国国旗），黑色、绿色和黄色代表南非国民大会的国旗，都是从过去汇聚到未来。

总之，这些照片对应我们为图像提出的四个概念范畴：分类或合成实体，以及简单活动或复杂活动。除此之外，还有对概念范畴的解释方式。照片和真实平面绘画可以形象地描述实体和活动；图像和它所识解的范畴之间存在直接的视觉关系。相反，像旗帜或图表之类图像象征性地识解其范畴；观众必须先了解符号才能识别其含义。介于两者之间的是既不是图像化也不是象征性的，而是通过一个或多个标准来表示图像的范畴。例如观众、舞台上的贵宾和国旗之间的关系，通过它们之间的相对位置（底部、顶部和中央）来表达人民、领袖和国家之间的关系。根据皮尔斯（Peirce 1955）使用的术语，这类视觉含义是指示性的[①]（图像的范畴可以明示，如用小标题说明，也可隐含，由读者基于语场或对应的文字去推断）。图像中常见的概念意义分类见图 9.10。

---

① （边码 333）此前对视觉图像中概念和人际意义的阐释是基于与过程类型、语气和情态的语法范畴进行类比（如 Kress and van Leeuwen 1996, O' Toole 1994, Unsworth 2001）展开的，而不是基于语篇语义学理论。为了与本文语篇导向的范式一致，以及使术语便于管理，我们尽可能使用与口头文本相同的术语。例如，在克瑞斯和勒文使用术语“显性 / 隐性”时，我们使用“明示的 / 隐含的”；在他们使用“具体 / 抽象”的地方，我们使用符号学术语“像似 / 指示 / 象征”以避免歧义。

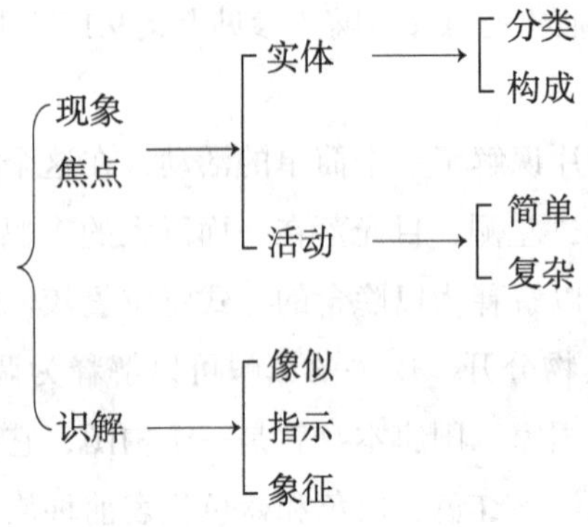

图 9.10　图像概念意义的常规选项

326 **由视觉图像实现的人际意义**

根据第二章提到的评价系统，图像可以明示情感，例如可以通过一个人哭泣或微笑的形象，或者其他使我们产生情绪反应的图像，用物体或场景的吸引力来激发我们对事物的鉴赏；可以通过行为、姿态或面部表情等方式引发读者的判断。图像中观看者介入的方式也有多种，例如，图像中人的目光直接注视观看者、斜向一侧或直接远离观看者。当然，情感、鉴赏和判断也可以增强和减弱。

用评价系统的术语来讲，图片中的男孩唤起了一种对坚韧品质的积极判断，这必须结合图片周围的文本来阅读。用举起的拳头表示对旧政权的抗议，象征着曼德拉和战友们的顽强抵抗，正如“自由”一文所述。此外，拳头可以解读为将他的坚韧品质放大到了反抗的程度（比他挥手或张开手敬礼时更为强烈）。这是对他顽强反抗旧政权的回顾性解读；另一方面，他的坚韧品质可以前瞻性地理解为年轻人对国家未来充满希望的决心。这些解读是互补的，抗议旧政权，庆祝推翻旧政权，其含义也通过图片上方和下方的文本得以扩展，下文将详细讨论图文关系。男孩目光直接面对观众，以其或挑衅或庆祝的姿态与观众互动，同时，他目光偏向一边，避免了与观众产生冲突。因此，图片传达的信息并不是藐视，而是邀请观众共享战胜不公正制度的胜利。

另一方面，就职典礼旗帜唤起了积极的鉴赏，包括反应、构成和评价。就表 2.10 所示的术语而言，就职典礼上的人群看上去 *imposing, exciting, dramatic*（气势恢宏、激动人心、富于戏剧性），国旗的组成既 complex（复杂）又 unified（统一），承载着 *profound*（深刻）, *innovative*（创新）和 *enduring*（持久的）价值观。这些价值通过旗帜的大小和居中的位置以及颜色的强度得以增强。在介入方面，图片中人们的目光没有面对观众，因此观众自然而然地顺着人们目光的方向看过去。总之，这两张图片说明了态度、介入和级差的选择，如图 9.11 所示。 327

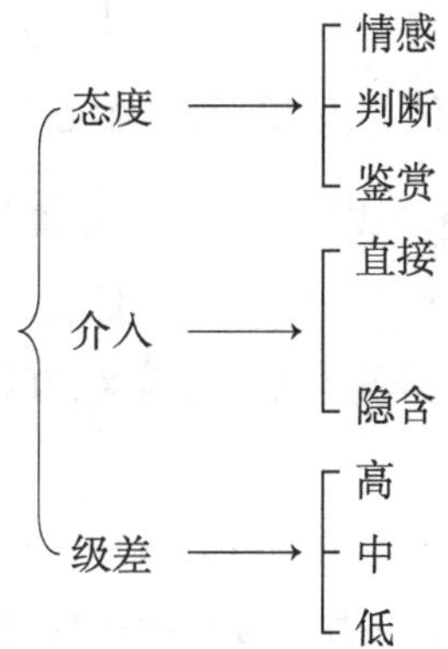

图 9.11　图像人际意义的常规选项

文本组织与图文关系

为了解释第 202—3 页布局中图像与文本的语义关系，我们需要介绍文本组织和图像文本关系的几个维度。克瑞斯和勒文（1996）提出了图像的两种文本组织形式，“极化”（polarized）和“居中”（centred）。一方面，极化是沿水平和 / 或垂直轴展开。对于水平极化的图像，左侧为已知信息，右侧为新信息，与韩礼德对英语小句表达信息的分析类似。对于垂直极化图像，克瑞斯和勒文（Kress 和 van Leeuwen）建议使用“理想”（ideal）和“真实”（real）这两个术语，“理想”可以描述为更一般或更抽象的类别，“真实”可以描述为更详细或更具体的类别。或者，图像可以围绕中心和边缘的原则组织，中心是边缘元素所依赖的信息核心。水平轴和垂直轴如图 9.12 所示。

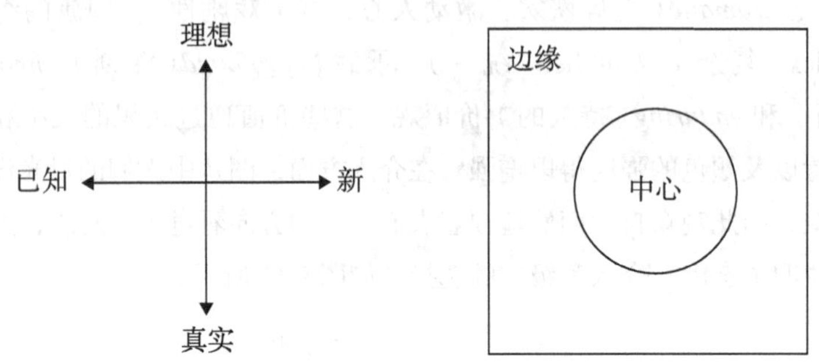

图 9.12　图像“极化”和“中心”结构的价值

另一个文本维度是图像或页面布局中元素的相对凸显性（salience），它可将读者的注意力吸引到一个元素而不是另一个。凸显性可以由许多因素来表示，包括大小、色彩强度或矢量强度，以及中心边缘、左右和上下的位置。

图文关系包括文本和图像的逻辑关系、它们之间的边界以及识别。逻辑关系可以是扩展或投射，正如第 8 章中讲到宏观语类时对文本所描述的那样。例如，图像和文本可以相互重述、具体说明或总结（详述），相互添加信息（扩展），相互解释或在时间上存在先后关系（增强）。图像也可以将话语投射为思想或言语，反之亦然。图像和文字之间的边界可以是清晰的，也可以比较模糊。图像可能侵入文本，文本可能与图像重叠，或者两者界限很清晰。最后，图像元素可以在随附文本中被明确标识（如使用小标题），文本元素或其他图像元素也可以在相应的图像中给予说明，如通过指向图像的向量来说明①。

① （边码 333）克瑞斯和列文的著作让我们注意到向量，向量可以通过参与者的凝视或人和事物的位置形成的线条来构建。尽管他们把向量解释为一种体现概念意义的术语，在我们看来，向量是概念或语篇功能的实现策略。

在第 202—3 页的水平三联画中，图片中的男孩是已知信息，就职典 328
礼是新信息。图片因其色彩强度和已知信息——新信息的位置而比文本更为凸显，其中就职典礼部分最为凸显。在图片上，我们的目光首先被就职典礼的大图所吸引，然后是男孩，然后是解释这些图像的文本。在左侧垂直三联画中，男孩的图片由于其大小、颜色和中心性比他上方和下方的文本更为凸显。因此，我们希望这些文本能够扩展图像的含义，事实上，文本的确增强了图像的含义。顶部和底部文本之间的语义对比是种族隔离的历史起源（理想）与近期和目前的结果（现实）之间的对比。图片之上的文本涉及新共和国的成立和前种族隔离政权的建立；图片之下的文本则是旧政权（严酷和不人道）和新政权（尊重所有人的权利和自由）对人民的影响。男孩的图片调和了这种时间上的顺承：自上而下的布局分别展示了种族隔离政权、男孩抗议以及推翻种族隔离政权。图像的相对凸显度是强调以男孩为代表的人民反抗是推翻非人道政权的原因。这说明文本对图像有增强作用，但根据上文讨论的评价理论，男孩的坚韧也可以理解为对未来的决心，这可由下文（*overturned forever* 永远被推翻）来阐述。

在横向三联画中，图文关系既是详述，又是增强。男孩的形象重申了曼德拉故事开始时的话，*I was not born with a hunger to be free... It was only when I began to learn that my boyhood freedom was an illusion... that I began to hunger for it.*（我并非天生渴望自由……当我认识到我童年的自由是一种幻想时，我才开始渴望自由）。图片与文本的边界比较模糊，以表达两者的类比关系，图片部分地融入文本。相比之下，就职典礼的图片与曼德拉故事之间的边界更清晰，曼德拉本人显然没有出现在照片中，取而代之的是在新国家旗帜下的南非人民。因此，这幅图片被清晰地从文本中区分出来，作为新信息。页面自左向右的轴向、就职典礼——国旗中的矢量及其与前文的关系，综合起来构成指示性的时间序列。人群的目光看向舞台，越过舞台凝视着它的左侧。这些凝视隐含的信息是正在观看的就职典礼，以及主角曼德拉。人们的目光也投向了位于图片左侧的曼德拉的生活故事。这些向量体现了隐性识别，都指向“他”，即曼德拉。但曼德拉本人并不在图片中。平衡这种向上和向左凝视的是国旗中强有力的矢量，它指向下方和
329 右侧，指向周围的人，暗指“他们”。总之，布局和图像指示性地识解了一个复杂的活动序列，在这个序列中，不仅种族隔离，而且反对种族隔离的斗争，以及曼德拉自己的生活都属于过去；相反，未来属于人民。

总之，图像和布局是按照从左到右、自上而下和从中央到边缘的轴向，以及元素的相对凸显性来组织的。图文关系包括扩展或投射、边界清晰度和识别。图像的文本组织选项见图 9.13，图文关系的选项如图 9.14 所示 ①。

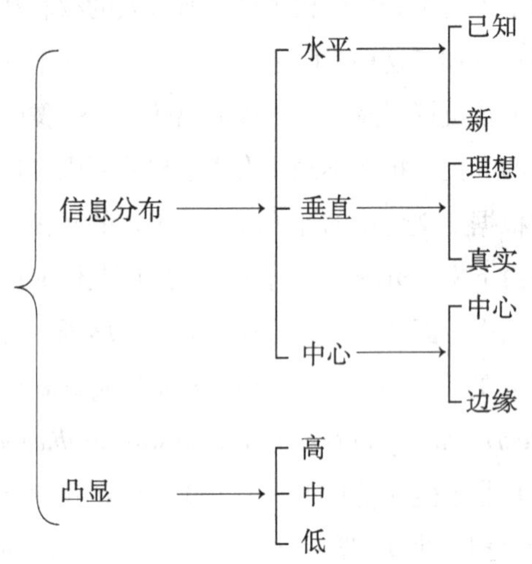

图 9.13　图像的文本组织选项

① （边码 333）克瑞斯和勒文所使用的术语“已知信息”和“新信息”来源于韩礼德对语言系统中信息的描述（Halliday and Matthiessen 2004）。我们已经将“已知信息——新信息”“理想——现实”和“中心——边缘”这三组对比概括为信息分布的选项。“凸显”这一术语是克瑞斯和勒文提出的，但凸显的高 / 中 / 低值的划分是我们提出的。我们还使用了“图文边界”（image-text boundary），而克瑞斯和勒文（1996）使用“框架”表示边界清晰度，伯恩斯坦（1971、1996）则使用“框定”表示在上下文中进行限定。

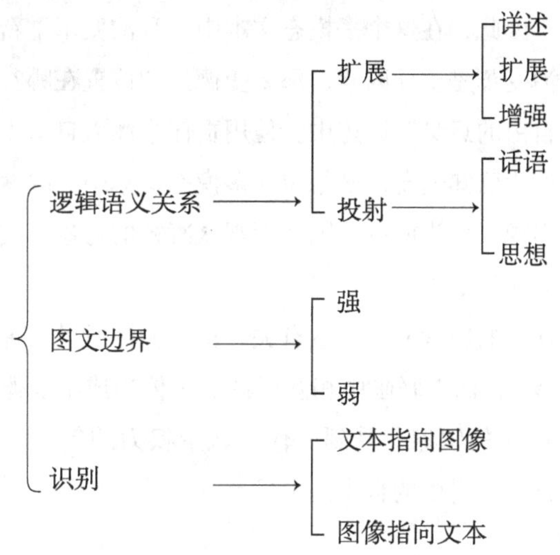

图 9.14　图文关系的选项

我们认为，曼德拉可能参与了第 202—3 页图像布局的选择，因为布 330
局体现了他对自己比较谦逊的看法，正如他书中所写那样。国旗的象征意义和悬挂国旗的人之间的类比，以及曼德拉就职日演讲的最后几节内容，以坚定的毅力展望未来，都进一步印证了这一点。

> 最后，一架黑斑羚的 V 字形喷气式飞机在由黑色、红色、绿色、蓝色和金色组成的新南非国旗上空留下了一道烟迹。
>
> 对我来说，这一天非常难忘。我们奏起了两首国歌，白人唱着《南非国歌》，黑人唱着共和国的旧国歌《呐喊》。虽然那天白人和黑人都不懂对方国歌的歌词，但我相信他们很快就会用心记住歌词。

多模态文本中的文字和图像相互作用产生了新的含义，这些新的含义可能是任何单一模式无法产生的［莱姆克（Lemke 1998）提到的多重含义］。多模态文本凸显了转换——用非种族民主政权取代白人至上主义政权。能够凸显这场政治变革的图像和各种细节都围绕着自由的讲述，正如我们所看到的，对自由的讲述凸显了曼德拉对自由意义的精神追求及对自由含义的理解的变化。因此，在这个多模态文本中，政治变革重新定义了思想的变化。如果政治变革是主导因素，那么曼德拉的位置在哪？他扮演着怎样的角色？在“自由的意义”讲述中，他用责任来涵盖自由，他承担起治理国家的重任。作为已知信息，曼德拉在多模态文本中却缺席了，而是仅仅作为隐含意义出现，作为前一页图片中观众凝视的对象，或者通过一个渴望自由的男孩的转世而重生。

我们怀疑这里的新含义与再生有关。正如旁注所说，种族隔离制度已经“永远被推翻”；而三联画中相互联系的主体构成了曼德拉留下的宝贵遗产——一个团结的国家，受到一代被赋予权力的年轻人的支持，对他们，尊重和提升他人自由的自由是出发点。

9.5 多声

此前我们做话语分析时采取了相对独白的立场，现在我们将声音重新定义为我们语场内更广泛的对话中的声音。我们的目标是提供一组比之前更易用的工具，这意味着采用某一视角，专注于某一个工具的使用。相比之下，马丁 1992 年的《英语语篇》花费了更多笔墨介绍有关的分析方案
331 及与其他理论之间的关系，例如，与修辞结构理论（Rhetorical Structure Theory 简称 RST）相关的连接，与会话分析（CA）相关的交换和言语功能。与我们所讨论内容最直接相关的是西海岸的功能主义，见表 9.1（另见 Matthiessen 2002）。该表比较了我们在《语篇研究——跨越小句的意义》和《英语语篇（ET）》中讨论的系统、其他功能主义的分析以及系统功能语言学中的其他相关研究。

与本研究最相关的是西海岸功能主义研究者福克斯（Fox 1987）的研究，他提出的语篇语义研究领域（会话分析 CA、修辞结构理论 RST 和参与者识别）都与文本组织的“语法”有关。海兰（Hyland 2005）介绍语用学文献中“元话语”概念时明确阐述了元话语与韩礼德观点的联系。当

然，这两者还可以建立更多关联。我们把这种互文性探索留给读者，他们可以采用不用的阅读策略去探索。

表 9.1 《语篇研究——跨越小句的意义》《英语语篇》和其他范式的联系

《语篇研究——跨越小句的意义》和《英语语篇》	其他范式的研究	与系统功能语言学的关联
识别	身份（Du Bois 1980）	指称
连接	修辞结构理论（Mann and Thompson 1992）	连接
信息格律	信息流（Chafe 1994）	主位、信息
概念	认知语法（Langacker 1987）	概念语义学
评价	模糊语（Hyland 1998）	情态、投射
协商	会话分析（Ochs et al. 1996）	交流、话语功能

在我们看来，在吉姆研究语篇分析的四十年，以及戴维研究语篇分析的二十年当中，语篇分析的重点发生了一些有趣的转变。在 20 世纪 70 年代，衔接方面的研究特别受欢迎，因为当时语法学家把目光投向了小句之外。到了 20 世纪 80 年代，悉尼学派对读写能力发展、学术英语和新修辞学传统的研究，又使语类成为重要的研究领域（Hyon 1996）。20 世纪 90 年代，随着功能语言学和语料库语言学领域的研究者开发出态度模型，评价成为一个主要话题（Hunston and Thompson 2000，Martin and Macken Horarik 2003）。目前，受克瑞斯和勒文（1996/2006, 2001）有关图像的开创性工作的启发，我们对多模态话语分析产生了浓厚的兴趣。未来，如果需要分析的文本规模较大，长度较长，还可能出现定性和定量相结合的方法，当然，这也取决于可以用来分析语篇的技术种类。新方法对语篇分析 332
领域知识结构的影响，很难预测。本书所用方法与当前普遍使用的方法截然不同，由于操作方面的原因（或更糟的原因），目前普遍使用的方法趋向于回避语篇语义，并把重点放在词频、搭配和类联接——就像文本仅仅是文本中单词、短语或小句的随机序列一样。随着分析技术的发展，相信

这些趋势不会永远主导该领域的研究。

根据经验，影响研究方向的最重要因素是发展语言学的目的。作为悉尼学派的参与者，在衔接基础上发展语篇语义学，提出语类理论和评价分析，以及目前对模态之间关系的研究兴趣，都关系到一个理念，将基于西方文化的读写资源重新分配给所有人，包括在历史上被征服过的人。我们的目标并不是去推动某种特定的意识形态，而是把我们对语言资源的了解展示给人们，这样他们可以根据自己的选择重新利用这些资源。这始终是我们工作的一个重心，也是语言在教育领域的一个主要应用，这项工作在国际上影响力日益强大，本书第七章展示的戴维在南非的课程就是一个例子。

就我们所知，无论是工人阶级、土著少数民族还是第三世界国家的人，考虑到目前对全球变暖趋势的预测，这些人重新调配资源的机会将越来越有限。语言学研究的社会责任就成了一项新的亟待研究的议程。目前为止，我们和我们在本书中所研究的作者一样，主要关注的是反对韩礼德（1993）所称的欧亚文化集团的“霸权主义”。全球资本主义的“增长主义”意识形态扑面而来，并加剧了温室效应，使得我们面临的任务更加紧迫。我们无法确定对这一秩序的干预将如何影响功能语言学的发展——但正如年轻同志们曾经牢记鲍勃·迪伦的那句话，你不需要气象员就能知道风向。作为应该承担责任的天气预报员，是时候重新想象我们工艺的可能性，并将其付诸社会行动了。

附录一 335

《促进民族团结与和解法案》

总统办事处
第 1111 号文件
1995 年 7 月 26 日
1995 年第 34 号:《促进民族团结与和解法案》, 1995 年。

总统已同意在此颁布以下法案，特此发布：

法案

对 1960 年 3 月 1 日起至《宪法》规定的截止日期间，在共和国内外因过去冲突而发生的严重侵犯人权事件的性质、原因和程度，以及此类侵犯事件受害人的命运或下落，要全面调查并尽可能进行全面描述；

对全部披露在上述期间与过去的冲突和政治目标相关的侵犯行为的人员给予赦免；

让受害人有机会讲述他们所遭受的侵权行为；

对于侵犯人权行为的受害人，采取旨在给予赔偿的措施，并使其恢复人格和公民尊严；

向国家报告此类侵犯行为和受害人；

提出旨在防止严重侵犯人权行为发生的建议；
并为此目的规定：设立真理与和解委员会、人权侵犯委员会、赦免委员会和赔偿与康复委员会；

并赋予委员会和委员们权力，赋予其职能，并使其承担责任；

规定与此有关的事项。

336 自1993年《南非共和国宪法》（1993年第200号法案）颁布以来，致力于在过去和未来之间搭建一座历史性桥梁。过去是一个以枪支、冲突、难以言状的痛苦和不公正为特征的严重分裂社会。未来将是一个在尊重人权、民主，让所有南非人（不分肤色、种族、阶级、信仰或性别）和平共处基础上建立起来的新社会。

并且鉴于有必要弄清过去人权侵害事件的真相、动机以及发生的环境，让调查结果公之于众以避免将来类似事件再次发生；

并且由于《宪法》规定，追求民族团结、所有南非公民的福祉与和平，需要南非人民之间的和解和社会的重建；

并且由于《宪法》规定，需要理解而不是复仇，需要赔偿但不是报复，需要乌班图但不是牺牲；

并且由于《宪法》规定，为了推动和解与重建，对在过去冲突中与政治目标相关的行为、失职和违法行为应给予赦免；

并且由于《宪法》规定，议会将在宪法原则下依法确定一个明确的日期，即1990年10月8日以后的某个日期为截止日期，在《宪法》规定的日期之前，提出一些机制、标准和程序（如果需要，可以包括制裁）处理与赦免有关的事务。

（该法案英文版由总统签署）
（签署日期：1995年7月19日）
该法案由南非共和国议会通过，内容如下：

第一章

解释与适用

定义

1.（1）在本法中，除非上下文另有说明，否则：

（i）“与政治目标有关的行为”具有第 20 节（2）和（3）条所赋予的含义；

（ii）“物品”包括由任何机械或电子设备或任何用来记录、存储或转录信息的设备产生的任何证据、书籍、公文、文件、物品、文字、录音或转录的计算机输出的文本；

（iii）“委员会”（commission）是指根据第 2 节设立的真相与和解委员会； 337

（iv）“委员”指根据第 7 节（2）（a）条委任的委员会成员；

（v）“委员会”（committee）是指人权侵犯委员会、赦免委员会和赔偿与康复委员会，视具体情况而定；

（vi）“宪法”指 1993 年《南非共和国宪法》（1993 年第 200 号法令）；

（vii）“截止日期”是指《宪法》在“民族团结与和解”标题下规定的允许作为截止日期的最晚日期；

（viii）“以往省区”指《宪法》颁布之前按照国会法案建立的省或地区，或在《宪法》生效之前依照类似法案建立并且现已成为共和国一部分的省或地区；

（ix）“严重侵犯人权”是指通过以下方式侵犯人权：

（a） 杀害、绑架、实施酷刑或严重虐待任何人；或

（b） 任何企图、阴谋、煽动、教唆、指挥或指使他人在 1960 年 3 月 1 日至截止日期间在共和国境内外因过去的冲突而犯下（a）款所述行为，且该行为是由任何有政治动机的人员建议、计划、指使、指挥或命令进行的；

（x）“联合委员会”是指根据议会议事规则任命的议会两院联合委员会，其目的是审议根据本法提交的事项；

（xi）“部长”指司法部长；

（xii）“规定”指根据第 40 条规例而做出规定；

（xiii）“总统”指共和国的总统；

（xiv）“赔偿”包括任何形式的赔偿、特惠支付、归还、复原或承认；

（xv）“共和国”是指《宪法》第 1（2）节所述的南非共和国；

（xvi）“保安部队”包括任何全职或兼职人员：

（a）南非国防军、南非警察、国家情报局、国家安全局、惩教署或其任何机关的成员或代理人；

（b）任何以往省区的国防部队、警察部队、情报机构或监狱部门或其任何机关的成员或代理人；

（xvii）“国家”指共和国；

（xviii）“分支委员会”指根据第 5（c）条设立的任何分支委员会；

（xix）“受害人”包括：

（a）个人或与一人或多人一起遭受身体或精神伤害、精神痛苦、金钱损失或物质损失等人权方面的损害：

338 （i）由于严重侵犯人权而产生的结果；或

（ii）由于与政治目标有关的行为而被给予赦免；

（b）个人或与一人或多人一起遭受身体或精神伤害、精神痛苦、金钱损失或物质损失等人权方面的损害，通过干预以协助（a）款所述处于困境的人或防止这些人受害；

（c）规定所述的受害人亲属或者受抚养人。

（2）“委员会”应解释为包括“委员会”或“分支委员会”（视情况而定），而“主席”“副主席”或“委员”应解释为包括委员会或分支委员会的主席、副主席或成员（视情况而定）。

第二章

真理与和解委员会

真相与和解委员会的设立和席位

2.（1）为第 10（1）、（2）、（3）和第 11 章以及第 6 章和第 7 章的目的，现设立一个法人，称为真理与和解委员会。

（2）委员会的席位应由总统决定。

委员会的目标

3.（1）委员会的目标应是在超越过去冲突和分裂的谅解精神下促进民族团结与和解，为此：

（a）通过调查和举行听证会，尽可能完整地了解从 1960 年 3 月 1

日至截止日期间所发生的严重侵犯人权事件的原因、性质和程度，包括这种侵犯行为的前因、情况、因素和背景，以及受害人的观点和对侵犯行为负有责任的人的动机和观点；

(b) 对全部披露与政治目标相关的侵犯行为并符合本法案规定的人员给予赦免；

(c) 查明和公布受害人的命运或下落，恢复这些受害人的人格尊严和公民尊严，让他们有机会讲述自己遭受的侵权行为，并建议对他们采取赔偿措施；

(d) 编写一份报告，尽可能全面地说明(a)、(b)和(c)条款所述委员会的活动和调查结果，并包括防止今后侵犯人权行为再次发生的措施。

(2) 第(1)款的规定不应被解释为限制委员会就本法范围内旨在促进 339
或实现民族团结与和解的任何事项进行调查或提出建议的权力。

(3) 为了实现委员会的目标：

(a) 第三章所述的人权侵犯委员会除其他事项外，应处理与调查严重侵犯人权行为有关的事项；

(b) 如第四章所述，赦免委员会应处理与赦免有关的事项；

(c) 如第五章所述，赔偿和康复委员会应处理交付它的有关赔偿的事项；

(d) 第5(d)条所述的调查单位须进行第28(4)(a)条款所述的调查；及

(e) 分支委员会须行使、执行和实施委员会赋予、指派或分派给它们的权力、职能和职责。

委员会的职能

4．委员会的职能应是实现其目标，为此，委员会应当：

(a) 促进并在必要时发起或协调以下调查：

(i) 严重侵犯人权行为，包括有计划有步骤的虐待行为；

(ii) 严重侵犯人权行为的性质、原因和程度，包括导致这种侵犯行为的前因、环境、因素、背景、动机和观点；

(iii) 涉及此类违法行为的所有人员、当局、机构和组织的身份；

(iv) 这种侵犯行为是否是国家或前国家或其任何机关、任何政治组

织、解放运动或其他团体或个人蓄意策划的结果；以及

(v) 对任何此类侵犯行为的政治或其他方面的问责；

(b) 协助、发起或协调从任何人（包括自称为此类侵犯行为受害人的人或此类受害人的代表）那里收集资料和接受证据，以确定此类侵犯行为受害人的身份、他们的命运或目前下落以及所受伤害的性质和程度；

(c) 协调和促进对与政治目标有关的侵权行为给予赦免，做法是接受希望充分披露与此类行为有关的一切事实的人员提出的赦免申请，将申请转交赦免委员会并由其做出决定，并在公报上公布给予赦免的决定；

340 (d) 确定任何人为了掩盖侵犯人权或与政治目标有关的行为而销毁的物品；

(e) 编写一份综合报告，根据委员会收集或收到的事实和客观资料，以及所掌握的证据，说明委员会的活动和调查结果；

(f) 就以下方面向总统提出建议：

(i) 在向受害人提供赔偿方面应遵循的政策或应采取的措施，或为恢复受害人的人格尊严和公民尊严而采取的其他措施；

(ii) 为向受害人提供紧急临时赔偿而应采取的措施；

(g) 就为本法目的而制定的证人保护方案向司法部长提出建议；

(h) 就建立有利于稳定和公平社会的体制以及为防止侵犯人权行为发生而应采取的体制、行政和立法措施向总统提出建议。

委员会的权力

5. 为了实现其目标和履行其职能，委员会应有权：

(a) 决定每个机构的席位（如果有的话）；

(b) 为履行其职能而设立其认为有必要的机构；

(c) 成立分支委员会，以行使、执行或履行委员会赋予分支委员会的任何权力、职责及职能；

(d) 进行其认为必要的任何调查或举行任何听证会，并设立第28条所述的调查单位；

(e) 就任何委员会行使其权力、履行其职能和执行其职责、应遵循的工作程序和应设立的部门，向任何委员会或分支委员会或调查单位提交具体或一般事项，给予指导和指示，或审查其决定，以便有效地

处理委员会的工作：但委员会不应审查赦免委员会关于任何赦免申请的决定或做出这种决定的过程；

（f[1]）指示机构或分支委员会将其掌握的资料提供给任何其他机构或分支委员会；

（g）指导提交和接受任何机构或分支委员会的报告或临时报告；

（h）由以下人员完成与行使其权力、履行其职责或执行其职能有关的行 341
政和附带工作；

（i）雇佣或任命的人员；

（ii）应委员会的要求并与公共服务委员会协商后，由任何国家部门借调给其服务的人员；

（iii）被指定执行特定任务的人员；

（i）经与部长协商并通过外交渠道，获得外国有关当局的许可，以便在该国接收证据或收集信息；

（j）与任何人，包括任何国家部门，签订协议，授权委员会使用属于或受控于或受雇于该个人或部门的任何设施、设备或人员；

（k）建议总统按照程序，取得宣布死亡的命令；

（l）在共和国境内或境外任何地点举行会议；

（m）主动或应任何有关人士的要求，查询或调查任何事项，包括任何人或一群人的失踪。

6. 根据第 45 条的规定，第 5 节（a）、（b）和（c）条所述的任何权力，如果要在共和国境外行使，以及第 5 节（d）和（1）、10（1）和 29（1）条所述的任何权力，应与部长协商后行使。

委员会的组成

7.（1）委员会由不少于 11 名委员，不超过 17 名委员组成，由总统与内阁协商后决定。

（2）（a）总统应与内阁协商后委任委员。

---

① 原文排版时将（f）条款的内容包含在（e）条款中，并未单独列出；译文依据南非政府官方网站（https://justice.gov.za/legislation/acts/1995-034.pdf 检索时间 2023 年 9 月 7 日 10: 25）公布的版本，将（f）序号及条款内容单独列出。——译者

(b) 委员应是有胜任力的、公正的、政治地位不高的合适人选：但所有委员中非南非公民不得超过两人。

(3) 总统须在公报上刊登公告，公布委员的委任。

(4) 总统须指定一名委员为委员会主席，另一名委员为委员会副主席。

(5) 根据第（2）节（a）款，获委任的委员，除第（6）及（7）款的条文另有规定外，须在委员会的任期内任职。

(6) 委员可随时以书面形式向总统递交辞呈，辞去委员职务。

(7) 在联合委员会收到国民议会和参议院的致函并做出决定后，总统可以委员行为不当，无能力或不称职为由将其免职。

342 (8) 如任何委员根据第（6）款提出辞职，或根据第（7）款被免职，或去世，经咨询内阁后，可委任他人接替其前任的未届满任期，以填补空缺，或可让因辞职、免职或去世而空出的职位继续空缺。

委员会执行主席

8. 如果主席和副主席都缺席或不能履行职责，其他委员应从委员中提名一名代理主席，在主席缺席或不能履行职责期间担任执行主席。

委员会工作人员的服务条件、薪酬、津贴和其他福利

9. (1) 委员会任命或雇佣的非国家官员的人员，应领取报酬、津贴和其他就业福利，并应按委员会经部长批准并与财政部长同时授予的条款和条件及期限任命或雇佣。

(2)(a) 由委员会根据第（1）款确定的薪酬、津贴和其他雇佣条件的文件，并应在每次确定后14天内提交议会。

(b) 如果议会不批准任何决定，该决定在不批准的范围内不再有效。

(c) 如果一项决定如（b）款所述不再具有效力：

(i) 直至该决定不再具有效力之日为止，就该决定所作的任何事情均应视为有效；以及

(ii) 在上述日期之前根据该决定而获得、累积或产生的任何权利、特权、义务或责任，均应在上述日期失效。

会议、委员会会议的程序和法定人数，以及会议记录

10. (1) 委员会会议应在委员会主席决定的时间和地点举行，在该主席缺席

或不能出席时，由委员会副主席决定，或在该主席和副主席均缺席或不能出席时，由委员会执行主席决定。

（2）除第40条另有规定外，委员会有权决定其会议的程序，包括做出决定的方式。

（3）委员会须将其议事记录备存。

（4）委员会第一次会议的法定人数，须比委员会总人数少两名。 343

委员会处理受害人时的行动准则

11. 在处理受害人问题时，委员会的行动应以下列原则为指导：

（a）受害人应得到同情，其尊严应受到尊重；

（b）受害人应得到平等对待，不受任何形式的歧视，包括种族、肤色、性别、性取向、年龄、语言、宗教、国籍、政治或其他意见、文化信仰或习俗、财产、出生或家庭状况、族裔或社会出身或是否残疾；

（c）处理受害人申请的程序应迅速、公平、廉价和方便；

（d）应通过新闻界和任何其他媒介向受害人告知他们通过委员会寻求补救的权利，包括关于

（i）委员会的作用及其活动范围；

（ii）受害人有权在调查的适当阶段提出和考虑他们的意见和证词；

（e）应采取适当措施，尽量减少给受害人带来不便，并在必要时保护受害人的隐私，确保受害人及其家属和为受害人作证的证人的安全，并保护受害人不受恐吓；

（f）应采取适当措施，允许受害人以其选择的语言进行交流；

（g）应酌情适用解决争端的非正式机制，包括调解、仲裁和习惯法和惯例规定的任何程序，以有利于和解和为受害人提供补救。

【第3—7章待续】

345 # 附录二

常用语类及其目标、阶段概览

	语类	目的	阶段
故事	讲述文	讲述事件	楔子 事件记录
	叙事文	解决故事里的纠纷	楔子 纠纷 评价 解决
	说教文	对故事里的人物或行为进行判断	楔子 事件 解释
语篇回应	个人回应文	对语篇做出情感回应	评价 反应
	评论文	对文学、视觉、音乐语篇进行评论	语境 语篇描述 判断
	解释文	解释语篇中的信息	评价 语篇梗概 重新确认
	批判性文	挑战语篇中的信息	评价 解构 挑战

续表

	语类	目的	阶段
议论文	说明文	主张某一观点	主题 论据 重述
	讨论文	讨论两个或多个观点	问题 双方（多方） 解决
事实性故事	自传性讲述文	讲述人生重大事件	楔子 阶段记录
	传记性讲述文	讲述人生阶段	楔子 阶段记录
	历史性讲述文	讲述历史事件	背景 阶段记录
解释	序列解释文	解释一个序列	现象 解释
	因素解释文	解释多种原因	现象 解释
	结果解释文	解释多种影响	现象 解释
报告	描述型报告	对一个现象进行分类和描述	分类 描述
	分类型报告	对多类现象进行分类和描述	分类 描述
	组合型报告	对构成整体的部分进行描述	分类 描述
程序	阐释程序文	如何做实验及如何观察	目的 设备 步骤
	程序性讲述文	讲述实验和观察	目的 方法 结果

参考书目

Bakhtin, M. M. (1981) *The Dialogic Imagination,* translated by C. Emerson and M. Holquist. Austin: University of Texas Press.

Baldry, A. [ed.] (1999) *Multimodality and Multimediality in the Distance Learning Age.* Campo Basso: Lampo.

Baldry, A. and P. Thibault (2006) *Multimodal Transcription and Text Analysis: A Multimedia Toolkit and Coursebook with Associated on-line Course.* London: Equinox.

Bernstein, B. (1996) *Pedagogy, Symbolic Control and Identity: Theory, Research, Critique.* London: Taylor & Francis.

Biber, D. (1988) *Variation across Speech and Writing.* Cambridge: Cambridge University.

Biber, D. and E. Finnegan (1988) Adverbial Stance Types in English. *Discourse Processes* 11(1): 1–34.

Biber, D. and E. Finnegan (1989) Styles of Stance in English: Lexical and Grammatical Marking of Evidentiality and Affect. *Text* 9(1) (special issue on the pragmatics of affect): 93–124.

Biber, D. and E. Finnegan (1994) *Sociolinguistic Perspectives on Register.* Oxford: Oxford University Press.

Caffarel, A., J. R. Martin and C. M. I. M. Matthiessen [eds] (2004) *Language Typology: A Functional Perspective.* Amsterdam: Benjamins.

Carter, R. A. (1987) *Vocabulary: An Applied Linguistic Guide.* London: Allen and Unwin.

Chafe, W. (1994) *Discourse, Consciousness and Time.* Chicago: University of Chicago Press.

Channel, J. (1994) *Vague Language.* Oxford: Oxford University Press.

Chouliariki, L. and N. Fairclough (1999) *Discourse in Late Modernity: Rethinking Critical Discourse Analysis.* Edinburgh: University of Edinburgh Press.

Christie, F. [ed.] (1991) *Literacy in Social Processes: Papers from the Inaugural Australian Systemic Functional Linguistics Conference, held at Deakin University, January 1990*. Darwin: Centre for Studies of Language in Education, Northern Territory University.

Christie, F. [ed.] (1999) *Pedagogy and the Shaping of Consciousness: Linguistic and Social Processes*. London: Cassell.

Christie, F. (2002) *Classroom Discourse Analysis*. London: Continuum.

Christie, F., B. Devlin, P. Freebody, A. Luke, J. R. Martin, T. Threadgold and C. Walton (1991) *Teaching English Literacy: A Project of National Significance on the Preservice Preparation of Teachers for Teaching English Literacy*, Vols 1, 2 & 3. Canberra: Department of Employment, Education and Training.

Christie, F. and J. R. Martin (1997) *Genre and Institutions: Social Processes in the Workplace and School*. London: Cassell.

Christie, F. and J. R. Martin [eds] (2006) *Knowledge Structure: Functional Linguistic and Sociological Perspectives*. London: Continuum.

Collins Cobuild Grammar Patterns 2: Nouns and Adjectives. 1998. London: HarperCollins.

Cope, W. and M. Kalantzis [eds] (1993) *The Powers of Literacy: A Genre Approach to Teaching Literacy*. London: Falmer.

Cope, B. and M. Kalantzis (1999) *Multiliteracies: Literacy Learning and the Design of Social Futures*. London: Routledge.

Corrigan, C. (1991) *Changes and Contrasts: VCE Geography Units 1 and 2*. Milton, Qld: Jacaranda Press.

Cranny-Francis, A. (1996) Technology and/or Weapon: The Disciplines of Reading in the Secondary English Classroom. In Hasan and Williams, 172−90.

Cumming, S. and T. Ono (1997) Discourse and Grammar. In T. A. van Dijk [ed,] *Discourse as Structure and Process*. London: Sage, 112−37.

de Certeau, M. (1984) *The Practice of Everyday Life*. Berkeley: University of California Press.

Drozdowski, T. (2000) Editorial Reviews (*Texas Flood)*. Amazon.com.

Du Bois, J. W. (1980) Beyond definiteness: The Trace of Identity in Discourse. In W. L. Chafe [ed.] *The Pear Stories: Cognitive, Cultural and Linguistic Aspects of Narrative Production*. Norwood: Ablex, 203−74.

Eggins, S. and D. Slade (1997) *Analysing Casual Conversation*. London: Cassell.

Fairclough, N. [ed.] (1992) *Critical Language Awareness*. London: Longman.

Fairclough, N. (1995) *Critical Discourse Analysis: The Critical Study of Language.* London: Longman.

Fowler, R., B. Hodge, G. Kress and T. Trew (1979) *Language and Control.* London: Routledge and Kegan Paul.

Fox, B. (1987) *Discourse Structure and Anaphora: Written and Conversational English.* Cambridge: Cambridge University Press.

Fries, P. H. (1981) On the Status of Theme in English: Arguments from Discourse. *Forum Linguisticum* 6 (1): 1−38. Republished in J. S. Petofi and E. Sozer [eds] *Micro and Macro Connexity of Texts.* Hamburg: Helmut Buske Verlag, 116−52.

Fries, P. and M. Gregory [eds] (1995) *Discourse in Society: Systemic Functional Perspectives.* Norwood: Ablex.

Fuller, G. (1998) Cultivating Science: Negotiating Discourse in the Popular Texts of Stephen Jay Gould. In Martin and Veel, 35−62.

Gee, J. (1990) *Social Linguistics and Literacies: Ideology in Discourses.* London: Falmer.

Giblett, R. and J. O'Carroll [eds] (1990) *Discipline—Dialogue—Difference: Proceedings of the Language in Education Conference, Murdoch University, December 1989.* Perth: 4D Duration Publications, School of Humanities, Murdoch University.

Goodman, S. (1996) Visual English. In S. Goodman and D. Graddol [eds] *Redesigning English: New Texts, New Identities.* London: Routledge, 38−105.

Gore, J. (1993) *The Struggle for Pedagogies: Critical and Feminist Discourses as Regimes of Truth.* London: Routledge.

Gregory, M. (1995) *Before and Towards Communication Linguistics: Essays by Michael Gregory and Associates* (edited by Jin Soon Cha). Seoul: Sookmyng Women's University.

Gratton, M. [ed.] (2000) *Reconciliation: Essays on Australian Reconciliation.* Melbourne: Black Inc.

Halliday, M. A. K. (1976) Anti-languages. *American Anthropologist* 78(3): 570−84. Reprinted in Halliday (1978), 164−82.

Halliday, M. A. K. (1978) *Language as a Social Semiotic: The Social Interpretation of Language and Meaning.* London: Edward Arnold.

Halliday, M. A. K. (1985) *Spoken and Written Language.* Geelong: Deakin University Press. Republished London: Oxford University Press 1989.

Halliday, M. A. K. (1992) Language as System and Language as Instance: the Corpus as a Theoretical Construct. In J. Svartvik [ed.] *Directions in Corpus Linguistics: Proceedings of Nobel Symposium 82, Stockholm, 4-8 August 1991.* Berlin: De Gruyter, 61–77.

Halliday, M. A. K. (1993) *Language in a Changing World.* Canberra: Applied Linguistics Association of Australia.

Halliday, M. A. K. (1994) *An Introduction to Functional Grammar.* London: Edward Arnold.

Halliday, M. A. K. and R. Hasan (1976) *Cohesion in English.* London: Longman.

Halliday, M. A. K. and R. Hasan (1985) *Language, Context, and Text: Aspects of Language in a Social-semiotic Perspective.* Geelong: Deakin University Press.

Halliday, M. A. K. and Z. James (1993) A Quantitative Study of Polarity and Primary Tense in the English Finite Clause. In J. M. Sinclair, G. Fox and M. Hoey [eds] *Techniques of Description: Spoken and Written Discourse.* London: Routledge, 32–66.

Halliday, M. A. K. and J. R. Martin (1993) *Writing Science: Literacy and Discursive Power.* London: Falmer.

Halliday, M. A. K. and C. M. I. M, Matthiessen (1999) *Construing Experience through Meaning: A Language-based Approach to Cognition.* London: Cassell.

Hasan, R. (1977) Text in the Systemic-functional Model. In W. Dressier [ed.] *Current Trends in Textlinguistics.* Berlin: Walter de Gruyter, 228–46.

Hasan, R. (1984) The Nursery Tale as a Genre. *Nottingham Linguistic Circular* 13 (Special Issue on Systemic Linguistics): 71–102.

Hasan, R. (1985) The Structure of a Text. In M. A. K. Halliday and R. Hasan *Language, Context and Text.* Geelong, Vic.: Deakin University Press, 52–69 [republished by Oxford University Press 1989].

Hasan, R. (1990) Semantic Variation and Sociolinguistics. *Australian Journal of Linguistics* 9(2): 221–76.

Hasan, R. (1995) The Conception of Context in Text. In Fries and Gregory, 183–283.

Hasan, R. (1996) *Ways of Saying, Ways of Meaning: Selected Papers of Ruqaiya Hasan* (edited by C. Cloran, D. Butt and G. Williams). London: Cassell.

Hasan, R. (1999) Speaking with Reference to Context. In M. Ghadessy (ed.) *Text and Context in Functional Linguistics*. Amsterdam: Benjamins, 219–328.

Hasan, R. and G. Williams [eds] (1996) *Literacy in Society.* London: Longman.

Hercus, L. A. and P. Sutton [eds] *This Is What Happened.* Canberra: Australian Institute of Aboriginal Studies.

HREOC (1997) *Bringing Them Home: The 'Stolen Children> report.* Canberra:

Human Rights and Equal Opportunity Commission, http://www.hreoc.gov.au/ social_justice/stolen_children/

Hunston, S. (1994) Evaluation and Organisation in a Sample of Written Academic Discourse. In M. Coulthard [ed.] *Advances in Written Text Analysis.* London: Routledge, 191–218.

Hunston, S. and G. Thompson [eds] (2000) *Evaluation in Text: Authorial Stance and the Construction of Discourse.* Oxford: Oxford University Press.

Hyland, K. (1998) *Hedging in Scientific Research Articles.* Amsterdam: Benjamins.

Hyland, K. (2000) *Disciplinary Discourses: Social Interactions in Academic Writing.* London: Longman.

Hyland, K. (2002) Genre: Language, Context and Literacy. *Annual Review of Applied Linguistics* 22: 113–35.

Hyland, K. (2005) *Metadiscourse.* London: Continuum (Continuum Discourse Series).

Hymes, D. (1995) Bernstein and Poetics. In P. Atkinson, B. Davies and S. Delamont [eds] *Discourse and Reproduction: Essays in Honor of Basil Bernstein.* Cresskill: Hampton Press, 1–24.

Hyon, S. (1996) Genre in Three Traditions: Implications for ESL. *TESOL Quarterly* 30(4): 693–722.

Iedema, R., S. Feez and P. White (1994) *Media Literacy (Write It Right Literacy in Industry Project: Stage Two).* Sydney: Metropolitan East Region's Disadvantaged Schools Program.

Janks, H. and R. Ivanič (1992) CLA and Emancipatory Discourse. In Fairclough 1992, 305–31.

Jewitt, C. and R. Oyama (2001) Visual Meaning: A Social Semiotic Approach. In van Leeuwen and Jewitt, 134–56.

Johns, A. (2001) *Genre in the Classroom.* Mahwah: Erlbaum.

Kelly, P. (1999) *Don't Start Me Talking: Lyrics 1984–1999.* Sydney: Allen & Unwin.

Kinnear, J. and M. Martin (2004) *Biology 1: Preliminary Course.* Milton, Qld: Jacaranda.

Kress, G. and T. van Leeuwen (1996) *Reading Images: The Grammar of Visual Design.* London: Routledge.

Kress, G. and T. van Leeuwen (2001) *Multimodal Discourse: The Modes and Media of Contemporary Communication.* London: Arnold.

Krog, A. (1999) *Country of My Skull.* London: Vintage.

Langacker, R. (1987) *Foundations of Cognitive Grammar.* Stanford: Stanford University Press.

Leigh, K. (1993) *Stevie Ray: Soul to Soul.* Dallas: Taylor.

Lemke, J. L. (1995) *Textual Politics: Discourse and Social Dynamics.* London: Taylor & Francis.

Lemke, J. (1998) Multiplying Meaning: Visual and Verbal Semiotics in Scientific Text. In Martin & Veel, 87–113.

Lingiari, V. (1986) Vincent Lingiari's Speech, translated by P. McConvell. In Hercus and Sutton, 312–5.

Mandela, N. (1995) *Long Walk to Freedom: The Autobiography of Nelson Mandela.* London: Abacus.

Mandela, N. (1996) *The Illustrated Long Walk to Freedom: The Autobiography of Nelson Mandela.* London: Little, Brown and Company.

Mann, W. C. and S. Thompson [eds] (1992) *Discourse Description: Diverse Analyses of a Fund Raising Text.* Amsterdam: Benjamins.

Manne, R. (1998) The Stolen Generations. *Quadrant* 343(42) (1–2): 53–63.

Martin, J. R. (1985) *Factual Writing: Exploring and Challenging Social Reality.* Geelong: Deakin University Press. Republished London: Oxford University Press 1989.

Martin, J. R. (1992) *English Text: System and Structure.* Amsterdam: Benjamins.

Martin, J. R. (1993) Life as a Noun. In Halliday and Martin, 221–67.

Martin, J. R. (1995a) Text and Clause: Fractal Resonance. *Text* 15(1): 5–42.

Martin, J. R. (1995b) More Than What the Message Is about: English Theme. In M. Ghadessy [ed] *Thematic Development in English Texts.* London: Pinter, 223–58.

Martin, J. R, (1996) Evaluating Disruption: Symbolising Theme in Junior Secondary Narrative. In R. Hasan and G. Williams [eds] *Literacy in Society.* London: Longman, 124–71.

Martin, J. R. (1999a) Grace: the Logogenesis of Freedom. *Discourse Studies* 1(1): 31–58.

Martin, J. R. (1999b) Modelling Context: A Crooked Path of Progress in Contextual Linguistics (Sydney SFL). In M. Ghadessy [ed.] *Text and Context in Functional Linguistics.* Amsterdam: Benjamins, 25–61.

Martin, J. R. (2000a) Beyond Exchange: Appraisal Systems in English. In Hunston and Thompson, 142–75.

Martin, J. R. (2000b) Close Reading: Functional Linguistics as a Tool for Critical

Analysis. In Unsworth, 275–303.

Martin, J. R. (2000c) Design and Practice: Enacting Functional Linguistics in Australia. *Annual Review of Applied Linguistics* 20 (20th anniversary volume: *Applied Linguistics as an Emerging Discipline):* 116–26.

Martin, J. R. (2000d) Factoring out Exchange: Types of Structure. M. Coulthard, J. Cotterill and F. Rock [eds] *Working with Dialogue.* Tubingen: Niemeyer, 19–40.

Martin, J. R. (2001a) Giving the Game Away: Explicitness, Diversity and Genre-based Literacy in Australia. In R. Wodak *et al.* [eds] *Functional Il/literacy.* Vienna: Verlag der Österreichischen Akademie der Wissenschaften, 155–74.

Martin, J. R. (2001b) A Context for Genre: Modelling Social Processes in Functional Linguistics. In R. Stainton and J. Devilliers [eds] *Communication in Linguistics.* Toronto: GREF, 1–41.

Martin, J. R. (2002a) From Little Things Big Things Grow: Ecogenesis in School Geography. In R. Coe, L. Lingard and T. Teslenko [eds] *The Rhetoric and Ideology of Genre: Strategies for Stability and Change.* Cresskill: Hampton Press, 243–71.

Martin, J. R. (2002b) Writing History: Construing Time and Value in Discourses of the Past. In C, Colombi and M. Schleppergrell [eds] *Developing Advanced Literacy in First and Second Languages.* Mahwah: Erlbaum, 87–118.

Martin, J. R. (2002c) Blessed are the Peacemakers: Reconciliation and Evaluation. In C. Candlin [ed.] *Research and Practice in Professional Discourse.* Hong Kong: City University of Hong Kong Press, 187–227.

Martin, J. R. (2003) Voicing the ‘Other’ : Reading and Writing Indigenous Australians. In G. Weiss and R. Wodak [eds] *Critical Discourse Analysis: Theory and Interdisciplinarity.* London: Palgrave, 199–219.

Martin, J. R. (2004a) Positive Discourse Analysis: Power, Solidarity and Change. *Revista Canaria de Estudios Ingleses,* 49, 179–200.

Martin, J. R. (2004b) Negotiating Difference: Ideology and Reconciliation. In M. Pütz, J. N. van Aertselaer and T. A. van Dijk (eds) *Communicating Ideologies: Language, Discourse and Social Practice.* Frankfurt: Peter Lang (Duisburg Papers on Research in Language and Culture), 85–177.

Martin, J. R. (2006) Vernacular Deconstruction: Undermining Spin. *DELTA-Documentação de Estudos em Lingüística Teórica e Aplicada* 22.1, 177–203.

Martin, J. R. and G. Plum (1997) Construing experience: Some story genres. *Journal of Narrative and Life History* 7 (1–4) (Special Issue, ‘Oral Versions of Personal Experience: Three Decades of Narrative Analysis’ , guest-edited by M. Bamberg):

299–308.

Martin, J. R. and D. Rose (2005) Designing Literacy Pedagogy: Scaffolding Democracy in the Classroom. In R. Hasan, C. M. I. M. Matthiessen, and J. Webster, [eds] *Continuing Discourse on Language*. London: Equinox. (Spanish translation *Revista Signos*, 2005), 251–80.

Martin, J. R. and D. Rose (2006) *Genre Relations: Mapping Culture*. London: Equinox.

Martin, J. R. and M. Stenglin (2006) Materialising Reconciliation: Negotiating Difference in a Post-colonial Exhibition. In T. Royce and W. Bowcher [eds] *New Directions in the Analysis of Multimodal Discourse*. Mahwah, New Jersey: Lawrence Erlbaum Associates, 215–38.

Martin, J. R. and R. Veel [eds] (1998) *Reading Science: Critical and Functional Perspectives on Discourses of Science*. London: Routledge.

Martin, J. R. and R. Wodak [eds] (2003) *Re/reading the Past: Critical and Functional Perspectives on Discourses of History*. Amsterdam: Benjamins.

Martineč, R. (1998) Cohesion in Action. *Semiótica* 120 (1/2): 161–80.

Martineč, R. (2000a) Types of Process in Action. *Semiótica* 130(3/4): 243–68.

Martineč, R. (2000b) Rhythm in Multimodal Texts. *Leonardo* 33 (4): 289–97.

Martineč, R. and A. Salway (2005) A System for Image-text Relations in New (and old) Media. *Visual Communication* 4.3, 337–71.

Matthiessen, C. M. I. M. (1993) Register in the Round: Diversity in a Unified Theory of Register Analysis. In M. Ghadessy [ed.] *Register Analysis: Theory and Practice*. London: Pinter, 221–92.

Matthiessen, C. M. I. M. (1995) *Lexicogrammatical Cartography: English Systems*. Tokyo: International Language Sciences Publishers.

Matthiessen, C. M. I. M. (in press) Combining Clauses into Clause Complexes: A Multi-faceted View. In J. Biber and M. Noonan [eds] *Complex Sentences in Grammar and Discourse: Essays in Honor of Sandra A. Thompson*. Amsterdam: Benjamins, 237–322.

Milton, G. (1999) *Nathaniel's Nutmeg: How One Man's Courage Changed the Course of History*. London: Hodder & Stoughton, 206–7.

Myers, G. (1989) The Pragmatics of Politeness in Scientific Articles. *Applied Linguistics* 10: 1–35.

Nesbitt, C. and G. Plum (1988) Probabilities in a Systemic-functional Grammar: The Clause Complex in English. In R. P. Fawcett and D. Young [eds] *New Developments in Systemic Linguistics. Vol. 2: Theory and Application*. London: Pinter, 6–38.

Ochs, E., E. A. Schegloff and S. A. Thompson [eds] (1996) *Interaction and Grammar.* Cambridge: Cambridge University Press.

Office of the President of South Africa (1995) *Promotion of National Unity and Reconciliation Act*, No. 1111. *http: // www.truth.org.za/*

O'Halloran, K. (2004) *Multimodal Discourse Analysis: Systemic-functional Perspectives.* London: Continuum.

Olson, D. (1994) *The World on Paper.* Cambridge: Cambridge University Press.

Ong, W. (1982) *Orality and Literacy: The Technologizing of the Word.* London: Methuen.

O'Toole, M. (1994) *The Language of Displayed Art.* London: Leicester University Press.

Painter, C. (1984) *Into the Mother Tongue: A Case Study of Early Language Development.* London: Pinter.

Painter, C. (1998) *Learning through Language in Early Childhood.* London: Cassell.

Paul Kelly and the Messengers (1991) *Comedy.* Sydney: Mushroom Records.

Peirce, C. (1955) *Philosophical Writings of Peirce.* Dover Publications: New York.

Pike, K. L. (1982) *Linguistic Concepts: An Introduction to Tagmemics.* Lincoln: University of Nebraska Press.

Poynton, C. (1985) *Language and Gender: Making the Difference.* Geelong: Deakin University Press. Republished London: Oxford University Press. 1989.

Quirk, R., S. Greenbaum, G. Leech and J. Svartvik (1985) *A Comprehensive Grammar of the English Language.* London: Longman.

Rafael, V. (1988) *Contracting Colonialism: Translation and Christian Conversion in Tagalog Society under Early Spanish Rule.* Manila: Ateneo de Manila University Press.

Rose, D. (1993) On Becoming: The Grammar of Causality in English and Pitjantjatjara. *Cultural Dynamics,* VI, 1−2, 42−83.

Rose, D. (1996) Pitjantjatjara Processes: An Australian Grammar of Experience. In R, Hasan, D. Butt and C. Cloran [eds] *Functional Descriptions: Language Form and Linguistic Theory.* Amsterdam: Benjamins, 287−322.

Rose, D. (1997) Science, Technology and Technical Literacies. In Christie and Martin [eds] 40−72.

Rose, D. (1998) Science Discourse and Industrial Hierarchy. In J. R. Martin and R. Veel [eds] 236−65.

Rose, D. (1999) Culture, Competence and Schooling: Approaches to Literacy Teaching in Indigenous School Education. In E Christie [ed], 217−45.

Rose, D. (2001a) *The Western Desert Code: An Australian Cryptogrammar.* Canberra: Pacific Linguistics.

Rose, D. (2001b) Some Variations in Theme across Languages. *Functions of Language* 8.1, 109–45.

Rose, D. (2004a) The Structuring of Experience in the Grammar of Pitjantjatjara and English. In K. Davidse and L. Heyvaert [eds], *Functional Linguistics and Contrastive Description: Special Issue of Languages in Contrast* 4: 1, 45–74.

Rose, D. (2004b) Sequencing and Pacing of the Hidden Curriculum: How Indigenous Children Are Left out of the Chain. In J. Muller, A. Morais and B. Davies [eds] *Reading Bernstein, Researching Bernstein.* London: Routledge Falmer, 91–107.

Rose, D. (2004c) Pitjantjatjara: A Metafunctional Profile. In A. Caffarel, J. R. Martin and C. M. I. M. Matthiessen [eds] *Language Typology: A Functional Perspective.* Amsterdam: Benjamins, 479–537.

Rose, D. (2005a) Narrative and the Origins of Discourse: Patterns of Discourse Semantics in Stories around the World. *Australian Review of Applied Linguistics Series* S19, 151–73.

Rose, D. (2005b) Grammatical Metaphor. *Encyclopaedia of Language and Linguistics* 2nd Edition. Oxford: Elsevier, 15pp.

Rose, D. (2005c) Democratising the Classroom: A Literacy Pedagogy for the New Generation. *Journal of Education,* Vol 37 (Durban: University of KwaZulu Natal), 127–64.

Rose, D, (2006a) A Systemic Functional Model of Language Evolution. *Cambridge Archaeological Journal* 16:1, 73–96.

Rose, D, (2006b) Reading Genre: A New Wave of Analysis. *Linguistics and the Human Sciences*, 2:1, 25pp.

Rose, D. (2006c) *Scaffolding the English Curriculum for Indigenous Secondary Students: Final Report for NSW 7–10 English Syllabus, Aboriginal Support Pilot Project.* Sydney: Office of the Board of Studies.

Rose, D. (in press a) Negotiating Kinship: Interpersonal Prosodies in Pitjantjatjara. *Word,* 20pp.

Rose, D. (in press b) Literacy and Equality Plenary for *Future Directions in Literacy* Public Lecture Series. Faculty of Education and Social Work, University of Sydney.

Rose, D. (in press c) Towards a Reading Based Theory of Teaching. Plenary for the *33rd International Systemic Functional Linguistics Conference*, Sao Paulo 2006.

Rose, D. (to appear) History, Science and Dreams: Genres in Australian and European

Cultures. *Journal of Intercultural Communication*, 22p.

Rose, D. and C. Acevedo (2006) Closing the Gap and Accelerating Learning in the Middle Years of Schooling, *Australian Journal of Language and Literacy,* 14.2.

Rose, D. and C. Acevedo (in press) Designing Literacy Inservicing: Learning to Read: Reading to Learn. *Proceedings of the Australian Systemic Functional Linguistics Conference 2006,* University of New England.

Rose, D., D. Mclnnes and H. Korner (1992) Scientific Literacy (Literacy in Industry Research Project—Stage 1). Sydney: Metropolitan East Disadvantaged Schools Program (Equity Division, NSW Department of Education and Training).

Rose, D., L. Lui-Chivizhe, A. McKnight, and A. Smith (2004) Scaffolding Academic Reading and Writing at the Koori Centre. *Australian Journal of Indigenous Education*, 30th Anniversary edition, www.atsis.uq.edu.au/ajie, 41–9.

Rothery, J. and M, Stenglin (1997) Entertaining and Instructing: Exploring Experience through Story. In Christie and Martin, 231–63.

Rothery, J. and M. Stenglin (2000) Interpreting Literature: The Role of Appraisal. In Unsworth, 222–44.

Silkstone, B. (1994) *Australian Reptiles: Lizards.* Sydney: Longman Cheshire.

Stenglin, M. and R. Iedema (2001) How to Analyse Visual Images: A guide for TESOL Teachers. In A. Burns and C. Coffin [eds] *Analysing English in a Global Context: A Reader.* London: Routledge, 194–208.

Thibault, R (1987) An Interview with Michael Halliday. In R. Steele and T. Threadgold [eds] *Language Topics: Essays in Honour of Michael Halliday. Vol. 2.* Amsterdam: Benjamins, 599–627.

Tickner, R. (2001) *Taking a Stand: Land Rights to Reconciliation.* Sydney: Allen & Unwin.

Tsavdaridis, N. (2001) TURNED AWAY ‘We have a Lot of Sick People on Board. These People Are in Really Bad Shape” . *The Daily Telegraph* 28–08–2001, 1. Tutu, D. (1999) *No Future without Forgiveness.* London: Rider.

Unsworth, L. [ed.] (2000) *Researching Language in Schools and Communities: Functional Linguistic Perspectives.* London: Cassell.

van Leeuwen, T. (1999) *Speech, Music, Sound.* London: Macmillan.

van Leeuwen, T. and C. Jewitt (2001) *Handbook of Visual Analysis.* London: Sage.

Veenendalj L. (1996) Testimony of Leonard Veenendal: Truth and Reconciliation Commission (Case No. MR/146).

Ventola, E. (1987) *The Structure of Social Interaction: A Systemic Approach to the*

Semiotics of Service Encounters. London: Pinter.

Walkerdine, V. and H. Lucey (1989) *Democracy in the Kitchen: Regulating Mothers and Socialising Daughters*. London: Virago.

Whittaker, R., M. O'Donnell & A. McCabe [eds] 2006 *Language and Literacy: Functional Approaches*. London: Continuum.

Whitaker, R. and E. Sienaert [eds] (1986) *Oral Tradition and Literacy: Changing Visions of the World*. Durban: Natal University Oral Documentation and Research Centre.

Wodak, R. (1996) *Disorders of Discourse*. London: Longman.

Young, L. and C. Harrison [eds] (2004) *Systemic Functional Linguistics and Critical Discourse Analysis: Studies in Social Change*. London; New York: Continuum.

索　引

（索引中的数字为原书页码，即本书边码）

语言学及应用语言学名著译丛书目

句法结构（第2版）	〔美〕诺姆·乔姆斯基 著
语言知识：本质、来源及使用	〔美〕诺姆·乔姆斯基 著
语言与心智研究的新视野	〔美〕诺姆·乔姆斯基 著
语言研究（第7版）	〔英〕乔治·尤尔 著
英语的成长和结构	〔丹〕奥托·叶斯柏森 著
言辞之道研究	〔英〕保罗·格莱斯 著
言语行为：语言哲学论	〔美〕约翰·R. 塞尔 著
理解最简主义	〔美〕诺伯特·霍恩斯坦 〔巴西〕杰罗·努内斯 〔德〕克莱安西斯·K. 格罗曼 著
认知语言学	〔美〕威廉·克罗夫特 〔英〕D. 艾伦·克鲁斯 著
历史认知语言学	〔美〕玛格丽特·E. 温特斯 等 编
语言、使用与认知	〔美〕琼·拜比 著
我们的思维方式：概念整合与心智的隐匿复杂性	〔法〕吉勒·福柯尼耶 〔美〕马克·特纳 著
为何只有我们：语言与演化	〔美〕罗伯特·C. 贝里克 诺姆·乔姆斯基 著
语言的进化生物学探索	〔美〕菲利普·利伯曼 著
叶斯柏森论语音	〔丹〕奥托·叶斯柏森 著
语音类型	〔美〕伊恩·麦迪森 著
语调音系学（第2版）	〔英〕D. 罗伯特·拉德 著

韵律音系学	〔意〕玛丽娜·内斯波 〔美〕艾琳·沃格尔	著
词库音系学中的声调	〔加〕道格拉斯·蒲立本	著
音系与句法：语音与结构的关系	〔美〕伊丽莎白·O. 塞尔柯克	著
节律重音理论——原则与案例研究	〔美〕布鲁斯·海耶斯	著
语素导论	〔美〕戴维·恩比克	著
语义学（上卷）	〔英〕约翰·莱昂斯	著
语义学（下卷）	〔英〕约翰·莱昂斯	著
做语用（第3版）	〔英〕彼得·格伦迪	著
语用学原则	〔英〕杰弗里·利奇	著
语用学与英语	〔英〕乔纳森·卡尔佩珀 〔澳〕迈克尔·霍	著
交互文化语用学	〔美〕伊斯特万·凯奇凯什	著
应用语言学研究方法	〔英〕佐尔坦·德尔涅伊	著
复杂系统与应用语言学	〔美〕戴安娜·拉森-弗里曼 〔英〕琳恩·卡梅伦	著
信息结构与句子形式	〔美〕克努德·兰布雷希特	著
沉默的句法：截省、孤岛条件和省略理论	〔美〕贾森·麦钱特	著
语言教学的流派（第3版）	〔新西兰〕杰克·C. 理查兹 〔美〕西奥多·S. 罗杰斯	著
语言学习与语言教学的原则（第6版）	〔美〕H. 道格拉斯·布朗	著
社会文化理论与二语教学语用学	〔美〕雷米·A. 范康珀诺勒	著
法语英语文体比较	〔加〕J.-P. 维奈 〔加〕J. 达贝尔内	著
法语在英格兰的六百年史（1000—1600）	〔美〕道格拉斯·A. 奇比	著
语言与全球化	〔英〕诺曼·费尔克劳	著
语言与性别	〔美〕佩内洛普·埃克特 〔美〕萨利·麦康奈尔-吉内特	著
全球化的社会语言学	〔比〕扬·布鲁马特	著
话语分析：社会科学研究的文本分析方法	〔英〕诺曼·费尔克劳	著
社会与话语：社会语境如何影响文本与言谈	〔荷〕特恩·A. 范戴克	著
语法、逻辑和心理学：原理及相互关系	〔德〕海曼·施坦塔尔	著

德语语言史　　　　〔德〕彼得·冯·波伦茨　著

图书在版编目（CIP）数据

语篇研究：跨越小句的意义 /（澳）詹姆斯·马丁，（澳）大卫·罗斯著；高彦梅，李寒冰，廖传琳译. 北京：商务印书馆，2025. --（语言学及应用语言学名著译丛）. -- ISBN 978-7-100-25107-5

Ⅰ. H0

中国国家版本馆CIP数据核字第2025G2B629号

语言学及应用语言学名著译丛

语篇研究

跨越小句的意义

〔澳〕詹姆斯·马丁　大卫·罗斯　著

高彦梅　李寒冰　廖传琳　译

高彦梅　审订

商　务　印　书　馆　出　版

（北京王府井大街36号　邮政编码100710）

商　务　印　书　馆　发　行

北京盛通印刷股份有限公司印刷

ISBN 978－7－100－25107－5

2025年8月第1版　　　开本 880×1230　1/32

2025年8月北京第1次印刷　　印张 17 3/8

定价：110.00元